《碑证望都》编委会成员

碑证坐都

何任道 王英辉 李志刚 编著

人民出版社

责任编辑：刘　伟

责任校对：吕　飞

版式设计：周　磊

图书在版编目（CIP）数据

碑证望都 / 何任道，王英辉，李志刚 编著 .—北京：人民出版社，2020.5

ISBN 978-7-01-021293-7

Ⅰ . ①碑…　Ⅱ . ①何…②王…③李…　Ⅲ . ①碑刻 – 拓片 – 汇编 – 中国 – 古代

Ⅳ . ① K877.42

中国版本图书馆 CIP 数据核字 (2019) 第 210153 号

碑证望都

BEI ZHENG WANGDU

何任道　王英辉　李志刚　编著

人 **民 出 版 社** 出版发行

（100706　北京市东城区隆福寺街 99 号金隆基大厦）

保定市正大印刷有限公司印刷　新华书店总店北京发行所经销

2020 年 5 月第 1 版　2020 年 5 月第 1 次印刷
开本：710 毫米 ×1000 毫米 1/16　印张：32.5
字数：510 千字

ISBN 978-7-01-021293-7　定价：88.00 元

邮购地址 100706　北京市东城区隆福寺街 99 号
人民东方图书销售中心　电话（010）65250042　65289539

野外残碑案上书，焚膏继晷咀精粗。

砥心研作金石录，试挽风烟证望都。

——己亥夏英辉诗，胜苏书

序 一

赵 超

河北省博物馆郝建文先生来信向我郑重推荐《碑证望都》一书，命我为之作序。并承王英辉先生寄来该书的校样。拜读过后，颇感该书在收集整理地方古代石刻资料与运用石刻资料为地方文化及地方史服务方面有所创新，可以为古代石刻的研究与利用提供一个新的思路。由此想到目前整理古代石刻的工作方兴未艾，正当为之疾呼鼓舞。故而略陈鄙陋，抛砖引玉。

古代石刻材料应该是中华文明遗存下来的最丰富的文字资料。它不仅在中国历史上，就是在世界历史上也具有相当重要的史料价值。近代以来，在古代遗址与古代墓葬的发掘中出土过大量各种类型、不同时代的石刻材料。它们往往是考古研究中帮助断代及判断有关发掘性质的重要证据。此外，还有很多一直保留在地面上的古代石刻遗存，如碑石、石器具、石窟、摩崖、题记等等。必须看到，在漫长的历史进程中，还曾经有大量古代石刻被破坏或遗失，但是它们中有些在以往的金石学著录中曾有所记录，或者还有拓片保留下来。如果我们把这样的古代石刻也包括进来，现在能够掌握的中国古代文字石刻就是一个至少在五万种以上的庞大宝库。

这样庞大的文物资源，里面保存了有关古代社会的极其丰富的历史资料，涉及古代生活的方方面面。仅以字数估计，就可以达到几千万字的史料。我们知道，二十四史原文全部加起来也不过几千万字。不难想见，在如此庞大的石刻文字宝库中蕴藏了多么丰富的历史文化资料。所以从现在国内外学界的发展动向来看，学术界对于古代石刻的关注在逐渐加大，有关研究日益增多。但说到充分利用石刻中的历史资料，还有很多工作需要努力完成。

对于古代石刻的研究利用，首先需要进行全面细致的收集整理、编目录文等基础工作。由于古代石刻数量极大，内容庞杂，且流散各地，存佚不详，这项工作是十分困难的。但在全国各地文史工作者的努力下，就我们所知，近年来全国各地已经编辑出版了上百种有关石刻的图录、资料汇编以及研究著作，其中还有多种大型著录。这些工作，正越来越完整地揭示出古代石刻的全貌，让我们得以步入这一丰富史料宝库之堂奥。河北地区作为古代石刻蕴藏丰富的重要文化区域之一，也陆续编辑出版了一批地方性的石刻资料汇集，如河北人民出版社出版的《河北金石辑录》、科学出版社出版的《沧州出土墓志》、文物出版社出版的《新中国出土墓志（河北卷）》等。现在呈献给大家的这部《碑证望都》，也是有关河北石刻整理的新成果。它与其他大量石刻著录一起，正建筑着古代石刻宝库的辉煌。

和其他地方石刻著录一样，这本著作也是将望都的历代石刻进行收集编排，并作了录文与说明。以达到保存宣传地方古代石刻资料，以供使用的目的。但是它又有着超越一般石刻著录的新内容和新编排方法。从而有了更深刻的实用意义。正如著者之一何任道先生所说："本书将以望都历史上留存的碑刻为研究对象。通过注释、翻译、解读，还原历史面貌；通过对碑刻内容的研究，拾遗补缺，对正史加以补充和完善；通过研究，梳理当地历史文化发展的脉络，为望都发展建设提供历史和文化依据。"这比起一般的石刻著录来说，具有更高的起点，赋予古代石刻新的生命与利用价值。它以涉及尧庙的历代碑刻为主，弘扬了自尧舜以来传承不息的中华政治文化传统。既彰显了望都的悠久历史，又激发了今人建设美好家园的信心，提高了对古代文物的认识。特别是将古代碑文全部释读成白话文，详加注释，使之具有更广泛的普及性，这在有关古代石刻的著录中是不多见的。陈垣先生说过："录碑难，校碑更难。"将残勒漫漶的古代碑石文字正确抄录，校正至毫无错误，是一项需要极高学术素质的艰巨工作。《碑证望都》的作者敢于挑战学术难题，并且取得了如此丰硕的成果，是值得在学术上予以肯定的。在释读与注释中或许还有不尽妥帖之处，可以在进一步的研究中加以补充完善。

由于历代破坏严重，望都历史上存在过的大量碑刻已经毁佚不存。《碑证望都》的作者不局限于望都文管所保存的碑刻，而是花费大力多方寻求，搜集到早期的拓本以及传世文献记载的碑文，尽力恢复了望都历代碑刻的面貌。所以，它也是一部对于保存地方历史文献功绩卓著的重要著作，相信它必将在望都地方志史上留下浓墨重彩的一笔。故书此数语为贺。

二〇一九年七月五日

（作者系中国社会科学院考古研究所研究员。中国社会科学院研究生院考古系、北京大学中文系古典文献专业、中央民族大学历史系文博专业教授）

序 二

贾庆军

看到《碑证望都》这部碑刻汇集阐析之作，不胜感慨。在短期功利行为甚嚣尘上的时代，还有众乡贤齐聚一起做此千秋功业之事，令人感佩不已。

大儒方孝孺说过，君子并非不谋功利，只是其不谋眼前功利，而在谋长远之功利。眼前这部著作，显然属于贤君子之作。

当然，这也并不是要完全否认眼前的功利行为。但一个健康的社会必须是眼前利益和长远利益兼顾的。长远利益就是对于民族和国家的精神与文化的保存、探索、继承和发展。有形功业易逝，无形精神乃长存。

望都县政协主席何任道先生携王英辉先生、李志刚先生以及众编者，历五年之功而成此著，其间的艰辛劳苦，可想而知。田野走访、文献搜寻、残碑收集、拓片回购、考证解析等，无一不费精劳神。对于众乡贤此筚路蓝缕之功、呕心沥血之作，唯有崇敬。

然而，乡贤们的艰辛付出是值得的。这部书所潜藏的价值和意义将是对他们最好的回报。对于历史和文化的传承来看，其价值是不言而喻的；对于历史和文化研究者而言，这些碑刻也是无价宝藏。

这些碑刻的内容几乎涉及了人类生活的所有领域：上至天、神信仰，下到人伦之治；前有圣贤垂范，后有淳儒教化。虽然碑刻在数量上并不那么繁多，但足以让我们一窥先人生活的大致面貌。正如俗语所言，见一叶而知深秋，窥一斑而知全豹。

我们正是借由这些先人生活的片段而进入历史的。这里的"历史"并不是过去的、死去的历史，而是历史有机体中的活的历史。正如意大利历史理论学家克罗齐（Benedetto Croce，1866—1952）所说："一切历史都是当代史"。对这句话的最大误解就是将其理解为历史实用主义或功利主义，即按照当前的需要来随意剪裁、解释和利用历史。这句话的真正含义是：历史是一个有机整体，我们都属于这个整体的一部分。而过去的历史从未死去，它一直在这个整体当中。当我们从当下的某个时刻以某种契机接触并进入到历史时，过去的一切便都被激活，向我们呈现。整个历史便都活在了当下。

进入历史有机整体的契机可以是一本书、一个故事、一个问题等。而碑刻也是进入历史的契机。借由这些拓片，我们就可以走进先人的心灵，了解他们的所思所想，向他们学习遇到类似问题时所使用的方法等。于是过去就通过这种心灵的相遇活在了现在。实现这一切的前提就是整个历史乃是一个活的有机体，而古今之心灵在这里是相通的。这就又应了心学大师陆九渊那句话："千万世之前，有圣人出焉，同此心同此理也；千万世之后，有圣人出焉，同此心同此理也。"

所以，这些碑刻正是激活先人历史的关窍。只有有心人才会注意收集和整理这些看似破败不堪的残片。而我们只有借助这些残存的蛛丝马迹，才得以激活和走进那沉睡的历史，体察先人的生活和精神，才能够认识到历史有机整体的奥秘和命运，也才会找到自己生存的根基和方向。

人与历史遗迹的关系也可以同王阳明的观花理论相对应："你未看此花时，此花与汝心同归于寂。你来看此花时，则此花颜色一时明白起来，便知此花不在你的心外。"只有悟透人和花（在这里可代表历史遗迹）乃属于一个有机整体时，才会在与历史的相遇中互相激活，互相成就。只有在有心人不断地收集、探寻中，所谓的过去的历史才又重新复活。过去和现在于当下一起呈现和交流，会促进整个历史生命的丰富和发展。

这些碑刻对现代望都人甚至是中国人的价值和意义也正在于此。

所以，非常感谢本书给予我一个接触先人历史的机会。这也是我莫大的荣幸！不敢说作序，而只是借此机会向古人表达深深的敬意。感谢他们在这片土地上所做出的贡献和努力！后世之人必以此为鉴，也将在这片土地上做出自己应有的贡献。

再次感谢何任道先生等拥有慧心慧眼的众乡贤，使这些尘封已久的宝藏得以重现世间！

二〇一九年五月二十五日

（作者系宁波大学人文与传媒学院历史系教授）

凡　例

一、本书著录范围以望都境内现有碑刻文字为主，兼收他县境内能体现望都历史文化的碑刻或拓片，其中也包含望都出土碑、拓俱佚但可见于以往志书中的成篇碑文。

二、碑文来源或为现存碑刻，或为现存拓片，或出自本地志书，或来自他地志书，背景解读部分均有交代。

三、本书所收碑刻时代范围自东汉光和五年至民国二十四年。为方便读者集中查考，本书依碑刻内容分为六篇："祝颂陶唐""懿范长垂""尊儒重教""循良千古""敬天礼神""吏治民生"。

四、个别篇章并非碑文，但考虑到有重要的参考意义，所以收入本书，附录于某一篇章之后。

五、各篇依碑刻立石年代为序，无碑刻立石年代者则以撰写年代为准；同一项下有几篇不同的碑文，在项内按年代排序，以方便读者集中阅读、研究。

六、所收碑文均采用新式标点，除个别专用名词外一律使用简体字。原碑文中的衍字、脱字、重文、错字等现象均保留原状，未加改正，请在阅读时予以注意。

七、原碑刻或原拓片漫漶不清，无法确识之字以○号注明。

八、本书对所录碑文进行了注释，对重点篇目进行了白话翻译。

九、文中涉及的朝代年号、人物生卒年等均以公元纪年对应注明。

十、书中碑文作者有的出现多次，原则上放到第一次出现时进行介绍，后边不做重复介绍。

十一、本书力求在每篇碑文后附有作者简介和背景解读，并在背景解读中尽量注明其立石以及发现经过、出土时间和地点。无出土时间地点者注明发现或入藏时间地点以及现藏地，碑佚者尽量指出拓片所存处。所依据资料均来自历版望都县志以及其他地方史志或档案文件。对历史记载不详，自相矛盾之处，本书在使用时凡因史料不全一时不能甄别清楚的，一律保持原状。

十二、文中插图，有碑刻照片的尽量使用碑刻照片；有拓片和照片的同时使用。

十三、碑刻尺寸依照志书原文照录，不加修改。志书中没有记载的，据实际测量按厘米计。

目　录

第一篇　祝颂陶唐

第二篇　懿范长垂

第三篇　尊儒重教

第四篇　循良千古

第五篇　敬天礼神

第六篇　吏治民生

前　言

外地朋友来望都，一番介绍后，客人常常会提出实地参观一下望都历史文化遗迹的要求，可每每都让客人失望。因为望都历史文化遗迹，几经磨难，早已烟消云散，荡然无存了。

多年前，好友李之柔曾有诗寄我，题为《望都返京途中寄任道贤兄》：

瑞蔼灵台转觉空，空存寒柏立当风。

风光任道从前事，事逐苍茫一望中。

至今回想起来，依旧感慨不已。历史上的望都，庙宇、驿站、馆舍、街巷、牌楼、桥梁等多有石碑矗立。一来纪事，对重大历史事件和建设工程记述原委，周知百姓，以求事业后继有人，发展永续；二来表彰，为那些在历史进程中有重大贡献的官员和士民树碑立传，宣扬他们的事迹，移风易俗，揭示榜样。

每一通石碑，就是一个故事，就是一段历史。

那些石碑，既是历史的凭证，也是城市的点缀，使望都这个小城繁华之中透着厚重。

俗话说"金石可寿"。饱经沧桑，繁华散尽，能够留下来的或许就只有这些残断的石碑了，也多亏了这些残断的石碑，才让历史得以留存。

《碑证望都》重在一个"证"字。证什么呢？就是要以书中收录的这些碑文，来印证望都的历史文化。

本书以望都历史上留存的碑刻为研究对象。通过注释、翻译、解读，还原历史面貌；通过对碑刻内容的研究，拾遗补缺，对正史加以补充和完善；通过研究，梳理当地历史文化发展的脉络，为望都发展建设提供历史和文化依据。

本书集地域性、史料性、文化性、文学性于一体。共编著民国前望都境内的碑刻文字 80 篇，分为"祝颂陶唐""懿范长垂""尊儒重教""循良千古""敬天礼神""吏治民生"六个篇章，以方便读者集中查考。

　　欣逢盛世，不忘始终。本书记录历史，力图还历史以本来面目。不敢妄求承上启下之功，倘能为读者朋友和有志于研究望都历史的人提供一个便利的通道，能够为今世望都人增加几许自豪，能够唤起建设的责任，我愿足矣。仅将此书回赠给所有关心望都、支持望都的朋友：

　　踏雪搜石古庆都，吹沙扫叶辨文符。

　　残碑破字收拾起，唤鹤呼鹏志不孤。

何任道
二〇一八年八月二十日

第一篇　祝颂陶唐

引　言

中国有建祠立庙"法祀先王"的传统。

《礼记·曲礼》云："法施于民则祀之，以死勤事则祀之，以劳定国则祀之，能御大灾则祀之，能捍大患则祀之。"所以要对"有功烈于民"的先代帝王，如黄帝、颛顼、帝喾、尧、舜、禹，都要纳入国家祭典，概因其丰功伟绩造福社稷、泽被后世。故几千年来被后人立庙崇祀、追恩缅德，以示不忘根本。

望都始名庆都，是尧的出生地。

尧之时，推演出了历法。"乃命羲和，钦若昊天，历象日月星辰，敬授人时"；尧之时，设四岳，有了相对完善的组织干部制度。"四岳者，四方诸侯之长"；尧之时，开始了有组织的农业生产——后稷"教人稼穑"；尧之时，有了中国历史上最早的监狱，"得皋陶，聘为大理"，"皋陶造狱，画地为牢"。

有了历法，有了相对完善的组织干部人事制度，有了有组织的农业生产劳动，有了相对完善的司法制度，人们逐步摆脱蒙昧，社会开始有序运行，人类开始走向文明。

尧为古之圣王，姓伊祁，名放勋，号陶唐氏，系轩辕黄帝五世孙。父帝喾，母庆都。他克明俊德，爱民礼贤，凿井治水，劝耕促织，教化九族，协和万邦，功成身退，首开禅让之制，被尊为华夏民族的文明始祖。

《史记·五帝本纪》记载尧"其仁如天，其知如神"，"富而不骄，贵而不舒"，孔子也屡次发自内心地赞叹："惟天为大，惟尧则之，帝王之德盖盛于尧"。"为政为德，譬如北辰，居其所而众星共之。""大哉，尧之为君也！巍巍乎！唯天为大，唯尧则之；荡荡乎，民无能名焉。巍巍乎，其有成功也！焕乎，其有文章！"如此等等，充分说明帝尧在中华文明史上影响巨大。

相传尧为赤龙之子，"赤龙应焉"，为"龙之传人"。汉高祖刘邦乃尧帝后裔，秉承火德，建立炎汉后，置祠祀官，祭祀尧帝。东汉章帝、安帝之时，也曾遣使祭祀尧帝。北魏太和十六年(492)孝文帝诏祀帝尧于平阳，以后历朝谨按祀典，三年一祭，以成定制。

古庆都疆域广阔，《魏书·地形志》载："望都二汉、晋属中山，有高昌城、朝阳城、伊祁山（有尧神）、孤山"。自古便有祭祀尧帝的风俗。如清顺治年间《新建董孝子祠祀》所言："居其地则思法其人，冒其名则思崇其祀。故庆都祠尧，余姚祠舜，会稽祠禹，曲阜祠孔，邹祠孟。古之圣贤，或以功，或以德，一行独至，禋祀世其乡。"成书于唐宪宗元和八年（813）的《元和郡县图志》（唐代李吉甫著）和北宋初年的《太平寰宇记》（北宋乐史著）也记载："尧祠在望都县南四十里，已非故处。"由此可知，望都在很早便建有尧神祠。但县治几经分拆合并，疆域日渐狭隘。到宋、金时仅有三乡，但仍有尧山、都山、唐水。（见宋王存等著《元丰九域志》及《金书·地理志》）

蒙古入主中原后，元世祖忽必烈为稳固政权，吸取汉族谋士刘秉忠、郝经等人的建议，以儒治国，极力颂扬先王帝尧的功烈圣迹，于中统四年（1263）诏建平阳帝尧庙。

在全国推崇尧帝、广建尧祠的大形势下，望都作为陶唐故里，帝尧龙兴之地，自当率先。时任庆都县尹萧颙和程义以及他的儿子程居德，在望都城北创建帝尧庙三间，并请当时的大儒郝经撰写碑文。并于至元三年（1266）立《唐帝庙碑》于帝尧庙内。

明万历三年（1575），时任县令景一元因帝尧庙规模狭隘，将帝尧庙移建到城东尧母陵右侧。万历二十三年重修，山西布政使房守士撰《重建帝尧庙记》，立碑于东关庙内。万历四十八年时任县令刘天与"以子附母庙非帝制"，移建于东关旧社学址。

清康熙十七年（1678）至乾隆五十年（1785）清政府曾四次重修帝尧庙。清康熙十七年，郝浴奉命巡视两淮盐课加太仆寺少卿，途经庆都，恰逢庆都县令李天玑重修帝尧庙，遂受邀撰写了《重修帝尧庙碑记》，留碑于东关帝尧庙内。

清乾隆五十一年（1786），时任邑令沈寅受命重建帝尧庙，亲撰《重建帝尧庙记》并立碑。

清末民初，局势动荡，内外交困，据民国二十三年（1934）《望都县志》记载："帝尧庙殿宇失修，将就倾圮"。

1937 年 9 月，日军侵占望都，帝尧庙被日伪警备队占据作为营房，在和八路军、游击队交战中，部分损毁。

1966 年的"破四旧"运动，使帝尧庙再遭一劫。帝尧庙的地表遗存尽遭毁坏，庙内原有石碑大多不知所踪。

惜哉！文化之不存。

元至元三年《唐帝庙碑》

元·郝　经

【碑文】

翰林院侍读学士、江淮荆城等路宣抚使、入宋国信使陵川郝经撰。

道，本于皇，成于帝，降于王，终于霸。历数之运[1]会[2]，帝王之统纪[3]在焉。孔子赞《易》，自宓羲[4]至尧而止，黄帝以下不论。曰："黄帝、尧、舜，垂衣裳而天下治，盖取诸乾坤[5]"。言生民之道，至尧而后大备[6]，始并乾坤而为三[7]，则尧为皇之终。及其定《书》，断自《尧典》[8]，高辛[9]以上不论，则尧为帝之首。是帝尧上兼皇、帝，下冠[10]王、霸，独出乎众，而其仁如天也。故扬雄谓："法始乎宓羲而成乎尧。匪宓匪尧，礼义悄悄[11]"。

盖生民以来，少昊、颛顼[12]，非不神圣，而尧之在位相[13]舜者，二十有八载，以圣相圣，久于其道，天下化成。治历象[14]以成天，平水土以成地，教人伦以成人，赏均刑恤[15]以成典，去凶庸[16]善以成政。然后以天下授舜，以德为位，公天下之端自此始；而命之以中，传其心法，以道为统，立民之极[17]，亦自此始。故为帝者之宗。一降而王，又一降而霸，而后德衰。故德莫盛于帝，帝莫大于尧，宜乎配天而食[18]也。

自三代[19]来，载在祀典[20]，世封[21]其后，以崇[22]明祀[23]。后世帝王，其德弗逮[24]于王，有愧于霸，而兼皇帝之号，往往崇饰[25]淫昏，以为大祀[26]，而帝[27]之祀阙然不举。汉氏自以为帝之苗裔[28]，而祠不及焉[29]，则亦忘其祖矣。唐高祖以内禅[30]

法[31]尧，称其代曰唐，乃推[32]皋陶[33]、老子以本[34]所出，则亦虚[35]其[36]号矣。于是陶唐之祀忽诸，而神乏主[37]矣。

近世惟平阳[38]故帝都，有庙存焉。中山之庆都，帝之所生，按《地志》：伊祁山，帝母所居，葬于庆都，曰庆都陵。庆都西北有山，曰伊祁，祁水出焉，越蒲阴而经庆都之北鄙。庆都西有县曰唐，为帝始受封之国。以是征[39]之，盖尧生于庆都而唐其始封也，及其为帝，则都平阳。庆都为帝之梓里[40]，后人不忘其德，犹能指示其处，庙而享之，则其德之入人深者可见也。

兹者，庆邑萧侯同义士程义及子居德备己资，创建帝殿三楹[41]，期年[42]庙成，率邑之文武故老落而享之。经，侯门下士也，请碑其事，因援李唐张谓虞帝庙例，题曰：唐帝庙。而不名且赞帝德为之诗。庶几[43]居人识《赓歌》之遗音，知为陶唐氏之民焉。其诗云：

伊祁苍苍，祁水汤汤。

神母之邦，是降生陶唐，曰帝之乡。

帝德是昌，缵于有皇。

唐[44]哉皇[45]哉，帝道光哉！

乃圣乃神，莫不具来。

相与[46]有虞[47]，股肱[48]良哉！

谟明[49]弼[50]谐，庶事康哉[51]！

于戏[52]前王，其能忘哉！

载[53]葺[54]茅茨[55]，载筑土阶。

樽酒簋二[56]，曰烝尝[57]哉！

享于有诚[58]，曰馨香哉！

曰雨曰旸[59]，帝德惟常哉！

民无殃哉，神其无方^[60]哉！

大元至元三年正月之吉立石。

承事郎、庆都县尹兼管本县诸军奥鲁、劝农吏萧颐，承事郎、庆都县达鲁花赤兼管本县诸军奥鲁、劝农吏勒得律。

【注释】

[1]运：运气、命运。

[2]会：时机，事情变化的一个时间。

[3]统纪：纲纪。

[4]宓羲：伏羲别名。

[5]乾坤：天地。

[6]大备：一切具备、完备。

[7]三：天、地、人三才。

[8]《尧典》：《尚书》的首篇。

[9]高辛：帝喾（kù），姓姬，为上古时期"三皇五帝"中的第三位帝王，黄帝的曾孙。

[10]冠：超出众人，居第一位。

[11]礼义悄悄："礼义菁菁"，犹云治道榛芜耳。典出汉扬雄《法言·问道》。

[12]少昊、颛顼：相传少昊是黄帝之子，颛顼系黄帝之孙，上古帝王。

[13]相：辅佐。

[14]治历象：推算观测天体的运行。

[15]刑恤：刑法慎重。

[16]庸：用。

[17]极：准则。

[18]食：享祀。

[19]三代：夏、商、周三个朝代。

[20]祀典：记载祭祀仪礼的典籍。

[21]世封：世袭封建、封邦建国。

[22]崇：尊崇、推崇。

[23]明祀：对重大祭祀的美称。

[24]弗逮：不及。

[25]崇饰：粉饰、夸饰。

[26]大祀：最隆重的祭祀。

[27]帝：指尧帝。

[28]苗裔：后代。

[29]焉：语助词。

[30]内禅：禅让于其家族里的人。

[31]法：取法、效法。

[32]推：推原（从本原上推究）。

[33]皋陶：中国上古传说中的人物，上古时期伟大的政治家、思想家、教育家，被史学界和司法界公认为中国司法鼻祖。是与尧、舜、大禹齐名的"上古四圣"之一。

[34]本：推究本源。

[35]虚：虚设。

[36]其：代指尧帝。

[37]主：木主，指牌位。

[38]平阳：今山西临汾。

[39]征：证明、验证。

[40]梓里：故乡。

[41]楹：古代计算房屋的单位，一说一列为一楹；一说一间为一楹。

[42]期年：满一年。

[43] 庶几：希望、但愿。

[44] 唐：广大、浩荡。

[45] 皇：气势宏伟盛大。唐、皇迭韵，皆美大之辞。

[46] 相与：相授与。

[47] 有虞：舜帝之国号为"有虞"，这里指代舜。

[48] 股肱：腿和手臂，比喻左右辅佐之臣。

[49] 谟明：决策英明。

[50] 弼：辅佐。

[51] 庶事康哉：《书·益稷》："〔皋陶〕乃赓载歌曰：'元首明哉，股肱良哉，庶事康哉。'"歌词称颂君明臣良，诸事安宁。后遂以"康哉"为歌颂太平之词。

[52] 于戏(hū)：同于呜呼，语气叹词。"于戏，前王不忘！"这是《周颂·烈文》里面的诗句。意思是："啊，那前王的功德不会忘记"。

[53] 载：词缀，嵌在动词前边。

[54] 葺：原指用茅草覆盖房子，后泛指修理房屋。

[55] 茅茨：用茅草、芦苇盖的屋顶。

[56] 樽酒簋(guǐ)二：簋，古代盛食物器具。《易·坎》"樽酒簋贰，用缶，纳约自牖，终无咎。"孔颖达疏："一樽之酒，二簋之食，故云樽酒簋二也。"

[57] 烝尝：指一年四季的祭祀。

[58] 享于有诚：典出《尚书·太甲下》，"鬼神无常享，享于克诚"。意为鬼神不能经常地享受祭祀，享于有诚信。

[59] 旸：太阳升起。

[60] 无方：指没有一定的处所。

【参考译文】

元翰林院侍读学士、江淮荆城等路宣抚使、出使宋国的信使陵川人郝经撰。

治国之道，奠基于三皇，成熟于五帝，衰落在后世之王，终结于五霸。虽然经历了无数次历史的风云际会，但是帝王的纲纪仍然流传下来。孔子赞《易经》从伏羲开始到尧而止，黄帝以下不涉及。说："黄帝、尧、舜，垂衣裳而天下治，取法于天地"。并说，发展民生的道理，到尧之后才完备。这时候才形成天道、地道、人道这样的对客观世界认识的哲学思想。尧又把三皇的功业推向了极致。一直到孔子删定《尚书》，从《尧典》开始，高辛以上不涉及，把尧排在五帝的首位。这尧帝上兼皇帝，下冠王霸，是一个超乎寻常的帝王，大爱如天。所以扬雄说："法，开始于伏羲那个时代，而成熟于尧的时代。如果不是伏羲和尧，社会就依旧很混乱，人们就不懂得礼仪"。

自从有人类以来，少昊、颛顼不是不神圣，而尧在位以舜为相的时间有二十八年，以圣人来辅佐圣人，长时间贯彻执行这样的治国理政的思想，于是，天下安定，政治清明，人们懂得礼仪，社会走向文明。尧帝观察天象以成历法，平整水土以成地利，传授人伦以成人道。封赏平均、刑罚审慎以成法律，祛恶扬善以成政治。然后把天下禅让给舜，选贤任能，把帝位让给道德高尚的人，天下为公从此而始。告诉他要中正，传授心法给他，以道为统领。给百姓订立准则，也是从这时候开始的，所以是一切做帝王的人的祖先。以下是王，再以下是霸，而后道德沦丧。所以，德没有超过五帝的；五帝没有超过尧的。所以，尧应该与天一样享受祭祀。

自夏、商、周三代以来，帝尧的名号记载在祭祀的典籍里，并世代册封其后人，用重大的祭祀活动来推崇尧帝的德政。后代的帝王其德行远不及三王，也比不上五霸，却兼有皇帝之名，往往粉饰荒淫昏聩，却为他们举行盛大隆重的祭祀，而不为尧帝举办祭祀活动。汉朝自认为是尧帝的后代，而其设立的宗庙却不涉及尧帝，这是忘记祖宗的行为呀。唐高祖李渊，效法尧帝以内禅的形式把帝位禅让给儿子李世民，把他开创的那个朝代命名为唐朝，还搬出皋陶、老子来推究李姓的源流，也只是虚设帝尧的名号罢了。因此，对陶唐的祭祀被忽略，以至于不立庙堂，空其牌位。

近代，只有平阳古帝都有尧庙尚存。中山的庆都县，是帝尧的出生地，查看《地志》：伊祁山，尧母所居。尧母葬于庆都，称作庆都陵。庆都西北有山，叫伊祁山，祁水就发源于此。伊水穿过蒲阴县，经过庆都的北边。庆都县西边有个县叫唐县，是帝尧开始受封的诸侯国。拿这些来考证，大概能确定尧生于庆都，而唐是他开始受封的地方，等到他称帝，都城建在了平阳。庆都是尧帝的故乡，作为尧帝故乡的后人，不忘其功德，至今还能够指示尧帝当年留下的踪迹，建立庙宇并经常祭祀他，他的功绩之深入人心由此可见一斑。

现在有庆都县令萧颙同义士程义以及他的儿子程居德，捐出自己的钱，创建帝尧庙三间，一年时间建成。萧县令率领县内文武官员、乡亲故旧举行落成典礼，并举办盛大的祭祀活动。我是萧县令的门生，请求撰写碑文记述创建帝尧庙的经过，于是按照唐朝张谓为舜帝庙作文的体例，题名作：唐帝庙。本人不才又赋诗一首赞颂尧帝的盛德，希望生活在这里的人们还记得《赓歌》之遗音，知道自己是陶唐氏（尧帝）的子民。

苍茫的伊祁山呀，

祁水汤汤。

这里是尧母的家邦，

尧帝在这里诞降。

这里是尧帝的故乡，

这里帝德隆昌。

继承先皇伟业，

唐唐皇皇，

尧帝的思想依旧光芒万丈。

那是圣人、神人的光芒呀，

有了尧帝思想的光芒，

就有了无可战胜的力量。

您禅位给虞舜，

臣辅是多么优秀呀。

您决策英明，

您君臣和谐，

您使百姓的生活幸福安康。

啊！先王，

我们怎么能够淡忘？

修葺你的庙宇，

夯筑庙前的土阶，

我们将美酒佳肴献上。

请您接纳臣民的敬意，

我们诚心诚意地来纪念您，

献上鲜花，

请您欣赏；

献上美酒，

请您品尝。

雨天和晴天应时而至，

您的思想却永放光芒。

有您思想的光芒，

百姓就没有祸殃。

怎能没有祭祀您的庙堂？

大元至元三年正月的吉日立石。

立碑人：承事郎、庆都县尹兼管本县诸军奥鲁、劝农吏萧颙，承事郎、庆都县达鲁花赤兼管本县诸军奥鲁、劝农吏勒得律。

【作者简介】

郝经（1223—1275），字伯常，祖籍泽州陵川（今山西陵川），生于许州临颍城皋镇（今河南许昌）。元初名儒、诗文大家。幼遭金末兵乱，金亡迁居保定。家贫好学，师从金代大家元好问，后被保定守帅张柔、贾辅延为宾客，博览两府藏书数万卷，教授诸子，声名显赫。

蒙古蒙哥汗二年（1252），忽必烈开府金莲川，郝经应召入忽必烈王府并受重用，成为元世祖忽必烈的重要谋臣。

蒙古蒙哥汗九年（1259），郝经进《班师议》，力劝忽必烈谋取帝位。蒙古忽必烈汗中统元年（1260），郝经为翰林侍读学士，充国信使，出使南宋议和，被贾似道扣留十六年。元世祖至元十二年（1275），郝经被释，途中患病，至大都不久去世，年仅五十三岁。

著有《续后汉书》《春秋外传》《周易外传》《太极演》《原古录》《玉衡真观》《通鉴书法》《注三子》《一王雅》《行人志》《陵川集》等。有《续后汉书》与《陵川集》存世。

【背景解读】

庆都县地占通衢，域当南北之冲，自辽金侵宋开始，几十年干戈不断。蒙古铁骑南下伐金，更是烽火遍地、生灵涂炭。多年的战争离乱给当地百姓带来无尽灾难，以致民不聊生。元代大儒刘因曾写道："金源贞祐，迄于壬辰，河之南北，兵凶相仍，生意殆尽。而先儒所谓天下萧然，洪水之祸，盖不至此者。"郝经也说，"金源以来纪纲礼义，文物典章皆已坠没"。

元太祖八年（1213）七月，成吉思汗龙兴朔方，兵分三路，攻城夺地，会战河北，焚屠保州。河北汉人世侯史天泽、张柔、贾辅由金投降蒙古，庆都县亦归入蒙古版图，县制如故。初隶真定府，元太祖十一年隶属恒州，元太宗十一年（1239）改隶中书省顺天路。

顺天路在汉人世侯张柔的治理下，"修治耒耜，树艺桑麻"，当地的农业生产得到了恢复和发展。

乃马真皇后称制三年甲辰（1244）。虽然在南方宋元之间还打得如火如荼，包括庆都县在内的河北地区已无战事，社会相对稳定。庆都古有尧神祠，由于疆域省置，原属尧庙划归他县。时任承事郎庆都县尹兼管本县诸君奥鲁、劝农吏萧颤，因为庆都县尚未建立帝尧庙，就同义士程义以及他的儿子程居德，在望都城北创建帝尧庙三间，并请时年 21 岁的名儒郝经撰写了碑文，但不知何故，当时并未立碑。

元世祖忽必烈为取得广大汉民的支持，稳固自身政权，采纳汉族谋士刘秉忠、郝经等人的建议，以儒治国，极力颂扬先王帝尧的功烈圣迹，于中统四年（1263）在平阳诏建帝尧庙。在举国推崇尧帝，广建尧祠的历史背景下，庆都县在创建帝尧庙二十一年后，重修帝尧庙，并于至元三年（1266）正月将郝经所撰《创建唐帝庙碑记》立石于帝尧庙内。

据康熙年间傅云举《庆都考》记载：清康熙十七年（1678），"营州李公扩新三庙之后，详阅大元郝陵川所谱帝尧庙碑，字迹剥蚀，命匠重镌，已而又以古今隶治舛异，命举考订为之具述"。

此碑在文化史上有着极其重要的地位，为后世金石学家广为收录。清代甘鹏云所著《崇雅堂碑录》记载："帝尧庙碑，郝经撰，正书，至元二年正月，河北望都，当宋度宗咸淳元年"。

清代吴式芬《金石汇目分编》记载："元创建唐帝庙碑，郝经撰，正书，至元二年正月。"

清代缪荃孙《艺风堂金石文字目》《畿辅金石通志》记载："创建唐帝庙记，郝经撰，正书。额篆书。至元二年正月之吉，在直隶望都帝尧庙。"

清代曹溶《古林金石表》记载："帝尧庙碑，楷书，郝经撰，至元三年，望都县。"

清代樊彬《畿辅碑目》记载："帝尧庙碑石二，郝经并书，望都。"

孙星衍《京畿金石考》记载："元创建虞帝庙碑，郝经撰，正书。至元二年立，望都"。《寰宇访碑录》记载："帝尧庙碑，郝经撰，正书，至元二年正月，直隶望都"。

清代李培祜、张豫垲等著光绪《保定府志》记载："帝尧祠碑，至元二年二月，正书，在望都县本祠。郝经撰。金石目分域编按，郝经元世祖时人，县志以为此碑至正三年立，误"。

清乾隆《钦定续通志卷·金石略》记载："创建唐帝庙碑，郝经撰，正书，至元三年，望都。"

清末民初，局势动荡，内外交困，成书于民国二十三年的《望都县志》记载"帝尧庙殿宇失修，将就倾圮"。后经历次动荡，碑失所在。

2014 年，望都县文化学者王英辉同志经国家图书馆金石组赵爱学先生指点，查知清末曾有人来望都传拓此碑，拓片现藏于北京大学图书馆古籍特藏库。循此线索，望都县文化产业领导小组特委王英辉同志负责，以拓片交换的形式，于 2019 年 1 月中旬从北京大学图书馆换回此拓片的电子文件。

附：完县、隆尧县、唐县三地"唐帝庙碑"之异同

一、完县唐帝庙碑

完县（今顺平）也有《唐帝庙碑》，但碑文与望都《唐帝庙碑》出入较大。此碑为元大德三年（1299）立。碑上所题作者为翰林侍读学士汪住删。原先碑文凋落读不成句，只录其赞。民国时期此碑不知所踪。

光绪《保定府志》记载："帝尧庙在县城西南尧城村，元大德三年重建（元汪住删有记）。明万历三十二年重修。县志云：'大德三年翰林侍读学士汪住删撰碑文，凋落读不成句，止录其赞。'今按所录赞语二十七句与望都县元郝经帝尧祠碑赞字字相同，此庙修于大德三年，撰文者不应直录旧文，既言碑文凋落，岂赞语无一剥蚀乎？疑修志者妄以彼文补录耳。"。

民国张以诚修《完县新志》记载："帝尧庙在县城之西南尧城村西，旧志云大德三年翰林侍读学士汪住删撰碑文，凋落读不成句，止录其赞。案，元郝文忠公《陵川集》载有唐帝庙碑文一篇（碑文见文征），其赞词与汪赞同，惟

中间缺'莫不见闻'至'庶事康哉'五句。考郝公年谱，唐帝庙碑文撰于蒙古太宗（窝阔台）元乃马真皇后称制。是时，虽已灭金，仍都塞外和林，漠南燕汴之地只驻兵留守，尚无建元年号，而汪公碑赞撰于大德三年（1299），虽不知汪所撰碑文是否与郝公相同，而郝公封赠诰词于成宗大德九年（1305）追封冀国公，谥文忠，可知二公所撰碑赞年代相差无甚久远，倘二公引用当皆注明，必不掠他人之美以为己有。鄙意文与赞实皆郝公所撰，旧志误记为汪耳。不然何陵川文集载之甚详而汪公于元史并姓名亦无所考见也？今并此凋落之碑石而亦无之，甚为可惜。尧庙列在祀典，清之末年官尚致祭，至民国竟付缺如矣"。

民国张以诚修《完县新志》又载："唐帝尧庙碑，翰林侍读学士国信使、昭文馆大学士、冀国公谥文忠郝经撰。碑已没，文从郝文忠公集采录。"

二、隆尧县唐帝庙碑

邢台隆尧县亦有郝经所题此碑，碑文与望都县帝尧祠碑大部分相同，就是地名改成了"唐山县"。唐山县是邢台隆尧县西部原尧山县的曾用名。此碑为元大德元年（1297）立。《寰宇访碑录》卷一载："直隶望都有帝尧庙碑，郝经撰，至元二年。"邢州此碑未见著录。二十五卷之续《补寰宇访碑录》等书亦未见此碑。

元明代著名散文家归有光曾对此提出质疑："翰林学士江、淮等处宣抚副使充国信使郝经撰。世传尧始封于唐，即今唐山县，亦无所据。而汉之唐县，又在定之新乐。盖古地名称唐者不一，而《帝王世纪》云：'尧都平阳，于诗为唐国。'则非邢之唐山矣。《寰宇记》云：'邢州尧山县有宣雾山，一曰虚无山。'《城冢记》云：'尧登此山以望洪水，而访贤人。'则初非封国于此。《寰宇记》又云：'纳于大麓。大麓在昭庆，即今之巨鹿。'郦道元《水经注》：'尧将禅舜，纳之大麓之野，烈风雷雨不迷。乃致以昭华之玉女。县巨鹿取名焉。'巨鹿、唐山今皆在邢州之境，因以是名唐而祀尧，亦不可知郝伯常独详尧所生与其封之地，而此庙之建于邢者未之及，此非阙于所不知也哉？伯常文章节义，当时比之东坡。先友吴纯甫家有《陵川集》，今亦不存矣。余爱重其文，故特录之云。"（见《震川先生集》）

三、唐县唐帝庙碑

唐县也有此碑。碑文与望都县帝尧祠碑大部分相同，也是地名改成唐县。三碑所立年代均比望都帝尧庙碑晚四五十年。

大元至元三年《唐帝庙碑》拓片照

明万历二十三年《庆都县重建帝尧庙记碑》

明·房守士

【碑文】

《世纪》：帝尧，祁姓也。或从母姓曰伊耆。生丹陵，佐帝挚，封唐。二十而登帝位，都平阳。今天子令甲[1]岁遣祀官祀平阳。而庆都有尧母庙，遂有尧庙。

礼曰：乐，乐其所自生。礼，不忘其本。盖崇生本也。不佞[2]来备上谷诸兵事，意其地佳，山水倍万，故万古大圣人秀发其祥。又窃意大圣人秀发之地，其人文又倍万。既往来恒山之间，原野虽辉媚乎无复幼眇[3]，开深孕通明之秀，而开鸟庭河胜之征者。及闲，进长年三老[4]及诸弟子员，亦若愀然于风气，而曰：人文犹晨星之嘻嘻[5]也，此何以称焉？

庙迁自外郭[6]，若与母庙相依者，而规制稍不称帝室。然采椽[7]斥题[8]不斫不杇[9]，而饭粝[10]藿[11]者，岂唯是药房[12]而俎豆[13]之为宴娭[14]也？

且当尧时，格被勋成[15]，而问之朝野，不知。至读日出之歌曰：“帝力何有于我”。乃千万世攓撅[16]而置之，端冕而祀之，斯不亦畏垒[17]之尸祝[18]乎！而非也，沐泽而忘其化神，企盛而思其兴易[19]。今圣神在御，钦明文思[20]，何逊帝尧而翌翌[21]喁喁[22]，亦且有祝华歌衢[23]之颂。故赤文不足纪，没羽[24]不足贡，婴脯冀荚不足珍，昭[25]哉！望云[26]之代也。

矧[27]望都隶在宇下[28]，生尧之地者，故愿以尧之道相提论。夫尧之道，至邹鲁[29]而如日中天，乃其所论著，唯曰“道”。一曰与人同孝弟，其大旨惟在执中[30]；二曰人皆可为也。以此知道不择人，奈何择地？故为之则旦暮千古[31]；不为之则嗣尧之宫而不免为九子，又何论其地乎？

然含珠非珍，啜粕非昧，歧我以求之。尧不名，为一待，尧以为之；我不名，为同予，盖曰自为之，孝弟而已。孝弟，日用饮食也。节文[32]之不二、不异、即中、即尧，盖亦唯是。贤有司[33]胪列[34]其凡，而岁时乡社读法[35]，握手告语之，洎[36]长年三老，日以课督其子弟，而都人[37]士毋溺帖括[38]而迁羹墙[39]，则退而耕凿，进之稷契[40]，亦何至乎童习白纷[41]而咎[42]风气也？不然，父兄之教不先，子弟之率不谨，而徒以伏腊[43]走阙下[44]为媚，亦乌在乎生圣人之乡也？盖尧之言曰：面双阙无异乎崔巍之冠蓬莱，背墉郭[45]无异乎迥峦之紫昆仑。

都人士念之，毋华其居而土梗[46]其道，神且吐[47]之也。都人士曰而后乃知所以享帝。因再拜而问，记，遂掇其语于丽牲[48]之石。

【注释】

[1] 令甲：第一号命令，一号文件。甲，第一。

[2] 不佞：不才，自谦的说法。

[3] 幼眇：窈窕、美好。

[4] 长年三老：长寿的老人和乡村掌管教化的老者。此处指德高望重的人。长年，长寿的人。三老，古代官名，乡、县、郡都有设置，掌管教化，由年老的长者担任。十亭一乡，乡有三老。

[5] 嘒嘒：形容星光微小而明亮。

[6] 外郭（fú）：古代城圈外围的大城，即外城。

[7] 采椽：栎木或柞木椽子，言其俭朴。《韩非子·五蠹》："尧之

王天下也，茅茨不翦，采椽不斫"。

[8]斥题：榱题。今称出檐，椽之伸出于屋檐下者。语本《孟子·尽心下》："堂高数仞，榱题数尺，我得志，弗为也"。

[9]不斫（zhuó）不枅（jī）：以棌木为椽，不加雕饰，形容俭约。枅：柱子上的支承大梁的方木，即枓。《汉书·司马迁传》："墨者亦上尧舜，言其德行曰：'堂高三尺，土阶三等，茅茨不翦，棌椽不斫'"。

[10]粝：糙米饭。

[11]藿：豆类植物的叶子。～食（指粗劣的食物）。

[12]药房：香草装饰的房子，这里代指庙宇。药，草名，即"白芷"。

[13]俎豆：俎和豆，古代祭祀、宴会时盛肉类等食品的两种器皿，代指祭祀。

[14]宴娭（yàn xī）：亦作"宴嬉"，宴饮嬉戏。

[15]格被勋成：标准制定，功业建成。

[16]攓撅（qiān juē）：脱下衣服作工。

[17]畎亩：借指乡野。

[18]尸祝：祭祀。

[19]兴易：经营求利。

[20]钦明文思：郑玄说，"敬事节用谓之钦，照临四方谓之明，经纬天地谓之文，虑深通敏谓之思"。

[21]翌翌：翼翼，恭敬的样子

[22]喁喁（yóng yóng）：比喻众人敬仰归向的样子。例如：天下喁喁。

[23]歌衢：尧出行搞调查研究，见衢路有老人击壤而歌。

[24]没羽：箭名。《竹书纪年》："帝尧二十九年春，僬侥氏来朝，贡没羽"。

[25]昭：明明白白、显而易见。

[26]望云：仰望白云，谓仰慕君王。"就之如日，望之如云。"

[27] 矧（shěn）：况且。

[28] 宇下：指屋檐之下，比喻在他人庇护之下。

[29] 邹鲁：代指孔孟。

[30] 执中：不偏不倚。

[31] 旦暮千古：北齐颜之推《颜氏家训·慕贤》录古人云："千载一圣，犹旦暮也；五百年一贤，犹比髆也。"意思是一千年出一位圣人，还近得像从早到晚之间；五百年出一位贤人，还密得像肩碰肩。

[32] 节文：礼节。

[33] 有司：指官吏。古代设官分职，各有专司，故称有司。

[34] 胪列（lú liè）：罗列、列举。

[35] 读法：宣读法令。

[36] 洎（jì）：到、及。

[37] 都人：庆都人。

[38] 帖括：唐制，明经科以帖经试士。把经文贴去若干字，令应试者对答。后考生因帖经难记，乃总括经文编成歌诀，便于记诵应时，称"帖括"。比喻迂腐不切时用之言。

[39] 羹墙：追念前辈或者仰慕圣贤之意。典出《后汉书·李固传》："昔尧殂之后，舜仰慕三年。坐则见尧于墙，食则睹尧于羹"。

[40] 稷契：稷和契的并称，唐虞时代的贤臣。后稷是周的始祖，名弃，曾经被尧举为"农师"，被舜命为后稷。契也是古代人物，子姓，河南商丘人，帝喾之子，唐尧的异母弟，生母为简狄。

[41] 童习白纷：谓幼时学艺，到白头还纷乱不清。

[42] 敧：败坏。

[43] 伏腊：指伏祭和腊祭之日，或泛指节日。

[44] 阙下：宫阙之下，指帝王所居之处。这里指代帝尧庙。

[45] 墉郭：城郭、城池。

[46]土梗：泥塑偶像。此处取"华居"相反之义，意为像土埂一样不重要不重视。

[47]吐：唾弃。

[48]丽牲：指古代祭祀时将所用的牲口系在石碑上。此处借指石碑。

【参考译文】

《帝王世纪》记载：帝尧，姓祁。也有人说是随他母亲的姓——伊耆。出生在丹陵，开始的时候辅佐帝挚，后受封于唐地。二十岁登上帝位，建都在山西平阳。当今皇帝发布第一号命令，每年都要派遣主管祭祀的官员到山西平阳祭祀。而庆都县有尧母庙，于是也就有帝尧庙。

《礼记》说："乐，乐其所自生。礼，不忘其本"，说的是崇尚生命的本源呀。我来上谷郡负责军备事宜，心想，庆都一带很是不一般，山水好于其他地方万倍，所以才有万古大圣人从此地发祥。又私下以为，大圣人发祥的地方，文化也一定比其他地方好上万倍。后来，我往来于恒山之间，看到原野辉媚幼眇，深蕴通明，江山秀丽，感觉到这就是诞生鸟庭河胜般完美容貌的尧帝那样伟大帝王的地理征兆呀。等到空闲的时候，我与当地有威望的老者以及他们的子弟一起谈论这个事情，他们却个个对这里的风气感到悲观，说：这里的文化像晨星一般光亮微弱。这又是怎么说的呢？

帝尧庙是从城外搬迁过来的，如果和尧母庙相邻而建，按照制度规定与建设帝王庙宇的要求有些不符。然而尧帝当年居住的是原木架梁不加修饰、茅草盖顶不去修剪的房屋，吃的是粗米饭和豆叶，过着简朴的生活。如今为其修建庙宇祭祀，难道只是为了让其享受美食宴饮嬉戏吗？

而且在尧那个时代，制定了相对完备的国家制度，建立了不朽的功勋，尧可说是一个很伟大的人。可是走访民间，人们却并不知道他。等到读了《日出之歌》"帝力何有于我"才明白，千百年来人们脱下衣服放置一旁开始工作，穿戴整齐进行祭祀，乡野里的祭祀不就是这样吗？其实，这是不正确的，沐浴在尧帝的恩泽里，却忘记了他的教化之功，想发达了才想起来去求告尧帝保佑，目的是求取利益，这也太功利了吧。当今皇上在位，敬事节用，照临四方，经纬天地，虑深通敏，并不比尧帝差到哪里。人心归附，而且有来自民间的祝福与歌颂。所以赤文不值得记录，没羽不值得进贡，翠脯蔑荚也没有什么珍贵的。明明白白，清清楚楚，这不就是"望之如云"吗？

况且，望都在当今皇帝的治下，是尧帝出生的地方，所以愿以尧帝之道相提并论。尧帝之道，到孔孟时期达到顶峰，如日中天。孔孟的著作，重点阐述的是"道"。第一个方面说的是与人同孝悌，其根本的核心思想就是"执中"，也就是不偏不倚；第二个方面说的是每个人都可以成为尧舜那样的人。因此我们知道，"道"是不排斥任何人的，又怎么会因为地域不同而排斥那里的人呢？所以，遵道而行，虽然在世短暂，却能流芳千古（一千年出一位圣贤就觉得时间很短了）；不遵道而行就是继承了尧帝的天下，也免不了会成为尧帝的第九个儿子丹朱那样的不肖之人，和地域又有什么关系呢？

然而，在我看来含着珍珠并不珍贵，咀嚼糟粕并非美味，因为这和我追求的不同。尧不说出来，是有所期待，尧是亲身实践它；我不说出来，是想别人和我一致，所以说自为之就是主动实践孝悌之道呀。所谓孝悌之道，其实就在日常饮食起居这些平凡的小事上。礼节、礼数没有什么分别，不偏不倚就是"执中"，就是尧帝之道。也只有贤能的管理者，才能够把这些平凡的事情罗列整理在一起，到过节的时候，深入乡村社区宣读法令，相互握手传告，到尊长和三老那里，每天督促子弟们学习。而望都的读书人不要沉溺于帖括，而认为羹墙之说迂腐。于是退而归乡，耕田凿井做一个农民；进则入仕为官，成为稷契那样的贤臣。如果能够这样，又哪里至于从小学艺到老了还迷迷糊糊而责备风气呢？不这样的话，如果父兄的教育不先行，不为子弟做好的表率，而只是在祭祀的日子到庙里献媚，出生在圣人之乡的意义又何在呢？尧曾经说过"面双阙无异乎崔巍之冠蓬莱，背墉郭无异乎迥峦之紫昆仑"。

望都人怀念尧帝，不要只是把尧帝的庙宇建设得漂漂亮亮，而把尧帝的思想当作土埂一样轻视。如果那样的话，尧帝的神灵也会唾弃的。望都人说：以后知道怎么祭祀尧帝了。于是，向他们表示感谢，把他们的话整理记录下来，并镌刻在石碑上。

【作者简介】

房守士（1537—1604），字升甫，号备吾，山东齐河人，万历五年（1577）中进士，曾任御赐巡抚大同，兵部右侍郎兼督察院右佥都御史、赐兵部尚书。据《明神宗显皇帝实录》记载："万历二十二年甲午，升山西按察使房守士为本省右布政使。""万历二十四年正月升山西布政司右布政使房守士河南左布政使。"

明万历二十三年（1595），时任山西布政使、兵备紫荆等关的房守士到保定一带巡视兵备，途经庆都县，曾至南关外二里处涌鱼泉，题写了《尧母第一泉》碑。时值帝尧庙重建，受邀撰写了《重建帝尧庙记》。

【背景解读】

明隆庆六年（1572），明穆宗驾崩，年仅十岁的朱翊钧登基，年号万历。为照料小皇帝的饮食起居，其生母李太后随之搬进乾清宫，"代帝监国"。李太后垂帘听政，慧眼识珠，提拔张居正为相，大刀阔斧地改革前朝弊政，从而实现了九州大治，四海升平。史称"万历中兴"。

偏妃出身的李太后，是一位有政治眼光却无政治野心的贤妻良母，为人严谨、深明大义，哺育幼子成才，其经历与尧母相似，其功绩可与尧母庆都媲美。被誉为当时的尧母。

明万历六年，万历皇帝大婚，李太后由乾清宫搬回慈宁宫，还政于子，不再临朝称制。张居正去世之后，万历皇帝开始真正掌握政权。他励精图治、乾纲独断而不失仁慈节俭。在当时社会经济持续发展的大好形势下，连续在西北、东北、西南边疆，以雷霆手段展开三次大规模的对外军事行动，史称"万历三大征"。

明万历二十三年，在西北展开的宁夏之役大获全胜之后，抗倭援朝战争也取得第一阶段的胜利。万历皇帝的声望也达到最盛时期。

万历三年李太后临朝称制之期，庆都县令景一元将帝尧庙移建于尧母陵东侧。到了万历二十三年，万历皇帝已完全掌握了国家大权，据旧县志记载："万历年间时任邑令刘天与认为子附母庙不符合帝制，且不符合当时政治形势，将其移建到东关旧社学处。"但据此残碑碑文记载，时任庆都知县为马世鑛。乾隆《望都县新志》记载："马世鑛，绥德州人选贡。"乾隆《绥德州直隶州志》记载："马世鑛，万历七年选贡，官庆都知县，（陕西）绥德宣化里人。"

2014 年 4 月，望都县西白城村在修路时拆除一座旧石桥，发现了被斫为六段的《重建帝尧庙记碑》，为了保护国家文物，村支部书记张同玉和虚云禅寺明舟长老将此碑与同时发现的郝经《创建唐帝尧庙碑记》一同拉到虚云禅寺，埋藏于藏书楼前地下。

2018 年 5 月由望都县文保所所长计志广运回文保所收藏保管。

2018 年 8 月 21 日，国家图书馆古籍馆金石组卢芳玉老师带队对望都历史遗存的石碑进行了传拓，拓片将由国家图书馆永久收藏。

明万历二十三年《庆都县重建帝尧庙记碑》拓片照

清康熙十七年《重修帝尧庙记碑》

清·郝 浴

【碑文】

今上[1]甲寅腊月之吉，营州李公来抚[2]兹土，释菜[3]后晋谒[4]帝尧庙，环视殿阶墙垣[5]，依稀当日之土阶茅茨[6]，慨然太息[7]曰："匹夫有善，犹祀[8]于乡，矧以开天立极之圣，实诞[9]于兹，谁司民牧，忍令至此极耶？宰[10]者神人之主，是吾责也。"

遂矢志修复，奈以民志未洽，岁事[11]鲜登[12]，弗克即举。阅三载丁巳，政平讼理，骎骎[13]乎志辑[14]而人洽矣。乃捐资倡众，诹[15]日兴工，新其所已陈，植[16]其所将覆，增其所未有，又于殿后建厅以税客[17]，于庙侧立院以司阍[18]，内外上下莫不具举[19]。

大哉，观[20]乎巍峨闳敞，岿然[21]帝子居矣。邑[22]人乐睹盛事，征余纪胜，且欲悉[23]帝之所由生，与其庙之所由建。余以帝德则[24]天，大圣难名，若夫[25]简编记载，学士家类能道之，兹复何赘？亦为之核[26]山川，谱世系，略具梗概已尔。按《世纪》，帝尧，帝喾高辛氏子，黄帝五世孙，其母庆都氏观于三阿，生帝于丹陵。幼随母居伊祁山，因氏焉。年十二佐[27]挚封植，受封于陶，十五改封于唐，又号陶唐氏。十六诸侯尊为天子，都平阳[28]，庆都为帝梓里[29]，故有庙在尧城[30]。嬴[31]秦析[32]庆都之半置曲逆县[33]，尧城遂不隶于庆都。李唐时徙置今治[34]。邑凡三经省置[35]，帝庙阙然[36]，嗣[37]元至元间，邑人程义及子居德创建帝殿三楹[38]于邑之北郭[39]。明嘉靖间邑令景公以[40]

规模狭隘移建治东，万历间邑令刘公以子附母庙非帝制，移建于兹，盖旧社学[41]也。有古柏二本[42]，不纪年，因位殿宇上，若天设然，迄今[43]且一甲子[44]周矣。公复大举扩而新之，其意固将纳庆邑于春风和气中也。

邑之人再拜谢曰："而后乃知所以飨[45]帝，且共信为陶唐氏之民焉。"

【注释】

[1]今上：当今皇上。

[2]抚：按、握。此处引申为掌管。

[3]释菜：古代流传下来的两大祭孔仪式之一，按惯例在开学时举行。"释菜"即用"菜"（蔬果菜羹之类）来礼敬师尊。古代官员以孔门学子自居，所以官员到任后，要先祭拜孔子。

[4]晋谒：进去拜祭。

[5]垣：矮墙，泛指墙。

[6]土阶茅茨（cí）：夯土做台阶、茅草做顶建的屋子，比喻居住条件简陋。《新唐书·薛收传》："土阶茅茨，唐尧以昌。"

[7]太息：叹气。

[8]祀：祭祀。

[9]诞：出生。

[10]宰：官吏的通称。《公羊传·隐公元年》："宰者何？官也。"

[11]岁事：年成。

[12]登：庄稼成熟。《孟子·滕文公上》："五谷不登。"

[13]骎骎（qīn qīn）：马疾行的样子，形容事业前进得很快。

[14]辑：聚集，引申为统一。

[15]诹（zōu）：商议。

[16] 植：树立。

[17] 税客：接待客人。

[18] 阍：宫门。此处"司阍"即为帝尧庙看守门户。

[19] 举：全、完备。

[20] 覩（dǔ）："睹"的古体写法，意为看见。

[21] 肖然：高大独立的样子。

[22] 邑：县。

[23] 悉：详尽，引申为详尽地叙述，详尽地知道。

[24] 则：效法。

[25] 若夫：像……那样。夫为语气助词，无实意。

[26] 核：核实。

[27] 佐：辅佐。

[28] 平阳：古地名，今山西临汾。

[29] 梓里：故乡。

[30] 尧城：古地名。

[31] 嬴：姓氏，"嬴秦"指秦朝。

[32] 析：分散、分离。

[33] 曲逆县：古县名，今顺平县。

[34] 治：治所，政府所在地。

[35] 省置：废除和设置。

[36] 阙（quē）：同"缺"。"阙然"，欠缺或不完善的样子。

[37] 嗣：随后。

[38] 楹：古代计算房屋的单位，一说一列为一楹；一说一间为一楹。

[39] 郭（fú）：外城。

[40] 以：因为。

[41] 社学：明清两代在乡镇设立的学校。

[42]本：古代量词，株、棵、丛、撮。

[43]迄今：到今天。

[44]甲子：用干支纪年或计算岁数时，六十组干支文字轮一周叫一甲子。

[45]飨（xiǎng）：祭祀。

【参考译文】

康熙十三年（1674）腊月，营州李天玑先生任庆都县令。释菜礼结束后就到帝尧庙祭拜。环视庙宇内外，感觉好像还是史书里记载的那个样子，土台阶、茅草屋，十分简陋。不由得感慨万千，叹息道："普通老百姓做了好事，还会被乡亲们立庙祭祀，更何况尧帝实实在在就出生在这里，又是开天辟地为人世创立规则的圣人呢？作为地方长官谁能忍心让帝尧庙破败到这个程度呢？一县之令是一县之内神、人的主宰，帝尧庙的事就是我的责任呀！"

于是下决心要修复帝尧庙，可是因为县内上下意见还不是很一致，再有庄稼歉收年景不好，就没有马上实施。过了三年到丁巳年（1677）这一年，政通人和，社会稳定，官民上下意见一致，于是县令李天玑带头捐资并发出倡议，选了一个良辰吉日开工建设。把那些陈旧的换成新的，把那些快倒塌的重新立起来，又增添了好多原来没有的东西。在大殿的后边增建了客厅用来接待客人，在庙的一边建一院落供守护帝尧庙的人居住。重修之后的帝尧庙里里外外上上下下没有不完备的地方。

好伟大呀，看现在的帝尧庙高大宽敞，这才像帝王应该居住的地方。县内的人都来参观这一盛事，并提议让我记载下来，而且想详尽地知道尧帝和尧帝庙的由来。我认为尧帝的美好品行是以天为则，他那样伟大的圣人是难以描述的，如果像史书里记载的那样，那些普通的知识分子都能说出来，还用我再啰唆什么呢？因此我也就核实一下与帝尧有关的地方，叙述一下他的家族传承，简单地讲一个大概吧。考察《帝王世纪》一书的记载，帝尧是高辛氏家族帝喾的儿子，是黄帝的第五代孙。他的母亲庆都氏在三阿游览，在丹陵生下他。小时候跟母亲住在伊祁山，因此姓伊祁。他十二岁的时候辅佐他的哥哥帝挚，被封为陶地的诸侯，十五岁又改封到唐地，因此又称他陶唐氏。十六岁被诸侯推举为天子，定都在平阳这个地方。庆都县是尧帝的出生地，因此在尧城有帝尧庙。秦朝时从庆都县分出一半的土地设立曲逆县，于是尧城划归曲逆县，不再受庆都县的管辖，唐朝时又将县衙搬迁到今天的位置。庆都县先后经历多次行政区划调整，因此望都就没有了帝尧庙。到元代至元年间，县里有个叫程义的，他和他的儿子程居德在县城北边建了一个三间房的帝尧庙。明代嘉靖年间县令景先生因为嫌它规模太小，又把它迁建到县衙的东面，到万历年间县令刘先生认为儿子的庙依附在母亲的庙的旁边不符合建立帝王庙宇的规制，又把帝尧庙迁建到今天这个地方。这里大概是旧时的学校的位置，庙里有两棵古柏，已说不清生长了多少年了，因为枝干覆盖在殿宇之上，好像是上天的安排，到现在也有60年了。今天，县令李天玑重修、扩建帝尧庙，他的用意是要把庆都县建设得政通人和。

县里的人了解这些后再三拜谢李县令，说道：从今往后就知道应该怎样供奉尧帝了。并且大家都确信自己是尧帝的后代子民。

【作者简介】

郝浴（1623—1683），字冰涤，又字雪海，号复阳，河北定州人，清顺治进士。授刑部主事，后改湖广道御史，巡按四川。有节气，不畏权贵，不附势。因疏劾吴三桂而流徙奉天（辽宁沈阳市），后迁铁岭。在东北前后受谪二十二年。"三藩之乱"爆发后，魏象枢极力劝谏康熙帝为郝浴平反昭雪，重新起复，历任两淮巡盐、左副都御史。康熙十九年（1681）十二月，授广西巡抚。

著有《孟子解》《见圣多言稿》《子午集》《中山史论》《中山文钞》《中山诗钞》《郝中丞奏议》《粤西封事》《银州笔记》等。康熙十一年为《定州志》作序。

康熙五年所绘《银州大雪图》是一幅由清代流人以流地为背景所绘制的反

映流地面貌、流人心态、有名人题跋的书画卷，是郝浴唯一传世画作。

【背景解读】

明末崇祯十一年（1638）十月，清军入侵明朝内地，攻陷庆都，火烧全城，制造了惨绝人寰的"庆都兵燹"事件。后来明军与大顺军、清军与大顺军在此又几次交锋，庆都县兵连祸结，遍地疮痍。

清康熙十三年，吴三桂举兵反清之际，奉天铁岭人李天玑知庆都。李天玑励精图治，体恤民力，实行仁政，发展生产，让当地百姓得以休养生息，社会初步稳定，经济得以发展。

清康熙十七年，吴三桂称帝病死，清政府平定"三藩之乱"已胜利在望。"斯时尧庙圮，社学废，康熙十七年邑令李天玑恢复旧制于庙后，市地亩余、建厅三楹为社学，集生徒而供其膏火，四乡均设义学。"（见康熙《庆都县志》）帝尧庙也得以重修。

"李天玑，奉天铁岭人，镶黄旗官生，有传见名宦。""李天玑，营州人，康熙十五年令望都时，望都被戊寅及鼎革之变，疮痍未复，又值吴逆生乱。公才足肆应，抚字有方，到任即除报富民，作柜舒解粮银之扰，二年即刻成望邑志乘。至于修尧母庙、帝尧庙、学宫三庙，兴社学，复陂堰，种种俱兴，大有造于望也。其详皆散见于志中。"（见康熙《庆都县志》）

郝浴的老家定州与望都毗邻，庆都是其返乡或进京的必经之地。曾数次停驻庆都县，拜谒过庆都尧母陵和帝尧庙，帝尧庙建成之后，都御史郝浴于康熙十七年行经庆都县，受庆都县令李天玑盛情邀请，题写了《重修帝尧庙记碑》，并为望都古八景题诗。

此碑立于东关帝尧庙中，后帝尧庙毁，此碑散落民间。2014 年 4 月发现于西白城村，2018 年 5 月与《唐帝庙碑》同时被运回文保所。

清康熙十七年《重修帝尧庙记碑》拓片照

清康熙十七年《庆都考》碑

清·傅云举

【碑文】

史称：帝喾高辛氏之妃，陈锋氏女，曰庆都，生尧。是庆都者，古为地名，尧之母以地氏也。其旧城在今治西北，相距三十里，名故城，当时城址犹存，倚尧山下。《汉书》张晏云："尧山在唐东北望都界，其两翼则神孙山。"《魏书·地形志》曰："北平郡望都县有尧（山）、神孙山，其北为伊祁山。"《一统志》云："伊祁山尧母所居之地，再北则三峰耸矗状如列屏。其阳皆巉岩峭壁，其阴则宛如丘垄者，三阿也。"皇甫谧云："庆都氏生尧于三阿之阳。"即此也。故城南有孤山，曰都山。张晏云："望都县尧山在北，都山在南，登尧山南望都山，故又名望都"。以此证之，故城之为旧庆都也，明矣。

《地道记》[1] 云："庆都有'委粟关'"。故城西十余里有山曰"葫芦"。山状若委粟在大谷中，不与两山相接，其两山遥对处，乱石累累，亘延无际，土人称为长城岭，率皆 [2] 关垣废址。此又一征也。

秦时名庆都，县域幅员广阔，分其半置曲逆县。汉时改庆都为望都。改曲逆为徇忠，嗣 [3] 复改为蒲阴，为北平，为永平，为完州，为完县。名虽数易，其初固皆庆都域也。

再阅府志、完志，三代 [4] 以前世代表俱载云完县旧为庆都，是又足以征 [5] 旧庆都之广阔也。见今 [6] 故城尧山委粟关隶于唐，伊祁诸山隶于完，第 [7] 未详 [8] 割隶何时，惜失所自始矣。

今治，特庆都之一隅尔。旧名成阳，为庆都属落。尧母殂落后葬于此，有陵在焉，土人称为尧母台。

府志云，汉章帝元和二年使使者祀尧母于成阳灵台，号曰灵台大母。郭缘生《述征记》曰："成阳治东有尧母台"，此又足征今治之为成阳地也。

北齐省望都入北平，李唐武德四年复望都县，徙置今治。辽又省之，金再复，又改名庆都县。自元明迄今称名不易。营州李公扩新三庙[9] 之后，详阅大元郝陵川[10] 所谱帝尧庙碑，字迹剥蚀[11]，命匠重镌。已而又以古今隶治舛异，命举考订，为之具述如右。

【注释】

[1] 地道记：即《晋书·地道记》。

[2] 率皆：表范围的副词，意思为大都、全都。

[3] 嗣：接着、随后。

[4] 三代：是对中国历史上的夏、商、周三个朝代的合称。"三代"一词最早见于春秋时期的《论语·卫灵公》："斯民也，三代之所以直道而行也。"

[5] 征：证明；证验。

[6] 见今：即现今。

[7] 第：仅、只、只是。

[8] 未详：不知道或了解得不清楚。

[9] 三庙：此指尧母庙、帝尧庙、学宫三座庙。重修此三庙为李天玑做望都县令的政绩之一。

[10] 郝陵川：即郝经，字伯常，元初泽州陵川县（今山西陵川）人，后人称其"郝陵川"。是宋元之际的诗人、经学家、史学家和政论家。

[11] 剥蚀：物体受侵蚀而损坏脱落。

【参考译文】

《史记》上说：高辛氏帝喾的妃子为陈锋氏女，名叫庆都，生了尧帝。此处的庆都，古代是地名，尧帝的母亲是用地名来称呼她的。原庆都县的旧城在今天治所的西北面，两地相距三十里的距离，称作故城，当年的城址地基还存在，靠近尧山脚下。《汉书》记载张晏说："尧山在唐县东北方向望都界内，它的两翼是神孙山。"《魏书·地形志》说："北平郡望都县有尧（山）、神孙山，它的北面为伊祁山。"《一统志》说："伊祁山是尧母所居住的地方，再往北有座山，三峰耸立，其形状像排列的屏风。山的南面都是悬崖峭壁，山的北面却像坟丘一般，这就是三阿。"皇甫谧说："庆都是在三阿的南面生下尧。"就是说的这个地方。故城南面有座孤山，叫作都山。张晏说："望都县尧山在北，都山在南，尧母登尧山南望都山，所以县名也叫望都"。用这些进行考察验证，今天的故城就是古代的庆都，这件事就很明确了。

《晋书·地道记》中说："庆都这地方有座'委粟关'，故城西十余里处有山叫作'葫芦山'，山的形状就像委粟在山谷中，不与两边的山相连接，遥遥相对的两山之间，乱石累累，绵延伸展没有边际，当地人叫作'长城岭'，全都是城墙的旧地基，这又是故城即为古庆都的一个佐证。"

在秦代时叫作庆都，因为县域幅员广阔，分出一半设置了曲逆县。汉朝时改庆都县名为望都。改曲逆县名为徇忠，继而又改为蒲阴，为北平，为永平，为完州，为完县。名字虽多次改变，当初这本来都是古庆都的县域呀。

再查阅保定府志、完县县志，三代以前的世代表上都记载着完县原属庆都，这又足以验证原庆都县面积广阔。现今故城、尧山、委粟关隶属于唐县，伊祁山等诸山隶属于完县，只是不知道从什么时候这样分割隶属的，很可惜不能考证这事是从何时开始。

今天庆都县的治所，只是原庆都县的一部分。原来称作成阳，是原庆都县属地。尧母去世后埋葬在这里，她的陵墓还在，人们称为"尧母台"。

府志上说，汉章帝元和二年（77）曾派使者到城阳尧母的陵墓去祭祀，称尧母为"灵台大母"。郭缘生的《述征记》记载"成阳治东有尧母台"，这又足以证明今天庆都的治所是原来叫作成阳的地方。

在北齐的时候，撤望都县并入北平，唐朝武德四年又恢复望都县，搬迁至现在的治所。到辽时又撤销了，到金又恢复，又改名庆都县。从元朝、明朝到今天，庆都县的名字再也没有改变过。营州李先生修葺扩建三庙之后，详细阅读了元代郝经所写的帝尧庙碑，见字迹损坏剥落，就命工匠重新镌刻，之后又因古今属地沿革记载不一致，让我加以考证，因此详细地记述在右侧。

【作者简介】

傅云举，明末清初岁贡，直隶庆都邑名士。曾参与编纂康熙《庆都县志》，撰写《李公义捐广田记》，并为清康熙十七年《重修尧母庙记碑》篆额。康熙《庆都县志》留有诗作。

【背景解读】

清康熙十七年（1678），时任庆都县令李天玑重修帝尧庙，帝尧庙内元代郝经所撰《唐帝庙碑》，因年深日久，碑上字迹剥蚀不清，遂命工匠重镌。虑及县域古今不同，委托傅云举予以考证。傅云举撰《庆都考》一文，刻于《唐帝庙碑》碑阴。

康熙二十四年正月，时任灵寿知县陆陇其在其《三鱼堂日记》中记载：赴保定途经庆都帝尧庙，"十一开印即往保定……十三过庆都谒尧庙，庙有元郝经碑，碑阴有邑人傅云举记，言庆都自秦时分为曲逆，即今之完县，尧母之迹已在完县，不在庆都，此庙自元始有之。"

陆陇其（1630—1692），原名龙其，因避讳改名陇其，谱名世穮，字稼书，浙江平湖人，学者称其为当湖先生，清代理学家。康熙九年庚戌科进士，历官江南嘉定、直隶灵寿知县、四川道监察御史等。学术专宗朱熹，排斥陆王，被清廷誉为"本朝理学儒臣第一"，与陆世仪并称"二陆"，追谥清献，加赠内阁学士兼礼部侍郎衔，从祀孔庙。著有《困勉录》《读书志疑》《三鱼堂文集》等。

光绪《保定府志》："按（望都）县志载傅云举庆都县考一篇舛错甚多，不录。"如碑文中引录《魏书·地形志》语，"北平郡望都县有尧（山）、神孙山，其北为伊祁山。"就有几处错误。《魏书·地形志》此句原文如下："望都二汉、晋属中山，有高昌城、朝阳城、伊祁山（有尧神）、孤山。"碑文其他错处，不一一列举。

望都县文保所有《庆都考》碑拓留存。

康熙十七年《庆都考》碑拓片照

清乾隆五十一年《重建帝尧庙记碑》

清·沈 寅

【碑文】

望都东门外二里，有古帝尧之庙在焉。元时始建，大殿二楹，国朝扩而充之，岁久渐皆毁坏。

今上西巡狩，恭谒帝庙。弥切羹墙[1]，承宣[2]纶綍[3]。命以国帑，修庙如帝母陵，昭大典也。

乾隆五十年六月，乃择吉鸠工[4]，自正殿外垣，悉易其旧。增置宫门、朝房、牌楼、阴壁，凡八越月[5]而告成焉。

窃闻帝之为君也，其仁如天，光被四表。然则灵爽所凭[6]，岂独桑梓哉？而斯庙之坏，而不敢废，修而类乎举者，虽事先此邦，其义宏且远矣。

今夫万代，帝王去古即远，而其统续相承，则犹然帝之旧也。敬考《尚书》所载，尽性立命，设官分职，道法兼备，巍乎焕乎，万世帝王。宵趋旰步，卒莫能易。夫知其道未有不敬其神，敬其神未有不尽其道者也。今天子勤求上理，惟日孜孜[7]，黎民于变为乐，此即仁尧之用心也。而创制显庸[8]，悉本唐虞三代[9]之遗，自朝廷以迄[10]草野，莫不有典有则，麟麟炳炳然。

嗟呼！帝庙之初建也，特以臣民感慕，奋其天良，私立神宇，岁时致敬，遂覆帱[11]之量[12]，靡不兼容。然而制度未备，诚敬未昭。较之，事出乎朝廷，义关乎国脉，其规模相去远矣。

古者庙制，堂户寝室备，欲其孔曼且硕[13]，以妥先灵。今兹奕奕[14]，新庙犹斯义也。而天子省方[15]驻跸[16]，躬进瓣芋，使夫执事有严，官有次所[17]，煌煌巨典，不亦伟乎！

寅，下吏也，承乏^[18]斯邑，恪^[19]襄^[20]盛事。既课厥^[21]始，而观厥成矣。故敬胪^[22]所见以勒诸石，记成并缀歌词二章如左。

其一曰：

吉日兮良辰，树华阙兮瞻帝廷。

赫宏敞兮有曜，郁嵸嵳^[23]兮氤氲。

柏效灵兮睒栋，阶疑旧兮苗莫。

春秋兮上戊，洁粢^[24]兮丰盛。

奉瑶觞^[25]兮望彤车，帝之来兮乘白云。

日融融兮殿壁，风肃肃兮前楹。

庶陟降^[26]兮在兹，永来享兮康宁。

其一曰：

蕃百草兮甘雨，披惇溷^[27]兮和风。

有浩荡兮弗居，靡精诚兮弗通。

銮舆兮出艮，来谒兮帝宫。

溯典谟兮节既合，仰巍焕兮华再重。

明良^[28]拜兮帝乐康，降福禄兮麻^[29]无穷。

【注释】

[1]羹墙：追念前辈或仰慕圣贤的意思。典出《后汉书·李固传》："昔尧殂之后，舜仰慕三年。坐则见尧于墙，食则睹尧于羹"。

[2]承宣：继承发扬。

[3]纶綍（lún fú）：皇帝的诏令被称为"纶綍"。

[4]鸠工：召集工匠。

[5]八越月：过了八个月。

[6]凭：凭吊。

[7]孜孜：勤勉、不懈怠。

[8]显庸：显明、显著。

[9]唐虞三代：唐尧、虞舜及夏、商、周三代。

[10]迄：到、至。

[11]覆帱：覆被、施恩、加惠的意思。亦作"覆焘"。

[12]量：数量、范围。

[13]孔曼且硕：广大，这里指庙宇宏大。孔，大；曼，广；硕，大。典出《诗·鲁颂·閟宫》："徂徕之松，新甫之柏。是断是度，是寻是尺。松桷有舄，路寝孔硕。新庙奕奕，奚斯所作。孔曼且硕，万民是若。"

[14]奕奕：美好貌。

[15]省方：巡视四方。

[16]驻跸：皇帝、后妃出行时中途暂住的地方。

[17]次所：驻扎的地方。

[18]承乏：承继暂时无适当人选的职位，一般用于自谦。

[19]恪：恭敬、谨慎。

[20]襄：帮助、辅佐。

[21]厥：其。

[22]敬胪：恭敬地罗列、陈述。

[23]猣鏊：云气蒸腾貌。

[24]洁粢：《左传·桓公六年》："奉盛以告曰'絜粢丰盛'，谓其三时不害而民和年丰也。"孔颖达疏："奉盛以告神曰'絜粢丰盛'者，非谓所祭之食絜净丰多而已，乃言民之粮食尽丰多也"。

[25]瑶觞：美酒。

[26]陟降：升降、上下。

[27]惇涽（dūn hùn）：浑浊。

[28]明良：谓贤明的君主和忠良的臣子。《书·益稷》："元首明哉，股肱良哉，庶事康哉！"

[29] 庥：覆盖。

【参考译文】

望都县城东门外，大概二里地的地方，有一座帝尧庙。元朝时期开始兴建，有两楹大殿，本朝加以扩充，由于时间太长了，逐渐地开始毁坏。

当今皇上到国家西部视察，从这里经过，拜谒了帝尧庙。瞻仰圣像，发布诏令，要求国库拨付资金，重修帝尧庙，使之达到尧母陵庙那样的规模和建设标准，明确为国家典礼。

乾隆五十年（1785）六月，选择了一个吉日良辰，召集工匠，从正殿的外墙开始，统统焕然一新。并且增设了宫门、朝房、牌楼、阴壁，共用了八个月的时间才大功告成。

我了解到尧帝作为君主，仁爱如天，他的恩德远播四方。然而对他灵魂的凭吊，哪里只是在他的家乡呢？如今他的庙宇毁坏，却不敢废弃，说是修缮，其实和重建差不多。事情虽然发生在望都这个地方，但是其影响却远远超出望都的边界，是一件具有重大意义和影响长远的事情呀。

到现在，距离尧帝那个时代已经很久远了，然而他的政体、道统却代代延续，依然是尧帝那个时候的样子，几乎没有什么改变。我恭敬地从《尚书》里查找关于尧帝的记载，尽性立命，设官分职，道法兼备，现在看来依然能够感觉到尧帝当年站位之高，依然闪烁着思想的光芒，尧帝真的是万世帝王呀！后代人虽然紧跟尧帝的步伐，但是最终还是不能改变他的传统。凡是了解尧帝思想的人没有不敬奉他的神灵的；敬奉尧帝神灵的没有不了解尧帝思想的。当今皇上对真理孜孜以求，普通百姓乐于求变，这正是尧帝仁爱思想的体现呀。而国家制度显明，都是唐尧、虞舜和夏商周三代以来流传下来的呀。从朝廷到民间，一切都有法可依，光辉灿烂。

唉！帝尧庙初建的时候，是因为臣民感激仰慕尧帝，是从良心出发，私自为尧帝设立的神庙，每到祭祀的日子都会前来祭拜，表达敬意。获得尧帝保佑的范围实在是太广大了，真的是无不兼容并包呀！可是，那时候并没有完备的祭祀制度，诚敬之意并不明确。比较之下，修缮帝尧庙这件事情，政策出于朝廷，关系到国家的前途命运，国家建设与民间祭祀之间的差距真是太大了。

　　古代建庙的规制，须堂屋寝室具备，使其宽敞明亮，来安放先人的灵魂。如今建成的新庙光彩熠熠，就是这个意思。当今皇上巡视四方，下榻此地，恭敬地祭祀尧帝，让随行的官员按照秩序在自己应该出现的位置上陪祀，这是一个光辉的典范，不也是一件很伟大的事情吗？

　　本人沈寅，是一个下级官吏，暂时负责管理这个地方，克勤克俭、恭恭敬敬，谨慎从事。负责督修帝尧庙这个盛大的事情，一定会善始善终。所以，恭敬地将所见所闻罗列如上，将它们刻在石头上，记述这个事情的来龙去脉，并在后面缀上两首歌词，放在碑文的左边。

其一

良辰吉日，

修筑起华丽的庙门。

我站在高大的门楼上，

帝尧庙气势恢宏，

明亮宽敞。

佳气葱茏，

祥云缭绕，

高大的古柏斜倚在房檐，

台阶上蒉莱茂盛茁壮。

春秋之季的上戊之日，

准备好丰盛的祭品，

我将美酒佳肴献上。

期待尧帝的神灵乘彤车驾白马，

下凡来享。

暖融融的日光，

照在殿壁间；

清风扑面，

拂在廊柱之上。

升降在此，

永享太平安康。

其二

蕃百草啊，

欣逢甘霖雨露，

和风吹散了，

浑浊的浓雾。

东风浩荡无停歇，

无不精诚，

相通贯注。

皇帝的车驾从东北方来，

到此拜庙，

驻车停步。

翻看历史典籍，

知道这完全合乎礼数。

仰望尧帝神像，

高大威武，

光芒迸出。

贤明的皇帝和忠良的大臣，

在您的圣像前，

跪地匍匐，

祈求尧帝给人民带来快乐和幸福。

啊！尧帝，

您会荫庇万民，

播撒阳光雨露。

【作者简介】

沈寅，字芝珊，又字笠阳，安徽泾川人。乾隆三十六年（1771）辛卯科举人。初任望都县令（乾隆四十九年），后调邯郸知县。乾隆五十五年升任蔚州知州，五十四岁卒于任上。

【背景解读】

据嘉庆《泾县志》记载："沈寅，字芝珊，乾隆辛卯（1771）举人，初任望都县令，望都地冲繁，读书人少，寅才能明察，振兴文教，首捐养廉，设立书院，从此文风丕变，寻调邯郸，政绩亦如之。庚戌升蔚州知州，修学校，宽刑政，释疑狱。年五十四卒于官"。

光绪《望都县志》记载："沈寅，泾川人，乾隆五十年莅任斯邑（按：此处对沈寅任职时间记载有误）。城东门外二里许，有帝尧庙。元时始建大殿三楹，清扩而充之，岁久渐毁。是年，清帝西巡恭谒帝尧庙，弥切羹墙，颁帑银命重修。凡八月告成。次年春，省方驻跸，躬进瓣香，使夫执事有严，在官有次，雍雍肃肃，巨典斯行。公幸得与诸大臣趋跄拜跪，恪襄祀事，至今邑人犹称之。公善书法，城隍庙、药王庙多有匾楹遗迹。"

民国《望都县志》卷十一《大事记》记载："乾隆五十年县令沈寅重修帝尧庙""乾隆五十一年仲春，高宗西巡，巡幸五台山，銮舆经望都再谒尧母陵"。

乾隆五十一年五月，沈寅亲撰《重修帝尧庙记》，立碑于东关帝尧庙东庑，碑横七尺，竖一尺五寸。后帝尧庙毁坏，此碑亦不知所踪。

第二篇　懿范长垂

引　言

庆都生尧，尧在尧山下以母亲庆都之名建庆都城，遂有庆都邑（望都）。

尧母死后归葬望都，望都遂有尧母陵、庙，遂有尧母庆都之祀。

尧母教子有方，扶尧十六岁登天子位。尧躬行善政，运起鸿蒙，泽九万里寰宇；尧母中天启圣，佐创华夏，启四千年文明；母子贤德并茂，慈孝无双，传为历史佳话。

庆都母仪天下，光耀千秋，逝后归葬望都，墓曰"尧母陵"，号为"灵台大母"。陵旁以帝后规格建庙，永享后人祭祀。如元代苏天爵所撰《庆都县新建三皇庙记》中所言："按庆都本汉望都，帝尧始生之地，其山有尧母之祀在焉。"亲临祭拜的嘉庆皇帝也由衷赞道："夫《尚书》首载，放勋治统之所著，即道统之所垂。于是尧母陵有醑，尧帝祠有祀。"

据传，尧母天赋神异，生前蛟龙守门，玄云入户，逝后凤凰守陵，紫气盈墓。每当曙色林梢，霞光满天，台上云气蒸腾，紫黄交辉，为望都八景之首，被誉为"灵台瑞霭"。

历代王朝对尧母陵庙均注意维护和修葺。各朝皇帝也都效仿尧帝，以孝治国。历史上汉光武帝刘秀、汉章帝刘炟、宋仁宗赵祯、金显宗完颜允恭、明世宗朱厚熜、清康熙帝玄烨、清乾隆帝弘历、清嘉庆帝颙琰等都曾亲临致祭或拨款修建。在每次修建完工之后，均留有相关诗文，刻碑立于尧母庙中。由此也形成了独具特色的尧母陵庙碑刻文化。

在宋、辽、金、元时期，望都处于边关之地，战火纷燃，烽烟频起，尧母陵庙屡遭破坏。岁月流逝，之前的碑刻大多已无从考证。

明嘉靖十八年（1539）嘉靖帝御驾南巡湖北显陵，四月回銮返京。归途行经庆都县，御史谢少南上疏，言庆都县有尧母陵庙，由于年代久远而祭典缺失，请嘉靖皇帝亲临祭祀。嘉靖认为尧母乃历代帝母典范，当千秋共祀，故欣然应允。并因此认为谢少南才识可嘉，升迁其为司直郎兼翰林院检讨之职。命随行礼部尚书严嵩制订祭祀礼仪，内阁大学士夏言安排祭拜行程。事后安排有司建庙事宜。

明万历十八年（1590），时任庆都县令张前光捐俸银五十金重修尧母庙，增建长廊、门宇、牲堂、寝室等。御史杨绍程撰《重修尧母祠记》。明万历四十一年时任庆都县令刘天与请司农尚书郎朱期昌题写了"尧母陵"三个大字，刻于碑阳，并将《重修尧母祠碑记》镌于碑阴。

清康熙十七年，时任庆都县令李天玑重修尧母庙，由中宪大夫、原任江西饶州府知府、邑人麻堪撰《重修尧母庙记》。

清康熙二十四年，时任庆都县令蒋国正重修尧母陵庙。由赐进士出身、资政大夫、经筵讲官、礼部尚书、掌詹事府事、睢阳汤斌撰写了《尧母陵记碑》。清乾隆六年（1741），应直隶总督孙嘉淦奏请，乾隆下旨拨专款修葺庆都县尧母陵庙。时任庆都县令林鹏飞受命主持尧母陵庙的修复工程。竣工后林鹏飞题写了《重修尧母陵祠》一诗，刻碑立石于尧母祠前东庑东壁。

清乾隆四十五年，乾隆皇帝计划次年于西巡五台途中拜谒尧母陵庙并诣帝尧庙。时任望都知县赵大经，奉诏动用国库专款重修望都尧母陵庙。为记述这一历史事件，特制《重修尧母陵庙古歌三十二韵》，后刻石于尧母祠前东庑。

清乾隆五十年，乾隆皇帝拟于五十一年农历三月西巡五台，銮舆经过望都，再谒尧母陵庙拈香敬拜。时任望都县令沈寅受命用国库专款重修望都尧母陵庙，并亲撰《重修尧母陵庙记》，立石于尧母祠前西庑。

清道光十五年（1835），时任望都县令欧阳学重修尧母陵庙。由太子少保、兵部尚书兼都察院右都御史、两江总督、前翰林院编修、湖北安化人陶澍撰《尧母陵记》。

清光绪十三年（1887），时任望都县令赵启心重修尧母陵庙。在光绪末年变法改良运动中，清政府下诏"庙产兴学"，提出将寺庙改办为新式学堂。

尧母庙殿前各厢房全部改为校舍。

　　民国二十六年（1937），博野籍望都县长李培元重修尧母陵，并亲题"尧母陵"三字刻石立于陵前。当年九月，日军占领望都城，尧母庙内驻有大森联队司令部，不许中国人入内祭祀。

　　在20世纪40年代的解放战争中，国民党军队拆掉尧母庙，用砖石木料修筑工事，尧母陵庙毁于战火。后历"文化大革命"的浩劫，大部分石碑流离失所，不知所踪。只有几块相关碑刻仍得保存，亦是不幸中之大幸了。

明万历十八年《重修尧母庙祠记》

明·杨绍程

按，史称尧母在三阿之南，寄于伊长孺之家而生尧，故尧姓伊祁氏。而《竹书》谓尧母名庆都，生斗维之野，观于三阿，感赤龙瑞，生尧于丹陵。今邑有庆都陵，而尧城在完县，鸿郎城为丹朱所居。在唐则完与唐并得祀尧，庆都为母地，爰有母祠。夫祀其子与母，而名其母何居？夫讳始于周人，而尧时无讳法。则庆都之有祠，而尧母与尧之当并祀于庆都，礼也。予以视盐筴特徘徊祠中，见其垣宇摧颓，弗称所以歆[1]明德意，属邑令张子前光以赎锾[2]三十金新之，而前光又捐俸金二十，为垣者百堵[3]，为廊者六，为门宇者九，为牲堂寝室者各三。即未敢言闳丽，亦稍足以严明神而备裸将[4]矣。

夫尧之明德远矣，当其时，十日并出，焦禾杀稼，九年之水，怀山襄陵[5]，不为无事，而尧以黄收[6]纯衣，彤车白马，坐而治之。茅茨不翦，土阶三尺，朴桷不斫，素题不枅。今畿内[7]稍登[8]，而天下水旱之奏无宁日。即备庙貌，以崇祀事，得非当时"茅茨土阶，朴桷素题"之心乎？

第[9]古者无年[10]，犹索鬼神而祭之。矧继天立极之圣，首在祀典。而御史职得以问境内祀事之废堕。今天子神圣，比德唐尧，而两宫太后，光辉尧母，人臣以尧事君，述古昔而称先王，则庆都之庙祀乌可以弗新也？因为序其颠[11]而系之以辞，曰：

玉版[12]文开，青鹤声闻[13]。

巨查[14]浮海，重明至门。

尧母诞圣，放勋[15]格天。

蓂荚[16]报月，龟历纪年。

十瑞应日，五老告期[15]。

时雍于变，万世淳熙。

我今戾止[18]，爰修祀文。

顾瞻来格[19]，如日如云。

吁嗟母氏，长发其祥。

为日之母，为云之将。

如彼元气，孕此重乾。

惟天为大，有开必先。

閟宫严严，赫赫明明。

嘉栗旨酒[20]，大房[21]楅[22]衡。

小臣有恪，我享[23]我将[24]。

启我皇明[25]，万寿无疆。

时大明万历十八年岁次庚寅夏五月之吉，知县张前光、县丞谭珙、典史陈思训立石。

【注释】

[1]歆：悦服、欣喜。

[2]赎锾（huán）：赎罪的银钱。

[3]百堵：《诗·小雅·鸿雁》："之子于垣，百堵皆作。"毛传："一丈为板，五板为堵。"高亨注："百，言其多。堵，一面墙。"

[4]祼（guàn）将：指祭祀。祼，祭祀时酹酒迎神。将，捧。

[5]怀山襄陵：大水包围山岳，漫过丘陵。怀，包围；襄，上升至高处；陵，大土山。

[6]黄收：黄色的帽子。

[7] 畿内：古称王都及其周围千里以内的地区。

[8] 登：丰收。

[9] 第：宅第。

[10] 年：年代。

[11] 繇（yóu）：由。古同"尤"。

[12] 玉版：以玉石作为简牍。象征祥瑞盛境或预示休咎的玉石。

[13] 青鹤声闻：典出《诗经·小雅·鹤鸣》"鹤鸣于九皋，声闻于野"，引申为音乐之动听。

[14] 巨查（zhā）：大木筏。晋王嘉《拾遗记·唐尧》："尧登位三十年，有巨查浮于西海。"

[15] 放勋：尧的名字。

[16] 蓂荚：古代传说中的一种瑞草。《帝王世纪》"尧时有草夹阶而生，每月朔生一荚，厌而不落，月半则生十五荚。自十六日起，一荚落，至月晦而尽。月小则余一荚，厌而不落"。

[17] 告期：又称请期，俗称选日子。

[18] 戾止：来到、到来。

[19] 来格：来临、到来。格，至。

[20] 嘉栗旨酒：形容酒佳美清醇。

[21] 大房：祭祀时盛牲畜的俎。

[22] 楅（bī）：拴在牛角上防止牛顶人的横木。"凡祭祀，饰其牛牲，设其楅衡"。

[23] 享：献祭品。

[24] 将：捧。

[25] 皇明：光明。皇，是煌的本字，引申为光明。

【参考译文】

考察史书记载，尧母生活在三阿之南，寄居在伊长孺的家里，后来生下了尧，所以尧姓伊祁。《竹书纪年》上记载，尧母名"庆都"，出生在斗维之野，在游览三阿的时候，感受到赤龙的祥瑞之气而受孕，在丹陵生下尧。如今县内有"庆都陵"，而尧城在今天的完县，鸿郎城，是尧帝的儿子丹朱居住的地方。在唐朝，完县和唐县共同祭祀尧帝。庆都是尧母故里，于是才建有尧母祠。在祭祀他的儿子和母亲的时候，母亲的牌位应该放在什么位置呢？讲究避讳的礼法是从周朝时开始的，而尧那个时代是没有这种避讳制度的，那么庆都有尧母庙和帝尧庙，将尧母和尧帝放到一起共同祭祀，是合乎礼法的。我借视察盐政的机会，特地到祠中察看，看到院墙和房屋破败不堪，这和用来祭祀尧母盛德的地方是极不相称的。我特意嘱咐县令张前光，用犯人赎罪的三十两银进行翻新改建，而县令张前光又捐出自己的俸银二十两。修建围墙近百丈，廊厦六间，大小门楼九个，祭祀用的殿堂和寝室各三间。即使不敢说宏大壮丽，也足以显示圣母神灵的庄严，并且有了祭祀的地方。

帝尧的完美德行，传播得实在太久远了。在尧的年代，天上同时出现了十个太阳，晒焦了禾苗，枯死了庄稼。一连九年大水围住山头，漫上了丘陵，所以并非平安无事。而尧戴着黄冠，穿着黑衣，红车白马，坐而治理天下。盖屋的茅草不去修剪，土筑的高台只有三尺。建房的木椽不去加工，门额不加修饰。如今天下收成刚刚好一点，而关于水旱灾害的奏章仍是接连不断，应尽快修好尧母庙，以崇敬的心情进行祭拜，这不就是那个时候"茅茨土阶，朴椽素题"的心情吗？

那些不知道建筑年代的老宅第，还要专门找一个宅神来祭拜，更何况对继承天意、树立人间最高道德标准的圣贤呢？首要的问题是要合乎祭祀的礼仪和制度。我作为御史官员是有权过问境内有关祭祀事务衰败懈怠的情况的。当今皇上圣明，可以和尧帝的德行相媲美，而两宫太后为尧母增添光辉，大臣们像对待尧一样侍奉皇上，讲起过去的时候而口称先王，那么祭祀庆都用的庙宇怎么可以不修葺一新呢？因此作此文，交代事情的来龙去脉。并写成歌词，词曰：

将颂歌镌刻在石碑上，

仙鹤在天空翱翔，

鹤语婉转，

如歌声般嘹亮。

从海上漂来的木筏，

是仙人来贺，

日月之光照耀着门墙。

庆都孕十四月将放勋诞降。

则天帝范，

尧是万代榜样。

龟背上镌刻着历史，

蓂荚预报着朔望。

十种征兆预示着祥瑞，

五老将佳期奉上。

世道太平，

和谐安康。

江山万代

淳朴、和谐、吉祥。

今天我来到这里，

将祭文献上。

展望未来，

像祥云一样美妙，

像红日一样明亮。

伟大的尧母啊！

您时时散发出祥瑞的光芒。

您是像太阳一般的母亲，

您是祥云的统帅，

您是生命的本源，

您孕育了天地四方。

唯有上天至高无上，

有什么发明开创，

必定会降下征兆瑞祥。

尧母庙庄严宽敞，

堂堂皇皇。

清洌的美酒，

俎豆里尽是牛羊。

小臣我恭恭敬敬，

将祭品奉上。

尧母呀！

您点亮了我心头的明灯，

愿您万寿无疆。

时间是明朝万历十八年五月的吉日，知县张前光、县丞谭琪、典史陈思训立石。

【作者简介】

杨绍程（1549—1617），字儒系，号洛源，陕西岐山人。长于诗文，崇尚节气。明万历十一年（1583）中进士，授翰林院庶吉士，又转河南道监察御史。刚直不阿，言人所不敢言。巡抚云南地时，对地方官奢侈挥霍上书弹劾。后任山西参政，答逐权要，弹劾贪官。著有《馆课宏诗文》《济险桥》等。

【背景解读】

明万历十八年（1590），时任庆都县令张前光受长芦巡盐御史杨绍程嘱托，带头捐俸，筹资重修尧母庙，修建围墙若干，廊庑六间，大小门楼九个，牲堂和寝堂各三间。

张前光在任期间重教化、兴社学，开挖河道，增建县城东门，辑修万历《庆都乘》，善政不胜枚举。

光绪《望都县新志·名宦》："张前光，彰德举人，万历十四年任，公心存恺悌，念切休戚。令属民自陈利害，与设法除之。每乡建立社学，延师教民之子弟，其用度皆仰给于官。一日，省农至柳宿村北，见地势洼下而其土则可田，遇秋水泛涨，坏禾漂舍。公令从中开河一道，以泄水。又于永丰镇东开河一道，达于龙泉河。其秋果大水异常，二村水不为灾。是年，邑称大有，山西等处流民投附甚众。公申请上台，置来安镇、积庆坊。盖房三百间，招集一百五十余家，仍给斗粮籽种，流民得所。现今二处生聚不赀，公之遗也，众建生祠肖像祀之。"

据光绪《重修天津府志》记载："杨绍程，陕西岐山进士，十四年任长芦巡盐御史。""长芦巡盐御史，明永乐十三年设，一年两巡。正统十一年令兼理山东盐法。"

重修尧母庙工程竣工后，张前光恳请杨绍程御史撰写碑记。后由庆都县令张前光刻石勒碑，立于尧母庙前左隅，碑体高一丈五尺，宽四尺，厚一尺五寸。

清代嵇璜在其所著的《钦定续通志》中收录此碑："重修尧母庙记，杨绍程撰，正书，万历十八年，望都。"

万历、康熙、光绪《保定府志》以及历代望都县志对此碑文均有收录。

望都文化学者王英辉研究发现，郭正域在其所著《合并黄离草》卷二十二中亦收录此文，只是文章篇名为《庆都县尧母祠记》，下面标有"代"字。据此推断，可能是杨绍程政务繁忙，便口述其意，委托同榜进士、好友郭正域代笔撰写了此碑文。

郭正域（1554—1612），字美命，号明龙，明湖广江夏（今湖北武昌）人。万历年间南京兵部尚书郭应聘长子。万历十一年癸未科进士，授编修。曾为东宫讲官。累迁礼部侍郎，官至礼部尚书。博通典籍，勇于任事，有经济大略，是明朝中期的一个大儒，与沈鲤、吕坤合称为万历年间天下"三大贤"。曾因

"妖书案"入狱，后因数次触忤首辅沈一贯，被罢官还籍。著作有《合并黄离草》《皇明典礼志》《韩文杜律》，评点过《考工记》《解庄》《杜子美七言律》《昭明文选》等。

　　清末有人传拓此碑，现拓片收藏于国家图书馆。后尧母陵庙毁，此碑幸得留存，现保存于望都县文保所。

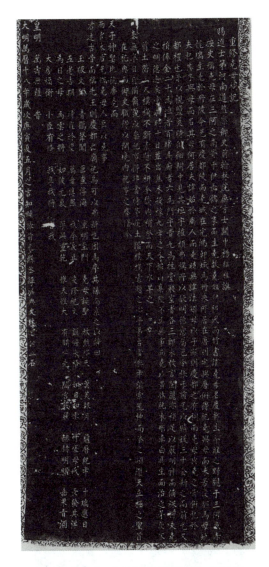

明万历十八年《重修尧母祠记》拓片照

明万历四十一年尧母陵碑

明·朱期昌

朱期昌"尧母陵"碑拓片照

【作者简介】

朱期昌（1564—1620），字辰翁，湖北蕲水（今湖北浠水）人。明万历三十八年（1610）庚戌科进士。初授户部主事，转贵州司郎中、总理山西宁武等处粮储，尚未赴任，即转任为浙江司主事。选拔拟任为开封太守，辞而不就，回乡结庐守孝。明万历四十六年（1618）任户部郎中视通州挖运，明万历四十八年例升常州太守，未赴任病卒。

朱期昌嗜书好古，博闻强记，与其父朱衿、其兄朱期至合誉为"一门三进士。"以书法闻名于世，早年即入选"楚十二才子"，名入《御定佩文斋书画谱》。清顺治《蕲水县志》及清初陈梦雷所著《古今图书集成·氏族典》均有其传记。

【背景解读】

朱期昌之父朱衿为嘉靖三十二年（1553）癸丑科进士，官至浙江布政使。曾带朱期昌之母滕夫人远赴云南任职布政使。滕夫人在三十六岁时病逝于云南。万历二十一年，为完成母亲叶落归根的遗命，朱期昌千里奔波，将滕夫人的尸骨迁葬回乡。明代以孝道立国，朱期昌的孝行无疑是践行中国古代传统孝文化的典范，故被时人钦敬并推崇。享有"孝子"美誉。

万历四十一年，官职司农尚书郎的朱期昌拟任为开封太守，辞官告退，回乡为父母结庐守孝。庆都县（今名望都）为九省通衢之地，是京师通往湖广的必经之路。当年春季，朱期昌途经庆都住宿，参观了重修后的尧母陵庙。受时任庆都县令刘天与所托，挥笔题写"尧母陵"三个大字。

后刘天与将此墨宝刻于明万历十八年《重修尧母祠碑》碑阳。该碑在尧母祠前左隅，碑阳中间一行是篆书，"尧母陵"三个大字，字径三尺。右边一行是"明司农尚书郎楚蕲水朱期昌谨书"。左边一行是"万历癸酉春知庆都县事晋垣曲刘天与谨立"。碑高一丈五尺，宽四尺，厚一尺五寸。

清末民初有人传拓此碑，拓片现存国家图书馆。

后尧母陵庙毁，此碑历经辗转，断有裂纹，幸得留存，现收藏于望都县文保所。

明天启四年《重修庆都氏祠记》

明·原秉谦

【碑文】

惟[1]天生母，惟母生尧。

都山自拱[2]，滱水[3]来朝。

荒祠寂寂，遗像萧萧。

仑奂庸饰，金碧庸珋。

俨兹圣母，重兹有陶。

禋祀[4]勿替，灵爽[5]于昭[6]。

【注释】

[1]惟：用来表示仅仅、只是等意思。

[2]拱：原意两手抱拳上举以表敬意，此是围绕、环绕的意思。

[3]滱水：古河名。上游即今河北定县以上唐河，自定县以下，《汉书·地理志》《水经注》载，故道东南流经今安国县南，折东北经高阳县西，又北流经安州镇西，东北流与易水合，此下易水亦通称滱水。唐即有唐河之称，宋以后滱水之名渐废，下游时有变迁。

[4]禋祀（yīn sì）：古代祭天的一种礼仪。先燔柴升烟再加牲体或玉帛于柴上焚烧，让天帝嗅味以享祭。

[5]灵爽：指神灵、神明。

[6]昭：显扬、显示。

【作者简介】

原秉谦，山西太原举人，明天启朝庆都县令。任内浚沟渠，兴学校，被县内百姓称颂为"一念慈祥千蔀暖，满堂冰雪四时寒"。

【背景解读】

明朝天启四年（1624）七月原秉谦重修尧母庙，捐俸银购置庙地五亩，并招道士李守明主持看守，永为香火。

尧母庙重修之后，原秉谦题诗《重修庆都氏祠记》，由迪功郎、县丞、湖北长林人桂振宇书写，典史、莆田人吴廷瑞刻石立碑于尧母陵左侧，石高七尺，宽二尺，厚一尺。

清末民初有人传拓此碑，拓片现存国家图书馆。后尧母陵庙毁坏，此碑幸得留存，碑体断裂有损，现收藏于望都县文保所。

明天启四年《重修庆都氏祠记》拓片照

清康熙十七年《重修尧母庙记》

清·麻 埏

【碑文】

帝纪[1]：帝喾高辛氏，生而神灵，自言其名曰夋[2]，黄帝之曾孙也。父曰蟜极[3]，祖曰伭嚣[4]，嚣、极皆未在位。于颛顼[5]为族子，年十五佐颛顼，三十即帝位，在位七十载，年百有五岁。妃四，姜嫄生稷，简狄生商[6]，常仪生挚，庆都生尧，是为陈锋氏女也。

观于三阿，生尧于丹陵。是庆都者，古为地名，尧之母以地氏也。今治古成阳[7]地为庆都属落，李唐武德时改置城池于此。其庆都旧治在今治西北，相距一舍[8]，名故城，倚尧山下，北里许为伊祁山，此帝之以山氏也。幼随母居其上，后人遂名为太子庵。在北则三峰耸矗，状如列屏，其阳皆巉岩[9]峭壁，其阴则宛若邱垄者，三阿也。皇甫谧云："尧母在三阿之阳，寄于伊长儒之家，妊十有四月，而生尧"，即此也。张晏曰："尧母登尧山，南望都山"。故城南十里有孤山，曰"望都山"，此又故城为旧庆都之明征也。

今则尧山、孤山隶于唐，伊祁、三阿隶于完。虽历代因革[10]，分隶之不一，然庆都之名则确然有据，而莫之或易也。尧母殂[11]落后，葬于庆都之成阳，名"尧母陵"。汉章帝元和时遣官致祀，崇其号曰"灵台大母"。明世宗嘉靖时，允[12]台臣[13]请[14]，驻跸予祭。陵在治东，庙在陵下，盖累代钦慕明德，崇生本也。

历年滋久，诸所为殿陛[15]垣墉[16]一望瓦砾。岁甲寅，今上十三年也，营州李公天玑来抚兹土，斋沐晋谒。见庙貌失瞻，矢志修辑。无如[17]赋烦民疲，兼之师旅辗辚[18]，且受事伊始，征发期会[19]，日昃[20]不遑[21]举，弗果也。

越三年丁巳，政洽人和，商于荐绅[22]士庶，走匠抡材[23]，内外上下莫不具举，较之始建更煌煌也。

工竣，征记巅末[24]，余惟帝德难名，又何以赘其母也。亦惟为之核山川，详里道，表世系，而谱其祖父昆弟，使人知开天之圣有母在斯，亦犹夫人之子也。共相厉[25]其人，皆可为之志，是则重修之本念也。

康熙十七年，岁次戊午二月之吉，中宪大夫、原任江西饶州、邑人麻垛撰。文林郎、庆都县知县、营州李天玑，典史、于越杨国昌，儒学教谕、营州秦毓琦，训导、文安刘振绪，原任儒学教谕、今升国子监学正、孤竹刘疏泗，岁进士、邑人傅云举篆，岁进士、邑人周元会书。

【注释】

[1]帝纪：指史书中的《帝王本纪》。

[2]夋（qūn）：帝喾的名字。

[3]蟜（jiǎo）极：上古传说中的人物，黄帝的孙子，玄嚣之子，帝喾的父亲。

[4]玹（xuán）嚣：号青阳，上古传说人物。传说他是黄帝和嫘祖的长子，帝喾的祖父。

[5]颛顼（zhuān xū）：传说中的上古帝王，黄帝之孙。

[6]商：商的始祖契。

[7]成阳：古地名，即望都城内。

[8]舍：古代行军一宿或三十里为一舍。

[9]巉（chǎn）岩：高耸险峻的山崖。

[10] 因革：因袭变革。

[11] 殂：死亡。

[12] 允：答应、应允。

[13] 台臣：指宰辅重臣。

[14] 请：请求、请示。

[15] 陛（bì）：宫殿的台阶。

[16] 垣墉（yuán yōng）：墙。

[17] 无如：哪里想到，无奈。

[18] 轇轕（jiāo gé）：交错、杂乱。

[19] 期会：约期聚集。

[20] 日昃：太阳偏西。

[21] 不遑：没有时间；来不及。

[22] 荐(jìn)绅：缙绅。古代高级官吏的装束。亦指有官职或做过官的人。荐，通"搢"。

[23] 抡材：选拔人才。抡，挑选、选拔。

[24] 巅末：始末，事情自始至终的过程。

[25] 相厉：互相劝勉。厉，通"励"。

【参考译文】

　　《帝纪》记载，帝喾高辛氏，生下来就很神异聪明，一出生就说自己叫夋。高辛氏是皇帝的曾孙，他的父亲叫蟜极，祖父叫玄嚣。祖父和父亲都没有在帝位。他是颛顼的族子，十五岁开始辅佐颛顼，三十岁即帝位，在位七十年，活了一百零五岁。他有四个妃子，姜嫄生了后稷，简狄生了契，常仪生了挚，庆都生了尧，庆都是陈锋氏之女。

　　庆都曾经在一个叫作"三阿"的地方游览，在丹陵生下了尧。庆都，古代是地名，尧的母亲以地名为姓氏。现在县城的所在地古成阳，是原来庆都县所属的村落，唐朝武德年间将县城搬迁到这里。庆都县的旧址在现在县城的西北，相距三十里，名叫故城。故城依傍于尧山脚下，往北大概一里的地方是伊祁山，这是尧帝以山为姓的原因。尧帝幼年随母亲居住在伊祁山上，后人就命名他们居住的地方为太子庵。从这里往北，可见一座山三峰耸立，其形状像排列的屏风。山的南面都是悬崖峭壁，山的北面却像坟丘一般，这就是三阿。皇甫谧说："尧母在三阿之阳，寄于伊长儒之家，妊十有四月，而生尧"，说的就是这里。张晏说："尧母登尧山，南望都山"，故城南边十里地的地方，有一座山叫"孤山"，也叫作"望都山"，这又是故城是旧庆都城的明显标志呀。

现在，尧山、孤山隶属唐县，伊祁山、三阿隶属完县，虽经历代沿袭变革，行政区划与隶属关系不统一，然而庆都的名字却有确凿的依据，而没有变化。尧母逝世后，埋葬在庆都县的成阳，叫做"尧母陵"。汉章帝元和年间，曾经派遣官员前来祭祀，加封其为"灵台大母"。明世宗嘉靖年间，应大臣所请，停驾祭祀。陵墓在县衙东侧，庙在陵墓的南面。这是历代钦慕其英明美德，崇尚生命本源的原因呀。

经历了很多年后，尧母庙各处殿阶院墙放眼望去一片瓦砾。甲寅年（1674），也就是当今皇上十三年，营州李天玑来到庆都任职，斋戒沐浴，到庙里拜谒。看到庙里破破烂烂，有碍观瞻，立志修葺。无奈赋税繁重，百姓疲敝，加上战乱频仍，而且事情一开始，举行集会动员的时候，等了一天，到太阳西斜也没有集齐，最终没有成功。

又过了三年，丁巳年。政通人和，与官绅士民商议，在能工巧匠中选拔人才，开始施工。重修后的尧母庙里里外外上上下下没有不完备的地方，比原来的建筑更加辉煌壮丽。

工程竣工，征求碑记，记述事情的经过。我一直担心尧帝之德都难以说清楚，又怎么能够将他的母亲说清楚呢？也只能为之核对山川，详明里道，阐明世系，弄清其祖辈、父辈、兄弟的谱系，使人知道开天之圣尧帝的母亲在此罢了。尧也是人子，与大家互相勉励，人人都要有尧那样的志向，都可以成为尧帝那样的人，这才是重修尧母庙的初衷呀。

康熙十七年（1678），时间是戊午年二月的吉日，中宪大夫、原任江西饶州知府的庆都人麻堸撰文。文林郎、庆都县知县、营州人李天玑，典史、于越人杨国昌，儒学教谕、营州人秦毓琦，训导、文安人刘振绪，原任儒学教谕、现任国子监学正的孤竹人刘疏泗等人立石。岁进士、庆都人行云举篆额，岁进士、庆都人周元会书丹。

【作者简介】

麻堸，字玉绳，生卒年代不详。直隶（今河北省）庆都人，拔贡。以通判改授太湖县丞。持己廉静，风度冲雅，士民爱之。历任至江西饶州知府。（详见民国《太湖县志》）任饶州知府期间于康熙四年（1665）创建药王庙；康熙五年重修饶州府城隍庙。（详见同治《饶州府志》）辞官归乡颐养天年，热心县内公益事业。其墓在望都城北一里许，（详见民国《望都县志》）今已无迹可考。

【背景解读】

庆都县地近京畿，是南北交通要道。历史上屡遭兵祸战乱。明末崇祯十一年（1638）十月，清军攻陷庆都，屠杀无算，劫掠一空，尽焚全城。制造了惨绝人寰的"庆都兵燹"事件。后来明军与大顺军、清军与大顺军又在此地多次厮杀。庆都县兵连祸结，遍地疮痍，人口锐减。据康熙《庆都县志》载，顺治年县编社四，编屯六，1111户，8369丁。

清康熙十三年，吴三桂举兵反清之际，奉天铁岭人李天玑知庆都。看到尧母庙年久失修，有碍观瞻，便立志修葺。当时望都赋税繁重，百姓疲敝，加上战乱频仍，此举未能成功。

康熙十六年，经过几年的励精图治，当地百姓得以休养生息，社会初步稳定，经济得以发展。李天玑合全县之力，着手重修尧母庙。

　　清康熙十七年，尧母庙修复工程竣工。中宪大夫、原任江西饶州府知府的邑人麻坤受邀撰写了《重修尧母庙记碑》。岁贡傅云举篆额，岁贡周元会书丹。庆都县令李天玑立石于尧母庙前右隅。石碑高一丈三尺，宽三尺五寸，厚一尺二寸。后尧母庙毁坏，此碑不知所踪。

　　2014 年 4 月西白城村在拆除一座旧石桥时发现几块残石，虚云禅寺住持明舟师父疑为《重修尧母庙记》碑，遂向望都县文化产业领导小组报告。赴现场察看后，确认无疑，允其暂时收藏于寺内，埋于藏书楼前地下。2018 年 5 月望都县文保所长计志广运回，现收藏于望都县文保所。

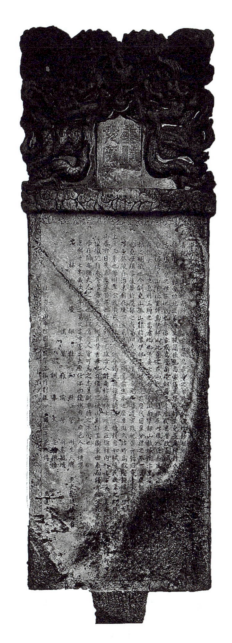

清康熙十七年《重修尧母庙记》碑石照片

清康熙二十五年《尧母陵记碑》

清·汤 斌

【碑文】

尧母陵在庆都县城东门内，封之盈[1]丈，陵之前有庙焉。庆都于汉为望都。张晏曰："尧山在北，庆都山在南，登尧山见都山，故以为名。"迨[2]金源乃更今名。考秦始皇七年，"攻龙[3]、孤[4]、庆都，还兵攻汲[5]"，则其名邑古矣。尧母陈锋氏或曰陈酆或曰陈隆，为帝喾第三妃。见于《史记》，见于《世本》[6]，见于大戴氏《礼记》[7]。尧以唐侯升为天子，始封于唐。皇甫谧谓中山唐县是也。故山曰尧山，水曰唐水，城曰唐城，池曰唐池。又言望都山，尧母庆都之所居。邑既有尧祠，思尧之德，畏[8]其神，追祀其母，固其宜尔。

欧阳修以《史记》《地志》诸书无尧母葬处，得汉建宁五年成阳灵台碑文曰："庆都仙没，盖葬于兹；欲人莫知，名曰灵台。上立黄屋，尧所奉祠……"遂定尧母葬处在成阳。而郭缘生[9]《述征记》有云："成阳县东南有尧母庆都墓，上有祠庙。"郦道元注《水经》亦云："成阳城西二里有尧母庆都陵"。审是，则尧母之葬在济阴可据矣。虽然成阳之碑称"盖葬于兹"，盖也者，未敢信之辞。尧既封于唐矣，母之终，安知不于唐葬之故土而妥其魂魄焉？此亦事理之可信者也。

庙凡三楹，列以两庑[10]。康熙二十四年秋，天久雨，庙圮[11]，水穿陵露。知县事浙江诸暨寄籍[12]锦州蒋侯国正出俸钱治之，以砖筑陵之四旁，外设重垣，涂饰庙貌，建坊于前，题曰："尧母陵"，逾年[13]讫[14]工。

余自江南奉召入都，过其地，请余为文，勒之石。余按帝喾妃十人，尧母之外，其著者有邰[15]氏、有娀[16]氏。诗言："赫赫姜嫄[17]，有娀方将[18]"是已。娵訾氏常仪生挚，邹屠氏生八英，羲和生晏龙，当时卜其四子皆有天下，而有邰生弃则云履大神迹；有娀生契则云鳦[19]遗卵吞之，其事甚怪，或以为释经之误。至于尧母更谓其观于三阿，感赤龙而生尧，何其诞也！以尧之神圣则其母之遗迹固不可以不治也，余因侯之请，乃述所闻于古者兼为神弦[20]诗，俾[21]候岁时，授工[22]歌焉。辞曰：

帝高辛兮十其妃，

伊尧母兮降斗维[23]。

岁阏逢[24]兮涒滩[25]，

丹陵侧兮三河干。

震夙[26]兮生子，

望舒[27]盈兮十四。

析土兮陶唐，

望都山兮母之乡。

千秋兮万岁，

思帝怀兮罔替[28]。

列俎兮执箧[29]，

荐[30]馨香兮母前。

灵之来兮缤纷，

覆[31]轮[32]囷[33]兮黄云。

灵之逝兮婀娜，

从车兮驾白马。

觋[34]舞兮巫歌，

会鼓[35]兮传芭[36]。

陵不崩兮庙不改，
邦人祀事兮永久！

（碑阴："乐助姓氏"，此处不录。）

【注释】

[1] 盈：满。

[2] 迨：等到。

[3] 龙：在今河北行唐县。

[4] 孤：在今河北唐县北。

[5] 汲：当时为魏地，在今河南汲县西。

[6]《世本》：又作《世》或《世系》。世是指世系；本则表示起源。是一部由先秦时期史官修撰的，主要记载上古帝王、诸侯和卿大夫家族世系传承的史籍。全书可分《帝系》《王侯世》《卿大夫世》《氏族》《作篇》和《居篇》及《谥法》等十五篇。

[7] 大戴氏《礼记》：《三字经》中有这样的句子："大小戴，注《礼记》，述圣言，礼乐备。"此处所说的大小戴，即戴德、戴圣叔侄。

[8] 畏：敬服、敬畏。

[9] 郭缘生：东晋末年人。

[10] 庑：堂下周围的走廊、廊屋。

[11] 圮（pǐ）：塌坏、倒塌。

[12] 寄籍：指长期离开本籍，居住外地，附于外地的籍贯。

[13] 逾年：谓时间超过一年。

[14] 讫（qì）：完结、终了。

[15] 有邰（yǒu tái）：古国名。姜姓，炎帝之后。周代后稷母姜嫄为有邰氏女。

[16]有娀：古国名。殷契母简狄即有娀氏女。

[17]姜嫄：中国上古人物，有邰氏，后稷的母亲。《诗经·鲁颂·閟宫》说："赫赫姜嫄，其德不回，上帝是依。"

[18]有娀方将：《商颂·长发》："有娀方将，帝立子生商"。

[19]鳦（yǐ）：燕子。

[20]神弦：即神弦歌，古乐府旧题。原题是民间祭神时用的乐曲，意在"弦歌娱神"。

[21]俾（bǐ）：使。

[22]工：百工，主营建的官员。

[23]斗维：斗维是古代占星术的用语。是指天上二十八星宿中斗宿区划所对应的地面区域。

[24]阏逢（è féng）：岁阳名，十干中"甲"的别称，用以纪年。《尔雅·释天》："太岁在甲曰阏逢"。

[25]涒滩（tūn tān）：太岁年名，岁阴"申"的别称，古用以纪年。

[26]震夙：诞育。震，通"娠"，怀孕。

[27]望舒：是神话传说中为月驾车的女神，代指月亮。

[28]罔替：不更替，不废除。

[29]笾（biān）：即笾豆。古代祭祀及宴会时常用的两种礼器，竹制为笾，木制为豆。

[30]荐：进献、祭献。

[31]覆：覆盖、遮蔽。

[32]轮：盘曲貌，大而圆。

[33]囷（qūn）：古代圆形谷仓。

[34]觋（xī）：男巫。

[35]会鼓：急疾击鼓。

[36]芭（pā）：巫所持香草名也。一说通"葩"，花。

【参考译文】

尧母陵在庆都县城东门内，封土高达一丈，陵前有一座尧母庙。庆都县在汉代叫作望都，张晏说"尧山在北，庆都山在南，登尧山见都山，故以为名"，等到金朝才更改为现在的名字。据考证，秦始皇七年"攻打龙、孤、庆都，还兵攻汲"，由此看来庆都的邑名很早就有了。尧母陈锋氏或叫陈酆氏或叫陈隆氏，是帝喾的第三个妃子。其记载见于《史记》，见于《世本》，见于大戴氏《礼记》。尧从唐侯升为天子，开始的时候封地在唐，就是皇甫谧说的中山唐县。所以山叫尧山，水叫唐水，城叫唐城，池叫唐池。又说望都山是尧母庆都居住的地方。县内有帝尧庙，怀念尧帝，敬服他的神明，纪念他的母亲，本来就是应该的。

欧阳修因为《史记》《地志》等书无尧母葬处的记载，见到汉建宁五年成阳灵台"庆都仙没，盖葬于兹；欲人莫知，名曰灵台。上立黄屋，尧所奉祠……"的碑文，于是认定尧母葬处在成阳。而郭缘生《述征记》也说："成阳县东南有尧母庆都墓，上有祠庙。"郦道元注《水经》也记载："成阳城西二里有尧母庆都陵"。按照这个说法，则尧母葬处在济阴好像是有依据的。虽然成阳之碑称"盖葬于兹"，"盖"，是大概、未敢确信的意思。尧既然封在唐地，母亲仙逝之后，怎么能够不在唐地埋葬于故土而使其魂魄安宁呢？这才是合乎情理的事情呀！

庙共三间，左右两侧是走廊。康熙二十四年秋，连续的阴雨天气，造成庙宇倾倒坍塌，因为长时间被水浸泡，尧母陵外面的封土受到侵蚀，致使陵墓的内部裸露了出来。时任庆都知县、原籍浙江诸暨寄籍锦州的蒋国正先生，拿出自己的俸银加以修缮，用砖垒筑了陵墓的四周，外面又加了一道围墙，对整个庙宇进行了一番修饰，并在陵前建了一个牌坊，题写了"尧母陵"三个大字。用了一年多的时间才完工。

我从江南奉召进京，从此地经过，县令蒋国正请我撰写碑文，刻在石碑之上。我研求帝喾十个妃子，尧母之外，有名的还有有邰氏、有娀氏。《诗经》说："赫赫姜嫄，有娀方将"，即指的帝喾的后妃。娵訾氏常仪生下了挚，邹屠氏生下了八英，羲和生下了晏龙，当时占卜预测，他的四个儿子都有天下。而有邰氏生下了弃，则说是脚踩到了神的足迹；有娀生下了契，则说是吞吃了燕子的卵，事情都很怪异，有的人认为是对经典解释的错误。至于尧母则更说是她在三阿游览，感赤龙之祥瑞而怀孕生尧，多么荒诞呀！凭尧的神圣，她母亲的遗迹绝对不可以不加以治理的。我因蒋侯的请求，把我所听说的古代故事写下来，兼作祭神时颂唱的神弦歌词，等到祭祀的时候，交给百工歌唱传诵。歌词如下：

> 帝喾高辛氏有十个妃子，
>
> 尧帝的母亲庆都就是其中之一，
>
> 她出生在斗维之野，
>
> 那是在甲申年，
>
> 她曾经在三阿边游玩，
>
> 感赤龙而受孕，
>
> 怀孕十四个月，
>
> 生下了放勋，
>
> 的确与众不同，
>
> 神异非凡。
>
> 尧受封于陶唐，
>
> 望都山是她母亲的家园。
>
> 千秋啊万岁，
>
> 我想，
>
> 尧帝孝敬母亲的心思多久都不会变。
>
> 将俎豆笾豆杯盘碗盏排列，
>
> 牛羊猪三牲进献。
>
> 尧母之灵来时五彩缤纷，
>
> 黄伞如盖又如轮圈；

尧母之灵去时婀娜多姿，

乘彤车驾白马，

男祝女巫载歌载舞，

击鼓传花，

颂声一片。

陵庙长存，

这是人们永远的纪念。

【作者简介】

汤斌（1627—1687），字孔伯，号荆岘，晚号潜庵。河南睢州（今河南睢县）人，清代政治家、理学家、书法家，清顺治九年（1652）壬辰科进士。历任江西岭北道参政、内阁学士、礼部侍郎、江苏巡抚、礼部尚书等职，曾授翰林院侍讲，充《明史》总裁，官至工部尚书。一生清正廉明，政绩斐然。是实践朱学理论的倡导者，号为"理学名臣"，有"天下文官祖，三代帝王师"之美誉，被时人尊为"汤子"。逝后入祀贤良祠，谥文正，从祀孔庙。曾三入史局修撰《明史》，亲手写下数十万字的明史稿，还著有《洛学篇》《潜庵诗文集》等，留有文集《汤子遗书》。

【背景解读】

清康熙二十四年（1685），秋雨连绵。尧母庙殿倒塌，陵墓亦被雨水严重侵蚀。庆都县令蒋国正捐出俸禄，其他同僚乡绅亦纷纷解囊相助，集资维修尧母陵庙。给陵墓垒筑砖墙加以保护，并对整个庙宇重新进行了修饰，还在陵前新建了一个矮架牌坊，横额题有"尧母陵"三个大字。历经一年多的时间方得竣工。康熙二十五年，康熙帝为太子胤礽选择讲师，当朝大学士明珠举荐了时任江苏巡抚的汤斌。汤斌升任资政大夫、经筵讲官、礼部尚书，掌詹事府事，奉旨进京途经庆都县。庆都县令蒋国正请其撰写《尧母陵记》。立石于尧母陵前左隅、鸡鸣井东，正书，高一丈五尺，宽三尺五寸，厚一尺。此碑文亦收录到汤斌文集《汤子遗书》。此后尧母陵庙被毁，但此碑幸得保留，只是碑体断裂有损，现收藏于望都县县文保所。

　　蒋国正，诸暨人，康熙二十八年庆都县令。任内"催科寓以抚字，买办平价，不累行户，除额外之税，夫役修道路悉酬其佣。时连年荒歉，请米三万石赈济。邑南界旧堤防，定州水溢被盗决，屡受其灾，募人董督，招民住居，立其镇曰'古城'。设义学，置茶亭，掘地得泉，民神之。树碑曰'蒋公泉'。……'令望近十年……民立生祠于东关祀之'"。（详见光绪版《望都县新志》）

清乾隆十四年《尧母庙》诗刻石

清·朱一蜚

坤德[1]启中天，丹陵尚俨然。
西瞻滑海路[2]，南俯谷林田[3]。
碑篆摹三代，明堂[4]护九泉。
圣朝崇报本，俎豆[5]万斯年。

【注释】

[1]坤德：皇后的功德。

[2]滑海路：见作者原注，"皇舆记帝誉葬于滑海之北，即见今（河南）滑县。"

[3]谷林田：见作者原注，"史记载尧葬谷林之原，按今（山东）濮州是。"

[4]明堂：古代天子宣明政教的地方，朝会、祭祀等大典在此举行。

[5]俎豆：俎和豆，古代祭祀、宴飨时盛食物用的两种礼器，亦泛指各种礼器。后引申为祭祀和崇奉之意。

【作者简介】

朱一蜚，字健冲，号浣桐。先世居松江，祖辈寄籍嘉善。清雍正六年（1728）入国子监，经人荐往岳钟祺军前效力。曾历任陕西四地的知县，以"循良"见称。后荐升保定府知府，再升清河道道员。未几，升任山西布政使，后调江苏、畿辅、粤东、楚北等地任职，备受乾隆皇帝宠幸，在为官的20年中曾调任藩司六次，代理总督、巡抚两次。著作有《浣桐诗钞》六卷。

【背景解读】

　　朱一蜚于乾隆十一年（1746）为直隶清河道道员，乾隆十三年至十四年间任直隶布政使。乾隆十四年冬，乾隆巡幸五台，朱一蜚随从措办各事，因筹划妥当，调任西藩司。曾获乾隆御笔朱批："汝系朕深信之臣"。 这首诗疑即他在此期间途经望都尧母陵庙而题，后刻石列碑于尧母庙壁。

　　此碑为行草书，无年月，石横二尺．竖一尺五寸。后尧母庙在解放战争中被国民党军队拆毁，此碑作为石料被用作修筑工事，1947 年 1 月，第二次解放望都城战斗之后，此碑被定州留早镇小瓦房村民当作石料运回家中，原石仍在。

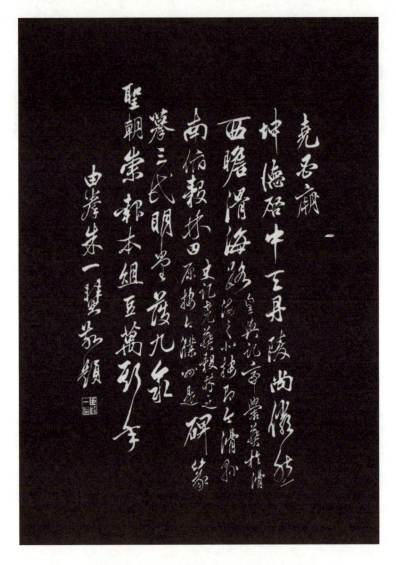

清乾隆十四年《尧母庙》诗刻石拓片照

清乾隆五十一年《重修尧母陵庙记》

清·沈　寅

【碑文】

今夫子孙之于祖祢[1]，孝有不及，则以馨香求精气于杳冥[2]之中。然春露秋霜，久则忽焉。及与之涉墓门、抚松柏，虽其远世祖妣[3]靡不油然感者。故编户之家[4]亦有先茔[5]，而其旁或构栋宇以安灵爽[6]，子孙世守弗敢废，且以昭根本，志不忘也。

望都故汉中山地，旧不名望，其改曰"望"者，因避圣母讳焉。邑有圣母陵庙，其来盖久。然千百年来遗迹虽彰，而制度未备。今上御极[7]之四十六年，西巡谒庙，视其规模就废，儳恡[8]弥深[9]。特勒[10]臣工发帑增饰。猗软[11]！旷代之盛典也。

甲辰冬，寅来守兹土。下车，目见治东有古垣周遭，佳气葱苾[12]楙[13]木之间者，问而知为圣母陵庙也。翌日，斋戒入谒毕，周览四隅，见御奉匾额、供器礼仪备举，乃喟然叹曰："大哉圣母，明德远矣。"

夫寰宇遐迩，于五帝三王之德，皆其苗裔[14]也。尧舜之道无过孝悌，皇上以孝治天下，固已四方风动矣，而犹悯天下之人之未深明于孝治之本也。乃推圣帝之心以及与圣母，使夫陵寝肃穆而神得以安。岂非天子仁孝则所追者远，而圣母之盛德有以开光被[15]之勋，讵[16]不信夫？

寅，小吏也，承修陵庙，抡材鸠工[17]而已。虽然远瞻母仪，近仰圣教。正如宗庙之中，乐于有事，恨不能竭蹶[18]奔走执畚捅[19]代子民劳，况敢委蛇[20]自便、苟且以从事耶？

庙自康熙时李天玑、蒋国桢修饬，后人不复有记，难具详焉。今乾隆五十年实始更新而扩充，陵四旁皆石甃[21]，增设宫门、朝房、碑楼、内外照墙二座、正殿门墙一新，至于考山川、征谱系，诸记言之详矣，兹不再述。母之神灵首出[22]，亦如帝德难名，不敢多赘。

庶几[23]过此庙，瞻此陵者，明于根本之义，而致其如在之诚。则不独望之人可与进于孝弟之道也。事竣日，谨记如此，因作颂以括其意焉。颂曰：

太和方隆，圣母首出；

德辉草昧，祥启云日；

奕奕灵址，伊祁之阳；

庙制焉防，灵寿无疆；

金舆翠旗，若出霜晓；

俯伏庭阶，余风飘渺；

灵台未圮，旋题已改；

陟降匪遥，爱敬焉在？

圣主隆孝，屡拜母祠；

御书炬赫，宝鼎陆离；

小臣至愚，职典修葺；

庶民咸勤，不课而急；

高陵珉甃，寝殿曦烛；

两序遂新，宝光弥缛；

丹泥百堵，金缀双扉；

旧栢新瓦，苍翠交辉；

呼嗟圣母，垂统无穷；

遐龄难纪，致孝则同；

露零霜凄，洁粢清酒；

伏惟山陵，与天不朽；

景星若月，卿云蔚起，

更惠烝民，以佐天子。

时乾隆五十一年岁在柔兆敦祥端月上浣之吉。文林郎、知望都县事、泾川沈寅谨撰并书。

【注释】

[1]祖祢（mí）：祖庙与父庙。祢，古代对已在宗庙中立牌位的亡父的称谓。

[2]杳冥：极高或极远以致看不清的地方，奥秘莫测。

[3]妣：原指母亲，后称已经死去的母亲。

[4]编户之家：编在户籍的平民。

[5]茔（yíng）：墓地。

[6]灵爽：指神灵、神明。

[7]御极：登极、即位。

[8]僾忾（ài kài）："僾见忾闻"的省略。意为仿佛看到亲人的身影，听到亲人的叹息。形容对去世的亲人的思念深切。僾，仿佛、隐约。忾，叹息。

[9]弥深：更加深切。

[10]勒：命令。

[11]猗欤（yī yú）：叹词，赞叹之意。

[12]葱苶（niè）：古书上说的一种草。

[13]楸（máo）：古书上说的冬天成熟的一种桃。

[14]苗裔：子孙后代。

[15]被（pī）：遍及。

[16]讵（jù）：岂、难道。

[17] 鸠工：召集工匠。

[18] 竭蹶：行路困难。

[19] 畚揭（běn jú）：盛土和抬土的工具。泛指土建工具。畚，畚箕。揭，古代一种运土的器具。

[20] 委蛇（wēi yí）：虚情假意，敷衍应付。

[21] 石甃（zhòu）：石砌的井壁。

[22] 首出：杰出。

[23] 庶几：希望、但愿。

【参考译文】

今天，后辈子孙对于祖辈、父辈的孝道，有做得不周到的地方，就用香火以求精气于奥妙莫测的虚妄之中。然而，春露秋霜，时间久了，往往就忽视了。等到他走近墓地，抚摸松柏，虽然先祖父、母早已离开人世，然而怀念之情无不油然而生。所以普通百姓人家也有先人的墓地，墓地旁有的建有庙宇来安顿先人的灵魂，子子孙孙世代相守而不敢废弃，用来表明家族的来历和根本，是为了留住记忆呀。

望都，是汉朝中山之地，过去并不叫"望都"，改名望都的原因是为了避开尧母庆都的名讳。县内有尧母庆都的陵庙，由来已经很久远。然而千百年以来，遗迹虽然明白地在那里，但是制度并不完备。当今皇上登基四十六年，到国家西部巡视，路过望都，拜谒了尧母庙。看到庙宇破破烂烂，将要毁坏，对尧母的缅怀之情更加深切，命令大臣从国库中拨付帑银加以修缮装饰。唉！这是多少年难得一见的大事呀。

甲辰年（1784）的冬天，我来到望都管理这个小县。下车伊始，看到县城东边有一圈古墙，里面草木茂盛，佳气葱茏，一打听才知道那是尧母的陵庙。第二天，斋戒沐浴之后，恭敬地拜谒了尧母圣像，沿着墙走了一圈，看到皇帝题写的匾额，各种供祭祀礼仪用的器具十分完备，于是感叹道："伟大呀尧母！

美德广布。"

环宇之内，无论远近，遵循五帝三王之德的人，都是她的后裔。尧舜之道无非就是孝悌，当今皇上以孝治国，本来已经四方响应，但是仍然担忧天下人不明白以孝治国的根本用意，于是推崇尧帝对尧母的孝心，将陵墓修缮的庄严肃穆而使尧母的神灵得以安息。难道这不是皇帝仁孝追随的人就众多，影响面就更广、更深远，而尧母之盛德有教化天下的功效吗？难道不是这样吗？

我是一个下级官员。承接修复陵庙的工程，只是做点选拔人才、召集工匠的工作而已。虽然这样，但是我远尊圣母典范，近仰圣人教诲。正如在朝堂之中，喜欢有点事情做。恨不得亲自拿着工具上前施工，来代替老百姓劳动。又怎么敢虚情假意、随随便便、得过且过地做事呢？

尧母陵庙自从康熙年间李天玑、蒋国桢修缮之后，没有别人修缮过的记录，还有谁修过人们都很难说清楚了。今年是乾隆五十年（1785），开始更新扩充，陵墓的四旁都是用石头砌起来的，如井壁一样整齐。还增设了宫门、朝房、碑楼、内外照壁二座，正殿门墙都焕然一新。至于对山川实地考察、对尧母谱系的考证，各种各样的记述说得都很详细，这里就不再一一陈述。尧母神灵杰出，也如同尧帝之德一般高深莫测，微臣才疏学浅，难以说清楚，这里不敢赘述。

希望经过尧母庙的人、瞻仰尧母陵的人，都明白建庙修陵的根本用意，而表达一种就像尧母在当面一样的诚意，而不单单只是望都人学习、遵从、实践孝悌之道啊。尧母陵庙修复完工的日子，我恭敬地记录下这些内容，顺便作颂歌来概括我想表达的意思：

在那遥远的古代，

天地和合，

阴阳相生，

尧母诞降。

照耀万物，

开启新天地的，

是她的光芒。

在伊祁山的南面，

这个美好的地方，

曾经，

庙宇辉煌。

尧母庆都，

慈恩天下，

美名代代传扬。

车辇浩荡，

是皇帝的銮驾；

彩旗飘扬，

是皇家仪仗。

如秋天晴朗的早晨，

清风和畅。

匍匐于你灵台之前，

遥想你慈怀大爱，

犹感神风飘荡。

而今，

神庙犹存，

碑文却已毁坏。

我们身受尧母神灵护佑，

却无视神庙坍塌破败。

如果不加修葺，

何谈对尧母的敬爱？

当今皇上，

推崇孝道，

常来神庙祭拜。

亲笔题词光芒四射，

香炉宝鼎奕奕炫彩。

我这个能力偏弱的人，

有幸主持修庙工程，

诚惶诚恐怎敢懈怠。

工匠们勤奋努力，

不用催督，

唯恐时不我待。

高高的陵墓，

用砖石垒砌，

如井壁般光滑整齐。

神殿内，

晨光和烛光交相辉映；

尧母神像，

盛妆缀带。

东西两序，

焕然一新。

大殿外，

红墙金门，

古柏新瓦，

苍翠与庄严同在。

啊，尧母

您光耀千秋，

您来自远古。

远到什么时候？

人们都无从说起。

然而，

您和尧帝母慈子孝的遗风，

却相传万代。

春露秋霜，

美酒玉馔。

年年岁岁，

岁岁年年，

生熟干鲜的小小进献，

那是人们对您的纪念。

您的陵庙是比山还高的修建，

您的美名寿可齐天。

您仁德的光辉如皎洁的月亮，

您的恩情似祥云蔚起，

荫庇天下，

不拣不选。

啊！尧母，

您的恩德惠及黎民百姓，

您的神灵辅佐天子。

时间是乾隆五十一年正月上旬大吉之日，文林郎、望都县知县、泾川沈寅撰文并书写。

【作者简介】

沈寅，见前 47 页。

【背景解读】

清乾隆四十六年（1781）二月，乾隆西巡五台山途中，驻跸庆都县，拜谒尧母陵，为尧母庙御书匾额"中天启圣"，并至帝尧庙拈香恭拜，再次亲书"巍然如瞻"的牌匾。他看到尧母陵庙和帝尧庙有些破旧，感慨叹息，深为遗憾，再次敕命朝廷发国库专款予以装饰重修。

清乾隆四十九年冬，沈寅任望都县令。第二年春，着手修复扩建尧母陵庙，陵墓四壁修筑石甃，庙宇增设宫门、朝房、碑楼，新添内外照壁二座，正殿门墙皆装饰一新。

竣工之后，沈寅于清乾隆五十一年亲自撰文并书写了《重修尧母陵庙记》。立碑于尧母祠前西庑，碑文行书，横七尺，竖一尺五寸。

后尧母庙毁，此碑不知所踪，幸有碑拓留存。

清乾隆五十一年《重修尧母陵庙记》碑拓片照

清道光十二年《谒尧母陵柬陈明府》

清·升 寅

【碑文】

三阿尧母里，育圣启中天。

冢筑洪濛土，栏窥太古泉[1]。

高辛[2]原未附，傲子[3]陌犹连。

地瘠民淳朴，从知邑宰贤。

　　道光壬辰，先勤直公奉使秦中，谒尧母陵有作。越十二年琳承乏定武，与望邑为邻封，得虔谒陵庙。仰瞻冢土，并窥古井，方知先作皆真景也。犹忆庭训尝谓"诗本性情，真实为贵"可悟天下事物之理，真则历久不磨。谨勒石庙壁，并敬识数语于后。男宝琳敬书。

【注释】

　　[1]太古泉：指尧母陵前的古井。

　　[2]高辛：即帝喾，是黄帝的曾孙，尧母的丈夫。

　　[3]傲子：指丹朱，尧帝之子。望都城东有丹朱墓，与尧母陵仅距百步。

【作者简介】

　　升寅（1762—1834），字宾旭，满洲镶黄旗人。嘉庆年间拔贡出身，道光时曾任热河都统，历成都、绥远将军。道光十二年（1832）署工部尚书，十四年官至礼部尚书。生前清操亮节，无田产私蓄，死后赠太子太保，谥勤直。著有《晋斋诗存》。

【背景解读】

　　道光十二年，时任工部尚书的升寅受命出使陕西，途中经过望都县，拜谒尧母陵题诗《谒尧母陵柬陈明府》。十二年后，他的儿子宝琳任定州知州，再次拜谒尧母陵庙，仰瞻尧母陵庙，俯观鸡鸣古井，并在其父亲升寅诗稿处填写注释。刻石于尧母庙前西庑，石横三尺，宽一尺。

清道光十二年《谒范母陵奥陈明府》诗刻石拓片照

清道光十五年《尧母陵记碑》

清·陶　澍

【碑文】

　　乙未之冬，余自江南入觐[1]，请假回长沙，道出望都，遂展[2]谒于尧母之陵。古柏成林，蔚然城隅[3]。入门拜祠下，丰碑矗立，祠后为陵，其封[4]三十尺，周甃[5]为台，方广可二十丈。前有井，四时不竭[6]，谓之尧母泉。

　　谨[7]按[8]，尧母名庆都，陈锋氏女，帝喾次妃也，尝游斗维之野，观于三阿，感赤龙之瑞，孕十有四月而生尧。尧年十五封于唐，十六诸侯尊为天子，老而作[9]游于陶，故称陶唐氏。本姬姓之子，而氏曰伊祁者，盖三阿之旁有伊祁山，实尝[10]居之，故以为氏。

　　皇甫谧谓尧母寄居伊长孺家生尧，因号伊祁者，妄也。堂堂帝妃，何有寄居民舍生子？又有谓庆都以地氏者，亦非。尧母既氏陈锋，无由更以地氏。古不讳名，则谓庆都为地以人传者，未得其实。张晏云："尧山在北，尧母都山在南，登尧山见都山，故望都县以为名"，是已。寻尧与尧母之故迹，所谓三阿者，在今之完县。伊祁之山，祁水出焉，亦在完县与城北曲而西流，故又名曲逆，一名濡水，即方顺桥之水东入子牙河者也。尧山则今之唐县，其[11]实[12]各境皆古庆都县之分也。庆都之名，自秦汉已然[13]。其后或称望都或仍庆都，至我朝乾隆中纯庙[14]西巡回銮驻此，改今名，而望都之称始定。古迹昭[15]然，莫著于此。至汉章帝元和二年，使使者祀[16]尧母于成阳灵台[17]，号曰"灵台大母"。郭缘生《述征记》："成阳治东有尧母台。"此盖因成阳穀林[18]有尧陵，故因以尧母附丽[19]其间。其地在今曹州之定陶，即禹贡之陶邱，陶氏得姓之所自始然。尧母则仍以尧都为的[20]。人名地名千古不易，何待[21]纷纷伪说哉？余既周历廊[22]

庑[23]，见碑刻尧母事多采俶诡[24]之谈，无所纠正，故僭[25]为折衷之。并因碑载香火资仅六金之产，不足以资供奉，辄出囊中三十金益[26]之，以语知县事新化欧阳学，置田以昭久远云。

【注释】

[1] 觐：古代诸侯秋天拜见帝王。

[2] 展：视察、检查。此处引申为参观。

[3] 隅：角落。成语有"向隅而泣"。

[4] 封：封土。自古至今聚土为坟，封土可解为坟头上的土。

[5] 甃（zhòu）：修砌。

[6] 竭：干枯。

[7] 谨：谨慎、小心。

[8] 按：考察。贾谊《治安策》："按之当今之务。"

[9] 作：开始。

[10] 尝：副词，曾经。

[11] 其：指示代词，解为那。

[12] 实：实际。

[13] 然：……的样子。此处解为：这样。

[14] 纯庙：乾隆帝庙号高宗，谥号纯皇帝。

[15] 昭：明白、明显。

[16] 祀：祭祀。

[17] 灵台：指尧母的陵墓。

[18] 穀林（gǔ lín）：古代地名，在今济阴成阳县。

[19] 附丽：依附、附着。

[20] 的（dì）：箭靶的中心，一说箭靶子。此处引申为确切，准确。

[21] 何待：用反问的语气表示不须、用不着。

[22] 廊：廊子。屋檐下的过道或者独立的上面有顶的过道。

[23] 庑（wú）：正房对面的和两侧的小屋子。

[24] 俶（chù）诡：奇异。

[25] 僭（jiàn）：超越本分。

[26] 益：增加。

【参考译文】

　　道光十五年（1835）的冬天，我从江南入朝觐见皇上，请假回长沙，路过望都，顺便参拜了尧母陵。尧母陵古柏成林，苍翠茂盛，在县城的一角。我进门在尧母庙祭拜之后参观了尧母陵庙，院内有高大的石碑耸立，庙后就是尧母陵了，封土有三十尺之厚，周遭用石头垒砌形成一个高台，占地面积二十丈见方的样子。尧母陵的前边有一口井，据说一年四季都有水，叫作尧母泉。

　　经过仔细的查证后，知道尧母的名字叫庆都，是陈锋氏家族的女子，帝喾的第二个妃子，曾经到斗维的郊外被称作三阿的那个地方游览，因为感受到赤龙的祥瑞之气而受孕，十四个月后生下了尧。尧十五岁的时候被封为唐侯，十六岁被诸侯推举为天子，开始掌管天下。年老之后到陶地游览停留，因此称他为陶唐氏。尧本来是姬姓人家的孩子，而人们多说他姓伊祁，大概是因为三阿旁边有伊祁山，尧也确实曾经在伊祁山居住过，所以说他姓伊祁。

　　皇甫谧说尧母是寄居在伊长孺的家里时生的尧，因此人们用伊祁这个姓称呼尧，这种说法是错误的。高高在上的帝王妃子，何用寄居在老百姓的家里生孩子呢？又有人说尧母"庆都"的名字是因为庆都这个地名叫起来的，这也是不对的。因为尧母既然姓陈锋，没有理由再用地名更改她的姓氏呀。再有，上古时代不避讳称呼尊者的名字，就认为庆都这个地名是因为尧母叫庆都才流传下来的，这种说法也不确切。张晏说："尧居住的尧山在北面，尧母居住的都山在南面，尧帝思念母亲，因此登上尧山远望都山，望都县的名字是这样来的。"他是对的。沿着这样的方向和脉络去寻找尧和尧母的历史痕迹，所说的三阿在今天的完县。那里有一座伊祁山，祁水发源于这里，此水流经完县，从城北转弯向西流去，因河道弯曲河水逆流又被称为曲逆河。还有一条支流叫濡水，就是从方顺桥向东汇入子牙河的那条河。尧山在今天的唐县，实际上今天的望都、唐县、顺平都是古代庆都县分出来的。庆都这个地名，从秦汉就有了。之后，有时候叫作望都，有时候仍然叫作庆都。到了本朝，乾隆皇帝西巡返回途中路过庆都，曾在此地停驻，因此改为今天的名字，望都县的称谓才开始确定下来。历史遗迹清清楚楚，历代史书对这些记录得也很清楚，没有比这更有说服力的了。至于汉章帝元和二年（77），章帝派使者到成阳设灵坛祭拜尧母，赐给尧母"灵台大母"的尊称。郭缘生《述征记》中也记载：成阳的治所东面有尧母台，这大概是因为成阳穀林这个地方有尧的陵墓，因此把尧母陵也附会在这里了。成阳这地方在今天曹州的定陶，也就是禹贡的陶邱，陶姓人的姓氏就是从这里开始的。尧母的陵地还是定在尧山、都山附近更准确，人名和地名数千年都不变，哪用得着乱纷纷地胡说呢？我将尧母陵庙的大小房间和廊道看了一遍，见石碑上刻的尧母的事迹大多采用了一开始就互相违背的说法，没有办法纠正，因此，大胆、冒昧地把各种说法互相折中一下，取相对正确的记录下来。另外，按照碑上的记载，用于维护尧母陵的只有六两银子的资产，远不够用，于是捐出三十两银子给予资助，并嘱咐县令、新化欧阳学，用这些钱买地扩大尧母陵庙的资产，用增加的收入把尧母陵长久地维护保养好。

【作者简介】

陶澍（1779—1839），字子霖，号云汀，湖南安化人。嘉庆七年（1802）

中进士，任翰林院编修，后升御史。曾先后调任山西、四川、福建、安徽等省布政使和巡抚，后官至两江总督兼江苏巡抚、两淮盐政。任内督办海运，剔除盐政积弊，兴修水利，设义仓以救荒年。兴办教育，选拔培养人。为清代经世派主要代表人物。病逝于两江督署，谥文毅，赠太子少保衔。著有《印心石屋诗抄》《靖节先生集》《陶文毅公全集》《辋蜀日记》等。

【背景解读】

清嘉庆九年（1804），嘉庆皇帝就有巡幸五台山的动议，但由于多方面的原因，一直未能成行。直到清嘉庆十五年，嘉庆皇帝计划西巡五台山，亲自对行程做了部署，其间要途经望都。欲效仿其父清高宗乾隆祭拜尧母与尧帝，所以提前拨付国库专款，命直隶总督督责，对望都县的尧母陵庙和帝尧庙予以重修。

清嘉庆十六年农历三月，经过近八年的筹备，嘉庆皇帝从京师出发恭谒东陵与泰陵，然后西巡五台山进香。从五台返京途中，于农历四月十七日驻跸望都县，到尧母陵、帝尧庙拈香致祭。时为翰林院编修的陶澍奉诏伴驾随行并参加了祭拜尧母与尧帝的典礼。

二十四年后的道光十五年十一月，已任两江总督的陶澍"自江南述职入觐"。道光皇帝对陶澍十分器重，倍加褒奖，特设御宴君臣相叙，洽谈家国身世，并赐予御书"印心石屋"匾额。事后，陶澍请假返归湖南长沙探亲，途经望都，受到时任望都县令的湖南同乡欧阳学的热情接待。

欧阳学，湖南新化县人，嘉庆戊辰科举人。道光十五年任望都县令时，曾重修尧母陵庙。（详见光绪《望都县志》）

"欧阳学，字大元，号一斋。以县府试两冠军隶学籍嘉庆戊辰恩科，中第四名举人。屡踬春闱，遍游秦陇间，道光丙戌大挑一等，发直隶。时何文安凌汉为顺天府尹，委办红冒案，红冒者匪党号也，勾引无虑千人，学廉得渠魁，按治之，余从宥反侧以安。府尹称其能，历署怀柔、宝坻、永清、大兴等县知县，所至有声。道光十年丁内艰，起复补保定府望都县知县，矢慎矢清，以邻县解犯过境遁，竟罣吏议。适有父丧，县民醵金赙送，谢不受。服阕改就教职，历永明衡阳教谕、芷江训导。咸丰六年授溆浦学教谕，以老引退，时年八十有二，犹能作蝇头细字，主讲资江书院，多士景从，同治丁卯乡试，届重赴鹿鸣。以是年卒，八十有六。"（见同治《新化县志》）

欧阳学盛邀陶澍为重修的尧母陵撰写碑文。陶澍再次拜谒了重修后的尧母陵庙，并捐出三十两银子用以置办庙田，所得收入作为将来尧母陵庙的维修经费。然后题写了《尧母陵记碑》。由望都县令欧阳学刻石立于尧母陵前右隅。

据民国《望都县志》记载："尧母陵记碑，正书。清道光十五年太子少保、兵部尚书兼都察院右都御史、两江总督、前翰林院编修、湖北安化陶澍撰碑。在陵前右隅，高九尺，宽二尺五寸，厚六寸。今仆断三截"。后来，庙宇毁坏，碑石不知所踪。

附录一：

明嘉靖年十八年《庆都县尧母陵祀复议》

明·严 嵩

臣等谨按[1]史，帝喾高辛氏，娶陈锋氏女，生放勋，是帝尧之母，即帝喾妃也。《皇览》[2]曰："是时，上方巡行，例当祭名山大川神祇[3]。"谢少南为直隶巡方，故及之。

谢御史以建言合旨，改官在司直兼翰林院检讨。帝喾冢在东郡汉阳顿丘城南台阴[4]野中，即今大名府滑县东北七十里。其妃为庆都，陵在今保定府庆都县，志载谓尧始受封之地，尧母葬焉，则庆都陵为帝喾之妃、帝尧之母（陵），厥迹甚明。

昨者，我皇上祇谒[5]显陵[6]，南巡楚服[7]，所过秩祀[8]帝王忠烈祠墓。先该本部咨行北直隶等处巡抚官，转行所属有司，查该本境古帝王忠烈祠墓应秩祀者，令其实封[9]开报[10]前来，以凭题请[11]。而沿途有司漫，弗之省。

今御史谢少南乃能搜访舆图[12]，表扬[13]圣迹，于圣上省方[14]盛典，不无有助。况我大圣人至孝至德，媲美唐尧。因而推崇往圣之母，永光锡类[15]之休[16]，亦千百载间一盛事也。

伏望[17]特制宸章[18]，遣官致祭，以备巡幸秩祀之典。其修建祠墓，合候命下施行。

【注释】

[1]按：考察。

[2]《皇览》：中国三国魏文帝时刘劭、王象、桓范、韦诞、缪袭等

奉敕所撰，撰集经传，分门别类，共四十余部，八百余万字。供皇帝阅读，故称为"皇览"。

[3]神祇：指天神和地神。泛指神明。

[4]台阴：古地名。

[5]祗谒：恭敬地拜谒。

[6]显陵：位于湖北省钟祥市城东北方7.5公里的纯德山上，是明世宗嘉靖皇帝的父亲恭睿献皇帝和母亲章圣皇太后的合葬墓。

[7]楚服：指楚境。服，京畿以外之地。

[8]秩祀：依礼分等级举行之祭。

[9]实封：密封、固封。

[10]开报：开列呈报。

[11]题请：奏请。

[12]舆图：古代指的是地图或者是疆域。

[13]表扬：含有赞扬、赞美的意思，是指对好人、好事公开称赞。

[14]省方：巡视四方。

[15]锡类：谓以善施及众人。

[16]休：美好、美善。

[17]伏望：表希望的敬词。多用于下对上。

[18]宸章：皇帝所作的诗文。

【参考译文】

微臣从史书中考察得知，帝喾高辛氏，娶陈锋氏的女子为妻，生了尧帝放勋。尧帝的母亲，就是帝喾的妃子。《皇览》记载："当时，皇上巡行地方，按照惯例应该祭祀当地名山大川的各路神明。"因为谢少南是直隶的巡方御史，所以他也跟随到了尧母陵。

谢少南因为当御史时进言合乎圣意，被提拔在直隶任职，兼任翰林院检讨。

帝喾的陵墓在东郡汉阳的顿丘城南台阴的田野中，也就是今天的大名府滑县东北七十里处。他的妃子的陵墓叫庆都陵，在今天保定府庆都县。县志记载这里是帝尧最初的封地，所以尧母就葬在了这里。那么庆都陵葬的是帝喾的妃子，也就是尧帝的母亲，事情的来龙去脉就很清楚了。

前些时候，皇上祭拜显陵，南巡楚地，都依礼分等级祭祀所经过地方的前代帝王和忠烈的祠堂陵墓。原先约定由我部对直隶等处的地方官进行咨询，让他们行文到所属的下级官府，搜集查证本辖区内应该拜祭的前代帝王忠烈的祠堂陵墓，命令他们封好奏折呈报上来，以向皇上申请。可是，沿途的地方官员大多散漫，没有按时呈报上来。

现在，御史谢少南却能按照地图搜访辖区，发现并光大古圣先贤的胜迹，对圣上巡视四方的盛举，不会没有帮助。况且圣上您至孝至德，可以与帝尧相媲美。因而推崇前代圣人的母亲，永远光大他们善良的品行，也是千百年来的一件盛事啊。

臣恭请圣上赐下诗文，派官员前去祭祀，以完备圣上巡视天下依礼祭祀的制度。修建祠堂和陵墓的事情，也应该等皇命颁下后再行实施。

【作者简介】

严嵩（1480—1567），字惟中，号勉庵、介溪，江西新余市分宜县人，明弘治十八年（1505）乙丑科进士。明朝著名权臣，累进礼部尚书，谨身殿大学士、少傅兼太子太师，少师、华盖殿大学士。63岁入阁拜相。其人一意媚上，窃权专政二十年之久，大肆杀害、斥逐不同政见大臣。晚年渐为明世宗所疏，后被革职抄家，寄食墓舍而死。严嵩精熟经史典章，谙习音律诗文，书法造诣深，擅写青词。著有《钤山堂集》。

【背景解读】

明嘉靖十七年十二月初四日，嘉靖皇帝朱厚熜之母圣母章圣皇太后蒋氏病逝，

　　嘉靖考虑再三，打算将母亲与父亲合葬于湖北显陵，他命锦衣卫指挥赵俊去湖北显陵，开启玄宫，审视大内。但回报说玄宫内有水。于是，奉母至孝的朱厚熜于嘉靖十八年二月千里驰驱，御驾南巡，亲自去显陵察看，命重建玄宫，以待合葬。

　　显陵玄宫竣工之后，嘉靖于四月初一由湖北回銮返京。归途将过庆都县。御史谢少南上疏言庆都县有尧母陵墓，由于年代久远而缺失祭祀典礼，请嘉靖皇帝亲临祭祀，嘉靖认为尧母乃历代帝母典范，当千秋共祀，故欣然应允。并命随行内阁大学士夏言安排祭拜行程，礼部尚书严嵩制订祭祀礼仪等。

　　此文即是礼部尚书严嵩应命所写的奏疏，历代望都县志均无收录，可见严嵩所著《南宫奏议》卷十一，明代陈子龙所著《皇明经世文编》卷之二百十九。此文虽未镌刻成碑，但对于研究望都历史文化，尤其对于研究望都尧母文化意义深远，故作为佐证附录于本书。

附录二：

清光绪二十九年《中天世子徽侯丹朱之墓》碑

清·阎爱真

【碑文】

壬寅嘉平[1]来宰[2]是邦，接篆[3]后检读邑乘[4]，内载徽侯之墓在城外东南隅，而未审其境。

越年[5]春，出郊行耕藉礼[6]，礼成，往访之，见其地宫湮没，几不能辨，惟残碑数断，尚卧荒丛中，心焉伤之。回忆帝王陵寝，圣贤坟墓，每至岁暮，上谕垂询，足征圣天子崇重贤圣、爱护古迹。今斯墓若此，守土置而不问，将谁责耶？遂立意重修。适南游戎[7]辅廷、白都戎[8]诚斋募兵来此，置酒涤尘[9]，席间谈及，南公亦极口[10]赞成，且乐解囊资助，而白公及在坐任公景文亦皆乐输[11]。于是涓日[12]兴工，建起坟一座，墓前树一碑，于碑阴聊缀数语以志。吾人好善，有同志，仰副[13]圣天子崇重圣贤、爱护古迹之至意，以冀后之守土者严禁牧放，加以护惜也。

是以为志。长子来署，命其代撰。

【注释】

[1]嘉平：腊月的别称。

[2]来宰：来……做官。宰，统治、管理。

[3]接篆：接印。篆，官印的代称，也借指官职，旧时印章常用篆书刊刻。

[4]邑乘（shèng）：县志。乘，史书。春秋时晋国史书叫乘，后因

此称一般史书为"史乘"。

[5]越年：过了一年，意为第二年。

[6]耕藉礼：中国古代帝王亲耕田地的礼仪制度。古代帝王重视农作，以此礼仪劝农勤耕，每年于春耕之前，亲自在藉田内进行亲耕礼，亲自扶犁耕田。

[7]游戎：管带，清武官职。

[8]都戎：帮带，清武官职，为管带的副职。

[9]涤尘：接风。

[10]极口：在言谈中极力（称道、赞扬或抨击、抗辩等）。

[11]输：缴纳（贡品或赋税）。此处应作捐献讲。

[12]涓日：同"涓吉"。选择吉祥的日子。

[13]仰副：对上合乎……

【参考译文】

　　壬寅年腊月，我任望都县令，接印后翻看县志，记载着徹侯的墓地在县城外边东南角，但还没有顾得上去那个地方察看。

　　第二年春天，完成耕藉礼后前往探访，看到坟茔的地宫都已经湮没到几乎不能够辨认，只有几截断裂的石碑，横七竖八地躺卧在荒草之中，内心很是伤感。回忆帝王陵寝，圣贤墓地，每到年末，皇上都会下旨询问，足可以看出当今皇上高度尊重先圣先贤，爱护古迹文物。现在这个墓地破败成这个样子，县令却任凭这样下去，视而不见，不闻不问，这是谁的责任呢？于是下决心重修丹朱墓。正好赶上管带南辅廷、帮带白诚斋二位先生来到望都招兵。我给他们接风洗尘，席间谈起这个事情，南辅廷先生极力称赞，并且乐于解囊相助。而白诚斋先生以及在座的任景文先生也都愿意拿出资金予以资助。于是选了一个良辰吉日开工兴建，建起丹朱墓一座，墓前立碑一通，在碑阴简单地写了几句来记录这件事。

　　我这个人乐善好施，又有志同道合的人，上合当今皇上尊重先圣先贤爱护古迹的圣意，希望今后到望都做官的人，严禁在此地放牧，对文物古迹加以爱护。

写这篇短文用来记录这件事。我的大儿子来县衙看我，我让他代为撰写了这篇碑文。

【作者简介】

阎爱真，字汎亭，后改名秉真，山西榆次人。清末民初社会活动家。阎骏业之子。清光绪二十八年（1902）中副贡。次年以知县试用指分河南，任州判。光绪三十一年，留学日本法政大学，加入孙中山领导的同盟会。光绪三十四年毕业归国，被分配到河南巡警道任职。光绪三十五年派任卢氏县知县。宣统三年（1911）辛亥革命，阎爱真辞去卢氏县知县之职，回山西太原当选国民分会委员，受督府法制局局长一职，任河东道地方检察厅厅长。

民国五年（1916），当选北洋国会参议院议员。民国六年，段祺瑞与黎元洪之间的"府院之争"愈演愈烈，张勋解散国会，阎爱真追随孙中山南下广州成立"非常国会"，任"非常国会"参议院议员。民国十一年十月，因反对曹锟贿选，阎爱真与褚辅成、焦易堂率国会二百多名议员，南下上海，在上海成立"临时国会"，宣言不承认北京国会和政府。

民国十七年，阎爱真以病请辞归乡。民国十九年，任榆次县治安维持会长。

民国二十三年，任榆次佛教分会会长。民国二十五，阎爱真参与编纂《榆次县志》。

阎爱真一生追随孙中山参加民主革命运动。平时承父志学习中医，义务行医，治病救人，颇有疗效，享誉乡里。

【背景解读】

阎骏业，字菊农，山西榆次人。清德宗光绪三年生，曾任景州牧判、河间知县、献县知县。光绪二十八年十二月任望都知县，光绪二十九年解任，光绪三十年复任。在任期间关心百姓疾苦，创办学校，不遗余力地推行警察等新政，在京汉铁路望都路段完工通车后，上书请免望都车差驿税。宣统年间改任束鹿县知县，被诬在国丧期内为妻子做寿，并有信用门丁招摇索诈等事，被革职永不叙用。（详见民国《望都县志·名宦》）

据史料记载："尧娶散宜氏之女生丹朱，尧知子丹朱不肖，不足授天下，于是禅位于舜。"传说丹朱为尧母庆都之孙，死亦归葬望都。丹朱墓位于尧母陵东南，望都旧城东门外，占地一亩，高一丈，有林木数百株，墓前有卧石三方，一方为中天世子卧碑。光绪《望都县新志》记载："中天世子卧碑，残石，篆书，年月无考，（望都县城）东门外，在丹朱墓前，长约三尺，厚一尺余，南侧面刻中天世子四字，相传此石最古。"

清光绪二十九年五月，在县丞任兆熊、花翎游击常备军辎重营管带南元超、帮带白显祖的资助下，阎骏业重修陵丘，其子阎爱真撰写碑记，巡检张惠棠书丹。刻石立碑于丹朱墓前。并下令严禁在丹朱墓周边放牧，对丹朱墓加以保护。

该碑碑体高六尺，宽二尺一寸。碑阳正书"中天世子徹侯之墓"八字，碑阴隶书。

在"文化大革命"期间，丹朱墓于 1969 年被平毁。中天世子卧碑不知所踪，该碑亦下落不明。

光绪二十九年《中天世子徹侯丹朱之墓》碑石照片

第三篇　尊儒重教

引　言

　　望都历来有尊师重教的传统。

　　康熙年间庆都县令李天玑曾说："庆都为帝尧梓里，文材素称渊薮，云蒸霞蔚，代不乏人"。

　　乾隆年间望都县令陈洪书亦云："望都为尧诞降之地，万古文明肇祥于此。五千年以来，山钟水毓，为奇伟，为名流，男忠女烈者，不知凡几。"

　　尧帝"光被四表，格于上下，为古昔圣王"。尧开创了中华文明，对后世产生了巨大而深远的影响。在中华民族的历史上有着极其崇高的地位，后世儒家"祖述尧舜，宪章文武"。作为尧的出生地，望都历朝历代都把尊崇尧帝，兴办儒学，传播儒家思想，作为署理政务，教化民众，治理社会的重要举措。

　　古时的望都官办教育主要由县学、社学、书院三部分组成。

　　望都县治在历史上由于辖域省置，曾多次搬迁。唐武德四年（621），李渊派人依傍尧母陵修建望都城，唐朝贞观四年（630），太宗下诏："天下学皆各立周、孔庙。"新建的望都城内自然便建有了孔庙。望都城历经十三年方得竣工，贞观八年，李世民将望都县治迁移至今址。上溯历史，自望都建治以来，便有县学之设，历朝历代无不重视教育。

　　宋、辽、金、元时期，望都地处边关，战乱频仍，儒学屡遭破坏。恰如元代大儒郝经所言："金元以来，纪纲礼义、文物典章皆已坠没"，"天下之器日益弊而生民日益惫"。元世祖忽必烈听从郝经、刘秉恕等人建议，下令沿袭历代旧典，兴办儒学，诏告天下，广建孔子庙。

　　元至正八年（1348）七月，望都县尹尚恕与监县完者帖木儿及僚属捐俸金重修庙学，有元至正《重修儒学记》碑述其事。

　　明洪武九年（1376），北平佥事徐淑名因文庙"规制卑陋，不足以容多士"，扩修望都文庙。

明成化五年（1649），知县谭论在文庙内扩修明伦堂五间，改建大成殿五间，东西庑序、戟门三间，缭以周垣，饰宣圣四配，添塑十哲像，于成化六年（1650）秋完工，亦有明成化六年《重修儒学记》碑传世。

明弘治十二年（1499），知县宋文重修大成殿、东西庑、神牲所、戟门、棂星门、明伦堂、斋廨、廪仓、庖厨、射圃。有明弘治十二年《重修儒学记》碑详其事。

明弘治十七年知县袁汝弼置祭器，明嘉靖十二年（1533）知县于宝、嘉靖三十年知县熊右通增修，嘉靖三十五年知县张弛修两庑各十五楹。

明万历三十二年（1604），望都境内大雨，大成殿明伦堂漏雨，知县许宗曾、县丞钟弘道、县尉苏钗、博士胡来庭、曹勋重修，有明万历三十六年《重修儒学记》碑存世。

明万历四十二年七月，知县刘天舆因大水漂没庙基，重修并建奎楼、文昌祠，有明万历四十二年《重修儒学记》碑传世。

明崇祯十一年（1638），清军绕道入关，于十月十二日攻陷庆都，屠杀劫掠三日，最后纵火焚城，城内建筑尽被烧毁。望都文庙也未能幸免，除棂星门、戟门外，其他建筑全部化作灰烬。这就是望都历史上有名的"庆都兵燹"事件。

"庆都兵燹"之后，明知县段纬重建文庙，清初康熙五年知县周士璿、九年知县令钱振龙续修。

清康熙十七年（1678），邑令李天玑重修，邑人麻堞所撰《重修儒学记》，立碑于文庙内。

清乾隆五年（1740），邑令沈景张重修文庙，其中乡人左济独自出资重修两庑，赵士登招集工匠，准备材料，负责施工，刻有碑记，后碑失所在。

清乾隆十五年，邑令韩时谦捐银五十两，拔贡左堂，生员周烜、赵瑾、潘养正、太学生徐鳞、顾廷玉，再修儒学庙，有碑，后碑失所在。

清光绪十一年（1885），邑令司铭三重建并刻立《重修文庙碑记》碑。

望都文庙通过奉祀孔子、四配、十二哲、历代先贤，附祀本地名宦乡贤，为望都士子提供了一系列学习的榜样。鼓励学子发奋读书，修身养德，或为硕学大儒，或为良相贤臣，或为奉公廉官，勤政敬业，造福一方，劝人向善，励志上进，对地方建设和社会发展起到了极其重要的作用。

社学，为元、明、清时期官府在乡镇设立的学校，相当于现在设在乡镇级的地方小学，创立于元至元二十三年（1286）。元制五十家为一社，每社设学校一所，择通晓经书者为教师，施引教化，农闲时令子弟入学，社学是当时农村启蒙教育的一种形式，明清两代，社学成为乡村公众办学的形式，带有义学性质。

望都县社学，有史可查至元代，元世祖忽必烈诏天下州县建孔庙，设学官，立社学。

元至正八年（1348），望都县尹尚恕建社学于县治北帝尧庙内，考试社师、兴养立教、文化大兴。

后尧庙圮，社学废。清康熙十七年，邑令李天玑恢复旧制，于庙后买地亩余，建厅三楹为社学，招收生徒而供其灯火费用，四乡皆设义学。有清康熙《李公义捐学田记》碑存世。

清康熙三十二年，邑令张京瓒捐款购置科举学田，用为三年士子学习之资，刻有清康熙四十四年《始置科举学田碑记》碑。

清康熙五十四年，立义学于文庙侧，学田共地二十九亩六分三厘三毫。

书院，是中国封建社会特有的一种教育组织和学术研究机构。原由富人、学者自行筹办，以私人讲学为主，元明时官方加强了控制，由朝廷委派教官、调拨田亩和经费，逐步纳入了庙学的教育体系之中。到了清代则完全官学化并达到发展的鼎盛阶段。在清代，望都书院作为本地学术研究的阵地、文化交流的场所、读书育人的机构，所创造的功绩不可磨灭。对望都古代教育、学术的发展和人才的培养，产生了重要影响。

清乾隆二十八年（1763），县令卫学诗追回被侵占的义学田及应缴租金，借尧母祠东西两廊房舍延师课士，招收科举世子肄业者就读，首创尧台书院。留有清乾隆《新设义学碑记》碑。

清乾隆四十八年，县令沈寅重修尧台书院，因县有龙泉之胜故更名为龙泉书院。并亲书"龙泉书院"匾额，镌石镶嵌于书院大门之上。（按：在民国二十三年《望都县志》卷五《政治志·教育》中有记载，只是此处所载沈寅在望都任职时间，与《县志》其他篇目和本书《重修尧母陵庙记》碑文中所载沈寅到望都任职时间不一致，具体原因待考。）

清嘉庆四年（1799），县令赵锡蒲认为书院设于尧母庙中只是权宜之计，因此在尧母祠右边另建讲堂一座，书舍三间，置学田一百余亩。因望都自古有康衢击壤之风，乃易"龙泉书院"为"康衢书院"。留有清嘉庆《康衢书院碑记》碑。

清道光二十一年（1841），县令吴步韩在康衢书院荒废四十余年之后，恢复扩建书院。因书院门前池中广种莲花，可媲美于保定的"莲池书院"，改名为"小莲池"。留有清道光《小莲池书院碑记》碑。

清同治七年（1868），县令吴师郊重修小莲池书院。

清光绪十五年（1889），县令戴华藻于书院内建文昌阁。移沈寅旧镌"龙泉书院"石额嵌于阁上。

清光绪二十年，县令李兆珍等增经费至4330吊钱，发商生息，时另有院田532亩多，年收租钱221吊664文。自是"膏火倍增，应课者日多。"

清光绪二十六年（1900），受义和团运动、八国联军侵华影响，望都书院（小莲池书院）停办。

1901年，望都人麻孟海在原书院基础上创设初等小学堂，望都新式学校教育始兴。

元至正十年《庆都县重修庙学记》碑

元·胡宾元

【碑文】

国家奄奠区夏[1]，专尚文治。我世祖皇帝，诏天下建孔子庙庭，以奉其祀，设学官以演其教，列圣相承，尊崇备至。盖圣人为古今一太极，未易名言。乃王道人纪之仪范，诗书礼乐之宗主，循之既安且福；悖之则危以凶，此万代之所取法，报功者必为之先焉。

粤若[2]克奉德意，俾责任守令遵行勿替，永著[3]厥[4]宪[5]，惟[6]时州县人有惰、勤或儒效无状，不能上副[7]宸衷[8]。

保定属邑曰庆都，控南北冲要，素号繁剧[9]，县尹尚公平章，齐国正献公之裔，自国子上舍生登第，以守令选擢居是邑。

至正八年七月十有七日下车，释菜于先圣，瞻视殿庑倾圮，大惧，不称圣朝崇奉之典。与监邑完者帖木儿谋于僚佐，各捐俸金，黎献[10]协赞，一倡百和。计财用，封偿其直；佣工匠，厚酬其劳；农不知役，民欢趋事。撤而新之，轮奂辉映，内创神门，外增棂星。庖舍庠馆悉有次，未月告成。讲诵琅然，倍蓰[11]于昔。仍[12]考试社师，众悦从正，学术匪讹，人才可得，文风崛兴，俗亦丕变[13]。

公廉勤明敏，力行所蕴，靡恃威刑，躬率以善，退食[14]之暇，杜门读书，辄[15]以庶务[16]为己任，知之必行，行之必尽。不负承宣[17]之职，允膺[18]上之委寄。

耆老王国瑞等，感公之德，以重修庙学美绩愿刻石垂示永久，征文于予。尝谓：上下志通，动皆有遂。尹探[19]政本，抚养尔民。汝被惠泽，不忘贤侯。使人咸体斯心，治化何患不凝[20]？道贵始终，弗渝敢并。

　　冀以是至诚，为祭神之恒式，故不辞暗陋，特记以书之。

　　公名恕，字彦仁，世为保郡深泽人。

【注释】

　　[1]奄奠区夏：抚定华夏。

　　[2]粤若：发语词。

　　[3]著：显现、显扬。

　　[4]厥：指示代词，他、他的。

　　[5]宪：法令。

　　[6]惟：想、思考。

　　[7]副：符合。

　　[8]宸衷：帝王的心意。

　　[9]繁剧：极其繁杂、纷乱。

　　[10]黎献：黎民中的贤者。

　　[11]倍蓰：数倍。倍，一倍。蓰，五倍。

　　[12]仍：重复、多次。

　　[13]丕变（pī biàn）：大变。

　　[14]退食：退朝就食于家或公余休息。

　　[15]辄：总是。

　　[16]庶务：各种政务、各种事务。

　　[17]承宣：继承发扬。

　　[18]允膺（yǔn yīng）：承当。

　　[19]探：寻求。

　　[20]凝：停止。

【参考译文】

国家安定，崇尚文治，世祖皇帝诏令天下，建设孔庙，祭祀孔子，设置学馆，传播儒教。让孔圣人的思想代代相传，给予儒家思想极其崇高的地位。孔圣人是古往今来的文化巅峰，他的思想和影响是不可替代的呀！儒家思想是王道和人伦纲纪的典范，诗书礼乐的宗主。遵循儒家的经典就可以使社会安定，人民幸福；违背它就会危机重重，吉凶难卜，这是世世代代应该尊奉的。

我们要报答孔圣人的恩德，首要的就是遵守儒家的道德标准，坚持孔子学说，使负责的官员永远尊奉宣扬圣人的核心思想，不被其他歪理邪说所干扰。所担心的是，人有懒惰、勤快之分，读书人起不到表率作用，与皇上的心意不相符合。

保定下属的庆都县，位于南北交通的冲要，历来被认为是繁杂纷乱之地。县尹尚恕是平章齐国正齐献公的后裔，以国子监上舍生身份参加科举考试被选中，后通过县尹选拔到庆都任职。

元朝至正八年七月十七日，尚恕到庆都任职，斋戒沐浴，到县学视察，在孔庙行释菜礼。他看到学馆里殿宇倾颓，感觉非常紧张，这和当今朝廷崇尚奉祀孔子，重视传播儒学的制度差距太大，根本不相称。于是和监县完者帖木儿等人商议，各自捐出自己的俸银来重修学馆，百姓中的有识之士也都来赞助，一呼百应。材料用度，以质论价，雇用工匠，给予高额报酬，因此百姓并不把这当作徭役，高高兴兴地前来做这件事。完工后，整个学馆焕然一新，美轮美奂。里面新建了神门，外边增设了棂星门。厨房、校舍均依次建好，不满一个月就告完工。开学后书声琅琅，其声势是之前的几倍。多次组织老师们考试，大家都乐意遵从正确的做法，学术上实事求是，培养的是真正的人才，文风重新崛起，民风也发生了大的改变。

尚恕廉洁奉公，勤于政事，聪明敏捷，身体力行，将自己平时积累的学问用于实际，努力推行。不靠严苛的刑法，靠的是率先垂范，工作之余休息的时候，就闭门谢客，在家读书，总是以公务为己任。发现问题一定去解决，解决问题一定尽心尽力彻底完成，不辜负继承发扬的职责，勇于承担上级委派的任务。

县内德高望重的王国瑞等几位老人，有感于尚公政治清明，愿意将尚公重修孔庙儒学馆的事迹镌刻在石碑上使其永久流传。让我来写碑文。我曾说过：

上下同心，动则成就。

县尹尚公，调查研究。

何以为政？民本是求。

后人享受，不忘贤侯。

文化发展，人人感受。

与公同心，稳定何忧？

善始善终，不敢违拗。

一心同向，从善如流。

希望凭借这样真挚的心情，把祭祀神灵的程式固定下来。所以不怕别人笑话我文词粗陋，记录下这个事情。

尚公名恕，字彦仁，世代为保定郡深泽人。

【作者简介】

胡宾元，元代保定名士，生卒年代无可考。性好山水烟霞，淡看功名利禄，曾多次被征辟举荐为官，但一直辞而不就，甘愿隐居而不入仕，以道德文章扬名于时。

【背景解读】

元至正八年（1348）七月，庆都县尹尚恕视察望都县学，祭拜先圣孔子。看到县学殿庑倾圮，心中甚为不安，便与监县完者帖木儿及僚属合议捐出俸金，买料役工，予以重修。不满一月便告完工。

尚恕，字彦仁，深泽人。其祖尚文（1236—1327），字周卿，元朝副宰相，祖籍祁州深泽（今河北深泽），后徙保定。尚恕以国子上舍生登第，至正八年任。旧县志并无记载，乾隆间县志依据文庙碑补入。《保定府志》及《定州志》亦无有关尚恕的记载。碑载监邑者完者帖木儿，旧志亦无记载。有关尚恕的记载详见苏天爵《从侍郎保定路庆都县尹尚侯惠政碑铭》。

　　元至正十年四月，望都县尹尚恕延请保定名士胡宾元撰《重修儒学记》，刻碑立石于庆都文庙。

　　清代吴式芬所著《金石汇目分编》录有此碑："望都县，元庆都县重修庙学记，胡宾元撰，常有恒正书，李克诚篆额。至正十年四月。文庙碑阴官吏题名，正书。"清代缪荃孙所著《艺风堂金石文字目》记载："庆都县重修庙学记，胡宾元撰，常有恒正书，李克诚篆额。至正十年岁次庚寅四月乙酉朔，在直隶望都文庙。"缪氏在其所著的《畿辅金石通志》亦有相关记录："重修儒学记，谨案碑文保定胡宾元撰，叙至正八年县尹尚恕重修文庙始末。十年立碑。"

　　近代望都文庙毁灭，此碑不知所踪。

　　2014 年，王英辉同志在研究过程中发现，清朝末年曾有人对此碑进行传拓。拓片现藏于北京大学图书馆古籍特藏库。循此线索，望都县文化产业领导小组特委王英辉同志负责，以拓片交换的形式，于 2019 年 1 月中旬从北京大学图书馆换回此拓片电子文档。

元至正十年《庆都县重修庙学记》碑拓片照

明成化六年《重修儒学记碑》

明·刘 文

【碑文】

直隶庆都乃保定之属邑，保定为京畿[1]之内郡。稽[2]是县志，古称望都，金大定间改为今名。庙学建设历代殆[3]远，重修于至正庚寅，再修于洪武丁巳，但规制卑陋[4]，不足以容多士。

成化改元[5]之三年，东吴张公繇[6]秋官大夫来知府事，识达大体，下车之初，首以兴学为务。累命各属州县，庙学损坏即行修理。知县谭论闻之，悚然曰："此吾职也，敢不祇承[7]。"展修明伦堂五间于旧堂址北。缔构坚敞，夐异[8]于前。左右斋庐[9]、寝室、庖廪[10]，营度未彻，适奉敕[11]督学校监察御史玉山陈公按临，戒日款[12]谒于先圣，礼成而退。徘徊顾瞻庙貌，栋宋[13]楹[14]榱[15]倾圮，彩绘漫漶[16]，丹漆蒙翳[17]，慨然有作新之志。于是命县丞王诚设法经修。诚申禀府守章公，得以躬莅董役。奈县当路要，财费不敷。乃先捐己俸为倡劝，耆民[18]富而好礼之家，悦助者率多，总计财得若干缗[19]锭。鸠工集材，揆[20]日。庀[21]斫砻石，陶甗甓[22]，梓[23]匠圬镘[24]畚[25]筑[26]者，经费所需咸得变通之宜。课其章程而次第兴作，撤其旧朽而易以新坚，鼎建[27]大成殿五间，东西庑序戟门三间，缭以周垣，高明宏壮，轮奂[28]完美。复饰宣圣[29]，四配添塑十哲[30]像，金碧映彩，藻绘[31]腾辉。

经始于成化五年冬，落成于明年秋。县长二学官率诸生，岁春秋朔望释奠[32]行礼，对越[33]有严，秉虔[34]将事。仰观圣容，冕服南面，巍巍乎王者之尊，配从群贤各称其封爵所为服者。龛、帷、殿、庑、黝[35]、垩[36]、髹[37]、彤[38]，焕然聿[39]新。而礼器尊爵[40]、簠簋[41]、笾豆[42]、罍[43]盘之属，洁陈有实若尔。凡诣[44]庙庭，得瞻圣贤道德之光华者，莫不肃然起敬。岂独系学者之依归[45]也哉？教谕[46]殷晋乃列状具巅末[47]来征记。

惟夫天地之道，高明博厚，至诚无息。吾夫子以天纵[48]将圣，其道配合天地，其教又有以助天地之所不及。封人[49]曰："天将以夫子为木铎[50]，万世允征[51]"呜呼！祗[52]先圣以饰教事理民，首务也。庙不修，何以妥明灵、致诚敬？学不建，何以兴教化、成贤才？是邑诸生，升而之[53]庙，湛[54]焉肃焉；退而之学，游焉思焉，益乃进修。宜乎贤俊誉髦[55]之士，射策[56]决科[57]，踵武[58]先后，必能明体适用，振声华于当世，流惠泽于无穷，庶几[59]不负朝廷养育之恩，守令作兴之意。则斯记所以劝诱激励，示将来垂永久，未必无小补。

至若始终督理协力相助者，其目之细，则碑阴在焉。

【注释】

[1]京畿（jī）：国都及其附近的地区。

[2]稽（jī）：查核。如稽考、稽查、无稽之谈。

[3]殆：副词，表推测，相当于"大概""几乎"。

[4]卑陋：低矮简陋。

[5]改元：指中国封建时期皇帝在位期间改换年号。

[6]繇：介词，通"由"。

[7]祗（zhī）承：恭敬地承担。

[8]敻（xiòng）异：远不同于一般。敻，副词，表示差别程度大。

[9]斋庐（zhāi lú）：是指斋祀的庐舍。

[10]庖廪（páo lǐn）：厨房和粮仓。

[11] 奉敕：奉皇帝的命令。

[12] 款：真诚、诚恳。

[13] 宋（máng）：房屋的大梁。

[14] 楹（yíng）：堂屋前部的柱子。

[15] 榱（cuī）：即椽子。

[16] 漫漶（màn huàn）：模糊不可辨别。

[17] 蒙翳（yì）：遮蔽、覆盖。

[18] 耆民（qí mín）：年高有德之民。

[19] 缗（mín）：古代穿铜钱用的绳子。本文"缗锭"可解为"若干串钱"。

[20] 揆度（kuí duó）：揣测。

[21] 庀（pǐ）：具备、备办。

[22] 瓹（tóng）甓（pì）：砖。瓹，圆而上覆之瓦，上覆之曰牡、下载者曰牝。

[23] 梓：治木器。

[24] 圬镘（wū màn）：涂饰、粉刷的意思。镘，抹墙用的工具，俗称"抹子"。

[25] 畚（běn）：古代用草绳编成的盛器，后以竹木铁皮为之，即畚箕。

[26] 筑（zhù）：捣土的杵。

[27] 鼎建（dǐng jiàn）：即营建。

[28] 轮奂（lún huàn）：形容屋宇高大众多。

[29] 宣圣：汉平帝元始元年谥孔子为"褒成宣尼公"。此后历代王朝皆尊孔子为圣人，诗文中多称为"宣圣"。

[30] 十哲：即"孔门十哲"，孔子门下的十个著名弟子。

[31] 藻绘：彩色的绣纹、错杂华丽的色彩。

[32] 奠（diàn）：祭奠。

[33]对越：对扬，歌颂赞扬。

[34]秉虔："一秉虔诚"的简化说法，义为诚心诚意。

[35]黝（yǒu）：本义为黑色，引申为涂饰黑色。

[36]垩（è）：用白色涂料粉刷墙壁。

[37]髤（xiū）：涂饰青黑色油漆等。

[38]彤：用红色来装饰。

[39]聿（yù）新：崭新。聿，文言助词。

[40]尊爵：泛指礼器或酒器。

[41]簠簋（fǔ guǐ）：簠与簋。两种盛黍稷稻粱之礼器。

[42]笾豆（biān dòu）：笾和豆。古代祭祀及宴会时常用的两种礼器。竹制为笾，木制为豆。

[43]罍（léi）：古代一种盛酒的容器。小口，广肩，深腹，圈足，有盖，多用青铜或陶制成。

[44]诣，到。

[45]依归：尊奉、遵循。

[46]教谕：学官名。宋京师小学和武学中设。元、明、清县学均置，掌文庙祭祀、教育所属生员。

[47]巅末（diān mò）：从开始到末尾，谓事情的全过程。

[48]天纵：上天所赋予，才智超群（多用作对帝王的谀辞）。

[49]封人（fēng rén）：古官名，《周礼》谓地官司徒所属有封人，掌管修筑王畿、封国、都邑四周疆界上的封土堆和树木。春秋时各诸侯国都设有封人，典守封疆，同时掌管筑城之官亦称封人。

[50]木铎：起源于夏商的一种响器。"文事奋木铎，武事奋金铎。"即宣布政教法令时使用木铎，打仗时则使用金铎，这种差异也许是因为金铎声音更响亮的缘故。

[51]万世允征：万代可信。

[52] 祗（zhī）：表尊敬。

[53] 之：到、去。

[54] 湛：形容词，深、深沉。

[55] 誉髦（yù máo）：指有名望的英杰之士。

[56] 射策（shè cè）：古代选士的一种以经术为内容的考试方法。主试者提出问题，书之于策，覆置案头，受试人拈取其一，叫作"射"。

[57] 决科：指参加科举考试。

[58] 踵武：踩着前人的足迹走，比喻效法或继承前人的事业。《楚辞·离骚》："忽奔走以先后兮，及前王之踵武。"王逸注："踵，继也。武，迹也"。

[59] 庶几：但愿。

【参考译文】

　　直隶省的保定是京城附近的内郡，庆都县在保定的管辖之下。从县志中查考可知，这个县在古代称作望都，金代大定年间改作今天的名字——庆都。县学的建设经历的年代大概很久远了，重修于元朝至正庚寅年间，之后洪武丁巳年又进行了修建。但是当时规模低矮简陋，不足以容纳更多的学子。

　　皇帝改年号为成化后的第三年，东吴人张先生以秋官大夫身份出任保定知府。张先生深识大体，刚刚到任就把兴办学校作为首要的任务。多次给所属各州县下令，凡县学损坏的要立即进行修建。望都知县谭论接到上级命令后，很恭敬地说："这本来就是我的职责呀，怎么敢不承担呢？"于是在旧学堂的北面扩展修建明伦堂五间。结构坚固宽敞，不同于以前的老样子。左右的斋庐、宿舍、厨房、粮仓还没来得及修建。后来赶上奉旨督察学校的监察御史玉山人陈先生巡视到此，选了个吉利的日子，谭县令陪同陈先生举行了祭孔典礼，礼成后在院子里四下巡视，查看庙学的状况，看到屋顶的大梁和椽子、屋前的柱子都已经倾斜错位，彩色的壁画已经模糊难辨，红漆已经被灰尘蒙蔽，感慨良多，于是有了重新修建县学的想法。因此责成县丞王诚想办法经营修建。王诚向知府章先生禀报了此事，因而能够亲自操办这件事。无奈庆都县地处官道要冲，各种业务费用多，不能拿出足够的钱来修建学校。就率先捐出自己的俸银并倡议捐资，老百姓中富裕且懂礼数的人家，愿意资助办学的人很多，总计收到不少的钱财。召集工匠、准备材料、选择吉日的准备工作很快完成。开始备办制作砻石、烧制砖瓦，木匠整治抹子、畚箕和木夯等工具，需要的经费都能够因事制宜灵活变通，按照规划有次序地安排进行。拆掉那旧的，坏的换成新的、坚固的，营建大成殿五间，东西两侧的厢房和戟门各三间，四周环绕建成院墙。望上去高大敞亮宏伟壮丽，美轮美奂十分完美。又将孔子塑像粉饰一新，旁边还新添了孔子门下十哲的塑像，塑像上纹绣逼真、色彩艳丽，发出耀眼的光芒。

县学的修建从成化五年冬天开始，到第二年秋天建成。县长和两位学官率领诸位学子，在每年春秋两季的初一和十五这两天举行祭孔典礼，很庄重地举行仪式，诚心诚意地行礼。瞻仰孔子的仪容，只见他戴着帽子穿着衣服面向南方，高大威武的样子俨然有帝王的风范，左右群贤的雕塑衣着神态各自与他们的爵位相称。那些神龛帷帐、大殿厢房都用黑、白、红等各色的颜料和油漆加以装饰，变得焕然一新。而尊爵、簠簋、笾豆、罍盘之类的各种祭祀用的礼器都干净整洁，陈列有序。所有来到庙中看到圣贤妆容、感受到他们思想道德光芒的人，没有不肃然起敬的。哪里只是读书的人才尊奉和遵循的呢？学官殷晋讲述了重修县学的始末和具体情况，请我写文章来记载这一盛举。

天地的运行规律，高远明畅博大精深，是极其真诚永不停息的。我们的孔夫子是上天赋予他超群才智让他成为圣人的。他的道德配合天地的运行，他的思想学术又有超越天地的方面。封人说道："上天是要让孔子成为木铎那样的响器，来宣布政教法令，万代可信呀"！尊奉孔圣人来兴办学校是管理百姓的首要任务啊。不修建孔庙用什么来安顿孔子的神灵、表达后人的至诚崇敬呢？不修建学校用什么来实行教化、培养人才呢？县里的各位学子，进入孔庙拜祭，表现得是那么深沉庄重。来到学校，认真地学习思考。通过不断学习提高就会成为学识渊博、道德高尚的人；能够通过科举考试的选拔，继承发扬前人的思想和事业。一定能够做到明白事理并灵活运用，在当代建功立业扬名天下，并永远惠泽后世。但愿人们不负朝廷培养教育之恩，不负谭县令重修学校的良苦用心。这篇碑记不但可以将修庙事迹流传后世，还会对后人起到劝喻激励的作用。至于那些始终督促管理此事和协力资助此事的人，其详细的情况，在碑的背面都有记载。

【作者简介】

刘文，字宗华，山西大同人。以乡贡的身份选习外文，明正统元年（1436）丙辰科进士。任中书舍人，仍译外文。明正统十四年，扈从明英宗御驾北征，经土木堡之变得以生还，汇报边防事务，受到明代宗的亲自召见，改提督四夷馆。因母亲去世解任守制，特诏起复升吏部验封司郎中。天顺初年以迎明英宗复辟有功，升任通政使司右通政。后因列为石亨朋党被罢黜。成化五年（1469）再任右通政。成化九年跟随都督李文安抚西番，三年后归，恳乞休致返家，于成化十二年去世。

【背景解读】

明成化三年，保定知府张枳下令所属各州县，庙学凡有破损者，要及时修理。庆都知县谭论受命在旧学堂北面扩建明伦堂五间。但因县小民贫，财力无以为继，相关配属设施未得以跟进。

张枳，字启韶，号赐闲，长洲（今江苏苏州）人。宣德庚戌进士，为保定知府。工竹石。正统初，上疏言畿甸旱蝗，乞暂停征税，放免匠役，蠲除倒毙马匹，以甦民困。张枳也曾在长洲书《长洲学田记》碑。长洲府学前亦曾建有张赐闲祠。（详见民国《吴县志》）。

"谭论，扶风人，天顺八年，知庆都。以刚明称，祀名宦祠。"（详见康熙《庆都县志》）

此次重修，自成化五年冬天开建，于成化六年秋天竣工。改建大成殿五间，配建东西厢房，立戟门三间。四周建起围墙。重新彩饰宣圣殿四配神像，增添了孔门十哲塑像。

成化六年，时任右通政的刘文途经庆都，参观了刚刚竣工不久的庆都县庙学，听取了庆都县教谕殷晋关于重修县学的情况汇报。欣然命笔，题写了《重修儒学记》，知县谭论刻石立碑于庆都文庙内，后庙毁碑失，诚为可惜。

明弘治十二年《重修儒学记》碑

明·刘　瑞

【碑文】

　　今上之十二年，知庆都县事宋侯文，既新庙学。释菜[1]时，监察御史陈君，始奉命来董[2]学政，进而嘉奖师生。遂会议曰："庙学之新，自昔为盛举，而侯绩在是，不可以无纪"。乃价[3]图请刻丽牲之石[4]。

　　按图，庙学在县西北，势卑且隘[5]，潦[6]水时泄[7]，日就颓剥[8]。宋侯至官，亟谋鼎建。卜日，诹[9]工，轮材，舆土，筑涂[10]，斫甓[11]，百役效能。表其中为宣圣殿，东西为庑，屋南为门曰大成，又为门其南曰棂星[12]，神库、牲堂隶[13]；由棂星而西为儒学门，又北为门曰道义门。又东直殿北为明伦堂，东西为斋；又为堂于北曰文会。而生员居舍、廪仓、庖厨。由棂星门而东为门曰公廨；又北为厅事[14]、为寝室。左右为厢，其一直其北如之而闢[15]门于东斋南，教官居焉。射圃[16]有亭，则在文会之西南也。为楹凡四百有奇。经始于二月癸巳，以五月甲申考成，为日凡百十二。基台崇栝，栋宇穹峻[17]，垣墉廉整，丹碧黝垩，什倍[18]旧观。工不病劳，财无费耗[19]，缙绅[20]耆艾咸悦豫[21]奔走，乐来赞相[22]，宋侯可谓不悖政者哉！

　　呜呼！庆邑古冀州域，放勋神圣，实诞于兹。虞夏[23]以来，侯服[24]中国，故自沦于契丹，干弋俎豆[25]，膻裘冠衽，腥膻[26]溷浊[27]百余载，先王祀学之典弃而不顾。乃际我圣朝肇复华夏，治绍[28]隆古[29]，然后庙学之制一与南国齿[30]。道必师孔子，学必诵六经，师儒贡举著为令典[31]，岂不至幸也哉！况今接壤京师，非遐陬[32]比，夫产自圣乡，风泽[33]及远世，当文明标准，密迩[34]宸极[35]，德化先被，而复有作兴[36]者若宋侯焉，凡为师弟子者盍[37]图之哉？尚[38]维是孔子之道。探讨服行，日砥月砺，罔或荒怠[39]，俾[40]异时，贤俊奋庸[41]，德业名世，环奇硕伟，辅成帝王之治可也。不然，是负斯世者也，是负斯地者也，是负斯人者也！尚[42]慎懋[43]哉。

宋侯，字时用，高平人。以乡贡进士宰是邑，著善政云。

系之以诗曰：

　　　　奕奕庆都，在古侯略[44]。

　　　　辽金元世，既否既剥[45]。

　　　　其剥维何？颠倒冠绅[46]。

　　　　孰祀孰学？实毁名存。

　　　　高皇龙飞[47]，载廓宇宙。

　　　　日月之蚀，我还其旧。

　　　　巍巍庙貌，翼翼[48]頖宫[49]。

　　　　匪经弗道，匪圣曷宗[50]。

　　　　百三十年，岁在协洽[51]。

　　　　有恺[52]尹侯，实在颠压[53]。

　　　　维卑载崇，维腐载新。

　　　　载弦载诵，对越孔神。

　　　　倚维庆都，圣神之产。

　　　　咫尺王畿，曾是荒远。

　　　　圣皇作之，尹侯大之。

　　　　有俨[54]师儒，曷其堕[55]之？

　　　　维仁维义，维孝与忠。

亿百千禩，畴[56] 敢不共[57]？

【注释】

[1] 释莱：亦作"释采"。古代入学时祭祀先圣先师的一种典礼。

[2] 董：监督管理。

[3] 价：旧时称派遣传递东西或传达事情的人。此处引为派人。

[4] 丽牲之石：借指碑石，古代祭祀时将所用的牲口系在石碑上。语出《礼记·祭义》："祭之日，君牵牲，穆答君，卿大夫序从。既入庙门，丽于碑"。

[5] 隘：狭窄、狭小。

[6] 潦（lào）：古同"涝"。

[7] 泄：漏、露。

[8] 颓剥（tuí bāo）：意思是颓坏剥落。

[9] 诹：挑选。

[10] 涂（tú）：同"途"。

[11] 甓：砖。

[12] 棂星：即棂星门旧时学官孔庙的外门。原名灵星门。灵星即天田星。

[13] 隶：附属。

[14] 厅事：官署视事问案的厅堂。古作"听事"。

[15] 闢：开、打开。通"辟"。

[16] 射圃：习射之场。

[17] 穹峻：意为高大。

[18] 什：十（多用于分数或倍数）。

[19] 帑：古代指收藏钱财的府库或钱财。

[20] 缙绅：旧时官宦的装束，转用为官宦的代称。

[21]豫：欢喜、快乐。

[22]赞相：举行典礼时司仪赞唱导引各种仪式，也指辅佐。

[23]虞夏：指有虞氏之世和夏代。

[24]侯服：王侯之服。这里借指身份高贵。

[25]俎豆：俎和豆两种礼器，这里引申为崇奉。

[26]腥膻：旧指入侵的外敌。

[27]溷浊：混乱污浊。

[28]绍：连续、继承。

[29]隆古：远古。

[30]齿：并列。

[31]令典：泛指宪章法令。

[32]遐陬（xiá zōu）：是指边远一隅。

[33]风泽：意思为德泽。

[34]密迩：贴近、靠近。

[35]宸极：借指帝王。

[36]作兴：使振兴、奋起。

[37]盍：何不。

[38]尚：尊崇、注重。

[39]荒怠：纵逸怠惰。

[40]俾：使、把。

[41]庸：功勋。

[42]尚：庶几、差不多。表希望。

[43]懋（mào）：勤奋努力。

[44]略：界、疆界。

[45]否剥（pǐ bāo）：否卦和剥卦。否为天地不交，剥为阴盛阳衰。多指时运乖舛。

[46] 冠绅：帽子和束腰的带子。

[47] 龙飞：皇帝登基。

[48] 翼翼：严整而有序。

[49] 頖官：周代学官、学校

[50] 宗：宗法、效法。

[51] 协洽：岁星纪年中地支"未"的专名。"岁在协洽"就是岁在未年，这里指的是弘治十二年（1499）。

[52] 有恺：平易近人。

[53] 颠压：不平凡、卓越超群。

[54] 俨：恭敬、庄重。

[55] 堕：堕落、掉下来。

[56] 畴：谁。

[57] 共：恭敬。

【参考译文】

当今皇帝即位的第十二年，庆都县令宋文先生，完成了对县学的修建。举行祭孔典礼的那一天，监察御史陈先生恰好来县里督导教育工作，并表彰奖励学校的师生。于是，召集有关人员商议说："新建学校自古以来就是盛大的活动，而且这也是县令宋先生的功绩，不可以没有记载"。于是派人拿着图纸请人将建学校的事迹刻碑立传。

按图上标示，旧县学在县的西北面，建筑形势低矮狭小，大雨不时浇灌，日渐破败荒废。宋县令到任后，急切地谋划建设新学校。于是选定日子、挑选工匠、准备材料、运送土方、修筑道路、加工砖瓦，工匠们都各显身手。在那里先建成宣圣殿，东西两侧建了厢房，对着大殿的南面建了大成门，在大成门的南面又建了棂星门，神库和牲堂分列棂星门的两侧；在棂星门西边建了儒学门，再往北建了道义门。再靠东直到大殿北边建了明伦堂，在明伦堂的北边建了文会堂。学生的宿舍、仓库、厨房分列在这里。在棂星门的东边建了公廨门，往北建了厅事和寝室。左右两侧是厢房，一直向北走在东厢房的南面又开了一个门，这里是教官居住的地方。建了射圃，里边有亭子，在文会堂的西南方向。这工程光柱子就用了四百余根。从二月癸巳日开始施工，到五月甲申日完成，总共用时 112 天。建成的学校基础台阶很高很宽，房子屋宇高大挺立，墙壁干净整齐，房屋用红、绿、黑、白等颜色装饰，整体效果比修建前的学校好上十倍。施工过程中不滥用劳力，不浪费钱财，官员和百姓都乐于附和，愿意赞助这件事，这是宋县令不违背为政之本的缘故呀。

哎呀，庆都县古时候是冀州的辖区，神奇伟大的尧帝放勋，实际上就是出生在这里。虞夏两朝以来侯服中原，自从沦陷于契丹，就以武力统治代替礼仪制度，以皮毛裹体代替原来的衣冠服饰，异族的统治使我们混乱污浊了一百多年，前代的庙学典章制度都抛弃不用。到了我伟大的明朝，开始收复华夏大地，接续远古的文明，这之后庙学的制度才一下子和南方一致。修道一定以孔子为师，学习一定诵读六经，教官、儒生、贡生、举人等制度都写成了法令，这难道不是值得庆幸的吗？况且现在庆都与京师接壤，不是那些边远地方能比的。庆都人生长在了圣人的故乡，圣人的恩德必然久远地泽被后世，引领文明的标准，庆都紧靠着帝王所在地，应该最先受到皇帝盛德感化，而且又有像宋县令这样振兴文明之风气的好官，作为此地的教师和学生还有什么要求呢？只能是唯孔子之道是从。对此探讨遵行，日月砥砺不断，不迷茫、不懈怠，等到将来成为贤士才俊，建功立业，名垂于世，像美玉一样伟大神奇，可以辅佐帝王治理天下了。如果不这样，就是辜负了这个时代，辜负了这个地方，辜负了宋县令啊。希望庆都的人要谨慎小心勤奋努力啊。

宋县令，字时用，高平人。因科举考试中了举人，然后来到庆都当县令。有擅长处理政务的好名声。

附上一首诗，曰：

美名传扬的庆都啊，

在遥远的古代是侯国的疆界。

到了辽金元三朝，

逢否逢剥，

国运下降。

何为"剥"？

阴盛阳衰

头上系带，

帽子扣在腰上。

反客为主

实在荒唐。

祭祀谁？

学什么？

所谓庙学，

早已名存实亡。

我高祖皇帝荣登大宝，

充塞时空

是历史的绝响。

破败的儒学庙呀，

如日月之蚀，

虽有损毁，

难掩光芒。

我来修新，

恢复其本来模样。

高大巍峨的儒学庙呀，

如今已经焕然一新，

宽敞明亮的学校呀，

井然有序，

早已不是旧时模样。

不是经典，

不可以称为法则。

不是圣人的教诲

又怎能称得起典章？

时光飞逝，

今逢协洽，

明朝建立转眼就一百三十年了，

亲切和蔼、平易近人的县令宋侯，

实在是卓越超常。

只有低微，

才能承载得了高大；

因其破败，

正可以破旧立新，

旧庙重光。

面对孔子圣像，

载歌载舞，

我们把你颂扬。

啊，庆都，

你的名字来自神圣的尧母，

庆都呀，

你近在王畿，

却曾地老天荒。

而今，

朝廷有旨，

侯令为之，

师道尊严怎能毁弃?

仁义忠孝，

万民尊奉，

无数次的祭祀

谁敢不恭恭敬敬把诚心献上?

【作者简介】

刘瑞，字德符，号五清。原籍四川省内江，明宪宗成化年间人。明弘治九年（1496）丙辰科进士，选庶吉士，授职检讨。官至南太常卿，礼部右侍郎，为官清廉，敢于建言。因抗奏刘瑾受斥，贫不能还乡而落籍湖南澧州。刘瑾被诛，刘瑞得以昭雪，先是以副使督浙江学校，继召为南京太仆少卿。嘉靖二年（1523），由南太常卿就迁礼部右侍郎。明嘉靖四年升为礼部尚书，当年秋回澧州省亲，因病去世，赠尚书。嘉靖皇帝谕旨在澧州为刘瑞特建忠清祠，配享范文正公，令子孙永奉祠祀。隆庆初年，追谥文肃。著有《改本三国志》《幼学稿》《澧兰录》《童观录》《五清集》等。

【背景解读】

明弘治十二年，时任庆都知县宋文重修庙学，建成大成殿和东西配庑、神库、宰牲所，内有戟门、棂星门、明伦堂、斋廨、廪仓、庖厨、射圃等附属设施，自二月开始施工，落成于当年五月，历时 112 天。

时任翰林院检讨刘瑞于当年途经庆都，受邀题写了《重修儒学记》。庆都知县宋文勒碑立石于庆都县文庙内。后庙毁碑失，不知所踪。

"宋文，弘治八年任，为人方严端饬，有卓异才。下车未几，恢宏文庙，增修学舍，置蔬园，辟射圃，勤考课，禁游食，锄强梗，俾民尽力务农时。值水潦，凡坝桥堤堰靡不修筑。教民树桑麻，畜五牸，女红缫丝纺绩，境内怗然，升莒

州知州。"（详见光绪《望都县志》）　　"庆都县都察院在县治东，南察院俱宋文修。"（万历《保定府志》）

明万历三十六年《重修儒学记》碑

明·陈 采

【碑文】

庆都故望都，伊祁氏所自出也，中天文明实兹启运[1]。古今诵放勋之业，溯[2]道统之源，孰不侈兹地？云汉为县邑，迄今因[3]之。

邑有学，其建置不知所自[4]始，我朝洪武九年徐淑名以北平按察司佥事重修，弘治十二年宋文以知县重修，则俱有记者也，迄今又百余载矣。

年来长吏虽递为缮治[5]，然以封疆蕞尔[6]，物力诎[7]乏，无能大创[8]，故修废旋[9]相因[10]也。

今万历三十二年，邑大雨水，愈就敝坏，大成殿、明伦堂，渐不蔽风雨，门舍墙垣其存什伍耳。

是岁，邑侯许君来牧[11]兹土，侯故许鲁斋[12]之裔也。越三日有事于学宫，谒先师、登讲堂，俨然[13]于诸生也。遂出鲁斋遗书以示曰："不腆[14]先业，虽不足以当道学[15]羽翼[16]，然遗泽[17]世守，幸与诸子相周旋[18]也，敢私其藏？"复环视学宫，见颓然[19]覆败[20]，曰："以先圣[21]之尊也，享祀[22]不丰犹不足以羞[23]，况所居之若是也？何以妥神明？且文明之地不宜如此黯然无色。"

诸生以修葺为请，侯谢曰："姑[24]有待[25]也。今天降割[26]于我邑，子孙仳离[27]，司农督赋，行人[28]饰[29]传，民将旦暮沟壑[30]矣，且何能此？"侯唯极力拊循[31]。

越明年岁熟，民渐有起色，复集诸生议毕[32]前事。然思以荒岁之余，喘息甫延、凋[33]瘵[34]甫苏，有难重役。而教化[35]之地不堪[36]再坏，其[37]将若何？于是出俸若干、赎[38]若干，若尉、若博士[39]、若诸弟子员，亦莫不各有所出。

择吏之勤且能者授之役，纠工治材，日夜督励。侯以簿书[40]之余暇亲往事视[41]，一土一木一工一作莫不心计而手画之。其可因者，则饬[42]而新，其可革[43]者，则规其旧，务完备坚美。期于可传，不涂[44]为耳目也。

三十五年四月首事，本年十月告成。大成殿、明伦堂、戟门悉更而新矣，启圣诸祠、棂星诸门、博士斋、诸弟子舍，悉补无敝矣。规模气象居然[45]大观[46]，不异初鼎建[47]焉。

是役也，不以[48]公帑[49]一钱，不以民间一力，成百年旷举。猗欤[50]盛哉！

侯释奠之余，复临讲席[51]曰："夫道统之传，尧开其始而孔子集其成。诸子生斯地也，谓非尧之遗黎乎？其诵法非孔子乎？昔人读《易象》、《春秋》，谓周礼在鲁。顾瞻[52]二圣，谓道统之传尽在是。非欤？尧以五典[53]敷教，孔子以五伦[54]归之达道[55]，士升堂受业[56]，二圣之训有不跃然于心目者？非夫[57]也，尔先民宋博陵[58]程明道、伊川元、容城刘静修，皆以近圣人之居，毅然兴起，以身任[59]道统，况生其地者乎？今且丽[60]于王畿矣，教化伊迩[61]，其文物[62]为之渐摩[63]，官师[64]为之劝课[65]，虽欲自外于圣人之道，有不可得也！世称燕赵多慷慨悲歌[66]之士，前贤类以气节相高，诸君淬励[67]于是，亦孔子'思狂狷[68]'意也，不然则负兹地多矣。尚[69]其勖[70]。"

诸事竣，介币[71]于余属[72]记，予因而述之。侯，许宗曾，河内人；丞，钟弘道，溧阳人；尉，苏钗，石埭人；博士，胡来庭，沂州人，曹勋，晋州人。

【注释】

[1]启运：谓皇帝开启世运。

[2]溯：追求根源或回想。

[3]因：依、顺着、沿袭。

[4]自：从、由。

[5]缮治：整理、修补。

[6]蕞尔（zuì ěr）：很小的样子。

[7]诎：穷、尽。

[8]创：建造。

[9]旋：立即、随即。形容时间短暂，很快。

[10]相因：相袭、相承。

[11]牧：治理。

[12]许鲁斋：许衡（1209.5.8—1281.3.23），字仲平，号鲁斋，世称"鲁斋先生"，怀庆路河内县人。金末元初著名理学家、教育家。

[13]俨然：形容庄重、严肃。

[14]不腆：谦辞。犹言不丰厚，浅薄。

[15]道学：宋代儒家周敦颐、张载、程颢、程颐、朱熹等的哲学思想。

[16]羽翼：比喻辅佐的人或力量。

[17]遗泽：留下的德泽。此处指遗墨、遗物。

[18]周旋：引申为交往、交际应酬。

[19]颓然：坍塌的样子。

[20]覆败：倾覆败亡。

[21]先圣：指孔子。

[22]享祀：祭祀。

[23]羞：进献。

[24]姑：姑且、暂且。

[25]有待：尚待，需等待。

[26]降割：降灾。

[27]仳离：离别。

[28]行人：使者的通称。

[29]饬：同"饬"，命令的意思。

[30]沟壑：指山沟，借指野死之处或困厄之境。

[31]拊循：安抚、抚慰。

[32]毕：完结。

[33]凋：衰落。

[34]瘥（cuó）：病。

[35]教化：通过上行而化成以下。

[36]不堪：不能。

[37]其：助词，表示揣测、反诘、命令、劝勉。

[38]赎：赎罪的钱财。

[39]博士：古为官名。

[40]簿书：官署中的文书簿册。此处引申为政务。

[41]事视：即视事，旧时指官吏到职办公。多指政事言。

[42]饬（shì）：古同"饬"，巧饰。

[43]革：改变，引申为革除。

[44]涂：涂饰、涂抹。

[45]居然：明显。

[46]大观：景象盛大壮观。

[47]鼎建：营建。

[48]以：用。

[49]公帑（tǎng）：公款。

[50]猗欤：叹词，表示赞美。

[51]讲席：高僧、儒师讲经讲学的席位。

[52]顾瞻：回视、环视。

[53]五典：孔安国《尚书传序》：伏羲、神农、黄帝之坟，谓之三坟；少昊、颛顼、高辛、唐、虞之书，谓之五典；八卦之书，谓之八索；九州之志，谓之九丘。

[54]五伦：古代中国的五种人伦关系和言行准则。即古人所谓君臣、父子、兄弟、夫妇、朋友五种人伦关系。用忠、孝、悌、忍、善为"五伦"关系准则。

[55]达道：通行不变之道。

[56]受业：跟随老师学习。

[57]非夫也：非也，不是的。

[58]博陵：古地名，隋唐以后治所在今定州市。

[59]任：承当、担当。

[60]丽：附着。

[61]伊迩：近、将近、不远。

[62]文物：指礼乐制度。古代用文物明贵贱，制等级。

[63]渐摩：亦作"渐磨"。浸润、教育感化。

[64]官师：泛指官员。

[65]劝课：鼓励与督责。

[66]慷慨悲歌：情绪激昂地唱歌，以抒发悲壮的胸怀。

[67]淬励：激励、鞭策。

[68]狂狷：指志向高远的人与拘谨自守的人。《论语·子路》："子曰：'不得中行而与之，必也狂狷乎！狂者进取，狷者有所不为也。'"

[69]尚：希望。

[70]勗（xù）：勉励。

[71]币：泛指用作礼物的玉、马、皮、帛等。

[72]属（zhǔ）：古同"嘱"，嘱咐、托付。

【参考译文】

庆都是古时的望都县，尧帝出生的地方，中天文明实际上是从这里发祥的。从古至今人们赞颂尧帝的德业，追溯道统的源头，谁不夸赞这个地方呢？据说从汉代时这里设县制，一直延续到今天。

庆都县里有学校，它的创建不知道是从什么时间开始的，我朝洪武九年（1376）徐淑明以北平按察司佥事身份对学校进行重修，弘治十二年（1499）宋文以知县身份重修，是都有记载的，到今天又有一百多年了。

近年来有关官吏虽然相继进行了修缮，然而因为治下是一个很小的县，财力不足，物力困乏，不能进行大规模的建设。因此，常常是刚刚修好没多久，很快就又破败了。

万历三十二年（1604），县里下大雨，大水过后，县学更加破败。大成殿和明伦堂失去了遮蔽风雨的功能，大门、宿舍、墙壁毁坏得只剩下百分之五十。

这一年，许先生来县里担任县令，他是古人许鲁斋先生的后人。到任后，过了三天，许县令到学校办事，祭拜完孔子后登上讲堂，很庄重、很严肃地面对各位学子，拿出许鲁斋先生流传下来的著作给大家看，说："我的先人虽然不足以成为道学系统中的重要人物，然而他的著述世代相传，希望与各位互相交流探讨，怎么敢独自私藏呢？"之后，四处查看学校状况，见到的是颓然破败的景象，说道："凭孔圣人的尊贵与伟大，祭祀的贡品不丰厚都不足以进献，何况让孔圣人待在这样一个地方呢？这怎么能够使他的神灵安妥呢？况且本来是文明之地，不该这样黯然无光呀"。

学生们请求许县令对学校加以修葺，许县令谢绝道："请稍作等待吧，现在上天降灾给我县，老百姓子孙离散，一家人不能相守。司农一直在催促赋税，使者也在不断地传递命令，老百姓面临艰难困苦的境地。事有急缓先后，当前形势，重要的是救灾，现在哪能做这件事呢？"许县令只是极力地安抚他们。

过了两年庄稼丰收，百姓生活渐渐有所好转，许县令又召集众学子商议，要完成以前说的修建学校的事。但是想到饥荒年头刚刚结束，百姓才刚刚有个喘息的机会，衰落疲敝的各项事务刚刚复苏，县里难以承担重大的劳役。然而学校这种重要的教化之地又不能再任其继续破败下去，这该怎么办呢？于是许县令捐出俸银若干，县里拿出赎罪银若干，那些县尉、博士和诸位学子们，也都纷纷有所捐献。

选择勤快且懂技术的官吏让他负责组织施工，开始召集工匠准备材料，日夜不停地督导工作。许县令在处理公务之余也亲自到现场视察督导，工程中的一土一木、一工一作每个环节，他都亲自谋划亲自组织实施。那些可以继续沿用的，就加以装饰使其变旧为新；那些需要革除的，就按照旧有的样子规划再造，务求坚固完美。本着让它永远存留下去的标准施工，绝不只是为了好看好听而做涂涂抹抹的表面工作。

学校修建工作从三十五年四月开始，当年十月完成。大成殿、明伦堂、戟门等都进行了翻新重建，启圣祠等诸祠堂、棂星门等诸门、教师办公室、学生宿舍等，都一一修缮，完好无缺。学校的规模盛大壮观，气象焕然一新，不逊于新建造的。

这项工作没有用公家一分钱、没有给百姓增加一分负担，成就了百年以来的旷世壮举。哎呀！真是太伟大了！

许县令在祭奠完孔子之后，又走上讲台说："道统的传承是从尧帝开始，而孔子是集大成者。你们生长在这个地方，谁敢说自己不是尧帝的后裔子孙呢？你们学习典章文集的内容和方法难道不是孔子传下来的吗？从前有人读《易象》、《春秋》认为周朝的礼仪存在于鲁国，回过头来看看尧帝和孔子二位圣人，说文化道统的传承都在这里，难道说不对吗？尧帝用'五典'教化民众，孔子用'五伦'使百姓归于通达之道，学子登堂入室跟老师学习，两位圣人的教诲有不时刻跃然于心吗？不是的！你们的前辈像宋代博陵的程颢、程颐，元代容城的刘静修，都是因为自己靠近圣人的居住地，毅然振作精神，亲身承担起传承道统的重任，何况你们本身就出生在圣人故地呢？今天这地方还附丽于京城之侧，有幸能够就近接受圣人思想的教化，受圣人遗留下来的礼乐制度的浸润，还有县里官员对你们的激励督导，你们就是想偏离圣人之道，也是不可能的呀！世人都说燕赵大地多慷慨悲歌之士，前贤们在气节上互相激励，努力向上。各位在这种环境的激励鞭策之下，也就是孔子说的'思狂狷'的意思呀。不然的话，那就太辜负这个好地方了啊。希望大家努力。"

在各项工作完成后，许县令派人拿着礼物来请我撰写碑文，于是我就写了这篇文章，记述这件事情的来龙去脉。县令许宗曾，河内人；县丞钟弘道，溧阳人；县尉苏钗，石埭县人；博士胡来庭，沂州人，曹勋，晋州人。

【作者简介】

陈采，字冲然。又字文孺，直隶（今河北省）清苑县人。明朝万历二十五年丁酉科进士，初授历城知县，曾任吏部主事，累官至通政使司右通政。为人清白直诚。卒后灵牌被放入保定府学乡贤祠享受祭祀。

【背景解读】

明万历年间，包括望都县在内的京畿地区一共发生了三次水灾，这三次水灾分别发生于万历十五年、万历三十二年和万历三十五年。

据《中国历史纪事年鉴》记载：明万历三十二年六月，昌平大雨，浸坏长、泰、康、昭四陵石渠及陵墙。至七月初一日，京城又连降大雨，凡两月不止。正阳门、崇文门一带，城垣中陷者七十余丈，民居多坏。遂发太仓银十万两救济被水居民。是时畿辅永平、保定、真定诸府州县亦大雨不止，溺死男女无数。

与庆都县相邻的唐县亦有相关记录："万历三十二年夏，大雨逾月不止，水自东门入城，城内水深二尺余，东关民舍多漂没。万历三十三年，发通州粟五百石运来唐县赈民。"（详见民国《唐县志》，河北人民出版社 1999 年版）。

明万历三十二年大水，籽粒无存，望都县令许宗曾绘图请赈，得粮八千石。是年府属俱荒，巡抚孙玮请发赈银一万二千五百两，又发通粮二万石，山东移粟一万八千一百九十八石，河南移粟五千九百五十余石平粜，并动府属仓粮四万六千八百余石煮粥散赈。（详见民国《望都县志》）

此次大雨，也让县学严重受损。时任县令许宗曾几次巡视县学，决意修复。但救灾赈荒为当时第一要务，暂时无力维修县学。

经过两年的休养生息，许宗曾于万历三十五年四月动工对县学加以修复，当年十月竣工。

许宗曾，字思约，河内人，元代集贤大学士兼国子祭酒许衡（鲁斋）九世孙。明万历乙酉科举人，万历三十一年任直隶庆都县知县。转升湖广永州府同知。

明万历三十六年，县令许宗曾请陈采题写了《重修儒学记》，记录了此次县学修复的起因及过程，刻石立碑于庆都县学内。后文庙毁，此碑亦下落不明。

明万历四十二年《重修儒学记碑》

明·张一英

【碑文】

今天下非无学也，圣天子崇文化洽[1]，实为作人[2]设。上忠于课，下亦笃[3]于修。积久玩[4]敝[5]，无人，焉作其气？即多士，亦遂若黯然无色，乃典学[6]敷教[7]核实[8]，所以汲汲规仰[9]主文衡[10]者。

庆都县学宫自建置[11]来，经始[12]者与其岁月，余不知也。阅历[13]绵邈[14]，更几废几修，大都当事者沿[15]涂饰耳目之虚闻，浸久漫坏。会今上四十年大雨水，庑、斋、诸从祀祠及门坊、垣墉、庖、湢[16]俱倾圮。春秋修祀事，俎豆[17]列星露[18]中，亦甚非雅意崇文之体已。

邑侯河东刘公，以是年冬月来，喟然[19]有意起图之，缘河伯[20]漂没一切，城隍、公署、犴狴[21]颓毁撤蔽，且饥民告毙，方议贷，张皇[22]而修举未遑[23]。

再逾年，政通人和，仆者有起色。遂首以兴起斯文[24]为己任，属学博[25]杨君、幕僚呼君董[26]其役，戒以跻实[27]勿苟且[28]，然二君固实[29]，德号才吏，乃克承其事。侯政暇时亲阅之。诸木甓瓦石之材宁坚勿脆，工师匠石之力宁迟勿捷，急省[30]试，称饩廪[31]，务从实际，不作畴曩[32]涂饰计。

浃旬[33]余，两庑翼如，两斋邃[34]如，儒林等三坊焕[35]如，名宦诸祀井如，鼎建奎楼于东壁，移祠文昌于北阙，凡故之所有必具，其所无乃更有之。皆竹苞松茂[36]，果非复前之外泽[37]而中稿[38]者也。计为楼一，为垣数百尺，为屋八。以楹数之，得一百二十八。

　　首事四月朔日[39]，届七月望日[40]。为日若干，为夫若干，矜[41]佩[42]之属，见栋甍[43]之岿[44]焕，不知材之所出。庶民见徒[45]之合散，而不见力役之及己，竟经费不涉百姓之万一，役竣，揖[46]多士[47]而进之讲席之上。而曰："畴曩黯然无色，今竟何如也？圣天子崇文人之典甚笃，幸[48]勿以肆[49]，不任居诿[50]，循兹以逞[51]。父兄之教不先、子弟之率不谨，可乎？"多士曰："唯[52]。""知、仁、圣、义、中、和之德[53]不修；孝、友、睦、姻、任、恤之行[54]不敦；礼、乐、射、御、书、数之艺[55]不习，可乎？"多士曰："唯。"此固上之忠于课多士，多士之当笃于修者；唯[56]是朝夕懋[57]勉，设诚[58]致[59]行。为学如治屋然，地灵人杰，宁[60]其爽者[61]，吾不信也。噫！侯典学敷教之实如此，后之人当为兴起继乎？宜为若侯者共事乎？宜有若杨君呼君者。金石可敝，此无废已。

　　至如实惠周及缮城郭，厘[62]疏浚，峻[63]禁宇，葺廨署[64]，以致隐诎发舒，奸强帖柔[65]，行有砻石政事之庭者，未敢概及。

　　侯，讳天与，字荐吾；三聘杨君任吾，甫良邑人；云翠呼君继山，则阌乡人。时万历四十二年七月十五日也。

【注释】

　　[1]洽：教化普沾。

　　[2]作人：教育人民，培植人才。

　　[3]笃：忠实，一心一意。

　　[4]玩：轻视、忽视。

　　[5]敝：破败。

　　[6]典学：指经常勤学。

[7]敷教：实施教化。

[8]核（hé）实：考求事实的真相。

[9]规仰：依赖。

[10]文衡：旧指以文章取士的标准来取舍权衡。

[11]建置：建立、设置。

[12]经始：开始营建；开始经营。泛指开创事业。

[13]阅历：指过去所经历的事迹。

[14]绵邈：长久、悠远。

[15]沿：沿用、因袭。

[16]湢（bì）：先秦时期称浴室的专用词语。

[17]俎豆：俎和豆，古代祭祀、宴会时盛肉类等食品的两种器皿。

[18]星露：星晨霜露。

[19]喟然：形容叹气的样子。

[20]河伯：古代中国神话中的黄河水神。此处代指大水。

[21]犴狴（àn bì）：基本意思是监狱。

[22]张皇：惊慌、慌张。

[23]遑：来得及。

[24]斯文：指文化或文人。

[25]学博：唐制，府郡置经学博士各一人，掌以五经教授学生。后泛称学官为学博。

[26]董：监督管理。

[27]跖（zhí）实：谓兽类足踏实地而行。

[28]苟且：敷衍了事、马虎。

[29]固实：故实。指足以效法的旧事。

[30]省（xǐng）：检查。

[31]饩廪：即"廪饩"，旧指由官府供给的粮食。

[32] 畴曩（chóu nǎng）：往日、旧时。

[33] 浃旬（jiā xún）：一旬的意思。

[34] 邃：深远。

[35] 焕：光亮、鲜明。

[36] 竹苞松茂：松竹繁茂。比喻家门兴盛，也用于祝人新屋落成。

[37] 泽：光亮、润泽。

[38] 稿（gǎo）：古通"槁"。干枯。

[39] 朔日：农历初一。

[40] 望日：农历十五。

[41] 矜：仪仗中用的矛。

[42] 佩：本指系在衣带上的装饰品。此处指有关装饰品。

[43] 栋甍（dòng méng）：意思是指栋梁。

[44] 峭：高大。

[45] 徒：服徭役的人。

[46] 揖（jì）：古同"辑"，意为聚集。

[47] 多士：古指众多的贤士。也指百官。

[48] 幸：希望。

[49] 肆：放纵，任意行事。

[50] 诿：推托、推诿。

[51] 逞：意愿实现，称心。

[52] 唯：表答应肯定的声音。

[53] 知、仁、圣、义、中、和之德：即"六德"（分别对应六种身份），分别是"义"为君德，"忠"为臣德，"智"为夫德，"信"为妇德，"圣"为父德，"仁"为子德。

[54] 孝、友、睦、姻、任、恤之行：即"六行"，分别是孝顺父母，对人友善，邻里和睦，婚姻美满，任贤与能，体恤百姓。

[55] 礼、乐、射、御、书、数之艺：即"六艺"，礼是礼节、礼仪；乐是指音乐、诗歌、舞蹈等；射是射箭技术；御是驾驭马车的技术；书即书法（书写，识字，文字）；数是算法（计数）。

[56] 唯：只有、只是。

[57] 懋：勉励、鼓励。

[58] 设诚：存心忠厚。

[59] 致：招引，使达到。

[60] 宁（nìng）：情愿。

[61] 爽：差失、违背。

[62] 厪（qín）：勤快的意思。

[63] 峻：增高、加高。

[64] 廨署：官署。

[65] 隐讪发舒，奸强帖柔：语出王安石《信州兴造记》，意思是平反冤狱伸张正义，使奸猾强硬的人变得服帖听话。

【参考译文】

当今天下不是没有学校，圣明的天子尊崇文化，让人们广泛接受教育，实际上是为了培养人才。学校初建时，上面忠于考核，下面也专心修习。时间长了就被忽视，变得破败不堪，没有人气了。哪里能振作文明的风气呢？即便是官员和贤士也开始随大溜，学校也变得黯然失色。像那些勤奋好学、教书育人、严格考核的事情，都很紧急，有赖主持文化教育的当权者改变这种状况。

庆都县的官学自建设以来，最初的建设者和学校建设的时间我并不了解。它经历的岁月已经很久远了，更是经过了多次荒废与重修，不过当事人大多是为了图好看好听而沿袭涂抹装饰的方法做了些表面文章，时间久了就慢慢毁坏了。赶上当今皇帝四十年间下大雨，学校的厢房、教室以及从属的祠堂和门房、院墙、厨房、浴室都倾斜倒塌了。春秋两季举行祭祀孔子的活动，俎豆等礼器只能摆列在露天里，这很是不符合祭祀礼仪，很不符合尊崇孔夫子的文明体制的。

县令河东人刘先生，在这一年冬天到任，面对这种状况，慨然叹息，有重修学校的念头。因为大水冲没了一切，城隍庙、官署和监狱都被冲毁了，而且刚刚接到有饥民死亡的报告，大家正商议救济的事，仓促慌忙间修学校的事还来不及安排。

过了两年，政通人和，老百姓生活都有了起色。于是，刘县令以振兴文化作为自己的首要责任，县里的头等大事。让学官杨先生、幕僚呼先生督办修建学校的事，告诫他们做事一定要踏实认真不可以敷衍了事。两个人本来就忠诚老实，有品行，被赞为能干的官吏，能够承担这个责任。刘县令在处理完政务后的闲暇时间亲自去督察。那些木材、砖瓦、石料一定选用坚硬不易碎的；工匠加工石料宁可慢点也不因追求快而影响质量。优先安排检查、试验等工作环节，以保证工程质量。保证粮食供应，一切都根据实际需要来办，不做以前那种只是涂涂抹抹的表面工作。

满一旬后，两侧厢房像张开的翅膀那样分列两侧，两边的教室也排列得很远，儒林坊等三坊焕然一新，名宦祠等诸祠也建设得井然有序，在学校的东部建成了奎星楼，把文昌阁移建到学校的北部空地。凡是原来有的现在更完备，原来没有的新建后也有了。现在看来，松竹茂盛，当真不像原来外表亮丽内中干枯的样子了。总计建楼一座，建院墙数百尺，盖房子八间。计算所用柱子，一共一百二十八根。

学校从四月初一开始建设，到七月十五完成。用时若干天，用工若干人，还有如矜、佩之类的装饰物。人们只看到栋梁的高大美丽，不知道材料来自什么地方。老百姓只看到工匠们聚集解散，却不见劳役波及自身。学校修建已经完工，经费却不涉及百姓万分之一。工程竣工后，召集县里的贤达之士，请他们来到教室。刘县令说："以前这里黯然无色，大家看看现在怎么样？当今天子尊崇古代文人的典籍。希望各位不要放纵自己，不要有所推诿，从这里做起，实现自己的理想。若想如此，那么父兄的教导不先行一步、不谨慎地为子弟们做出表率，难道可以吗？"众人说："是啊，做表率是应该的。"刘县令又说："智、仁、圣、义、中、和这六德不加以修行；孝、友、睦、姻、任、恤这六行不够诚心诚意；礼、乐、射、御、书、数这六艺不勤加学习，难道可以吗？"众人说："是啊，我们明白了。"这本来就是所说的上级忠诚地对待教育工作，培养更多的学生，学生应当专注于修行呀；只有这样早晚勤勉激励，才能做到心存至诚并落实到行动。做学问如同盖房子，地灵人杰却有人宁愿与其相违背，我不相信啊！哎呀！刘县令劝学施教确实如此，后来者还会前赴后继吗？还有为刘县令这样的人共同工作的吗？应该会有与杨先生、呼先生一样的人。金石可以毁坏，他们留下的功业是永远不会废弃的。

至于刘县令其他方面的善政，像修缮城郭、勤于疏通河道、加固监狱、修葺官署以至于平反冤狱伸张正义、使奸猾顽硬者服从管束、施行如砮石般可上报朝廷的政务等，我没敢在此文中提及。

刘县令讳名天与，字荐吾；杨先生名三聘，字任吾，良乡县人；呼先生名云翠，字继山，是阌乡县人。写此文的时间是万历四十二年（1614）七月十五日。

【作者简介】

张一英，字咏之，庆都人。为人器度恢宏，博学多才。明朝万历庚子（1600）科举人，任长垣县学谕，升同州知州、巩昌府同知。著有《籁鸣草》诗集。墓在望都古城东北二里处，与张舜元墓相距二三十丈。今墓无存。

【背景解读】

明万历四十年，暴雨肆虐，望都境内洪水横流，泛滥成灾，县署、监狱、城隍庙、文庙等尽遭水淹，多处房舍坍塌，灾民流离失所。文庙内的馆舍、教室、从属的祠堂以及门房、院墙、厨房、浴室等均因水患坍塌毁坏。

当年农历十一月，刘天与就任庆都县令，视察文庙灾情，矢志重修。但随着冬季的到来，洪水造成的灾害使得百姓缺衣少食的状况更加严重。救灾工作压倒一切，文庙重修之事暂且搁置。

"刘天与，垣曲岁贡，万历四十五年宰庆都（原文有误，当为万历四十年）讲六经，环听者数百，劝耕劝织凿井通渠，实政斑斑。如赏夜纺之妇、捕春生之蝗、扑衣丝之吏、辨盗瓜之诬，及今犹巷说之如昨日。"（详见光绪《保定府志》、乾隆《望都县新志》）后人享庆都文庙名宦祠。

至明万历四十二年（1614），政通人和，百废待兴。庆都县令刘天与重修庆都文庙。学官杨任吾、幕僚呼继山负责监工督办。工期自四月初一开始，到七月十五结束，历时一百多天。新修了馆舍、教室、儒林坊等三个牌坊，名宦祠等祠堂。在东面建起了奎星楼，北面建起了文昌祠。

竣工之日，刘天与邀请县内乡贤士绅参加文庙落成典礼，参观修葺一新的庆都县学。已致仕归乡的张一英亦在此列，并受邀题写了《重修儒学记》，由刘天与刻碑立石于庆都县文庙。后文庙毁，此碑下落不明。

清康熙十七年《重修庙学碑记》

清·麻　埆

【碑文】

维时[1]岁在戊午，庆都尹营州李公天玑重修孔子庙成，简征[2]余记。

余稽[3]孔庙之修，愈远愈隆、愈久愈优者，何也？盖尧、舜、禹、汤、文、武、周公，历圣相传一道而已。自周公五百年余特生孔子，天固以道付之孔子矣。

自有孔子之道，则文明启，彝伦[4]正，教化广，风俗醇，所以汉祖过鲁祀之。唐、宋、金、元益尊而信[5]之，封孔氏子孙袭衍圣公[6]，世择一人为曲阜令。及明初遣官诣阙里[7]祀孔子。遍赐天下经籍[8]，作人[9]弘化[10]，可谓隆矣、优矣。暨[11]国朝[12]定鼎，首右[13]文教以风厉[14]天下，亦可谓隆矣、优矣。所云孔庙之修，愈远愈隆，愈久愈优者，为[15]孔子之道尊也。

公自甲寅冬下车[16]，谒庙时瞻视庙学颓敝[17]，缘轮蹄[18]络绎[19]，财力绌乏[20]，弗果[21]所举。及丁巳，公抚字[22]整顿，渐致郁起[23]。谋于绅衿[24]里老[25]，捐资率众。爰[26]鸠工庀材，若大成殿、两庑、戟门、泮池、棂星门及帝君、魁神、名宦、乡贤诸祠，陈者新矣；若启圣祠、明伦堂、敬一亭，义路、贤关、圣域诸坊，学门、仪门、礼门、学署三楹，腐者坚矣；若省牲[27]所、东西儒林坊，唐甓、垣墉若干，无者增矣。自上下前后左右灿烂改观。觉至止[28]者、对越[29]者、畴[30]弗惊奇？曰：人所不能为，所不敢为，公独汲汲[31]焉，断断[32]焉必为之；为之必期其成；

成之必极其速。以难若彼，以易若此，公之才、之识与力，其^[33]度越^[34]古今为何如也？公之功直可与尧、舜、禹、汤、文、武、周公、孔子之道并耀不朽云。

公，名天玑，字旬公，奉天铁岭人。

康熙十七年岁次戊午季冬^[35]之吉，中宪大夫、原任江西饶州府知府、邑人麻埏撰。文林郎、庆都县知县、营州李天玑，典史、于越杨国昌，儒学教谕、营州秦毓琦，训导、文安刘振绪立。原任儒学教谕、今升国子监学正、孤竹刘疏泗，岁进士、邑人付云举篆，岁进士、邑人周元会书。

【注释】

[1] 维时：斯时、当时。

[2] 征：征用。

[3] 稽：考查。

[4] 彝伦：指伦常。

[5] 信：崇奉。

[6] 衍圣公：为孔子嫡长子孙的世袭封号，始于宋至和二年（1055），历经宋、金、元、明、清、民国，直至民国二十四年（1935），国民政府改封衍圣公孔德成为大成至圣先师奉祀官为止。册封孔子后裔始于汉高祖十二年（前195），封孔子的第8世孙孔腾为奉祀君，自此孔子嫡系长孙便有世袭的爵位，之后的千年时间里，封号屡经变化，直至宋至和二年改封为衍圣公，曾一度改为奉圣公，后又改回衍圣公，后世从此一直沿袭封号。

[7] 阙里：孔子故里，在今山东曲阜城内阙里街。因有两石阙，故名。

[8] 经籍：泛指古代图书。

[9] 作人：教育人民、培植人才。

[10] 弘化：弘扬德化。

[11] 暨：到、至（某时）。

[12] 国朝：指当前朝代，在明朝该说法最为盛行，多见于明朝遗民的著作中，例如明代焦竑编纂的《国朝献徵录》。

[13] 右：崇尚、重视。

[14] 风厉：鼓励、劝勉。

[15] 为（wèi）：表目的。

[16] 下车：官吏到任。

[17] 颓敝：破败荒废。

[18] 轮蹄：车轮与马蹄，代指车马。

[19] 络绎：连续不断、往来不绝。

[20] 绌乏（chù fá）：不足意。

[21] 果：实现。

[22] 抚字：谓对百姓的安抚体恤。

[23] 郁起：蓬勃兴起。

[24] 绅衿：泛指地方上体面的人。

[25] 里老：指里长。

[26] 爰：于是。

[27] 省牲：古代祭祀前，主祭及助祭者须审察祭祀用的牲畜，以示虔诚，称为"省牲"。

[28] 至止：到达、到来。止，语气词。

[29] 对越：犹对扬，答谢颂扬。

[30] 畴：古同"谁"。《尔雅·释诂》："畴，谁也。"

[31] 汲汲：形容急切的样子，表示急于得到的意思。

[32] 断断：确实，决然无疑。

[33] 其：助词，表示揣测、反诘、命令、劝勉。

[34] 度越：超越、胜过。

[35] 季冬：冬季的最后一个月，农历十二月。

【参考译文】

　　时间是戊午年（1674），庆都县令营州人李天玑先生重修孔子庙竣工，让我写一篇文章，来记述这件事。

　　我考查了孔子庙学的修建，越往后越隆重，修得越好，这是为什么呢？大概尧、舜、禹、商汤、周文王、周武王这些历代圣君，他们的治国之道是一脉相承的。周文王之后又过了五百多年，孔子出生，上天本来就是要将历代圣君一脉相承的道交付给孔子呀！

　　自从有了孔子之道，文明得以开启，彝伦得以正常，教化得以广布，风俗得以淳厚，所以汉高祖才到孔子的故乡鲁地祭祀他。到唐、宋、金、元等朝代就更加尊崇信奉孔子，封孔子的子孙后代世袭"衍圣公"的爵位，每代人选出一个做曲阜令。到明代，专门派官员到孔子故里祭奠孔子，将全天下的经籍赏赐给他的后人，以教育人民、弘扬德化。真可以说够隆重够优厚了。到我大清朝首先崇尚文化教育以劝勉教化民众，这也可以说是隆重优厚了，所说的修建孔子庙越来越隆重，越来越好，其实为的是让孔子的学说得到尊崇呀。

　　李县令是甲寅年（1678）冬天到任的，拜祭孔子时，看到孔庙倾倒破败，有意重修。无奈当时县里车马来往不绝、事务繁多，财力不济，未能施行。到了丁巳年，李县令安抚百姓、整治公务，县内渐渐呈现蓬勃兴起的景象。李县令就修建孔庙的事与县里退职官员、秀才、里长等头面人物商量，带头捐资。于是召集工匠、准备材料开始施工。像那大成殿、两庑、戟门、泮池、棂星门以及帝君、魁神、名宦、乡贤诸祠等旧建筑，都进行了装饰，如新的一样；像那启圣祠、明伦堂、敬一亭、义路、贤关、圣域诸坊、学门、仪门、礼门、学署三楹等已经朽坏的建筑，都进行了修理加固；增建了原来没有的省牲所、东西儒林坊、唐甓、垣墉等等。庙学的上下前后左右灿然改观。凡是见过和听说过的人、颂扬的人，谁不惊奇？赞颂道：别人所不能做、所不敢做的，李县令却急切、果断地一定要做；做还一定要做成它，不但做成还一定要快，要达到最高的效率。那么难的事，在李县令这里却显得这么容易，真的是举重若轻。李县令的才干、胆识和能力，得超越古人和今人多少呢？李县令的功德真可以与尧、舜、禹、商汤、周文王、周武王、孔子等历代圣人同光共辉，永远流传呀。

李县令，名天玑，字甸公，奉天铁岭人。

康熙十七年（1678），岁在戊午年十二月的吉日，中宪大夫、原任江西饶州府知府、邑人麻埕撰文。文林郎、庆都县知县、营州人李天玑，典史、于越人杨国昌，儒学教谕、营州人秦毓琦，训导、文安人刘振绪、原任儒学教谕、今升国子监学正、孤竹人刘疏泗立石。岁进士、邑人付云举篆额，岁进士、邑人周元会书丹。

【作者简介】

麻埕，见前 71 页。

【背景解读】

清康熙十三年，吴三桂举兵反清之际，奉天铁岭人李天玑督抚庆都。他首先去庆都文庙奠祭先圣先师，看到文庙年久失修，便立志修葺，当时望都赋税繁重，百姓疲敝，加上战乱频仍，此举暂未实施。

到了清康熙十六年，县境政通人和，百废待兴，李天玑亲撰《募修三庙引》，呼吁全县官民士绅捐款，合全县之力，着手重修文庙、尧母庙、帝尧庙。

《募修三庙引》曰："余叨承简命，备员兹土，受事初，释奠至圣先师，见其栋宇颓敧，壁垣倾圮，瓦砾邱墟，一望累累。窃文明之地，不应若斯之黯然无色，斯文之不振，厥有由哉？

"继谒帝尧、尧母二祠，再视栋宇壁垣，其间颓敧倾圮之状，大率与文庙等。伊时即有志修葺。奈以年岁不稔，兼之时际多艰，庆之人方且以枵腹而竭蹶王事，劳瘁亦云甚矣，其忍重劳其力乎？

"今幸而年熟大有，地方宁谧，轮蹄亦少息矣，民困亦渐苏矣，斯文亦将兴矣，废坠亦宜举矣。又念邑之绅与衿，俱系衍先圣之派而来者，况复产圣帝之里？修葺之愿，谅不留让后人。或以倡之者无人，遂致慨于有怀莫既。兹余不揣，欲为诸君倡，诸君其亦宣力著绩，以其相济于有成也。谨启。"

清康熙十七年，重修庆都文庙竣工。翻新了大成殿、两旁厢房、戟门、泮池、棂星门及帝君祠、魁神祠、名宦祠、乡贤祠等；重修加固了启圣祠、明伦堂、敬一亭，义路坊、贤关坊、圣域坊、学门、仪门、礼门、学署；还增建了省牲所、东西儒林坊、唐氏、垣墙等相关配套建筑。中宪大夫、原任江西饶州府知府、邑人麻垍受邀撰写了《重修庙学碑记》，立石于文庙内。后文庙毁，此碑被埋于地下。之后望都镇政府在文庙旧址上修建了办公楼，2015 年望都镇政府迁往别处，原办公楼改造为优抚医院，2016 年初夏，在施工过程中此碑现世，经望都文化领导小组协调，此碑被运到望都县教育局院内收藏保管。

2018 年 8 月 23 日，国家图书馆古籍馆金石组专家卢芳玉、刘赟、孙羽浩传拓此碑，拓片由国家图书馆永久收藏。

清康熙十七年《重修庙学碑记》拓片照

清康熙四十四年《始置科举学田碑记》

清·耿 址

【碑文】

三代而后，汉治最为近古，迄今谱循吏[1]者，皆首文翁、黄霸，以能兴教化而美风俗也。夫教化之原，始于学校，学校兴而经术修明[2]，人才蔚起[3]，举凡利国利民诸大政无不次第以举[4]，是故正民风莫先于作士气[5]。自二公既往后，虽有修门面[6]饰名节[7]者，亦不过徒博崇儒重道之虚声[8]，于古劝学兴教化之义无当也。

庆邑自陈锋氏诞生，文明[9]之圣[10]，灵气[11]秀发[12]，代有伟人，科第蝉联[13]比于大都。遭值伪顺之变，军兴旁午[14]，兵火独[15]惨，迄于鼎革[16]以后，士皆藜藿[17]不给，犹能力追先世之余烈，分香蟾窟[18]，夺锦[19]杏园[20]。居无何[21]而寖[22]以衰微矣。有志之士既苦于资身无策而又无所取法下之[23]，遂沉沦于鄙陋颓靡[24]之习而不克[25]自振，制举[26]一道，盖绝口不谈者，数十年于兹矣。

天将兴之，顿[27]使关中大儒张老父师讳京瓒字锡公者，以丙午乡荐[28]除[29]庆邑长，刑清政简，息事宁人，不以苟且[30]干[31]上官而上官重之；不以深文[32]督属吏而属吏惮之；不以兴革[33]扰百姓而百姓安之。其所最加意者，尤以兴教化美风俗为兢兢[34]。始至境，见户宇凋残，土地荒芜，民皆悬耜[35]，士无完褐，恻焉伤之。爰集多士于公廨，试以文，间有片长足录[36]者，簿书[37]之暇不惜耳提而面命[38]之，时复出其囊橐[39]以佐[40]灯火之费。

明年癸酉将赴秋闱[41]，公遵国典[42]举宾兴[43]，而造席者廖廖。问其故，则[44]曰："艰于资斧[45]，不能就道，不敢叨[46]巨典[47]也"。公慨然捐金相助，祖道[48]东门外，亲视其策蹇[49]北上而后返。

既归，虑无以计久远也，爰[50]出其俸之所余，置田若干亩，岁收其租。委老成书吏司出纳，复令诸生中齿高而品重者，以次司会计，以防侵渔[51]。积三载取为士子赴闱之资，俾[52]怀才欲试者不至于悲穷途[53]，得群起而吐胸中之奇，以邀一日之遇合[54]。

今不数年，而掇科者固已踵[55]相接也，且一时知名之士济济有人。下至应童子试者，其数亦倍蓰[56]曩时[57]，为文亦各以卑靡[58]自耻，由此而乘风破浪，甲第[59]联镳[60]，宏文大业，足以光邦家而汗青史。

乃益叹公之兴教化美风俗虽文翁、黄霸无以过之，而不徒博崇儒重道之虚声也，愚因之重有感焉。士君子受贽[61]朝廷，行一事而取快[62]一时，辄[63]诩诩[64]自鸣，附之者歌声载道。究[65]之情随事迁，遂与荒烟蔓草同归漫没。如公此举桑田具在，不至变为沧海，则此德此功不朽也。

邑之绅士勒石志美，使千百世后得以推原始事。余小子受知既深，不敢不以文辞。呜呼！后之莅[66]此土者推广斯举，其所以扶翼[67]斯文，维持名教，当必更有道矣。窃不胜低徊[68]望[69]之。

己卯举人耿址撰文，候选州同麻鍧书丹。

大清康熙四十四年，岁次乙酉仲春中浣之吉，阖县绅矜公立。

【注释】

[1]循吏：善良守法的官吏。

[2]修明：阐发弘扬。

[3]蔚起：蓬勃兴起。

[4]举：发起、兴办。

[5]士气：指读书人的气势、作风。

[6]门面：比喻外表、表面。

[7]名节：名誉与节操。

[8]虚声：无实的声誉。

[9]文明：文化。

[10]圣：最崇高的，对所崇拜的事物的尊称。

[11]灵气：灵妙之气。

[12]秀发：花盛开的样子。

[13]蝉联：连续相承。

[14]旁午：到处。

[15]独：特、特别地。

[16]鼎革：建立新的，革除旧的。旧时多指改朝换代。

[17]藜藿：指粗劣的饭菜。

[18]蟾窟：犹蟾宫。

[19]夺锦：指科举及第或竞赛优胜。

[20]杏园：泛指新科进士游宴处。

[21]居无何：不久，很短时间之后。

[22]寝：睡眠，引申为湮灭。

[23]下之：引导治理它。

[24]颓靡：萎靡、衰败。

[25]不克：指不能制胜，不能做到。

[26]制举：由皇帝亲自诏试于殿庭称为制举科，简称制举或制科。

[27]顿：立刻。

[28]乡荐：唐宋应试进士，由州县荐举，称"乡荐"。

[29]除：拜受官位。

[30] 苞苴（bāo jū）：指贿赂。

[31] 干：关联、联系。

[32] 深文：严苛的制度。

[33] 兴革：创建和革除。

[34] 兢兢：精勤貌。

[35] 悬耜（sì）：挂起农具。谓停止耕作，荒废农事。

[36] 录：采取、任用。

[37] 簿书：官方文书的统称，此处借指公务。

[38] 耳提面命：形容恳切地教导。

[39] 囊橐（náng tuó）：指行李财物。

[40] 佐：辅助、帮助。

[41] 秋闱：是对科举制度中乡试的借代性叫法。乡试是由南、北直隶和各布政使司举行的地方考试。地点在南、北京府、布政使司驻地。由于考期在秋季八月，故又称秋闱。

[42] 国典：国家的典章制度。

[43] 宾兴：科举时代，地方官设宴招待应举之士。

[44] 则：却。

[45] 资斧：财贽，泛指旅费。

[46] 叨（tāo）：承受。古汉语中用于对受人恩惠及礼物表示感谢的谦词。

[47] 巨典：朝廷大法。

[48] 祖道：临行祭路神，引申为饯行送别。

[49] 蹇（jiǎn）：跛，行动困难。

[50] 爰：于是。

[51] 侵渔：侵夺，从中侵吞牟利。

[52] 俾：使、把。

[53] 穷途：长途、远路。

[54] 遇合：指臣子遇到善用其才的君主。

[55] 踵：脚后跟。

[56] 倍蓰（bèi xǐ）：谓数倍。倍，一倍；蓰，五倍。

[57] 曩时：往时、以前。

[58] 卑靡：格调低下柔弱。

[59] 甲第：科举考试中的第一等。此指进士第为甲第。

[60] 联镳：喻相等或同进。

[61] 贽：古代初次拜见尊长所送的礼物。

[62] 取快：取得别人的喜欢；得到快乐。

[63] 辄：立即、就。

[64] 诩诩：象声词。

[65] 究：极、到底。

[66] 莅：管理。

[67] 扶翼：护持、挽扶。

[68] 低徊：徘徊、流连。

[69] 望：希图、盼。

【参考译文】

　　夏、商、周三个朝代之后，汉朝是最接近古代的，直到今天记录循良官吏的事迹，都首推文翁和黄霸，因为他们能够振兴教育而转化风俗。教育的源头始自学校，兴办学校能够使经典和学术弘扬阐发、人才纷纷崛起，凡是利国利民的各种政事都依次得到兴办，因此端正民风必须先振作读书人的风气。到文翁、黄霸两位先生故去之后，后世虽然也有装点门面修饰名节的官员，也不过是为了获得尊崇儒学注重教育的虚名罢了，与古代劝勉学习、振兴教育的宗旨没法比。

　　庆都县自从陈锋氏（即尧母）诞生后，文明达到了顶峰，灵妙之气如花盛开，代代都有伟人脱颖而出，参加科举考取功名的人连连不断，这种情况和大都市不相上下。后来赶上李自成起义，战事频繁，造成的灾难很惨，直到我大清王朝建立以后，读书人很贫困，粗茶淡饭都难以保证，在这样的情况下还能奋力直追前代之余威，蟾宫折桂，杏园夺魁，考取功名。可是，过了不久就逐渐变得衰微了。有志向的人既苦于自身束手无策又不能效法古人对此加以引导解决，于是沉迷在粗陋颓废的习气中而不能够振作。科举之道在这里闭口不谈大概已经有数十年了。

天将要使庆都县兴旺发达，立刻派关中学有所成的儒者张京瓒先生凭借丙午年（1666）乡荐的身份来庆都任职，他刑狱清明，政务简洁，息事宁人，不用礼物联系上级官吏而上级很尊重他，不用严苛的公文督导下属而下属都畏惧他，不用频繁变化的政务干扰百姓而百姓安居乐业。他孜孜不倦地致力于振兴教育转变风俗，这是他最为重视的。刚上任的时候，见到房屋破败，土地荒芜，老百姓都不从事劳作，读书人没有完整的衣服，很伤心同情这种情况。于是召集诸位读书人到县衙，用文章测试他们的学问，偶有所长足以录用的，公务之余不惜恳切地教导他们。还经常出资帮助他们以补学费之不足。

第二年即癸酉年，学子们将要参加秋试。张县令按照国家典章制度为他们设宴饯行，来参加宴会的人却寥寥无几。问他们原因，却说：难凑齐路费不能上路所以不敢承受县令的盛情和好意。张县令慷慨地捐出钱财帮助他们，并在东门外祭奠路神为他们送行，亲眼看着学子们上路后才回转县衙。

回来后，张县令考虑到这样不是长久之计，于是拿出自己俸禄中所余部分买了几亩地，每年收取租金，委派老成持重负责文书的下属当出纳，又选拔学子中年龄大、品行好的人来当会计，以防止有人从中渔利。积累资金作为学子们参加三年一次科考的盘缠，帮助那些有学问想参加科举考试的读书人，使他们不至于因路费不足而烦恼，能够群起展示自己的学识，从而去追求出人头地的机会。

张县令到县任职还没几年，在科举考试中获得功名的人就已经前后相连了，而且一时间出现的知名人士也很多，往下说上学参加童子试的人，也数倍于从前，写文章也都以格调低、气势弱为耻。因此，庆都县的读书人如乘风破浪一般在科举考试中连续取得好成绩，学子们高水平的文章、伟大的功业足以光大家国、青史留名。

于是更加赞叹张县令振兴教育、转化风俗的功绩，即便是文翁、黄霸也超不过去，而且他不只是为了获取尊崇儒学注重教育的虚名呀，我因此深有感触。学者君子得到朝廷的录用，做成一件事而能够获得一时的快乐，就诩诩呼吁，响应的人歌声载道。然而，最后事过境迁，就淹没在荒烟蔓草中不能够流传很远。像张县令此举为学生置买的田地还在，不至于有沧海桑田的变化，那么他的这种功德将永垂不朽。

县里有名望的人要刻碑记载张县令的善政，希望千百代后人们还能够推求这件事的始末。我熟知这件事，不敢不献上文章。以后到此地做官的人推广这种善举，他们用来扶持教育、维护礼教的方法，应当有更高水平了。我禁不住低回盼望着。

己卯年的举人耿址撰文，候选州同麻镐书丹。

大清康熙四十四年，岁在乙酉年农历二月中旬的吉日，阖县绅衿共同立碑。

【作者简介】

耿址，生卒年不详。字天培，号屺思，直隶（今河北）庆都人。清康熙三十八年（1699）己卯科举人。清雍正三年（1725）至六年之间任浙江绍兴府诸暨知县，后改任遂昌知县。著有《平昌诗钞》行世。

光绪《处州府志》记载："耿址，字天培，庆都举人，才裕综理，静镇不繁，以故政有余闲，与赵教谕延师课士，评定甲乙，一时士气蒸蒸。时有盗劫近郊，捕获盗至。址疑诘问，旋即放释。时皆以纵盗，为址危。址晓之曰：'三木之下，何求弗得？若以假为真，已可责塞。如人命何？'不数日，遂获真盗，人咸服其明恕。"

【背景解读】

庆都县为古文明肇始之地，自唐宋以来，科举昌盛，人才辈出。但明末清初，因地处通衢，历经明末李自成起义、明清改朝换代之变，饱经兵灾战乱摧残，经济衰落，致使当地科举教育不振。

康熙年间，张京瓒就任庆都知县，到任后，推行一系列有力举措发展当地经济，振兴教育。他带头捐出自己俸禄，购置 30 亩良田，作为学校的固定资产，将这些土地租佃给附近的农民耕种。每年收取租金，委派老成持重的人做出纳，选取口碑好、品德高的人做会计，以防止有人从中侵吞牟利。除了购买田地的契约交县礼房收存外，另有印册二本，一存礼房，一付科举首执掌。每遇乡试之年，合计三年租金收入，全部作为学子参加考试的费用，使有才能的人不至因资费影响参加考试，这种以学田养科举的方式收到了很好的效果。没有几年，庆都县就出现了"甲第联镳"的景象，而且参加科举的人数增长了好几倍。

为感念张京瓒治县邑、兴学田、制科举的功德并歌颂其美德，清康熙四十四年二月中旬，由县里的绅士出资，公推望都名士耿址撰文，麻镐书丹，刻《始置科举学田碑记》立于庆都县学内。后张京瓒享祭名宦祠。

"张京瓒，字锡公，陕西人，康熙四十四年任庆都。兴教化，美风俗，捐俸助士乡试，又捐买田地，永为乡试费，至今食其利焉"。（详见乾隆《望都县新志》）

"张京瓒，康熙丙午举人。素行孝友，事姊唯谨，笃友谊。辛未蝗灾捐谷数百石给亲族，不足更鬻产济之。宰庆都，民乏食，力请发谷麦以贷，复绥征。又捐俸置学田士民。刊有《实政录》"。（详见乾隆《韩城县志》）

麻镐，亦望都籍名士，曾任江西饶州知府麻埑之子，生卒年月不详，无传记，为候选州同。（详见乾隆《望都县新志》）

后文庙毁，此碑被移做桥板。

2004 年 7 月 12 日，望都县进行九龙河清淤治理改造工程，在所药桥下九龙河道内发现此碑，运回文保所院内保存。

此碑碑身系汉白玉石质，碑座已失。保存基本完好，碑额委角，顶部两侧饰祥云纹，云纹上方阴刻日月图案，正中篆书"科举学田碑记"六个大字；左右两侧饰缠枝纹。正文为行书，共计 21 行，凡 983 字，纹饰、字体均为阴刻，除少数文字漫漶不清外，其余皆可辨识。碑额字径 9 厘米，正文字径 2.5 厘米，碑通长 221 厘米，宽 80 厘米，厚 22 厘米左右。

2018 年 8 月 23 日，国家图书馆古籍馆金石组专家刘赟、孙羽浩两位老师传拓此碑，拓片将由国家图书馆永久收藏。

清康熙四十年《始置科举学田碑记》拓片照

清乾隆二十八年《新设义学碑记》

清·卫学诗

【碑文】

古者，社[1] 必有学，所以长善[2] 明伦[3] 观化[4] 者也。故吴公兆守[5]，河南秀才召置[6] 门下[7]；文翁[8] 倡教，蜀郡文章一时称冠，岂非选造特隆，斯人之蔚起[9] 哉？

望都古庆都也，尧台曙霭[10]，瑞气天来，龙窟夜澄[11]，清光月上，兼之双阿耸秀[12]，九水环清[13]，蔚蔚葱葱，虽西南名区何加[14] 于此？

余承乏[15] 兹邑未满半载，周知[16] 人民贬食[17] 省用，务穑勤农，夙[18] 敦[19] 朴素[20]，有陶唐氏[21] 遗风焉。近因水旱频仍[22]，屡形[23] 困苦，或怀瑾握瑜[24]，下帷[25] 研究[26]，而枵腹[27] 终难谈仁义久矣。文风不振，一传而荒，再传而野[28]，三传而文义莫晓，势不至数典忘祖[29] 不止。

余甚恐焉，遂以义馆创意[30]，殊知[31] 向[32] 固[33] 有之，缘日久颓废，田多侵隐，用是特请上宪[34]，究[35] 集义田若干，即于尧母庙中增置房屋，拟曰"尧台书院"。延[36] 师整顿士子肄业[37] 者，分以内外[38]，给以膏[39] 资，敢云尽善，亦期有裨[40] 云尔。多士勉乎哉！朝斯[41] 夕斯，精于勤，勿荒于嬉。总之不离诵尧言，行尧行者，近是从此酌雅禀经，青云直上[42]，余将拭目俟[43] 之。庶不负朝廷作人[44] 之至意[45] 也。后之君子恢扩[46] 而更张[47] 之，是又余之所祷祀以求者，是为记。

大清乾隆二十八年岁次癸未仲春谷旦[48] 立。

【注释】

[1]社：古代一种居民组织。二十五家为一社。

[2]长善：增长美德。

[3]明伦：明白伦理。

[4]观化：观察教化。

[5]兆守：监守祭坛的职司。此处引申为做某地长官，主政某地。

[6]召置：亦作"召寘"。招揽来给予安置。

[7]门下：门庭之下。

[8]文翁：名党，字仲翁，公学始祖，庐江舒人，西汉循吏。汉景帝末年为蜀郡守，兴教育、举贤能、修水利，政绩卓著。

[9]蔚起：是指蓬勃兴起。

[10]尧台曙霭：即灵台瑞霭，望都古八景之一。尧母陵位于望都县城内东南，有陵庙、陵墓、正殿、朝房等建筑，民国时期，尧母庙规模宏伟，四周砖墙护卫计一百一十五丈。正殿奉尧母神像，前廊照壁多嵌石刻诗。陵高三丈，周长三十丈零六尺，柏树森罗，槐榆交荫，宏敞而幽秀。远则群峰花攒，翠岚画罨；近则九水环清，涵泓毓粹。每日华东上，暹气蒸郁，紫翠交辉，陵台掩于瑞霭之中，景色非常美丽。

[11]龙窟夜澄：望都古八景之一。县北三里许北龙潭，有泉迸出，名曰"龙窟"，澄泓沉碧，纡回绕堤，翠柳拂阴摇曳，与水色相映。夜月之下，万籁俱寂，清光四彻，如玉壶冰云。

[12]双阿耸秀：望都古八景之一。城东一里处有两个土阜（土疙瘩），亦名双阿，偶排对峙。清代时立春前一日，官民在台下迎春，又名春台。其一已被平毁，余者为望都汉墓。

[13]九水环清：望都古八景之一。县城附近有泉水九道，曰九龙泉，由北到南依次是：龙泉（北关）、坚功泉（大西堤）、西堤北泉（小西堤西）、西堤南泉（小西堤南）、曲家泉（曲家湾北）、清泉（曲家湾南）、沈

家泉（沈庄西）、涌鱼泉（南关南）、灞龙泉（龙庄西）。泉水皆迸地而出，势若喷珠，逶迤注入龙泉河，汪洋东流，虽冬月严寒也不封冻，并有灌溉之利。

[14]加：超过。

[15]承乏：指暂任某职的谦称。

[16]周知：全面了解。

[17]贬食：节缩饮食。

[18]夙：长期、一向。

[19]敦：推崇、崇尚。

[20]朴素：质朴，无文饰。

[21]陶唐氏：此指尧帝。

[22]频仍：连续不断、频繁发生。

[23]形：表现。

[24]怀瑾握瑜：比喻人具有纯洁优美的品德。

[25]下帷：引申指闭门苦读。

[26]研穷：深入钻研。

[27]枵腹：空腹，谓饥饿。

[28]野：鄙俗、粗野。

[29]数典忘祖：比喻忘本。也比喻对于本国历史的无知。

[30]创意：创出新意，也指所创出的新意或意境

[31]殊知：殊不知，竟不知道。

[32]向：从前。

[33]固：本来。

[34]上宪：指上司。

[35]究：推求、追查。

[36]延：引进、聘请。

[37] 肆业：修业、学习。

[38] 内外：内学和外学。东汉儒生以七纬为内学，以六经为外学。

[39] 膏：滋润，引申为补给，供养。

[40] 裨：弥补、补助。

[41] 斯：这、这个、这里。

[42] 青云直上：指迅速升到很高的地位。

[43] 俟：等待。

[44] 作人：教育人民、培植人才。

[45] 至意：极深远的用意。

[46] 恢扩：扩充、发展。

[47] 更张：重新张设。

[48] 谷旦：即良辰之意。

【参考译文】

　　古时候每一社都有学校，用来提升人的道德修养、明确伦理观念、教化民众。因此吴先生主政河南时，将有才能的人都招置自己门庭之下；文翁做蜀郡太守时，大力倡导教化，蜀郡的诗赋文章一时间成为天下第一。难道不是因为他们注重选拔培养人才，才有了人才辈出的局面吗？

　　望都就是古庆都邑。有尧台曙霭，瑞气天来之祥和；有龙窟夜澄，清光月上之夜色；有双阿耸秀，郁郁葱葱；有九水环清，花木葱茏。就算是西南的名胜地区又怎么能超过这里呢？

　　我到县里任职还不满半年，详细了解到这里的百姓省吃俭用，专注于耕作，勤勉于农事，素来崇尚质朴无华的生活方式，保留了尧帝遗留下来的美好风尚。近年来因为水旱灾害连续发生，人们屡屡陷入困苦之中，就算是有怀瑾握瑜般的高尚品行，能够闭门苦读深入研究，可是饿着肚子讲究仁义终究难以长久呀。文明的风气如果不加提振，一代以后就荒疏了，两代以后就粗俗不堪了，传到第三代就全然不知了。照此形势发展，不到数典忘祖的程度是停不下来的。

对此我深感担忧，于是提出了创办义学的建议。殊不知这里本来就有学校，因为时间久了就荒废了，学田也大多被侵占了，因此特意请示了上级，追查收集到义田若干亩，在尧母庙中增建了房屋，办起了学校，起名叫"尧台书院"。聘请老师，集合学子和其他乐意学习的人，分别修习内外之学，并给予适当的补贴资助，不敢说是尽善尽美了，也是希望有所补益罢了。诸位学子在这里一定要勤勉呀！早晚在这里学习，要勤奋而使学业专精，不要由于玩乐而使学业荒废。总之要牢记尧帝的教导，践行尧帝的品行，做到这些就能够汲取和承受传统文化的教益，取得应有的成就，我将会擦亮眼睛看着你们成功。希望我没有辜负朝廷教化民众、培养人才的深远用意。后任的君子若是能够把这义学进一步扩充发展、重修改建，这也正是我祈祷祭祀孜孜以求的事情呀。以此为记。

清乾隆二十八年（1763），岁在癸未年二月的吉日立。

【作者简介】

卫学诗，生卒年不详。字闻一，号龙溪，陕西韩城人。清乾隆七年壬戌科进士，初授四川西昌知县，为官三年后因父亲去世辞职回乡守孝。乾隆二十五年起复任望都县知县，在任期间曾疏浚九龙河，修建石闸。并设立尧台书院。再升为刑部郎中。不久因母亲去世返乡，后去世。（详见嘉庆《韩城县续志》、乾隆《望都县新志》）

【背景解读】

清康熙年间望都县知县张京瓒为供养望都周边学子治学科举，捐俸购置了"科举学田地"。几十年后，因疏于制度管理，学田多被侵吞，已不能发挥原有的功效。

清乾隆二十八年，县令卫学诗追回被侵占的义学田及应缴租金，借尧母祠东西两廊房舍延师课士，招收科举士子肄业者就读，因书院建于尧母祠，取院名为尧台书院。"望都书院之设始此。"

　　为记叙这一事件，卫学诗亲自撰写了《新建义学碑记》，乾隆二十八年癸未年二月刻石立碑于书院内。此碑记后被收入清朝李鸿章、黄彭年等修纂的光绪《畿辅通志》卷——四"学校志"。

　　后书院随尧母陵庙毁，此碑下落不明。

清嘉庆四年《康衢书院碑记》

清·赵锡蒲

【碑文】

望都久无书院，有之自己未春始。夫身膺[1]民社，而不知兴作士气振兴之，而不可以垂久远，非所以育人才厚风俗也。我国家文治覃敷[2]，成均[3]造士，所以整饬士习者详且悉矣。而省府州县乡学之外，又各设书院，以惠来学，间有未举则邑宰可随时为之，非阙也。

戊午冬，余来署[4]是邑，询之绅士，邑故有书院，废堙[5]不计年所，前令沈侯笠阳[6]拟复未果。余慨然久之，欲求所为振兴者，而众务殷繁，未及议。越岁二月，始于尧母祠右偏择隙，卜基庀材[7]构创之。绅士乐余志之有成，争出赀[8]襄事，余亦乐得贤士夫力，此志为不孤也。遂以某某董其役，以资委之，涉两月而竣。盖其慕义有素，而未及倡之，故其愿不获自遂也久矣。

院之屋凡四所，一为讲堂，一为号舍，于前右置厨院，东壁祠之外除[9]也。夹砌十数丈，树桃李杏，院前杂植柏槐榆柳近二百株，皆邑人闻风自输者也。东南距城西缭[10]以长垣，中有洿池六七亩，浚而注之水，种荷萍兼蒲菰荇。祠前文果一株槁[11]立，越三载，忽荣苗，郁勃实繁，累累盈枝，或庆为人文瑞，余无从知。然今以始花萼辉联，苍翠清映之际，有至文焉。邑人毋其有会心。

夫望都为陶唐旧壤，含哺鼓腹[12]，歌咏帝力，遗风应有存者，故书院之成，颜曰："康衢"，筮吉延师，进诸生而课之，所望讲肄[13]其间者，不徒文藻之修，务以行谊相勖[14]。处为良士，出为良臣。其诸沐古圣余泽，仰副[15]圣天子作人至意，于是乎在[16]，岂独区区科第云尔？然而既开其始，更赖善为之继，不然庸知[17]后之视今，亦犹今之视昔。邑绅士谋所以不坠此举者，酌为章程，请勒石以垂久远，使后之人踵[18]而增焉。余益乐诸公之嘉惠后学为无已，因为之记。

【注释】

[1]身膺（yīng）：接受、承当。

[2]覃敷（tán fū）：广布。

[3]成均：相传为远古尧舜时期的学校。后泛指高学府。

[4]署：署理、管理。

[5]废堙（yīn）：废弃堵塞。

[6]沈侯笠阳：即沈寅。沈寅，字笠阳，泾川人，任望都县令时设立龙泉书院。

[7]卜基庀材：选择地基，准备材料。

[8]出赀：出资、出钱。

[9]除：台阶。

[10]缭：（缠）绕。

[11]槁：枯。

[12]含哺鼓腹（hán bǔ gǔ fù）：口含食物，手拍肚子。形容太平时代无忧无虑的生活。哺：口中所含的食物；鼓腹：鼓起肚子，即饱食。

[13]讲肄：讲学（的地方）。

[14]行谊相勖（xù）：在道义上互相勉励。

[15]仰副：上符。古时奏折用词。凡对皇上所陈，必用"仰"字。副是相符、相称之意，如"仰副朝廷绥靖地方之至意"，朝廷上谕中必有"绥靖地方"

之训，下官上奏时即援引之，以明所做之事符合圣意。

[16]于是乎在：所以有了这个存在。这里指书院。

[17]庸知：哪里知道。

[18]踵：跟随、继承。

【参考译文】

　　望都县长久以来没有书院，从己未年春天才有。身负管理百姓的职责却不知兴建学校，振兴教育，不能使它流传久远，这不是培养人才淳厚风俗的方法。我们国家文化教育广布，最高学府培养造就人才，用来整顿学风的方法详尽完备。除在省府、州、县、乡设立学校之外，又各设书院，以使后辈学生普受恩惠。如果有尚未兴办书院的，县令可随时兴办，但不能没有。

　　戊午年的冬天，我任望都县令，向当地德高望重的人士了解情况，得知望都县原先就有书院，只是早已废弃湮没，不知道是哪个年代的事情了，也不知道在什么地方。前任县令沈笠阳先生打算重建，未能实现。我感慨良久，寻求重建的办法，因为公务繁忙，还没来得及商量。第二年二月，在尧母庙右侧选了块空地，勘查了地形，备齐了建筑材料，开始营建。当地德高望重的人士争着出资帮我完成心愿，我也乐于得到他们的帮助，看来这件事符合大家的心意，是全县人民共同的愿望。于是委托一个人负责这件事，把资金让他管理，历时两个月竣工。大概是因为平时人们本来就仰慕道义，只是没有人来带头倡导，所以不能够随心顺意很久了。

　　书院的房屋共四所：一是课堂，一是学生宿舍，在前右设置厨房，靠近东墙处书院外是台阶。台阶两侧有十多丈，种着桃树、李树、杏树。书院前种植着柏树、槐树、榆树、柳树二百来棵，都是当地老百姓听到消息后主动送来的。从书院东南到城西垒砌了一圈围墙，中间有六七亩的池塘，疏浚注水，池塘里种满荷花、浮萍、蒹葭、蒲草、菰荇等水生植物。书院里有一棵文果树，枯立着，三年后，忽然开花，茂盛茁壮，果实累累，枝繁叶茂。有人庆贺说这是吉祥的征兆，我不得而知。然而从今天开始，这里必将花萼辉联，苍翠清映，当有优秀的文

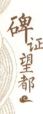

化出现，作为望都人定会深感欣慰。

望都是唐尧生活过的地方，那时候百姓们饱食无忧，享受太平，过着幸福的生活，对尧帝治理国家大加称颂，前代遗留下来的风尚应有留存。所以书院建成之后，在门楣上题写了"康衢"二字。选择良辰吉日聘请老师，招收学生，教授课业。希望老师在讲学的时候，不仅仅传授辞藻优美的文章，更要用高尚的道德情操和学生们互相勉励。将来如果留在本地就要成为社会贤达，如果出仕为官就要成为国家的忠良之臣。希望广大师生既享古代圣哲留给后人的德泽，又符合当今皇上培养人才的良苦用心，所以才建设这个书院，哪里只是为了科举考试呢？然而，既然已经开始，就更要仰仗后人好好继承延续下去。否则，又哪里知道后代人看待今天，也会像我们今天看待过去一样呢？县内德高望重的人聚集在一起商议如何不丢掉这种优良传统的方法，于是斟酌词句，立为章程，请求刻在碑上使其流传久远，使来来人能继承并不断增加新的内容。我对各位给予学生们的帮助和无穷恩惠感到非常欣慰，于是撰写了这篇碑记。

【作者简介】

赵锡蒲（1747—1814），字建男，号秋渠，又号石农山人，山东东昌府冠县人。出身望族，自幼聪慧，20岁补博士弟子员，清乾隆四十二年（1777）中拔贡。五十二年先任新城县教谕、升知县，后历任无极、唐县、望都、高邑、定兴知县，升蓟州、遵化知州，调顺德府同知，后又任易州、直隶州知州。为官三十余年，无声色之娱，唯爱山水图书，常以数千卷书籍自随，所至均有政声。嘉庆十九年（1814）卒于任所，终年68岁。

【背景解读】

清嘉庆三年十月，山东人赵锡蒲任望都县令。道光《冠县志》云："赵锡蒲，字建男，其墥次子，少有奇才，由选拔任新城教谕，保举知县，拣发直隶。历摄无极、唐县、望都事。补高邑，调定兴，擢蓟州、保定同知。旋调易州，直隶州。服官三十余年，所至有声。其在无极、定兴皆遇水灾，蒲疏导有方，加意抚恤，均能实惠逮民。唐境滨山而多沙，风起害农稼，令近河村民种树百万株，障沙不为害。望都、定兴各建书院，蓟、易二州为畿辅重地，翠华临幸，道路桥梁供亿备具，蒲承办数番无差池。癸酉冬，官军南征教匪，凯撤归伍，奉檄协济车马，蒲恐扰民力，疾起行，出廉俸增价雇备，民不烦而事无误，返署以劳疾卒。栖霞牟廷相为之立传。"

卫学诗任望都县令期间，借尧母祠东西两旁厢房，作为馆舍设立"尧台书院"。清乾隆四十八年时任县令沈寅重修尧台书院，因县有龙泉之胜故更名为"龙泉书院"。

赵锡蒲认为书院设于尧母陵庙只是权宜之计，因此于嘉庆四年二月，在尧母祠西边另建讲堂一座，书舍三间，置学田一百余亩，招收科举士子肄业者就读。易"龙泉书院"名为"康衢书院"。光绪《望都县新志》记载："嘉庆四年，邑令赵锡蒲谓寓书院于丹陵可暂，未可以久用。鸠资倚祠右另构讲堂一，书舍三。规模虽狭，已有专地。因邑有击壤风，易龙泉为康衢书院。祠前文冠果一本，久枯，忽而芽茁荣，茂实累累盈枝，佥云应人文瑞。门外池莲净植，周杂众木，每当课艺，树影花香，波光上下，济济多士，文思勃发，人才盛而科名踵起，皆赵公培养力也。"

书院竣工之后，赵锡蒲亲笔撰写《康衢书院碑记》。于清嘉庆四年刻碑立石于书院门外。碑文被收录进清光绪三十年（1904）李兆珍编纂的《望都县新志·艺文志》。今碑不存。

清道光二十一年《小莲池书院碑记》

清·吴步韩

【碑文】

望邑有书院不自小莲池始也，始曰尧台、曰龙泉，第存其名而已。曰康衢，则嘉庆之戊午，古冠[1]赵鉴泉先生所建也。初，规制不甚广，然有讲堂，有学舍，以余力典民田近百亩，岁取租供修脯[2]，因得延名师教授，弦诵之声恒不绝。

门外有池，种荷蒲菱芡。池东有亭曰"小沧浪"，池上杂植榆柳桃李杏槐之属近二百株。夏秋之交，树影花香与波光上下。地以人灵，才遂辈出。至今谈者谓百余年来科名断而复续，先生力也。独自先生去后，渐远渐弛。官此土者疲于奔走供亿[3]，不复以教学为急。奸胥因而生心，向[4]所置田乾没[5]殆尽，甚且移其材以济他工。曾不四十年，而宫墙荡然，茂草鞠[6]矣。髡柳[7]数株，足当甘棠遗爱乎？

庚子二月，步韩甫下车即议复之，未果。今春置酒，召都人士询谋佥同[8]，而黄生桂林首捐二百金为倡，乃诹吉[9]兴工，阅五十五日而竣，以资则俭，以工则倍。

今试与寻丹陵之故迹，吊尧母之灵祠，见其旁有庭户屹然，堂室焕然，缭垣翼然者，何昔荒荒而今秩秩也！则区区与夫二三君子，两月以来，所心经纪而手指挥也。虽然，岂徒为观美哉？合志同方，营道同术，修脯膏火之需，勿视为缓图也。师道立则善人多，处为名儒，出为名臣，且愿与贤子弟共勉之矣。

维时董[10]其役者，武功将军刘继和，明经李锡桓、麻元直、李朝干,太学生钱瑜文,文生何龙云、张玶、潘腾蛟,武生王万邦,吏员左儒林等劳最著，而麻君元直种莲满池，今且亭亭直上，因有取于周子爱莲之说，遂易其名曰小莲池。

【注释】

[1]古冠：古地名，冠县一带之古称。

[2]修脯：旧时称送给老师的礼物或酬金。

[3]供亿：供给、供应。

[4]向：从过去到现在。

[5]乾没：侵吞公家或别人的财物。

[6]鞠：茂草。

[7]髡（kūn）柳：秃柳。

[8]佥（qiān）同：一致赞同。

[9]诹吉：选择吉日。

[10]董：监督、督察。

【参考译文】

望都有书院并不是从小莲池书院开始的,最早的有尧台书院、龙泉书院,到现在只是留下个名字罢了。康衢书院，是嘉庆戊午年冠县人赵鉴泉先生所建。刚开始规模不是很大，然而有课堂，有宿舍。用建书院余下的钱买田地近百亩租给农民耕种，每年收取租金作为老师的工资，所以能够聘请名师传授学业，诵读之声不绝于耳，书院得以正常运转。

书院门外有一个池塘，池塘里种植着荷、蒲、菱、芡等水生植物。池塘的东边有一个小亭子，叫"小沧浪"，池塘旁边交叉栽种着榆、柳、桃、李、杏、槐等各种树木近二百棵。夏秋之交，树影与波光上下交错，花香袭人。于是这里人才辈出，望都也因为人杰而显地灵，时至今日人们议论起来还都认为，一百多年来望都的科考功名断而复续，全是仰仗赵先生建设书院之力呀。只是自从先生离开之后，时间越长书院就越不像样子，来此地做官的人为供给而多方活动，疲惫不堪，不再把教学当作最急需的政务。奸狡的小吏因此心生私念，从前置办的田地被侵吞殆尽，甚至将书院的建筑材料挪作他用，不到四十年，竟然连宫墙都荡然无存，只剩下遍地野草，数棵秃柳，这怎么对得起前任的良苦用心呢？

庚子年二月，我刚刚到任就商议恢复建设书院，未能实行。今年春天置办酒席，召集望都社会贤达人士达成共识，而黄桂林先生第一个站出来捐献二百金作为倡议，于是选择吉日良辰开工建设，历经五十五天竣工，用钱俭省，功效成倍。

今天，试着和他们一起寻找尧帝出生之地丹陵的古迹，凭吊尧母灵祠。尧母祠旁就是新建成的书院，可见房屋高耸，庭院宽敞，教室内光线明亮，外面有墙垣环绕。为什么过去荒凉破败，而今秩序井然呢？这正是我与那几位先生两月以来用心谋划、安排，亲自指挥的结果啊！即使这样，难道只是为了外观好看吗？寻求志同道合的人，对书院妥善经营，保证教师的工资和学生的津贴，千万不可视为不要紧的事呀。树立起了尊师重教的风尚，那么有道德的人就会多起来。居住在乡里则成为名儒，外出为官则会成为名臣，愿与各位师生共勉。

当时负责监督施工的有武功将军刘继和，明经李锡桓、麻元直、李朝干，太学生钱瑜文，文生何龙云、张玶、潘腾蛟，武生王万邦，官员左儒林等功劳最大，而麻元直先生更是种植了满塘的莲藕荷花，今将亭亭直上，于是取周敦颐先生《爱莲说》之意，改书院名为"小莲池书院"。

【作者简介】

吴步韩（1798—1866），字锦堂，号小岩，山东临沭人。天资聪慧，5岁知书，11岁应童子试，15岁补学官弟子第一。道光十六年（1836）丙申恩科进士，拟知县即用。道光二十年，授望都知县，期间修小莲池书院。道光二十一年，因迎送应酬不周，得罪钦差。为防构害，报丁忧获准，回家守制。三年后服满，改授兖州府学教授，后任河北深泽知县。其人才思敏捷，援笔立就，有"东省第一才子"之称，著述甚多，有《七十二砚斋集》《七岽山房弃余草》《少作小题偶存》《虫吟小草》两卷等。好收藏，去世时，家无余财，只有数万卷藏书，法帖数百种，书画百余帧，端砚百余方，印章以千计，金石古玩不计其数。

【背景解读】

清道光二十年，吴步韩就任望都知县，筹谋恢复康衢书院。南关黄桂林捐二百金，历时五十五日。重建讲堂、书舍等近二十间。因门前池中植莲花，于是取周敦颐先生《爱莲说》之意，改书院名为"小莲池书院"。时人亦将其比作直隶省城（今保定）莲池书院。光绪《望都县新志》内有翔实记述："过此以往，渐又废弛，邑宰疲于差务，弗暇劝学。学田百余亩，奸胥侵蚀殆尽。院宇倾圮，移瓦木而济他工，曾四十余年间，盖将鞠为茂草之场矣。道光二十一年，邑令吴公步韩筹复旧规，南关黄生桂林独力输二百金，重构讲堂三楹，西舍十间，大门一座，右外除两间，明经广文麻元直种池莲益盛，吴公以省城莲池书院之目，故亦即景易名曰小莲池。"

小莲池书院共有院田五顷三十二亩五分四厘九毫，每年收租京钱二百二十一吊六百六十四文。账目清晰，分载各段之坐落、亩数、租户姓名及租值。书院经费成本六宗，共京钱四千三百三十吊，发商生息，再加上官拨经费充裕。"自此书院膏火倍增，应课者日多，达到盛况。"

为纪念这一盛事，吴步韩为书院题写了一副广为流传的长联："修我墙屋，非直为观美也，比及三年郁郁乎文哉，于斯为盛；率其子弟，又从而礼貌之，有能一日孳孳为善者，何用不臧？"并撰写了《小莲池书院碑记》，于清道光二十一年刻碑立石于莲池书院大门外。《小莲池书院碑记》被收录进清光绪三十年（1904）李兆珍编纂的《望都县新志·艺文志》。

清光绪二十六年小莲池书院停办。1901年，邑人麻孟海在旧书院基础上改设初等小学堂，民国时更名为第一高小学校。后书院与尧母陵庙尽毁。此碑下落不明。

清光绪十一年《重修文庙碑记》

清·司铭三

【碑文】

孔子集群圣大成为万世师表，汉高祖过鲁祀之。唐宋元明尊而奉之，国朝定鼎[1]，首崇祀典。皆所以尊圣道重文教也。

望都学宫其建置年代无可考，自元至正暨明洪武、成化、弘治、万历年间，代有重修碑记。

至我朝康熙十有七年，宰斯邑者李公天玑，同学宫绅衿[2]力图整饬[3]，规模宏敞，嗣后[4]随时补葺[5]，历年久而间有倾圮。

迨光绪九年七月，风雨交加，庙宇渗漏，墙垣坍塌殆尽。余遂与教谕李君涵萼，训导王君起凤，倡议兴修，爰集邑中绅士偕力劝资，并选生员何瑄、李桂龄等，鸠工庀材，朝夕董其事。首营大成殿，除其糟朽，易以新坚。次及东西两庑文昌、朱衣祠，崇圣、名宦、乡贤诸祠，并戟门、棂星门、义路、礼门、圣域门及周围垣墉一律修整完固。经始于甲申三月，告成于八月。财无虚糜[6]，工归实济[7]。

夫以数十年失修之工，一旦焕然重新，俾圣道益尊，文教益重，实赖两广文[8]婉言劝导，尤喜诸善士[9]乐事[10]赞襄[11]也。

是不可以不记，用勒贞珉，以垂久远，其捐资者悉载碑阴焉。

【注释】

[1]定鼎：指建立王朝。

[2]绅衿：泛指地方上体面的人。

[3]整饬（chì）：整治，使有条理。

[4]嗣后：以后。

[5]补葺：修补、修缮。

[6]虚糜：白白地损耗、浪费。

[7]实济：实际成效。

[8]广文：唐天宝九年设广文馆。设博士、助教等职，主持国学。明清时因称教官为广文，亦作广文先生。

[9]善士：有德之士。

[10]乐事：乐于从事所做的事。

[11]赞襄（xiāng）：辅助、协助。

【参考译文】

孔子集各位圣人的道德成就于一身，成为万世师表，汉高祖经过鲁地对他进行了祭祀。唐、宋、元、明四个朝代都尊奉他，我大清朝建立后，将对孔子的祭祀放在首位，这都是因为尊崇圣人之道而重视文化教育的原因。

望都学宫的建设年代已经没法考证了，从元朝至正年间到明朝洪武、成化、弘治、万历年间，每个时代都有重修学宫的碑记留存。

至我朝康熙十七年，县令李天玑先生，会同学宫的官绅、生员尽力加以修整，使它规模宏大宽敞，从那以后随时进行修补，因为年代久远学宫时有坍塌的情况发生。

到光绪九年七月，有一天风雨交加，学宫出现渗漏，因而墙倒屋塌几乎全毁了。我就和教谕李涵萼先生、训导王起凤先生倡议重新修建学宫，于是集合县里的官绅、学士合力募集钱财，并选生员何瑄、李桂龄等，负责集合工匠、准备材料，早晚督导管理工程进度。首先建了大成殿，拆除那朽坏的，换成新的坚固的。之后修建东西两侧的文昌、朱衣祠，崇圣、名宦、乡贤诸祠，连戟门、棂星门、义路、礼门、圣域门及周围院墙一律加以修整加固。学宫修建开始于甲申年三月，到八月宣告完成。整个过程做到钱财毫无浪费，建设务求实用。

数十年失修的学宫，一旦重修变得焕然一新，使圣人之道更显得尊崇，文化教育的地位更加突出、重要，这实在是有赖于李涵萼、王起凤两位先生婉言劝导，尤其感谢诸位善人乐于参与赞助这件事。

重修学宫的事不能不加以记载，因此刻在石碑上，以求永远流传。那些捐资人的名字都记在碑的背面。

【作者简介】

司铭三，生卒年不详，山东蓬莱县人。清咸丰十一年（1861）辛酉科副贡，同治元年（1862）壬戌科举人，初任保定清河县知县。光绪九年（1885）钦加同知衔、知望都县。曾重修过蓬莱县沙门岛天后宫，留有《重修天后宫记》。（资料来源于光绪《增修登州府志》、光绪《望都县志》）

【背景解读】

清光绪九年七月，时任望都知县司铭三与教谕李涵萼，训导王起凤，带头集资，重修望都文庙。光绪十一年农历二月，司铭三撰写《重修文庙碑记》，教谕李涵萼篆额，训导王起凤、邑人拔贡胡仁稣书碑。立石于望都文庙大成殿东。碑体高八尺，宽二尺八寸，正书。后文庙毁，此碑下落不明。

李涵萼，大兴县人，副榜，光绪六年任望都教谕。（详见民国《望都县志》）光绪《海阳县续志》亦载："李涵萼，占籍直隶。壬子、乙卯两次副望都，武英殿校录，保举候补教谕即选知县。"曾参与编纂《清宣宗成皇帝实录》。

王起凤，宁晋县举人，光绪六年任望都县训导。（详见民国版《望都县志》）民国《宁晋县志》亦载："王起凤，朱家庄人，辛酉科举人，望都县训导。"

胡仁稣，字霭如，同治癸酉科拔贡。善画，至今藏其画者视如珍宝。胡仁稣民国时曾担任学校教员，曾参与编纂清光绪三十一年《望都乡土图说》和民国《望都县志》。

清宣统三年《天齐庙胡公兴学碑记》

清·丁化镕

【碑文】

（古之教者，家）有塾[1]，党[2]有庠，国有学。皆所以培养人材也。

（今日振）兴学务、变法改良亦遵古之雅意。乃风气（民智率）多顽固不化，民力大穷，经费亦属难筹，各处皆然。惟六村蒙学[3]为尤甚，历经数任，讼端迭生，学务卒未○整。

荷蒙[4]楚卿胡青（天）莅任以来，爱民如子，以兴学为主脑[5]，痛惜六村无力就读，并亲诣勘验地基。见报恩祠所九水环清，四周临村，正人文荟萃之地，即立官学两座，新筑西厢两间，以图久远。

祠内作为蒙养[6]，西厢作为简易厨房。起成莲池，周围养树以作补助。因天齐庙租金○○○，以甘露寺公产复面询李○○○○○，○（缙）绅花费外，通筹京钱[7]六百串[8]发商生息，（作为蒙学）底款，使各村子弟均准入学。款（项不足部分，另行）筹补，无庸[9]六村另立蒙学，学生○○○○○○条规，篆为碑记，详明上宪立案。○○○○（庶几）文风可期日隆矣。

际此苦费经营，○○○○○（与）李公减赋轻徭迥不相殊也。是以刻（石为记）。（不惟）荆城数村均沾天恩，即阖邑绅民（亦）○○○（赞）曰："与李公并著千秋也"。仅即管见（以记之），（且）歌曰：

（为）父母兮（法循）良，

郇伯黍 [10] 兮召伯棠 [11]，

○○○○○○○，

○○○○○○○，

○○○○款○○，

○○○减银（粮），

○○胡○○○○，

○○○○○○○，

明理义兮知向方，

垂雨露兮（置）胶庠，

○○○兮○○长，

竖丰碑兮志颂扬，

苏吾困兮异寻常，

（同山高兮）与水长，

怀胜德兮永不忘。

又歌曰：

胜意寻芳（龙泉）浦 [12]，

偶遇祠堂想郇黍。

两学个个争进步，

九水滔滔当门户。

各村子弟沾恩露，

咸称邑侯贤父母。

整顿学务苏民苦，

培养人材铭肺腑。

（兴利除弊）息雀鼠 [13]，

无异李公减银赋。

转危为安作（学府），

丰碑垂世传万古。

法政毕业劝学总董[14]廪生丁化镕撰文，贡生李连茹赞歌，学堂教员曹文焕书丹。

荆城村董事：

郭家村：公直[15]○贯、郭金、郭珍

栗家村：法政○○○，文生杨中孚，武生杨时春，公直杨时齐、杨枢一

郄家村：文生○○○，武生郄金元，公直郄尚忠、郄斌

孙家村：武生孙栋，公直孙维绪、孙英、王琦

孔氏屯：公直齐聚、左文明、齐致中

栗家村：监修杨林○

石工冉树楠镌造

宣统三年岁次辛亥桃月[16]下旬各村人等公立。

【注释】

[1]家有塾：据《周礼》所载，百里之内二十五家为间，同居一巷，巷首有门，门旁有塾。"家有塾"即指民在家之时，朝夕出入，都能够在塾中受教。塾：亦称书塾、学塾、塾馆等。旧时私人办理的学校。有塾师自设的学馆，有地主、商人设立的家塾、也有以祠堂庙宇的地租收入或私人捐款举办的义塾（免交学费）。采用个别教学，学习教材及年限不定，不同于有制度的官方所建立的学校。"古之家有塾，党有庠，国有学"句典出自《礼记·学记第十八》。这句话的意思是：古时候设学施教，家里有私塾，乡里有乡学，国家有太学。塾、庠、学，都是学校的名称。

[2]党：古代地方户籍编制单位，据《周礼》记载，五百家为一党。一万二千五百家为乡。

[3]蒙学：清光绪二十八年《钦定学堂章程》规定初等教育机构分

为三级：蒙学堂、寻常小学堂、高等小学堂。蒙学堂简称蒙学。

　　［4］荷蒙：承蒙、承受。

　　［5］主脑：中心、主旨。

　　［6］蒙养：教育童蒙。

　　［7］京钱：旧时北京通行的钱。民国《望都县志》卷五《钱币》"本县金融……以制钱为本位……有大钱、京钱之别……以一当二，以四百九十枚作一吊者曰九八京钱。"以京钱缴纳赋税则民受其利。（见《望都县志》刘体中传略）

　　［8］串：旧时制钱一千文之称。

　　［9］庸：需要。

　　［10］郇伯黍：出自《诗经·曹风·下泉》："芃芃黍苗，阴雨膏之。四国有王，郇伯劳之"。此诗是仁智各见，取《文献通考》卷二百六十一"不惟其官，惟其人则法行而事举"之说。

　　［11］召伯棠：出自《诗经·甘棠》。召伯巡视南国在棠梨树下休息时，有人向他诉讼，召伯当即进行断案处理。后人就把棠梨树看成了是召伯的象征，纷纷歌咏以示怀念。

　　［12］浦：水边。

　　［13］雀鼠：典出《新五代史·王章传》："往时民租一石输二升，为'雀鼠耗'。"后指正税外加征之粮。

　　［14］劝学总董：职官名。清末设置，专司催办学校。

　　［15］公直：原指人品性公正耿直。此指公正耿直之人。

　　［16］桃月：农历三月。

【参考译文】

　　古时候家里有私塾，乡里有乡学，国家有太学。都是用来培养人才的。

　　到了今天振兴教育、变法改良也是遵从古代办学的本意。可是民风民智大多顽固不化，民力困乏窘迫，办学经费也难以筹措，各地都是这样。只是六村的蒙学最为显著，经历数任知县争端诉讼不断，六村的学务最终也没有得到整饬。

承蒙胡楚卿县令到任以来，爱民如子，把兴办学校振兴教育作为主旨。他痛惜荆城六村孩子无力上学，并亲自实地勘察地方准备办学，看到报恩祠那个地方九水环绕，与周围村庄紧邻，正是人文荟萃的好地方，就建立官办学校两座，新建西厢房两间，希望学校能够长远办下去。

把报恩祠作为教育童蒙的场所，西厢房作为简易厨房，挖了个池塘，周围种树作为办学的补助。因为天齐庙租金〇〇就用甘露寺的公产又面询李〇〇〇〇〇〇缙绅花费外，总共筹措京钱六百串，借给商人使用，滋生利息作为学校的费用，使各村的子弟都能入校读书。款项不足的部分另行筹措补充，不用六村另外再建立蒙学，学生〇〇〇〇〇〇〇订立条规，撰文立碑为志，详细汇报给上司备案〇〇〇〇，希望文明之风能够日渐隆厚。胡县令在这儿劳心费力地谋划安排，〇〇〇〇〇其功德与原来李县令为望都减轻赋税和徭役显然没有什么差别呀。因此刻碑立传，胡县令办学不只是荆城都受到恩惠，就是全县官绅百姓也〇〇〇，都称赞说："胡县令功业与当年的李县令一同永垂千秋。"仅以我等的管见做记载且歌颂道：

> 胡县令是我们的父母官呀，
>
> 他直追古代的循良。
>
> 他的功绩如同郇伯栽下黍粮，
>
> 也如召伯留下的甘棠。
>
> 〇〇〇〇〇〇〇，
>
> 〇〇〇〇〇〇〇，
>
> 〇〇〇〇款〇〇，
>
> 〇〇〇〇减银（粮），
>
> 〇〇胡〇〇〇〇，
>
> 〇〇〇〇〇〇〇，

胡县令深明义理呀，

为百姓指明方向。

施行仁政如降及时雨呀，

设学施教造福一方。

〇〇〇〇〇〇长，

百姓为他竖起丰碑呀，

以记载人们对他的颂扬。

救济我们的困窘呀，

这功德非同寻常。

与大山同高呀，

与大河等长。

感怀胡县令的盛德呀，

百姓永志不忘。

又歌颂道：

怀着美好的情怀寻胜于九龙河浦，

偶遇祠堂不仅仅想到当年邵伯种下的黍。

看祠堂中两学校师生共争进步，

九龙泉水滔滔环绕于学校的门户。

各村子弟都沾受建校者的恩泽雨露，

人们都称赞胡县令为官如父母。

他整顿学务解救黎民的困苦，

他为望都培养人才百姓铭记肺腑。

他兴利除弊整治贪婪的雀鼠，

他的功德无异于李县令当年为百姓减免银赋。

让百姓转危为安孩子能够入校读书，

百姓为胡县令立碑歌颂流传到千秋万古。

法政毕业、劝学总董、廪生丁化镕撰文，贡生李连茹作赞歌，学堂教员曹文焕书丹。

荆城村董事：

郭家村：公直郭贯、郭金、郭珍

栗家村：法政〇〇〇，文生杨中孚，武生杨时春，公直杨时齐、杨枢一

郄家村：文生郄〇林，武生郄金元，公直郄尚忠、郄斌

孙家村：武生孙楝，公直孙维绪、孙英、王琦

孔氏屯：公直齐聚、左文明、齐致中

栗家村：监修杨林一

石工冉树楠镌造

宣统三年岁次辛亥桃月下旬，各村人等公立。

【作者简介】

丁化镕，生卒年不详，直隶省（今河北省）望都县恩赐庄（现尧庄）人，前清廪生。戊戌变法后，法政专门学校毕业，初任小学教员，曾参与清光绪三十一年（1905）《望都县乡土图说》资料调查工作。清宣统元年（1909年）任劝学员，以望都县女子教育风气未开，与人联名呈请创设初等女子小学堂，升任劝学总董。民国元年（1912年）任劝学所长，民国五年任教育局长。

【背景解读】

据光绪《望都乡土图说》记载："望都县城东水磨村、孙家村、郭家村、郄家村、栗家村、孔氏屯，共称为荆城村。"

戊戌变法之后，实行"庙产兴学"，主张利用庙产以开办学校。各地纷纷响应的同时，怀有各种不良目的的势力也纷纷介入，觊觎庙产，乃借兴学之名，行并吞寺庙之实。望都县荆城六村共有的天齐庙也未能免于此劫，以至于讼端迭生。清光绪三十年，时任知县陆宝善秉变法之新风，以"开民智兴学务"为

己任，在天齐庙建立初级小学。（见民国《望都县志》）但仍未能去除"讼端迭生"之积弊。

胡宝善，字楚青、楚卿，江苏淮安人（民国《望都县志》记载为"江苏省会稽县人"，有误），廪生，晚寓天津，长诗词，入城南诗社，与津门文人唱和，为民国时期较有影响的诗人、国学家和收藏家。清宣统二年九月就任望都县令。兴利除弊，做了各种善后工作，在荆城创办官学，使当地子弟得以入读。士民念其恩德，于宣统三年三月立碑纪念。丁化镕撰文，李连茹赞歌，曹文焕书丹。由荆城五村众位董事以及栗家村杨林一监修。刻石立碑于天齐庙内。

赞歌者李连茹，字象泰，北高岭村人，光绪十年贡生。民国《望都县志》卷八有传。曾撰有清光绪三十二年《重修石桥碑志》。

书丹者曹文焕，光绪三十三年侍馆生，宣统三年为天齐庙初级小学教员。民国十九年望都县国民政府在天齐庙初级小学基础上，成立为县立第三高级小学校，曹文焕为校长。

后天齐庙毁，此碑下落不明。21世纪初，栗家村村民翻盖旧房挖房基时，此碑现世，但已断为四块。其中三块被时任栗家村支部书记杨新宅收藏，另一块去向不明。栗家村民杨春志陆续访得残碑，拼接比对，抄录成文。因残碑尚有部分缺失，个别字迹漫漶不清，经本书编者根据上下文意，补上数字，尚可领略全篇主旨。

附录一：

清望都文庙世间无字万古长夜残石

宋·朱 熹

【作者简介】

朱熹（1130—1200），字元晦，一字仲晦，号晦庵，晚称晦翁，又称紫阳先生、考亭先生、沧州病叟、云谷老人、逆翁。谥文，又称朱文公。南宋徽州婺源（今属江西省婺源县）人。绍兴十八年（1148）戊辰科进士，曾任荆湖南路安抚使，仕至宝文阁待制。为政期间，申敕令，惩奸吏，治绩显赫。著有《四书章句集注》《四书或问》《太极图说解》《通书解》《西铭解》《周易本义》《易学启蒙》等。为南宋著名的理学家、思想家、哲学家、教育家、诗人、闽学派的代表人物，世称朱子，是孔子、孟子以来最杰出的弘扬儒学的大师。

【背景解读】

　　"天不生仲尼，万古如长夜"出自朱熹《朱子语类》卷九十三，但朱熹紧接着说："唐子西尝于一邮亭梁间见此语"。《唐子西文录》记载："蜀道馆舍壁间题一联云：'天不生仲尼，万古如长夜'，不知何人诗也。"可见此为前人诗句，唐子西、朱熹均不知何人所作。

　　朱熹作为有影响的儒学大家，在清初由康熙皇帝御批配享文庙。朱熹生于南宋高宗建炎四年（1130），卒于宋宁宗庆元六年（1200），历经高宗、孝宗、光宗、宁宗四朝，期间高宗绍兴十五年干支为乙丑，朱熹时年十六岁，尚未入仕显名，显然与碑文写作年代不符，孝宗淳熙年间并无乙丑纪年，"乙丑"当为"乙巳"之笔误。南宋乙巳年为淳熙十二年（1185），朱熹时年五十六岁。《朱子语类》已经出版，正是声誉日隆、名满天下之时。

　　此石原在望都文庙，流失民间，现由望都县赵庄村民杨召堂收藏保存。

附录二：

清乾隆四十八年"龙泉书院"残石

清·沈 寅

【背景解读】

　　此为乾隆年间望都县令沈寅所书"龙泉书院"匾额之残石。长 77 厘米，宽 48 厘米，厚 16 厘米。原为固店镇许庄村民陈同和所藏。2014 年为本县民俗学者李田光发现，2018 年 8 月，河北万穗农业科技有限公司总经理许飞以 1500 元之价购得，并捐献于望都县文保所。

　　乾隆四十八年（1783），邑令沈寅因"邑有龙泉之胜"，更"尧台书院"为"龙泉书院"并亲书匾额，镌石镶嵌于书院大门之上。

　　至光绪十五年（1889），邑令戴华藻建文昌阁，移沈寅旧镌"龙泉书院"石额嵌阁上。

　　今幸得此石，拟重建"望都书院"时翻为匾额，以续文脉。

第四篇　循良千古

引　言

望都自尧母庆都中天毓圣，尧帝建城开国，至今已逾四千年。可谓历史悠久，文化灿烂，名士辈出。

他们或以善行惠及后人，或以贤德造福一方；或有才能彪炳于史，或有操守名垂于世，为望都历史增光添彩，为当地民众所尊重，被誉为"乡贤"。

"生于其地而德业、学行著于世者谓之乡贤。"这些乡贤在本地积极推行并参与各种慈善活动，通过养老恤幼、行医施药、助学建庙、修桥铺路、凿井挖渠等诸多方式，促进了当地社会和谐、政治稳定与生产发展。无论是在思想品德、个人学识还是家庭风范、社会贡献等方面，都为广大民众树立了榜样。在基层社会治理中发挥着重要的、不可替代的作用。相当于我们现在的道德模范人物或者杰出贡献人物。譬如元代平章李克成、明学士武彧、明承德郎麻友椿、明户部员外郎张舜元等。

与乡贤相对应的作出贡献的另一人群，仕于其地而惠泽于民者谓之"名宦"，就是在望都任职而勤政爱民、著有德业之官员。在任期间，他们扩建城池、重修县署、广设义仓、济贫救灾、礼贤重教、买田兴学、减轻赋税、建造桥梁、疏通水利……秉以清正廉洁，持之勤政爱民、励精图治，在振兴经济、加强基础设施建设、兴学育才、公正执法、维护社会安定等方面政绩斐然。能惠泽于民，深得百姓的爱戴，被时人广泛尊崇与认可。譬如汉代班彪，宋代鱼仲修，元代尚恕，明代胡谐、黄承宗，清代李天玑、吴步韩、沈景张等。

旧时，在望都县文庙泮池两侧，有东西厢房各三间。东厢房为名宦祠，西厢房为乡贤祠。一些在望都历史上曾作出重大贡献的名宦和乡贤，其牌位被请入其间，享受人间四季香火。只因"先贤名宦咸著功德于兹土，其有威灵赫奕，人心向往，虽疆域各异，亦并祀之"。

除此之外，一些名宦乡贤虽然没有进入名宦祠和乡贤祠，但当地政府或百姓亦不忘刻碑立石铭扬其善政义举，以激励后人，所以也留下了一些相关碑刻。

我们查阅古代志书，多方访求相关碑文，找到望都旧县志中没有记载的一些碑志，比如元至正十年从仕郎保定路庆都县尹尚侯惠政碑铭等，一并收入本书。

我们多次进行田野调查，走访民间现存碑刻。将散落于民间的碑刻收集起来统一保管、保护，并加以传拓整理，进行了注释和翻译。比如金崇庆二年刘公神道碑铭、明故文林郎河南府新安县知县周公墓志铭、清敕封晋赠阎洪城及原配、继配夫人碑铭、清貤赠文林郎李成用碑等。

名宦乡贤文化，在望都历史上曾有广泛而深厚的群众基础，也曾在特定历史时期发挥过积极影响，是传统文化的重要组成部分。搜集望都历史上与名宦乡贤相关的碑刻，整理相关碑文，意在还原历史本来面目，以传统名宦乡贤文化为借鉴，寻找传统名宦乡贤文化的现代意义，从而建设新文化。

北魏熙平元年《故博陵太守刘府君之铭》

北魏·佚　名

【碑文】

熙平元年，岁次^[1]丙申十月甲午朔四日，魏故博陵太守^[2]刘府君^[3]之铭。

祖策，散骑常侍^[4]、征虏将军、东郡^[5]太守、蒲阴子，夫人中山张氏；父，遂州西曹郡功曹^[6]，夫人中山张氏。

君讳颜，字思颜，中山蒲阴永安乡光贤里人也。大魏高祖孝文皇帝，创制^[7]国典^[8]，二仪^[9]更造^[10]，选君奉朝请^[11]。君文思渊澄，雄武卓出，寻加强弩将军。直后^[12]，朝廷嘉其忠清^[13]，职迁给事中^[14]。未几，复转屯骑校尉、右军将军、博陵太守。

树德^[15]、养民^[16]、莅政^[17]。再期^[18]。春秋五十有五而终。行路悲酸，能言陨涕。夫人高阳许氏。

【注释】

[1]岁次：每年岁星所值的星次与其干支称为岁次。

[2]太守：官名。秦置郡守，汉景帝时改名太守，为一郡最高的行政长官。

[3]府君：汉代对郡相、太守的尊称，后仍沿用。旧时对已故者的敬称，多用于碑版文字。

[4]散骑常侍：官名。秦汉设散骑（皇帝的骑从）和中常侍，三国魏时将其并为一官，称"散骑常侍"。在皇帝左右规谏过失，以备顾问。

[5]东郡：郡名。秦置，汉因之。约当今河南省东北部和山东省西

部地区。东汉以后，废置无常。

[6]功曹：官名。汉代郡守有功曹史，简称功曹，除掌人事外，得以参与一郡的政务。北齐后称功曹参军。唐时，在府的称为功曹参军，在州的称为司功。

[7]创制：创建、创造。

[8]国典：国家的典章制度。

[9]二仪：指天地。

[10]更造：重造。

[11]奉朝请：古代诸侯春季朝见天子叫朝，秋季朝见为请。因称定期参加朝会为奉朝请，此处借指入朝为官。

[12]直后：以后、后面。

[13]忠清：忠诚廉正。

[14]给事中：官名。秦汉为列侯、将军、谒者等的加官。侍从皇帝左右，备顾问应对，参议政事，因执事于殿中，故名。魏或为加官，或为正官。

[15]树德：施行德政；立德。

[16]养民：养育人民。

[17]莅政：掌管政事。

[18]再期：指服丧两年。期，一周年。旧时父母之丧为三年，但到第二个忌日即除去丧服，故称。

【参考译文】

北魏熙平元年十月初四日，魏原博陵太守刘公墓志铭。

刘先生的祖父名策，曾任散骑常侍、征虏将军、东郡太守，蒲阴人，其夫人是中山的张姓女子；刘先生的父亲，任遂州西曹郡的功曹，其夫人也是中山的张姓女子。

刘先生名颜，字思颜，是中山蒲阴县永安乡光贤里人。大魏高祖孝文皇帝建立国家典章制度，改天换地，选他入朝为官。他文思清晰，为人雄健威武超出常人，过了一段时间加封为强弩将军。之后朝廷因为他忠诚廉正，迁升他为给事中。不久又转任屯骑校尉、右将军、博陵太守。

刘先生生前施行德政、抚育子民、掌管政事。如今已经离世两年了。他享寿五十五年而终。他的去世让过路的人都为之悲伤，让那些能言善辩的人默默落泪。刘先生的妻子是高阳许姓女子。

【背景解读】

据民国《望都县志》记载："铭为砖制，隶书。中华民国十九年四月，邑民孙洛永于东门外所驿村南掘土得之。旋为保定古物商人以五十元购去。现经建设局长李嘉宾觅得其拓片，字颇完好"。

民国著名文献学家赵万里在其所著《汉魏南北朝墓志集释》卷十一补遗曾记录此碑："刘颜墓志，熙平元年十月四日，志高 34.3 厘米，广 34 厘米。九行，行 18 字至 23 字不等，共 176 字。案，魏时，蒲阴初属中山郡，孝昌中分中山置北平郡，以县隶焉。志作于熙平初，尚在孝昌分郡前，故仍旧贯耳。"志又称"祖策，散骑常侍征虏将军东郡太守蒲阴子。"按，《魏书·高允传》载，允作《征士颂》中有"东郡太守蒲阴子中山刘策"，盖即其人，知颜亦名德之后也。此志首列祖父名位，与刁遵、崔敬邕二志相似。此三志同为熙平中物，又同出今河北省境，亦足觇一时一地风尚矣。

胡海帆、汤燕所著《中国古代砖刻铭文集》亦有收录。中国国家图书馆藏有拓片。

北魏熙平元年《故博陵太守刘府君之铭》拓片照

金崇庆二年《刘公神道之碑》

金·李次山

【碑文】

刘明威墓志。北唐进士李次山文。田甫书。

刘公讳仁庆，祖兴中[1]人，累世[2]宦显于辽。公年十六用父承谦荫在班祗候，三载迁三班奉职[3]，首任中京[4]麴专，有职迁东班小底[5]，复任监中京文思院[6]，继值大金开辟，遗志息命。

公为人气慷慨，心耿介[7]。居官不得行志，耻忝乃祖[8]，非急仕进[9]。

会本朝抚定，数路求人[10]，以公为名臣之后，复授命差充本贯[11]兴中仓使。继任宜州酒、真定灵寿监，浚州卫县监，数任皆有饶羡[12]酬勋[13]，特授昭信校尉，除冀州衡水县尉，疆画溏沱，草茂萑苇[14]，久潜盗贼，自公历任，化被宽仁，人鲜干冒[15]，加以清白有声[16]，爵锡二级；除霸州省仓使，出纳有法，公私赖利[17]，酬庸[18]三级，更以考功[19]授定州望都县监，摧沽有术，农民无扰课捐羡余[20]。勋及六，酬爵五级，超赐显武将军止。除望都县尉，吏民闻之，喜其宽明从政，事简讼平，吏莫敢欺，民不忍犯，盗贼潜消，外户[21]不闭，连甍[22]安堵[23]，以吏安民服化[24]之故也。

朝廷始立访察法，知公治有曩迹，特加明威将军褒之、赏之。方将[25]优用，七十有五病卒于官。吏民吊者、祭者、赠者哀号莫止，以遗爱[26]之厚也。将葬公兴中东北七十里韩家寨祖坟，老幼挽留，竟不能去，因留望都。

公娶北京乔大夫女，生三男。环，任许州郾城县簿尉，官至敦信校尉，病卒于任。琚，任京兆府鄠县令，官至显武将军，病卒于官。珏，任镇戎州天圣寨部将，官至承信校尉，病卒于官。女适利州井太师族，拱揖宣武将军，徐州都军。

孙四人，元度任庆都县长早务监[27]，官至忠显校尉，病卒于任。元弼任大名府仓使，官至承信校尉，病卒于官。元长任淄州孙家镇监，官至忠显校尉，病卒于任。元佐任泽州高平县监，官至进义校尉，病卒于任。

公于大定十四年秋七月二十四日葬于望都北善化乡西堤村东，放水阳。先是北唐李次山素识公，公之长孙元度恳求铭，义不得辞。

铭曰：

幼年起身，名臣之后。

度量宽弘，德行孝友。

道未能行，志恒固守。

任之摧沽，临财[28]毋苟。

委之捕盗，屈彼群丑。

责之积贮，公私殷厚。

置之临民[29]，是非判剖。

善政称歌[30]，万辞一口。

惜未酬勤，伤哉乏寿。

身纵已归，名如何朽？

崇庆二年四月〇日。

曾孙：修武校尉，见庆都县泉丘务监彦忠。

敦武校尉，守涿州新城县坊馆镇监彦明 同〇〇石。

○容山杨茂○○

[1]兴中：地名。辽重熙十年（1041）升霸州为兴中府、改霸城县为兴中县，均属中京道。辽保大三年（1123）兴中府归降于金，兴中府、建州仍沿用旧称，属北京路。元代属大宁路兴中州地。

[2]累世：历代、接连几代。

[3]三班奉职：武职，分东、西、横三班。入仕者先为三班借职，转三班奉职，以次递迁，最高可至节度使。

[4]中京：地名。辽西地区现辽宁省朝阳一带。

[5]东班小底：辽代大内禁廷中职掌贱役的小官，为正九品。

[6]文思院：官署名。

[7]耿介：正直不阿，廉洁自持。

[8]乃祖：先祖。

[9]仕进：指在仕途中进取。

[10]求人：罗致人才。

[11]本贯：原籍。

[12]饶羡：丰饶、富足。

[13]酬勋：对有功勋的人给以爵位等奖赏。

[14]萑（huán）苇：两种芦类植物。蒹长成后为萑，葭长成后为苇。

[15]干冒：触犯、冒犯。

[16]有声：有声誉。

[17]赖利：受益。

[18]酬庸：酬功、酬劳。

[19]考功：按一定标准考核官吏的政绩。

[20]羡余：唐以后地方官员向人民勒索来以赋税盈余的名义定期向

朝廷进贡的财物。

　　[21] 外户：泛指大门。

　　[22] 连甍（méng）：形容房屋连延成片。甍，屋脊。

　　[23] 安堵：安居。

　　[24] 服化：顺服归化。

　　[25] 方将：将要、正要。

　　[26] 遗爱：指留于后世而被人追怀的德行、恩惠、贡献等。

　　[27] 务监：金代官职名。

　　[28] 临财：面对财物。

　　[29] 临民：治民。

　　[30] 称歌：称扬歌颂。

【参考译文】

　　刘先生名仁庆，祖上是辽宁兴中人，在辽国几代为官，声名显赫。他十六岁的时候因为父亲承谦的福荫入仕为三班借职，三年后升任三班奉职，先任中京曲专一职，后又升任东班少年军士，再后任中京文思院监，然后赶上大金国开疆辟土，他便放弃仕途修养生命。

　　先生的为人，气度慷慨激昂，存心正直廉洁，做官不能够实现自己的抱负，以蒙祖荫为耻，并不急于在仕途中获取功名。

　　赶上我大金朝初定天下，多途径罗致人才，因为刘先生是名臣之后，又下令让他担任他祖籍兴中的仓使，接着又任宜州酒监、真定灵寿县监、潞州卫县监等职务。在历次任职中都有丰富的爵位奖赏，被特殊授以昭信校尉的职级，任冀州衡水县尉。衡水境内有滹沱河，崔苇茂密，一直以来有盗贼潜伏其中。自从刘先生到任后，以宽厚仁德教化百姓，少有人敢于冒犯。加上他为官清廉很有声誉，被赐予二级爵位。任霸州省仓使，他安排收入支出得法，公家和百姓都受益，作为嘉奖被赐予三级爵位。更因为政绩考核优异被授予定州望都县监的职务。因为他擅长经营，农民不用担心完成正税后附加的负担。他因功被赏达到六次，爵位达到五级，被破格赐与职级直到显武将军止。他任望都县尉，官吏和百姓听说后都很高兴。他以宽厚清明行政，政务简洁，诉讼公平，官吏不敢欺瞒，百姓不忍心冒犯，盗贼潜逃消失。大门不闭，邻里安居，这都是官吏忠于职守，百姓顺服归化的缘故呀。

朝廷刚开始创立访察制度，知道刘先生以往的政绩，特加封明威将军作为奖励和赏赐，正要对他加以重用，他却因病卒于任上。享年七十五岁。官吏和百姓前来吊唁祭祀和赠送财物的人很多，大家忍不住失声痛哭，劝都劝不住，实在是因为他对大家的恩情很深。原本准备把他葬到祖籍辽宁兴中东北七十里处的韩家寨祖坟里，因为望都百姓的挽留，竟没有走成，因此葬在望都。

刘先生娶北京乔大夫的女儿为妻，生了三个儿子，儿子刘环任许州郾城县簿尉，后来官当到敦信校尉，因病死于任上。儿子刘琚任京兆府鄠县令，官当到显武将军，因病死于任上。儿子刘珏任镇戎州天圣寨部将，官当到承信校尉，因病死于任上。他的女儿嫁给利州井太师的族人，其夫婿被授予拱捐宣武将军，为徐州都军。

刘先生有四个孙子，其中刘元度任庆都县长早务监，官至忠显校尉，因病死于任上。刘元弼任大名府仓使，官至承信校尉，因病死于任上。刘元长任淄州孙家镇镇监，官至忠显校尉，因病死于任上。刘元佐任泽州高平县监，官至进义校尉，因病死于任上。

刘先生在大定十四年秋天七月二十四日埋葬在望都北边善化乡，墓地在西堤村的东边，放水河的北岸。在此之前我李次山与刘先生一向熟识，先生的长孙刘元度恳求我为刘先生撰写墓志铭，凭着我和刘先生的情谊也不能推辞。

铭文写道：

> 幼年入仕，名臣之后。
>
> 宽宏大量，忠悌孝友。
>
> 志未遂愿，信念坚守。

负责专卖，临财不苟。

委之捕盗，盗匪低头。

令其管库，公私富有。

让其治民，是非判剖。

称其善政，万词一口。

天道不公，未能长寿。

人虽鹤游，名将不朽。

崇庆二年四月〇日。

曾孙：修武校尉，现任庆都县泉丘务监彦忠。

敦武校尉，守涿州、新城县坊馆镇监彦明　同〇〇石。

　　　　　　　　　　〇容山杨茂〇〇

金崇庆二年《刘公神道之碑》碑石照片

元至正十年《从仕郎[1]保定路庆都县尹[2]尚侯惠政碑铭》

元·苏天爵

【碑文】

至正[3]庚寅，庆都耆老[4]王国瑞、曲成、邵德，儒士赵士元、吕严等，屡状令尹尚侯治行上燕南宪府。复诣[5]予请曰："吾邑自至元、大德以来，为政有声者数人。既去，民镵[6]其遗爱于碑。老者虽亡，少者犹克知之，以有石章故也。尚侯家世[7]卿相，由成均[8]释褐[9]入官，即能大振名声，非赋予过人，能若是乎！今则瓜代[10]，将刻石著[11]其惠政，执事[12]幸赐之铭，庶吾民永远而不忘也。"

呜呼！比年朝廷悼[13]雨旸[14]之失时，悯[15]民生之不足，精择牧守[16]，惠养黎元[17]，故郡邑得人有若尚侯者焉，是宜纪其治迹以为来者劝[18]也。

侯以戊子[19]之秋下车，时颇不熟，米日踊贵[20]。侯即命发常平[21]粟，召四乡民减价粜[22]之。同列以为难，侯曰："常平本虞[23]荒岁，今复何疑？"赖以全活[24]者众。

侯勤于为政，朝出视事，抵暮方归。凡婚嫁、田土狱讼积年不能已者，悉决治之。民皆以为平允，县以无事。庭列群吏，讲说经训，变其刀笔筐箧[25]之习。

乡校所以正俗也，旧皆以医卜杂流为之师，侯择士之明经者施其教，暇则亲自饬厉[26]，民亦稍稍兴于礼让焉。

农桑本以养民也，世皆视为具文[27]，侯躬行垄亩而敦谕[28]之，又为训诫之诗，家传而人诵之，四郊之桑皆郁然成列矣。

邑当燕、赵之冲，馆传在焉，馆中莅事者[29]岁久多方困苦其驿户，侯察其尤暴戾者黜之，厅事颓坏[30]者新之，什器[31]不足者完之。侯王大臣经行，饮燕供帐之需，悉取于民，侯规措[32]有方，民不知扰。盖[33]驿馆廪饩[34]，朝廷岁给钞有差[35]，使者日多，或不足以供。前至元中，姚公天福尹真定[36]，始自春初给钞与民，俾[37]之规运，而所需次第取之。今则取之百倍，钞又不给，郡县皆然，民不胜苦。侯视物贱时官自买之，足给[38]一岁之用，仍有余饶焉。

始者中原之人著户版[39]者，或任征戍之劳，或供馆传之役，名曰军站。其为民者，夏则输[40]丝绢，秋则输米粟，乡推一人总其事，若乡官然。比者[41]年谷不登，为民者多贫乏流移，乃命军站之家代总其事，日伺于官，官有所求，悉以供之。民畏其有破产之患，争纳贿以求免，而有司视为奇货。侯推次[42]甲乙为之，事已治集[43]者遣归，不令伺于官所，奸吏计无所施，民心大悦。

当国者以经费不足，岁课渐增而盐益贵，民私煎者日益多。漕司逻者[44]沓至，守令畏天觉察获罪，令民十家为甲[45]，出钱赂之。侯令既严，民不敢犯，逻者亦不复至。

先是邑境盗窃屡发，侯以民素无教，始因赌博饮酒游荡无检，久则遂至为盗，陷于刑辟[46]，官府初不知也。其知之者，乡长、邻里乎。惟杜[47]其原，则绝其流。民有犯此者，乡邻之长即以名闻，否则同坐[48]。以故民皆相帅[49]为善，无为盗者。

凡郡县令下，揭[50]之于牌[51]，本以示信也。皂隶[52]奉行，会敛[53]百端。侯为文符[54]，令乡社自相传达，皂隶一至乡社，饮食若干，需索若干，悉书于籍[55]。月一具闻[56]，侯覈实之。遂无一人无故辄[57]入乡社扰民者。

侯廉慎修洁，每出行县，裹粮自随，吏亦化服，民爱戴之，己丑之夏，天少雨，民以旱告。侯斋沐祷于西山，雨随沾足，岁亦大穰[58]。盖其为政廉平，名实相应，是以民足衣食，安于田里，而无所挠[59]。

呜呼！中国承平[60]百年，朝廷德泽深厚，戴白之老[61]目不识兵，民生当益富完[62]，奈何今者日愈趋于凋敝？盖本于守令之贪暴，加以政令之烦苛[63]，民有愁叹之心，是以时有水旱之异。返而正之[64]，其惟循良[65]之吏乎！《诗》曰："岂弟[66]君子，民之父母。"其尚侯之谓矣。非惟侯为然也，监县完者帖木儿尝以诸侯王命监卫辉郡，捕盗有功，中书改奏是官，与侯同心爱民，故邑以治[67]闻。

侯名恕，字彦仁，世居保定。银青荣禄大夫、平章政事、齐国正献公诸孙，吏部侍郎克强之从子，至治进士、监察御史克和之子。夫以故家诗礼之渐濡[68]，成均师友之训诲，宜其为政，多可纪云。铭曰：

燕赵之衢，邑曰庆都。
乘传驰驱，行者日瘏[69]。
邑有大夫，厥终[70]自初。
迎侯走趋，遄知其余。
民则叹吁，孰恤我劬[71]。
有美尚侯，肃肃冠裾[72]。
廉平以居，匪亟匪徐。
润[73]饬[74]吏事，悉本于儒。
起视乡校，汝敦[75]诗书。
惟善与俱，俗恶是祛。
出省农夫，尔耕尔锄。

吾无汝需，田勿荒芜。

而弊[76]者完，而倾者扶。

凡令之敷[77]，惟简以孚[78]。

曰吏曰胥，里绝[79]追呼[80]。

狱讼日无，徭役日除。

民力日纾[81]，式[82]歌且娱。

颂声载舆，乃勒[83]乃模[84]。

允著令誉，悠久弗渝[85]。

【注释】

[1]从仕郎：从七品，文职官员。

[2]县尹：县令。

[3]至正：是元惠宗的第三个年号。

[4]耆老（qí lǎo）：六十为耆，七十曰老。

[5]诣：到，旧时特指到尊长那里去。

[6]镵（chán）：凿刻。

[7]家世：父子相继为世，世代。

[8]成均：官设最高学府。

[9]释褐：脱下粗布衣，换上官服。

[10]瓜代：任期已满换人接替。

[11]著：加……于上。

[12]执事：管事的。

[13]悼：担心、忧惧。

[14]雨旸（yáng）：旱涝。

[15]悯：怜恤、怜悯。

[16]牧守：州官称牧，郡官称守。

[17] 黎元：百姓。

[18] 劝：勉励。

[19] 戊子：至正八年，即公元 1348 年。

[20] 踊（yǒng）贵：物价跳涨、飞涨。踊，跳跃。

[21] 常平：即"常平仓"，相当于现在的国家粮食储备库。

[22] 粜（tiào）：卖粮食。

[23] 虞：准备、防范。

[24] 全活：保全性命。

[25] 筐箧（qiè）：用竹枝、柳条等编制的箱子。

[26] 饬厉：严格制度、整顿纪律。

[27] 具文：空文，徒具形式而不起实际作用的规章制度。

[28] 敦谕：同敦喻，劝勉晓谕。

[29] 莅事者（lì shì）：管事的。

[30] 颓坏：倒塌。

[31] 什器：指各种生产用具或生活器物。

[32] 规措：规划处理。

[33] 盖：发语词，无实际意义。

[34] 廪饩（lǐn xì）：官方供养的食物。

[35] 有差：不一样，有差别。

[36] 真定：今河北正定。

[37] 俾（bǐ）：使。

[38] 给（jǐ）：供应。

[39] 户版：户籍。

[40] 输：缴纳。

[41] 比者：近来。

[42] 推次：推行按次序。

[43]治集：完成。集，成功。

[44]逻者：巡逻的人。

[45]甲：户口编制单位。

[46]刑辟：刑律。

[47]杜：杜绝。

[48]坐：定罪。

[49]相帅（shuài）：相继，一个接一个。帅，同"率"。

[50]揭：披露、发表、公布。

[51]牌：布告牌、告示牌、公示牌。

[52]皂隶（zào lì）：旧时衙门里的差役（皂：玄色，黑色。差役常穿黑色衣服），古代贱役。

[53]会敛：收拢、聚集。

[54]文符：文告、文件。

[55]籍：书册。

[56]具闻：向上汇报。

[57]辄：擅自。

[58]穰（ráng）：大丰收。

[59]挠（náo）：扰也。

[60]承平：太平。

[61]戴白之老：白发老人。

[62]富完：富足完美。

[63]烦苛：严厉、繁重。

[64]正之：使之正。

[65]循良：指官吏奉公守法。

[66]岂弟（kǎi tì）：和乐平易。岂，乐；弟，易也。

[67]治：社会安定、太平。跟"乱"相对。

[68]濡：沾湿、浸染。

[69]瘏（tú）：疲劳致病。

[70]厥终：结束、最终。

[71]劬（qú）：辛劳。

[72]冠裾：衣帽。

[73]润：修饰。

[74]饬（chì）：整顿。

[75]敦：督促。

[76]弊：破损、破旧。

[77]敷：发布、宣布。

[78]孚：诚信。

[79]绝：杜绝，没有了。

[80]追呼：追讨、催逼。

[81]纾（shū）：缓和、缓解。

[82]式：发语词，无实际意义。

[83]勒：雕刻。

[84]模：照原样雕刻。

[85]弗渝：不变。

【参考译文】

元朝至正庚寅年（1350），庆都县王国瑞、曲成、邵德几位老人和儒士赵士元、吕严等人，多次上书燕南宪府，反映县令尚侯的政绩。又到我这里请求说："我们县自从元朝至元、大德年以来，担任县令并有较高声望的有几个人，离任以后，老百姓将他们对望都的贡献和功绩雕刻在石碑上，年龄大的人虽然故去了，因为有碑的存在，年轻人还知道他们的事迹。尚侯出身官宦之家，世代卿相。由官学进入仕途，很快能够大振名声。不是禀赋过人，怎么能够做得到呢？如今即将离任，有新的人选来接替他，我们要将他的功绩镌刻在石碑上，如果有幸获得你们这些管事的人为他撰写碑文并赐给我们，我们这些老百姓将永远不会忘记。"

呜呼！近年朝廷担心旱涝失调，关心百姓生活困难，于是精心选拔优秀人才担任地方官员，善待百姓，所以才有了像尚侯这样的官员。是应该记录他们的政绩，用来劝勉激励后来的官员呀。

尚侯是在戊子年的秋天上任的。当时正值青黄不接，粮价上涨。于是尚侯下令打开常平仓，召集百姓，然后减价卖粮给人们。同事们都感到很为难，尚侯说："常平仓本来就是为了防范荒年的，现在这样做有什么疑惑的呢？"因为尚侯开仓放粮，有很多老百姓得以保全性命。

尚侯为政勤奋。早晨很早出去视察工作，到天黑才回来。凡是遇见婚丧嫁娶、土地纠纷、陈年未了的官司等情况，都加以处理并有明确结果。老百姓们都认为尚侯处理得公平、公正，县里因此政治安定、社会稳定。县衙内的工作人员认真学习有关的工作制度，吃拿卡要的坏风气得到纠正，工作作风得到好转。

乡校有教化百姓，引领社会风尚的作用，过去却由一些医生、算命先生等杂七杂八的人担任教师，而尚侯选择那些懂得四书五经的饱学之士来担任。闲暇的时候自己还亲自到学校，严格管理制度，整顿校风校纪。于是，在老百姓间也慢慢兴起了讲文明、讲礼貌的好风尚。

号召种田植桑，本来就是富裕百姓的好政策，社会上却将其视为一纸空文。尚侯亲自下地劳动，敦促百姓重视农业生产，又亲自撰写训诫之诗，挨家挨户地传诵。由于政府的重视，尚侯的亲力亲为，农桑之事得到发展，四郊的桑树成行成列，郁郁葱葱。

庆都县处在燕赵的交通要道，这里有一处驿馆。驿馆的负责人在职很长时间了，多年来使得驿户们困苦不堪。尚侯明察秋毫，对那些特别残暴的官吏给予罢免，对损坏的官署厅堂修葺一新，用具不全的加以补充完善。王公大臣们从这里经过，所有招待用品都取之于民，尚侯规划得当，安排得井井有条，老百姓们不再觉得有什么干扰。驿馆中供给的物资，朝廷每年拨款不一样，由于路经此地的官差逐渐增加，有供应不足的情况发生。以前，至元年间，姚天福担任真定路的行政长官，从春初开始下拨经费，让下边按照规矩运作，所需按照次序依次支取。现在，支出是那时候的百倍，上级又不拨付经费，郡县都是这样，老百姓们不胜其苦。尚侯在物价低时由官府买进，不仅完全可以满足一年的需要，而且仍有富裕。

开始的时候，有中原户籍的人，有的要服兵役，有的要在驿馆服务，名叫军站。作为老百姓，夏天交纳丝绢，到了秋天就要交纳粮食。乡里推出一个人作为管事的，像乡官一样。最近几年，粮食歉收，老百姓因为贫穷而流落他乡，于是就让军站人家代管这事。每天在官府服务，官府有什么要求都按照要求供给。老百姓害怕破产，纷纷交纳贿银以求免除，而管理这件事的人认为奇货可居，是个发财的好机会。尚侯推行按照次序轮流来管理的办法，事情办完了的打发回家，不让他继续在官府服务，奸吏无计可施，民心大悦。

管理国家的人因为经费不足，课征的税款每年逐渐增加，而食盐越来越贵。老百姓私自煎盐的越来越多。管理盐务的巡逻官一批一批地到来。守令害怕因为失察获罪，让老百姓们每十户为一甲，出钱贿赂。尚侯发出严格命令，老百姓不敢擅自冒犯，巡逻的也不再来。

先前，县里经常发生盗窃案件，尚侯认为老百姓素来缺乏教养，开始的时候因为赌博喝酒四处游荡行为不检点，时间长了就成了盗贼，触犯法律，官府开始的时候并不知道。知道的是乡长、邻里，只有从源头上加以治理，才能根绝其患。于是颁布法令，有犯法者，乡长、邻里要将他及时报官，否则与犯法者一同定罪。因此，老百姓们都一个接一个地做好事，没有了盗贼。

郡县发布政令，一律在告示牌上公开发布，以取信于民。官吏们按照告示发布的内容执行，收集官府征收的各种各样的东西。尚侯写成文告，让乡村自相传达，官吏一到乡村，饮食多少，其他需要多少，都写明在册，每月一汇报，尚侯再一一核实。于是不再有人无故擅自到乡村扰民了。

尚侯廉洁审慎修养甚高，每次出去视察，自带干粮，随行的官员也不着官服，而作普通人的打扮，人们都很爱戴他。己丑年夏天，天旱少雨，老百姓将旱情向他做了汇报。于是，尚侯斋戒沐浴在西山祈祷求雨，雨很快就下来了。当年粮食也获得了大丰收。

他为政廉洁、公平，名符其实。因此，老百姓丰衣足食，专心农业生产，平安和谐。

呜呼！中国太平百年，朝廷德泽深厚。白发苍苍的老人没有见过战争，民生本应当更加富足完美，可是为什么现在却越加趋于凋敝，原因就是当地官员贪婪残暴，政令严苛、劳役繁重，老百姓内心愁苦，再加上旱涝不均，才会出现这样的局面呀。回过头来加以治理，只有找到像尚侯这样好的官员呀！《诗经》上说："和乐平易的君子，百姓之父母也"，说的就是尚侯这样的人呀。做得好的不只是尚侯一个人，监县完者帖木耳，曾经根据诸侯王的命令在卫辉郡任职，因为捕盗有功，中书令改奏其担任现在的官职，和尚侯同心同德，爱民如子，所以庆都县因政治安定、社会稳定闻名远近。

尚侯，名恕，字彦仁，世代居住在保定。是银青荣禄大夫、平章政事、齐国正献公长孙，吏部侍郎克强的侄子，至治年间的进士、监察御史克和的儿子。因为出身世家，受家传的诗书礼仪耳濡目染的影响，官学里师友的教诲，适合从政。有很多可以记载的功绩。

铭曰：

燕赵之衢，县名庆都，

人来车往，疲惫于途。

有位大夫，迎送如初。

百姓哀叹，谁解劳苦？

尚侯德高，衣冠楚楚，

廉洁自律，遇事若无。

整顿吏治，重教尊儒。

视察学校，促民读书；

唯善是举，见恶去除。

视察农业，同耕同锄；

人莫图私，地莫荒芜。

破者得修，歪者得扶。

简颁政令，让人心服。

告诫差役，禁扰民庐；

官司减少，赋税减除；

苍生有幸，欢歌以舞。

颂声车载，刻碑为模；

传其美誉，流芳万古。

【作者简介】

苏天爵（1294—1352），原籍栾城（今河北栾城），后迁真定（今河北新乐县南苏），字伯修，人称滋溪先生。元代文学家、史学家、理学家。延祐四年（1317）国子学生公试，名列第一。授大都路蓟州判官，后历任翰林国史院典籍官、湖广行省参知政事、陕西行台侍御史、集贤侍讲学士兼国子祭酒、大都路总管、江浙行省参知政事等职。任职地方时，断事决狱颇称能吏。至正十二年（1352）淮右盐民起义，延及江浙，时任江浙行省参知政事的苏天爵总兵饶、信，死于军中。他熟悉元代文献，辑《国朝（元）文类》，记载了不少元代的制度和文物。另外还收集碑志、行状、传百余篇，编成《国朝名臣事略》共十五卷，诗文有《滋溪文稿》。

【背景解读】

元初，庆都县曾属燕南河北道真定府，后归保定路。元至正八年（1348）七月，保定路深泽人尚恕出任庆都县尹。

尚恕出身官宦世家，字彦仁，世居保定。乃银青荣禄大夫、中书平章政事尚文后人，吏部侍郎克强的侄子，至治进士、监察御史克和的儿子。

尚恕在望都任上两年期间，以德化为本，勤政为民。他通过严法治盗、开仓赈灾、兴儒办学、劝课农桑，轻徭薄赋等一系列措施，使庆都大治。

元至正十年，尚恕庆都任职期满，当地乡绅代表上书燕南河北道肃政廉访司为尚恕请功。并请时任两浙都转运使的大儒苏天爵为尚恕撰书惠政碑铭。

《从仕郎保定路庆都县尹尚侯惠政碑铭》自清代至今的历版望都县志均未收录。但可见于凤凰出版社出版的《全元文》以及苏天爵诗文集《滋溪文稿》。

明正德三年《故文林郎河南府新安县知县周公墓志铭》

明·孙 镋

【碑文】

周公，予垂髫 [1] 受业师也，以河南府新安县知县致仕 [2]，享年七十有三。正德戊辰正月十有二日遘风疾 [3]，卒于家。

予吊而哀痛，殡事届期 [4]，犹子 [5] 廪膳生世安、希能执谱牒 [6] 再拜请志其墓。予赖公启迪成人，安敢以固辞。遡先世，山东青州府安丘县人。祖复礼，国初 [7] 始徙庆都，占籍 [8] 陈义；考廉，登乡榜 [9]，终教授；妣郑氏，庶妣何氏，皆有母仪 [10]，生公等八人。长述，继登乡榜，仕知县；次道，义官；次还，次选，郑所出。次遇，次运，次远，廪膳生，何所出。

公行三，讳迪，字履善，号贞菴。生于正统丙辰六月二十九日。公资禀敏捷，神采秀发。凡书经目辄成诵。景泰癸酉，补邑庠生。博闻强识，名冠一郡，动主司 [11]，称赏有大志，累屈场屋 [12]。成化戊戌，应贡入太学，友天下士，为众所推逊 [13]，待用时教授生徒，亹亹 [14] 不怠，邑中后先显名者尽出其门。

甲辰遴选天曹，公以文章俊伟授前职。下车，值时荒旱，民不聊生，公恻然有拯济之志。多方厝置，得粟米千万斛，验口分给，其所全活者甚众。时比之富公知郓亦不过是。

明年乙巳，又旱。厘当宁 [15] 之忧，发内帑金 [16]，大赈之。公奉命惟谨，会计辨察，赍予适均，逃移还定安集七百余户，赎已鬻 [17] 子女，令归本宗 [18]。饿莩横尸，丛聚一冢，自为文以祭。其政绩之异类若此。公方且励，操守正，纤毫私意不可干。以故得当道之欢心，频行奖劳，为河藩能吏首称第。荏官日浅，未见超擢[19]，识者惜之。

丙午岁稍丰，公于厅后建一堂，题曰："牧爱"，退即仰思，盖效古人座右有铭，欲触目儆心，以殚其职焉耳。小民沐浴膏泽，报之亡繇，议立生祠以祀公，公亟命止之。民心愚诚，固止之，而独为之祠，竟成焉。塑[20]以貌像，献以牢醴[21]。岁时为公致祝，祈福于其间，仍编出词曲，闾巷讴歌。迨今，有生祀记遗新安若此，尤事之所希见者。

未几，有感思莼[22]，即解组[23]归田以谢仕事。家居杜门不出，披历子史，尽日忘倦，闷涉后园，吟怀适兴，有渊明之高风。客至，呼童传觞递饮，或投壶[24]，或弈棋，馨欢而别。其所以徜徉暮景者二十余年。

卒之日，阖邑嗟悼[25]。非行义素孚[26]于人，曷能至此？公娶赵氏，生二子，尚文义官，郁文承差。五女，妙顺，适舍人邹宗仁；妙然，适按察检校陈汝佐；妙敬，适生员张大纶；四姐，适吏员王铎；五姐，适义官赵钰。孙男四，桐、楠、杋、樉，俱美质可畏。孙女三，善明，适生员问道。淑然、淑美幼而在室。尚文等卜以卒之年三月九日葬公于城东高原之阳，立始祖也。

公生而友爱天至，事室父母无违礼处，兄弟亦未尝失和气。性豪杰，自为庠生及游宦致仕，始终不屈人下。每以勤俭保家教子，不事浮靡，故声光播闻远近，咸曰望都乔木。

呜呼！若公者岂多得哉？予忝门生，不能道扬盛德于万一，姑序而铭之。其所未及者，尚有宦册以识其详云。铭曰：

惟古望都，列壤[27]帝畿。

仁人君子，仅见我师。

源源华胄，表表[28]令仪。

锦心绣腹，愈扣愈奇。

政里循良，拯厄赈饥。

德深人民，报以生祠^[29]。

堂揭牧爱，史咏以诗。

一代豪杰，百世之规。

今其已矣，谁谓无知？

我铭其藏，芳誉永垂。

【注释】

[1] 垂髫：指儿童或童年。髫，儿童垂下的头发。

[2] 致仕：辞去官职。

[3] 风疾：指风痹、半身不遂等症。

[4] 届期：到预定的日期。

[5] 犹子：本意指的是兄弟的儿子，谓如同儿子，指侄子或侄女。

[6] 谱牒：记述氏族或宗族世系的书籍。

[7] 国初：王朝建立初期。

[8] 占籍：上报户口，入籍定居。

[9] 乡榜：科举乡试的录取名单。

[10] 母仪：指做母亲的仪范。为母之道。

[11] 主司：科举的主试官。

[12] 场屋：科举考试的地方，又称科场。

[13] 推逊：谦让、谦逊。

[14] 亹亹（wěi）：勤勉不倦貌。

[15] 当宁：泛指皇帝。典出《礼记注疏》，宁，指古代宫室门内屏外之地。君主在此接受诸侯的朝见。后遂以"当宁"指皇帝临朝听政。

[16] 帑（tǎng）金：钱币。多指国库所藏。

[17]鬻（yù）：卖。

[18]本宗：祖籍。这里指所属的宗族。

[19]超擢：升迁，越级提升。

[20]壕（sù）：古同"塑"。

[21]牢醴：古代祭祀用的牲品和美酒。

[22]思莼：思鲈莼。喻思乡归隐。典出《世说新语》中卷上《识鉴》："张季鹰（张翰）辟齐王东掾，在洛见秋风起，因思吴中菰菜羹、鲈鱼脍，曰：'人生贵得适意尔，何能羁宦数千里以要名爵？'遂命驾便归。"

[23]解组：解绶。解下印绶，辞去官职。

[24]投壶：古代宴会礼制，亦为娱乐活动。宾主依次用矢投向盛酒的壶口，以投中多少决胜负，负者饮酒。

[25]嗟悼：哀伤悲叹。

[26]素孚：平时很得人心。

[27]列壤：分封土地。

[28]表表：卓异、特殊。

[29]生祠：为活人建立的祠庙。

【参考译文】

　　周先生，是我幼年的启蒙老师，在河南新安县知县的任上辞官归乡，享年七十三岁。明正德戊辰年正月十二日因患风痹病卒于家中。

　　我沉痛地悼念我的老师。到丧事期满，他的侄子廪膳生世安、希能拿着族谱来拜访我，请求我为周先生作墓志铭。我靠先生启迪才有所成就，不敢推辞。追溯先生的祖上，是山东青州府安丘县人。他的祖父名叫周复礼，在我朝初建时才迁到庆都县，申报户口在陈义，他的父亲周廉参加乡试榜上有名，终身做学官。夫人郑氏、继配何氏，都有为母之道，生了周先生等八个儿子。长子名述，继父亲之后乡试中榜，任知县；次子名道，做义官；四子名还、五子名选，是郑氏所生。六子名遇、七子名运、八子名远，都是廪膳生，为何氏所生。

周先生排行老三，名迪，字履善，号贞麓。出生于正统丙辰年六月二十九日。先生天资聪明，神采不凡。凡是看过的书就能背出来。景泰朝癸酉年，补为县里的庠生。他因为博闻强识，声名传遍全县，惊动主考官，称赞他有大志向，只是总被科考限制。成化朝戊戌年，他以贡生入太学，与天下名人交好，被众人所推崇，在家候官时教授学生，很勤勉，从不懈怠，县里先后有所成就出名的都是出自他的门下。

甲辰年参加吏部组织的选拔考试，先生凭着文章的雄浑壮丽被授予前面说的县令一职。他上任时正赶上县里发生旱灾，民不聊生。先生很悲伤地下定决心要加以救济。经过多方筹措，得到米粮千万斛，根据人口分发给各户，因此救活的人很多。当时郓城县令富公比也不过是这样。

第二年是乙巳年，又大旱。先生主动为皇帝分忧，由官府拨钱来赈灾。先生做事认真，经过计算分辨考察，据实适均分配，召回出外逃荒的百姓使其安居，这样的人达到700多户，赎回已经卖出的孩子，让他们各回各家。对饿死的人，集中在一起掩埋，并作文加以祭奠。他为政超人的地方就是这样。先生方正勤勉，操守公正，没有丝毫的私心杂念。因此得到当今皇上的赞赏，屡加褒奖，被赞为天下能吏之首。只是做官的时间短，没有得到提拔，知道他的人都为他感到惋惜。

丙午年年景稍好，先生在大堂后边建了一屋，题名"牧爱"，办完公事就回去静心思考，大概是效法古人都有座右铭，以此时时警醒自己，要尽心尽力履行好自己的职责。百姓广受他的恩惠，没办法报答他，就商议要建生祠来供奉他，先生极力制止。百姓很诚心，坚持要为他建生祠，竟然建成了。按他的相貌塑了像，献上牲、酒等贡品。百姓一年中都为先生祝福，并时常到祠里祈福，还编出词曲在民间传唱。到今天为止，像这样用生祠纪念的事在新安县还是很少见的。

时间不长，先生因为思念家乡，就脱下官服回归田园，谢绝做官，居家不再出仕。每天翻阅史书，不知疲倦，闷时就到后花院，吟诗抒怀，有陶渊明的遗风。有客人来就叫家人备饭倒酒，席间或做投壶游戏或下棋，尽欢后送客人离去。先生就是这样安度晚年二十余载。

先生去世的那天，全县的人都悲伤哀叹。要不是他言行一向深得民心，怎么能够像这样呢？先生娶妻赵氏，生了两个儿子，大儿子尚文为义官，小儿子郁文做承差。有五个女儿，大女儿妙顺，嫁给舍人邹宗仁；二女儿妙然，嫁给按察检校陈汝佐；三女儿妙敬，嫁给生员张大纶；四女儿嫁给吏员王铎；五女儿嫁给义官赵钰。有四个孙子，名字分别是桐、楠、栻、樾，都品貌兼优，受人尊重。有三个孙女，大孙女善明，嫁给生员问道。孙女淑然、淑美年幼，还在家未出嫁。儿子尚文等人选择了日子，在先生去世这一年三月九日把他安葬在城东高地的南面，建成了祖坟。

先生在世时仁爱至极，侍奉父母没有违背礼仪的地方，与兄弟相处也从没有失过和气。他生性豪爽，从成为庠生到出仕做官，始终不肯屈于人下。先生坚持以勤俭持家教育孩子，不追求奢华的生活，所以他的美名传得很远，人们都说他是望都高贵的榜样。

哎呀！像先生这样的人很少见了。我作为他的学生，却不能宣扬他高贵品行的万分之一，姑且记述其家族传承为他作墓志铭。所没有说到的事，还有官方的文件来记载。铭文如下：

我们古老的望都县，

是京畿重地。

若说仁人君子，

也只有周先生——我的老师。

他的家族源远流长是华夏后裔。

他超凡脱俗，

仪表堂堂，

卓异伟奇。

他锦心绣腹，

接触得越久，

就越觉得他了不起。

他堪比古代的循吏，

致力于救困救饥。

他品行高尚，

深得民心，

虽然人还健在，

便享受祀祭。

堂悬"牧爱"，

吟诗铭志。

我的先生是一代豪杰呀！

堪称百世师表。

他撒手人寰，

离我而去。

他的事迹，

何人不知?

希望我作的墓志铭，

世世代代，

永远传播先生的美誉。

【作者简介】

孙镒，生卒年不详，河北望都人。监生。明正德十二年（1517）任来安知县。为人朴简，勤政爱民，在任期间重修来安城隍庙、文庙、县署仪门、监狱，移建社稷坛等。嘉靖四年（1525）升任邓州同知，历任卫辉府同知、平阳府通判。

万历《滁阳志》记载道："孙镒，保定府庆都县人，监生。正德十一年令，为人朴，简易无威仪，然尽心司牧……食恶曳敝。胡庄肃曰：'余为童生，闻老学士云，镒见学宫陋，不能安。一日，捐俸倡邑中民，邑中民乐其倡也，无不欣然从者。'又曰：'日诣学课工，下马即襛去衣带，时时操畚锸运蒉缾，以身帅众，故人乐竞从事。此其事难若有似沽，沽贾名者，然其人质其诸异夫盈稇载、修容仪，以身尊大者乎？'"

道光《来安县志·名宦传》记载："孙镒，直隶庆都监生，正德十二年任。为人朴简，不事威仪，恶食蔽衣，唯尽心民事。见学宫倾圮，捐俸倡义，亲操畚锸以课工。其率真勤苦若此，异夫盈稇载、修容卫以自侈大者。考满，陟邓州同知，历平阳府通判。崇祀名宦"。"正德十二年知县孙镒重修城隍庙。正德十二年知县孙镒重修仪门、监狱。正德十四年知县孙镒移建社稷坛。"

嘉靖《邓州志》则曰："孙镒，庆都人，嘉靖四年由监生任邓州同知，持身清谨，尝城内乡及署新野南召，俱有惠政，升卫辉府同知。"

【背景解读】

乾隆《望都县新志》记载："周迪，字履善，博物洽闻，后学推重，以岁贡任河南新安县尹，值岁荒，人民相食，设法赈恤，全活七千余人，百姓建生祠，知府张澍为作去思碑。"

张澍，成化丙戌进士，新安县人，曾任德安府知府、前户部员外郎。

民国《新安县志·宦迹列传》则记载："周迪，直隶庆都举人，字履善，成化间知县。岁荒设法赈恤，全活七千余人，百姓立祠祀之，惜明末毁于兵燹。"

周迪逝后，归葬故里庆都。时为吏部听用监生门人孙镒为其撰写志文。

1986年11月30日，此墓志石出土于望都县城东农贸市场西口，为青石板两方，长60厘米，宽55.5厘米，合厚9厘米，单面文字。志盖篆题"文林郎河南府新安县知县周公墓志铭"，为阴刻。另一镌33行楷书，为吏部听用监生门人孙镒撰写的铭文。

　　1993 年 9 月，明《周迪墓志》由河北省文物局董增凯、王金科二同志鉴定为三级文物。现收藏于望都县文保所。

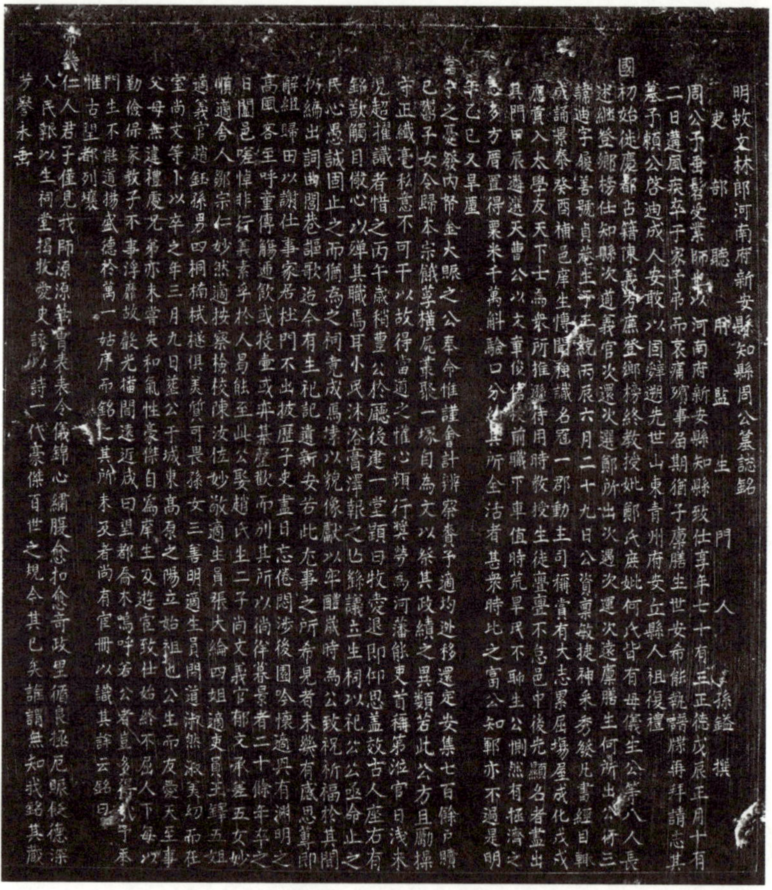

明正德三年《故文林郎河南府新安县知县周公墓志铭》拓片照

明正德三年《故文林郎河南府新安县知县周公墓志铭》志盖拓片照

清乾隆五年《邑侯沈公去思碑记》

清·佚 名

【碑文】

今上御极[1]之元年，我侯吴兴沈公来宰[2]庆邑。公清和[3]慈惠[4]，与民休息。明敏精勤，与民更新。四年冬报最，内升[5]京兆之冯翊[6]。民依之如父母，奔走皇皇[7]。思少留公不得，则思永以传之，志吾民之不忘，宜也。

余谓公之可永者，莫如政；政之可永者，莫如心。政与心交孚[8]于实[9]，公之感人也深矣。

庆，瘠邑也。自明季残于兵，户口之凋残[10]、土地之荒芜，百年未复。而又介于冲途，车供[11]运递，匠供修治，里供扫除，卒岁无一日之闲。苟不捬循[12]，民滋困矣。公恻然[13]伤之，为之均徭平雇，事不加烦，力不徒役[14]，民虽劳而不怨。且邑之赋偏重，民莫能支。公言于上，未及行，乃先取无艺[15]之征，悉捐除[16]之。所谓凡事宽一分，则民受一分之福。

公之政始兆其端，云列树以表道也。县南北四十五里，岁檄栽柳，吏号于乡，鸡犬不宁焉。公惩[17]其弊则出钱自栽之。道莳不可行，出钱自治之。民爱其树者如甘棠，遵其道者皆坦途。县设驿，岁需草五十万，官责之民，稍稍予价，复饱吏之壑。公增价自买，闾里闻风担草而来者，挟钱以去，莫不称便。抑[18]庆虽小，额赋一万四千，社[19]甲[20]星飞，催征不易。公曰："是宜行顺庄之法[21]"。即遣里书[22]于署内而饮食之，且授以纸笔，勿吝勿倦。凡顺庄一百有奇，民皆晓然乐从，以为催科之法莫善于此。

公莅庆以来，戴星出入以怀保民者，岂必身被始生其感哉？岁丁巳，畿南大水，庆不为灾。公籍其民之无告[23]者二百户，自易粟赡[24]之。明年复大水，定、唐俱灾，庆为壑，民之室庐田畴，尽坏于仓卒，仳离之状实不忍睹。公急民之难，拮据[25]涂泥之中，集其夜露处者，发帑以葺其居，晨无炊者发廪以给之食。历六十余日，遍户亲查得贫民一万四千五百口，贫生三百口，上其册请赈三月。仰赖天子仁圣，轸念[26]灾黎，加赈一月。前后用谷一万六千，公亲督赈。分远近，别男女，以次遍给，升斗无私。虽遇灾荒，民皆安堵[27]，公之德也。赈毕，百工俱兴，俾资力作。修城门三甃[28]，重楼翼翼，谨启闭也；建营泛十台，壁垒森森，联守望也；浚泉河四十里，为石闸三座，清流汩汩，旱有蓄而潦[29]有泄也。不宁惟是，庆处定、唐下游，疏唐之水入于庆者六，入于完者一，入于满者二；疏定之水入于庆者三，入于祁者二；疏定、唐之水入于清苑者五。沟洫[30]井井，水来而不留，水往而不拒也。

自古农桑者衣食之源，学校者教化之本。水患方除，念东南下湿，岁不常稔，询其种之宜水莫如稻，既购自邻封，令广植之。恐其惰也，委邑尉牟君董[31]之。牟君，莱人也。习知蚕务，亦以其种来教民功蚕。公循行阡陌[32]，与儿童妇子慰劳如家人，宛乎豳风[33]之遗焉。

甫下车，慨学宫为茂草，雅意振兴，岁加修葺。首与两学谋移崇圣祠于讲堂之东，而两庑之倾以颓者，讲堂之欹[34]以侧，斋舍之朽以败者，诸生慕义，次第鼎新。落成之余，公率其僚属，举宾客，读约法，以风厉士庶，岂不休哉？始城内有塾，乡之人未知学也。各择其里之笃行[35]能文者，延以为师。而以寺庙之公产无主者，拨为学田。公时勤馆餐不少懈，沨沨乎，弦歌之声不绝于耳，庶几武成之化也。农桑举，学校兴，公之治成矣。

公好奖善类，遇人无崖岸[36]，其有潜德未彰者，搜罗恐不逮[37]。旌[38]邑之节孝十二人，明季戊寅之难，忠事者邑侯黄公而外官民九十五人，孺人刘氏而外民妇四十八人，百年湮没，悉为位以附于祠，春秋与祀[39]，其盛事也。岁时曾问高年[40]，邑有老妇逾百岁人无知者，公造其庐而致礼焉。闻于朝，宠赉[41]有加，一时惊为异数。其他盛美，更仆难书。独勤治事、慎折狱，民尤感颂不置。惟其勤，故事无丛脞[42]；惟其慎，故狱无枉冤。政简刑清，卓然追古之循良[43]，声名日震于三辅[44]。各宪知其贤，邻封有疑讼，必以相属。公所至平反务得其情，远近怀人。

余等幸隶宇下[45]，亲承公之泽而得于见闻者熟，窃从诸父老后而为之词曰：

> 庆也积困，畴[46]则绥[47]之。
> 公为慈母，以嬉以随。
> 庆也积屃[48]，畴则厘[49]之。
> 公为严父，以作以时[50]。
> 公惟洁己，有守有为。
> 公知益[51]下，如渴如饥。
> 恩膏四沛[52]，浃髓沦肌[53]。
> 嗟我庆民，饮食以思。
> 思公实政，不尽于兹。
> 思公实心，载以俱[54]之。
> 爰[55]作此诵，爰勒诸碑。
> 民不能忘，讵[56]曰非宜？

噫！后之继公者，观其政，知其心，将毋先后一辙而有感于斯。公讳景张，字镜庵，江南庚子亚魁[57]，苏州震泽人也。

【注释】

[1]御极：指登极、即位。

[2]宰：主管、主持。

[3]清和：清静和平。用来形容人的性情。

[4]慈惠：仁爱。

[5]内升：旧指在外省任职的官吏升补京职。

[6]京兆、冯翊（yì）：官名兼行政区名。汉时将京兆尹、左右扶风称三辅，即把京师附近地区归三个地方官分别管理。此处借指调任京城任职。

[7]皇皇：同"遑遑"。指匆忙。

[8]交孚：互相信任、互相感应。

[9]实：真诚。

[10]凋残：衰落、残败、减损。

[11]供：准备着东西给需要的人应用。

[12]拊循：安抚，抚慰。

[13]恻然：哀怜、悲伤的样子。

[14]徒役：服劳役的人。

[15]艺：度、准则。

[16]捐除：废除、消除。

[17]惩：戒止。

[18]抑：文言发语词。

[19]社：古代一种居民组织，二十五家为一社。

[20]甲：旧时的一种户口编制单位。

[21]顺庄之法：清中叶推行的赋役改革措施。

[22]里书：吏胥名。里书又称册书、扇书，每里设一人，掌册籍书算，按户登载应征服役的数额。

[23] 无告：有疾苦而无处诉说。

[24] 赡：周济、帮助。

[25] 拮据：艰难困顿，经济窘迫。

[26] 轸念（zhěn niàn）：悲痛地思念。

[27] 安堵：安定、安居。

[28] 甃（zhòu）：本义砖砌的井壁，此做量词。

[29] 潦（lào）：古同"涝"。雨水过多，形成灾害。

[30] 洫：田间的水道，沟渠。

[31] 董：监督、管理。

[32] 阡陌：田间小路。

[33] 豳（bīn）风：豳风，是《诗经》十五国风之一。共七篇，多描写豳地的农家生活、辛勤劳作的情景，是中国最早的田园诗。

[34] 敧（qī）：倾斜、歪向一边。

[35] 笃行：品行纯厚。

[36] 崖岸：矜庄、孤高。

[37] 逮（dǎi）：到、及。

[38] 旌：本意为用羽毛或牦牛尾装饰的旗子，引申泛指旗帜，又引申为表彰。

[39] 与祀：众人的祭祀。

[40] 高年：指年高德劭的老者。

[41] 赉（lài）：本意是赐予，引申为赠送。

[42] 丛脞（cuǒ）：细碎、杂乱。

[43] 循良：指官吏奉公守法。

[44] 三辅：此处代指京城。

[45] 宇下：指屋檐之下。比喻在他人庇护之下。

[46] 畴（shuí）：古同"谁"。《尔雅·释诂》："畴，谁也。"

[47] 绥：安抚。~抚、~远、~集（安抚和笼络）、~靖（安抚使平静）。

[48] 孱（càn）：弱、弱小。

[49] 厘：治理、处理。

[50] 时：当前的、现在的。

[51] 益：好处、有好处。

[52] 沛：有水有草的地方。

[53] 浃髓沦肌：浸透肌肉，深入骨髓。比喻感受极深。

[54] 俱：皆、全、都。

[55] 爰：于是。

[56] 讵：岂、难道。用于表示反问。

[57] 亚魁：古代泛指科举考试中乡试第六名，称为亚魁。

【参考译文】

当今皇帝即位的第一年，吴兴人沈景张先生出任庆都县令。沈县令性情清静平和，仁慈宽厚，任内给百姓休养生息的机会。他聪慧贤明，细致勤奋，带领百姓除旧布新，在乾隆四年冬天官员考核中因政绩突出，被提拔到京城任职。在他任职庆都期间，百姓们依赖他如儿女依赖父母一般。听说他要调走，都慌慌张张奔走相告。想挽留他却办不到，就想将他的事迹记录下来，传之后世，表达百姓对他的怀念，这是庆都人民的情谊呀。

我想，沈县令可以永远流传的莫如他的政绩；政绩中可以永远流传的莫如他的爱民之心。他的政绩和爱民之心表里如一，他以此深深地感动着百姓。

庆都是穷县，自明朝在战争中被毁坏，人口减少，土地荒芜，一百年来也没有得到恢复。庆都地处交通要道，县里的车辆要担负运输的任务，工匠要担负修理整治的任务，乡村要担负打扫卫生的任务，全年没有一天的清闲。如不加以安抚，老百姓就更加贫困了。沈县令很理解和怜悯县里的百姓，为他们平均徭役，办公事不增加劳役，努力减轻百姓负担，这样老百姓虽然辛苦却没有怨气。还有县里的税赋偏重，百姓负担不起，沈县令就向上级汇报。在尚未得到上级答复之前，就先将超过标准的额外增加的税赋项目取消了。所谓凡事宽松一分，老百姓就会享受到相应的福分。

沈县令政绩的开端，是种植树木在大道的两旁，作为大道的标志。县域南北长四十五里，每年上级都会下达文件要求栽种柳树，官吏在乡村吆五喝六，弄得村里鸡犬不宁。沈县令改变原来的做法，自己出钱栽树。道路刚刚不能行走，就自己出钱加以整治。老百姓爱护他栽种的树木就如同古人之爱甘棠之树，走在他主持修建的大路上内心都充满感激。县里设有驿站，每年需要草料五十万石，以往的官吏都责成老百姓供给，稍微给点钱，省下的钱都装进了官吏自己的腰包。沈县令提高价格购买，乡里百姓听到消息担着草就来了，拿到钱高兴地离去，没有不称赞这件事的。庆都虽然小，税赋额度是一万四千，一到征税时节，社长、甲长不停地奔走催促，却不容易收齐。沈县令说："这应该用顺庄的办法"。于是召集各里的里书到县衙，供应饮食，给他们纸笔，毫不吝啬，让他们保持饱满的精神状态。用这种方法完成了一百多户，老百姓们都清清楚楚、明明白白愿意按照这个办法纳税，认为没有比这种征税的方法更好的办法了。

沈县令到庆都任职以来，披星戴月、早出晚归，心里始终牵挂着老百姓，难道只是亲身承受他的恩德的人才有感动吗？丁巳年，京城以南发生洪涝灾害，庆都虽也过水却没有划到灾区之内。沈县令考察老百姓受灾情况，选出最困难的二百户，自己买粮救济他们。第二年又发了大水，定县、唐县都受了灾，因为庆都地势低洼，县内百姓的房屋田地仓促之间遭到破坏。受灾后百姓生离死别的状况真的是惨不忍睹。沈县令怜悯百姓在泥水中艰难挣扎的状况，尽力帮助百姓解决问题。集中晚上没地方住的人，发钱用来帮助他们修葺房屋，早上没饭吃的人，发给粮食让他们吃上饭。用六十多天的时间，对县内户口亲自审查一遍，确定贫民一万四千五百口，贫困书生三百口，把整理好的名单逐级上报，申请三个月的救济。靠着皇帝仁爱圣明，顾念受灾百姓，决定给庆都增加一个月的救济。沈县令亲自主持赈灾，先后发放救灾粮一万六千石，区别远近、男女按不同标准依次全部发放到位，一升一斗都没有徇私。虽然遇到灾荒，老百姓都能安居，这是沈县令的恩德呀。赈灾结束，庆都各行业又得到恢复。调济物资通力合作，修整城门三座，高大雄伟，按时开关。修建敌台共十处，壁垒森严，用来联系各个敌台之间的守备瞭望。疏浚河道四十里，建成石闸三座，石闸内外清流汩汩，旱季用来蓄水，涝季用来排洪。不仅如此，庆都地处定县和唐县的下游，为了庆都不受水害，又疏通唐县流入庆都的河流六条，流经庆都进入完县的河流一条，进入满城的两条。疏通定县进入庆都的河流三条，流经庆都进入安国的河流两条。疏通从定县、唐县流经庆都进入清苑的河流五条。整修田间的沟渠水道，使之井然有序。水道贯通，来去自由，旱涝无忧。

自古以来种地养蚕是吃饭穿衣的保障，学校是对百姓实施教化的根本。水灾刚刚过去，沈县令想到县域东南地势低洼，土壤含水量较高，每年粮食收成都不好，经调查那里最适宜种植的作物是水稻，于是从邻县购买种子，下令推广种植水稻。他又担心老百姓短时内接受不了而心生懈怠，就委托县尉牟先生负责督办。牟先生是莱县人，熟悉养蚕事务，也找来桑蚕种子教百姓种桑养蚕。沈县令亲自在田间小路上巡视，慰问在田间劳作的儿童和妇女，如同对待家人一般，好像《豳风》里描述的情景再现一般。

沈县令到任之初，看到学校杂草丛生，几乎要荒废了，就意图振兴恢复，每年都拨款进行修缮。先是与两位学官商量把崇圣祠（孔庙）迁建到教室的东边。两侧倾倒毁坏的厢房、教室，腐朽破败的宿舍，由于诸位学子士人倾慕沈县令之仁义，在他的率领下也依次建成新的。落成之后，沈县令率领所属官吏，集合有关人员，宣布有关规定，严格要求士人和百姓，难道还有什么禁止不了的吗？开始时县城里有私塾，但是乡里人却不懂得学习。这次，各乡村选择有文化且品行端正的人，请他们做老师。把寺庙没有主人的田地划拨为学校的田产。沈县令时常督导学校的教学情况不肯稍微懈怠。学生学习诵读之声婉转抑扬不绝于耳，差不多实现了文明的教化。至此农业得到发展，学校得以兴办，沈县令对庆都的治理取得成功。

　　沈县令喜好奖励那些善良的人和事，他平易近人待人没有分别，对那些被埋没的善人善行，他都努力搜集只怕有遗漏。曾表彰县内有忠孝气节的人十二个，明朝崇祯戊寅之难忠于职事的县令黄承宗而外官吏士民九十五人，县令夫人刘氏而外的民妇四十八人。这些人的事迹已经埋没了近百年，现在都立了牌位，附在庙中，在春秋两季享受世人祭祀，这实在是一大盛举呀。他还曾寻访县内高龄老人，县内有一位老妇已经超过百岁而少有人知，沈县令亲自带着礼物到她家造访慰问。还将这件事向朝廷报告，使老妇享受到朝廷的恩宠和赏赐，一时间百姓都感到这实在是特殊的礼遇。沈县令做的其他大好事还很多，难以一一记述。单说他勤于政务，谨慎对待诉讼，老百姓就已经感激不尽。因为他勤快，所以处理公务条分缕析，头头是道，清清楚楚；因为他谨慎，所以由他判决的案子从无冤案。沈县令处理政务简洁，审判案件公正清明，其卓越程度接近或相当于古代那些奉公守法的清官。他的名声越来越大，流传很远直至京城。上级官员都知道他是一个贤德的官员，邻县有疑难的官司一定会请他帮忙，沈县令所做的判定一定会合乎实情和道理，因此远近的人都非常感念他的恩德。

　　我们这些人有幸在沈县令的领导之下，亲身承受他的恩惠并亲耳听到、亲眼看到他的事迹有很多，私下里跟在各位父老乡亲之后为他作了几句歌谣：

　　　　积贫积弱的庆都呀，

　　　　谁来照顾你的人民？

　　　　沈县令像慈母一般，

　　　　不嫌不弃，

　　　　时刻伴随。

　　　　积贫积弱的庆都呀，

　　　　谁来为你理政？

　　　　沈县令像严父一般，

　　　　不辞劳苦，

　　　　将一个旧庆都改造得焕然一新。

我们的沈县令呀，

廉洁自律一身正，

继承传统，

不忘创新。

我们的沈县令呀，

凡于民有利的，

似已渴，

如己馑。

沈县令呀，

你的恩泽遍及县内，

渗透进庆都人民的骨髓，

我们刻骨铭心。

沈县令呀，

庆都人民每一餐饭都会想起你，

想你为庆都人民所做的实实在在的好事，

我们要一一记载下来，

你的丰功伟绩定会彪炳史林。

庆都人民会永远记着你，

所以我们作此颂，

刻此碑，

难道这有什么不合适的吗？

　　唉！希望以后沈县令的继任者们，了解他的政绩，知道他的心意，能够像他一样，千万不要前后任之间各搞一套。

　　沈县令，名叫景张，字镜庵，是江南庚子年间科举考试的第六名，苏州震泽县人。

沈景张，字敬安，号镜庵，苏州震泽人。江南举人，乾隆元年（1736）莅任。清和慈惠、明敏精勤。莅任数年戴星出入，惠政不胜枚举。去后立祠祀之。（详见民国《望都县志》卷六《名宦》）

乾隆《震泽县志》亦有其相关介绍："沈景张，字敬安，十都人。康熙五十九年举于乡（公元1720年庚子科第六名），雍正中历署文安、庆都篆，遂实授庆都知县。景张为吏勤敏，有实政，民皆赖之。乾隆初，庆都连被水，景张悉浚龙泉河支流之绕城者，修旧闸一、建新闸二。复治上游，疏定州、唐县之水，使各有所泄，自是庆都无水患。奉宪檄连决束鹿、满城及定州、唐县诸大狱，皆能得其情。年满奏最提升宛平知县，引见后还庆都交代，遂病卒，年五十八。民多感伤号泣者。"

沈景张于乾隆元年就任庆都知县，在任期间轻徭减役、请赈救灾；浚河修闸，兴修水利；劝农种桑养蚕，推广种植水稻；助学重教，修复学校文庙；敬老尊贤，彰显忠孝节义。沈景张性情清静平和，仁慈宽厚，他勤于政务，慎明牢狱，为庆都士民所尊重和爱戴。逝后名列望都名宦，庆都百姓在南关特意修建沈公祠祭祀他，并于乾隆五年镌《邑侯沈公去思碑记》，立石于沈公祠内。今碑失所在。

清乾隆七年《朱熙采墓志》

清·朱 炘

【碑文】

父自甲寅岁腊月初一日来葬于斯，至今盖已十载矣。志备缺如[1]，儿等时耿耿于心，未敢一日忘也。至庚申岁三月十有九日葬母后仍有志而未逮[2]也。不孝之罪上通于天矣。迨乾隆七年因珠幸得游泮[3]，爰是始谋砻石刻志，遂得告成。于此○○○。

父讳熙采，字桢之，生而聪敏，成童入庠[4]，名噪乡校。中赴秋闱[5]者再，后以不遇，遂绝意名场。优游林泉居，恒手不释卷，以书自娱，性孝友[6]。

○祖，小楼公。子二人，父其长嗣也。叔熙绩早世，我父抚其孤煜如诸子焉。煜又不幸早世，我父抚其孤允谦如诸孙焉。盖口无闲言，不分爨者今已四世矣。

母姓王氏，为定武望族。治家严而有法，家资所以频丰于前者，母氏赞助之力居多云。

父生于康熙丁巳岁七月初一日未时，卒于雍正甲寅岁八月十二日酉时。母生于康熙丁巳岁八月二十五日子时，卒于乾隆己未岁正月初三日未时。

男：炜、炘、燮、珠。炜，庠生，殇于雍正辛亥岁。

孙：允豫、允恒、允晋、允泰。

曾侄孙：钲。

时大清乾隆八年岁次昭阳[7]大渊献[8]宿月谷旦。

男炘谨志。

【注释】

[1]缺如：空缺；短少。

[2]未逮：不及；没有达到。

[3]游泮（pàn）：明清科举制度，经州县考试录取为生员者就读于学官，称游泮。泮即泮宫，原为西周诸侯所设的大学之名。

[4]入庠（xiáng）：明清时，儒生经考试取入府、州、县学为生员，谓之"入庠"。

[5]秋闱：对科举制度中乡试的借代性叫法。由于考期在秋季八月故称秋闱。

[6]孝友：事父母孝顺、对兄弟友爱。

[7]昭阳：岁时名。十干中癸的别称，用于纪年。

[8]大渊献：亥年的别称。古以太岁在天官运转的方向纪年。太岁指向亥官之年称大渊献。

【参考译文】

父亲自从甲寅年（1734）腊月初一葬于这个地方，到今天已经十年了还未能立碑刻志，儿孙们牢记心中，不敢一日忘记。到了庚申年（1740）三月十九日母亲逝世后立碑的事仍然没准备好。这不孝的罪名比天大。到了乾隆七年（1742），因为朱珠有幸考取了功名，于是开始谋划刻石撰碑，这才完成立碑的心愿。

父亲讳熙采，字桢之。生下来就聪明机灵，幼童入学校读书，在乡校特别出名。成年参加科举乡试连续两次不中，于是就打消了通过科举考取功名的念头。游于林泉之间，常常是手不离书，以读书为乐。天性孝顺、友悌。

我的祖父小楼公，生子二人，我的父亲是其长子。我的叔父熙绩英年早逝，我的父亲抚养其孤儿朱煜如同亲生儿子一般。而朱煜又遭不幸早逝，我的父亲又抚养其孤子允谦和其他嫡孙子一样。邻里乡亲没有说不是的，不分家已经四世了。

父亲生于康熙十六年（1677）七月初一日未时，卒于雍正十二年（1734）八月十二日酉时。母亲生于康熙十六年八月二十五日子时，卒于乾隆四年（1739）正月初三日未时。

儿子：朱炜、朱炘、朱燮、朱珠。朱炜，是庶生，早逝于雍正九年（1731）。

孙子：允豫、允恒、允晋、允泰。

曾侄孙：朱钲。

时在乾隆八年三月良辰吉日。儿朱炘谨记。

【背景解读】

此碑为清朝乾隆八年朱炘为其父母所撰、立。原碑竖行。额篆"兴怀霜露"四字。

朱姓为望都固店村大姓，光绪《保定府志》和民国《望都县志》对碑中的朱熙绩、朱煜、朱允谦、朱钲及朱钲的曾祖母梁氏、祖母杨氏、母张氏"一门三节"的事迹都有记载。朱钲曾入国子监为太学生，曾参与编纂乾隆《望都县志》，并助银二十两，也是当时望都名儒。

"监生朱钲，曾祖母梁氏、祖母杨氏、母张氏一门三节，乾隆年并旌"。（详见光绪《保定府志》卷七十一）

民国《望都县志》卷九则记载："乾隆五年，旌表梁氏——监生朱钲曾祖母、暨祖母杨氏，俱青年失偶，抚孤守节。乾隆十九年，旌表母张氏，亦青年守节，现蒙旌表。"

"梁氏，固店村朱熙绩之妻，已旌。杨氏，固店村朱煜之妻，已旌。张氏，固店村朱允谦之妻，已旌。"

清乾隆七年《朱熙采墓志》碑石照片

清嘉庆《敕封晋赠阎洪城及原配继配夫人墓碑》

清·佚　名

【碑文】

皇清敕封征仕郎[1]、晋赠儒林郎[2]、岁进士候铨[3]广文[4]，讳洪城，号崇郡阎公暨元配顾太安人、继配何太安人之墓。

奉天承运，皇帝制曰：资父事君[5]，臣子笃[6]匪躬[7]之谊；作忠[8]以孝，国家宏锡类之恩。

尔岁贡生阎洪城，乃广西候补州判、借补[9]南宁府经历[10]阎成化之父。善积于身，祥开厥后。教子著义方之训，传家裕堂构[11]之遗。兹以覃恩[12]，封尔为征仕郎。乃广西候补州判、借补南宁府经历，锡之敕命[13]。

于戏！殊荣[14]必逮于所亲，宠命[15]用光，夫有子尚宏佑启[16]，益励忱恂[17]。

制曰：奉职在公，嘉教劳之，有自推恩[18]将母，宜锡典之攸隆。尔顾氏，乃广西候补州判、借补南宁府经历阎成化之母。壸范[19]宜家，夙协承筐[20]之嫩；母仪诒谷[21]，载昭画荻[22]之芳。兹以覃恩，赠尔为孺人[23]。

于戏！彰淑德[24]于不瑕，式荣象服[25]；膺宠命之有赫，允贲[26]泉垆[27]。

制曰：嘉绩聿隆于报最[28]，奕世[29]蒙麻；慈教无分于后先，殊恩叠沛。尔何氏，乃广西候补州判、借补南宁府经历阎成化之继母，溯训迪[30]于壸则，继美[31]益彰，宏锡类于朝章，推恩并厚。兹以覃恩，封尔为孺人。

于戏！鸾书贲彩，普昭一体之荣；施象服齐辉，式著五章[32]之庆典。

奉天承运皇帝制曰：资父事君，臣子笃匪躬之谊；作忠以孝，国家宏锡类之恩。

尔阎洪城，乃原任广西太平府万承土州州同阎成化之父，善积于身，祥开厥后。教子著义方之训，传家裕堂构之遗。兹以覃恩，赠尔为儒林郎。广西太平府万承土州州同，锡之敕命。

于戏！殊荣必逮于所亲，宠命用光，夫有子钦兹优渥[33]，长苾忠勤。

制曰：奉职在公，嘉教劳之有自；推恩将母，宜锡典之攸隆。尔顾氏，乃原任广西太平府万承土州州同阎成化之母。壶范宜家，夙协承筐之嫩。母仪贻谷，载昭画荻之芳。兹以覃恩，赠尔为安人。

于戏！彰淑德于不瑕，式荣象服；膺宠命之攸赫，允贲泉垆。

制曰：劬劳[34]同于己出，母氏鞠育[35]之恩；褒锡并于所生，朝廷旌扬之典。尔何氏，乃原任广西太平府万承土州州同阎成化之继母，夙娴壶范，克嗣徽音，相夫则敬以宜家，教子而勤能奉职。兹以覃恩，封尔为太安人。

于戏！淑德藉丝纶增焕，芳模与翟茀[36]齐辉。益饬母仪，用箴臣谊。

孙，庭藻、苞蔚；曾孙，纶维、继元；孙□奉祀。

【注释】

[1]征仕郎：清朝从七品文官的散官官阶。

[2]儒林郎：清朝从六品文官的散官官阶。

[3]候铨：听候选授官职。

[4]广文：唐天宝九年设广文馆。设博士、助教等职，主持国学。明

清时因称教官为广文，亦作广文先生。

[5] 资父事君：赡养和侍奉父亲，忠于君主。

[6] 笃：一心一意地忠心耿耿。

[7] 匪躬：谓忠心耿耿，不顾自身。典出《易·蹇》："王臣蹇蹇，匪躬之故。"孔颖达疏："尽忠于君，匪以私身之故而不往济君，故曰：匪躬之故。"

[8] 作忠：尽忠。

[9] 借补：指候补官员因本职额满，暂以高品之官衔补低品之缺。

[10] 府经历：知府的属官，主管出纳文书事。又称府经厅。

[11] 堂构：比喻继承祖先的遗业。典出《书·大诰》："若考作室，既底法，厥子乃弗肯堂，矧肯构。"孔传："以作室喻治政也。父已致法，子乃不肯为堂基，况肯构立屋乎？"意谓父亲要盖房子，并已确定房子的盖法，而儿子却不肯去筑堂基，盖房子。

[12] 覃恩：广施恩泽。旧时多用以称帝王对臣民的封赏、赦免等。

[13] 敕命：命令。多指天命或帝王的诏令。

[14] 殊荣：特殊的光荣。

[15] 宠命：加恩特赐的任命。封建社会中对上司任命的敬辞。

[16] 佑启：佑助启发。

[17] 忱恂：诚信。

[18] 推恩：广施恩惠、移恩。

[19] 壸（kǔn）范：是形容女性的常用语，指妇女的仪范典式。壸同"阃"，内室的意思，指妇女，范是榜样。

[20] 承筐：指礼仪、礼节。《诗·小雅·鹿鸣》："我有嘉宾，鼓瑟吹笙。吹笙鼓簧，承筐是将。"朱熹集传："承，奉也。筐，所以盛币帛者也。"后以"承筐"借指欢迎宾客。

[21] 贻谷：留下、传播善良的美德。谷，善。

[22]画荻：宋欧阳修四岁而孤，家贫，母郑氏以荻管画地写字，教其读书。见《宋史·欧阳修传》。后以"画荻"为称颂母教之典。

[23]孺人：古代称大夫的妻子，唐代称王的妾，宋代用为通直郎等官员的母亲或妻子的封号，明清则为七品官的母亲或妻子的封号。

[24]淑德：美德。

[25]象服：古代后妃、贵夫人所穿的礼服，上面绘有各种物象作为装饰。

[26]贲："饰"的意思。但直解为"修饰"似显浅近，取其引申意解为"光耀"，似还可解为"荣耀、荣光、光彩"之类；另，"贲"还有"光明"之意，此处作动词用，使动用法，解为"使……光明"似乎更确。

[27]泉垆：坟墓、祖坟。

[28]报最：犹举最。旧时长官考察下属，把政绩最好的列名报告朝廷叫报最。

[29]奕世：累世、代代。

[30]训迪：教诲启迪。

[31]继美：承继前人之美德。

[32]五章：指服装上的五种不同文采。用以区别尊卑。

[33]优渥：优裕、丰厚。待遇好。

[34]劬（qú）劳：劳累、劳苦。

[35]鞠育：生育。

[36]翟茀（zhái fú）：古代贵族妇女所乘的一种车子。车帘两边或车箱两旁以翟羽为饰。

清嘉庆《敕封晋赠阁洪城及原配、继配夫人墓碑》拓片照

道光二十二年《敕授文林郎东台县知县东屏李公墓志铭》

清·胡际唐

【碑文】

〇〇〇〇〇〇〇〇〇〇〇〇〇〇〇〇〇〇〇〇〇〇〇
〇〇〇〇〇〇〇〇〇〇〇〇〇〇岁贡生，父高枝公，太学生。并
以〇〇〇〇〇〇〇〇〇〇〇〇〇〇〇〇〇〇院肄业。院长
吴公见其文，辄称〇〇〇〇〇〇〇〇〇〇〇〇〇〇〇〇〇〇
〇其才，尤器重之。值县考，即取为〇〇〇〇〇〇〇〇〇〇
〇〇〇，以丁艰寓省城，又召公至寓所。〇〇〇〇〇〇〇〇
使专举子业。科举于乡，〇〇〇〇〇〇〇〇〇〇己卯联捷进士
归班。

〇〇〇〇〇〇〇〇〇〇〇〇〇〇〇〇〇〇〇三年赴部，
谒选原掣山西和顺〇〇〇〇〇〇〇〇〇〇〇〇〇〇〇〇〇
公补之东台。旧染污俗，雀鼠〇〇〇〇〇〇〇〇〇其利，良
民□之如狼虎。公下车，明于听断。〇〇〇〇〇〇〇〇〇〇
〇〇〇〇〇〇〇〇〇数月而其风顿息。同属有衙〇〇〇〇〇
〇〇〇〇〇〇〇〇〇非自戕痕，因悉心研讯，得其情
乃平反其狱。〇〇〇〇〇〇〇〇〇〇〇〇〇〇〇〇〇〇定
谳为是。抚院林公知公有干才，将大显也。〇〇〇〇〇〇
〇〇〇道光十五年卒于东台县任所。〇〇〇〇〇〇〇〇〇
年四十有四。公十六日乃卒于东台任所。〇〇〇〇〇年月归
里。二十二年十月初十日〇及〇之官未获〇故凡公〇〇〇〇〇业
胡〇〇顿首撰并书。

因碑文漫漶不清，兹以县志所载，附录于后并加以翻译，以方便读者对照参看查考。

民国《望都县志》486 页记载：

李泰，字东屏，号镜岚，西贾村人，嘉庆己卯科进士。生而颖异，家清贫。伯父万宜公资使读书，肄业[1]尧台书院。

吴山长见其文，决其必显，校课[2]率以公文为冠。知县白公尤爱其才，县试列榜首，府试复冠军。督学吴公按临亦亟赞赏，补弟子员。既而白公丁艰归，召公常至寓所，使专举子业。由是学益进。

嘉庆戊寅恩科[3]举于乡，己卯科联捷[4]成进士，归班[5]旋里，设教乡塾，成就后学。道光十三年赴部调选，原掣山西和顺知县，时有签掣江苏东台县者缺，兼繁疲难[6]三要，比引见，以公年富力强，才貌出众，御前特调公补之。

东台旧染污俗，尤甚者无赖往往移舟中无名尸以陷人，隐与蠹役[7]共谋渔利，良民畏如狼虎。公下车明于听断[8]，判决如神，妄控辄加惩创。而于移尸案尤尽法治之，不数月，其风顿息。邻封有差役刃伤平民至死者，本县以自戕闻其家人，上控，奉委会审，公检尸非自戕痕，因悉心研讯，得其情，乃平反其狱，同官咸以为不可，上宪初亦疑之，及反复推求，率以公之定谳[9]为是。抚院林公知公有干才，将大用之，调公宰首县，奉檄以疾未赴，道光十五年卒于东台县任所。年四十有四。

【注释】

[1]肄业：修习课业。

[2]校课：考试。

[3]恩科：于寻常例试外，逢朝廷庆典，特别开科考试，也称"恩科"。

[4]联捷：谓科举考试中两科或三科接连及第。

[5]归班：清制，凡进士不授以他项官职，而以知县铨选，称"归班"。

[6]疲难：清雍正间，由广西布政使奏准，分定全国州县为冲、繁、疲、难四类，以便选用官吏。冲谓地方冲要；繁谓事务繁重；疲谓民情疲顽；难谓民风强悍难治。

[7]蠹役（dù yì）：害民的差役。

[8]听断：听取陈述而作出决定。常指听讼断狱。

[9]定谳：指司法上的定案。谳，议罪。

【参考译文】

李泰，字东屏，号镜岚，西贾村人，嘉庆朝己卯年科考中的进士。他生来特别聪明，家境清贫。其伯父李万宜先生资助他读书，在尧台书院修习课业。

吴院长见到他写的文章，断定他日后一定会显名于世，每次考试他的文章都是第一。知县白先生尤其爱惜他的才学。他县试中名列榜首，府试又夺得第一。督学吴先生到望都视察，也极力赞赏他，增补为县学生员。不久白县令离职为老人守孝，经常把李泰叫到家中，教导他专心修习科考学业，因此他的学业更加有长进。

他在嘉庆朝戊寅年的恩科中参加乡试中举人，接着在己卯年科考中又考中进士，授知县衔归乡候官，在乡学中教书，教导成就学生。道光十三年到吏部参加官员选拔，原本抽签抽到的是山西和顺知县，而和顺无缺，当时江苏东台县令的签没人抽到有空缺，该县属于繁、疲、难之列的县份，经吏部引见，因他年富力强，才貌出众，皇帝特意调他补任东台县令。

东台县旧时风气很坏，尤其厉害的是县里的无赖总是搬着船里的无名尸体去讹人，暗中勾结差役来谋取钱财，善良百姓很害怕他们。李泰先生上任后，擅长听讼断狱，下判决犹如神助，对诬告者加以惩处，对于移尸讹人的案子全部法办，不到几个月，这种坏风气就消失了。邻县有差役把百姓砍伤致死的案子，该县对死者家属说是自杀，家人上告，李县令奉命参加会审，他检查尸体发现不是自杀的伤痕，于是认真研究调查，了解了实情，就平反这个案子，一同办案的官员都认为不可以，上司起初也有怀疑，等经过反复的推求，都认为李县令定案是正确的。巡抚林先生知道他有才能，准备重用他，调他到最好的县任职，他接到调令因病没能赴任，道光十五年在东台县任上病故。享年四十四岁。

附碑阳：

碑额文字：皇清

碑文：敕授文林郎东台县知县东屏李公，诰封孺人李母苏太君墓

道光二十二年十月奉祀男长吉、长春、长禄

（碑文竖行）

【作者简介】

胡际唐，字登庸，号陶民，南柳宿村人，增广生懋修次子，道光乙未科副榜。己酉科举人，选奉天铁岭县教谕。品学兼优，文则浸润国初诸大家，而于方先生集虚斋尤称得力。字少则临王、赵，而于欧阳虞公碑、皇甫碑、九成宫用力最深。惜司铎一职，未赴任，遂归山外。咸丰十年卒，寿六十四。外甥孝廉李长清挽之云："笔法欧阳心正则笔正，文宗方氏品高斯学高"。

【背景解读】

此碑与清同治二年《貤赠文林郎万宜公碑记》石碑同时发现并运回文保所。同治《续纂扬州府志》亦有相关记载："李泰，望都人，进士，十三年任。"

道光二十二年敕授文林郎东台县知县东屏李公诰封孺人李母苏太君墓残碑碑阳

上半部分拓片照

道光二十二年敕授文林郎东台县知县东屏李公诰封孺人李母苏太君墓残碑
碑阳下半部分照片

道光二十二年敕授文林郎东台县知县东屏李公诰封孺人李母苏太君墓残碑

碑阴上半部分照片

道光二十二年敕授文林郎东台县知县东屏李公诰封孺人李母苏太君墓
残碑拓片照

清同治二年《赗^[1]赠文林郎万宜公碑记》

清·詹锦堂

【碑文】

公姓李氏，讳成用，字万宜，居望都县城南西贾村。公之高祖讳作肃，字恭庵，廪膳生。始自北茔迁此。公曾祖讳壎、希仲，廪膳生。祖讳象胡，文庠生。父讳敏，字敬修，乙卯科恩贡生，皆以学问德行著于乡。

公天性纯笃。时胞侄泰，才敏力学，困于家计，公抚育之。幸其名成戊寅科登贤书^[2]，己卯成进士，官扬州府东台县知县，远赝赗封之典。

嘉庆六年贾村之北，唐河水患甚巨，公修桥造舟，旅人便之。迨十一年歉收，粮价翔贵^[3]，斗米制钱五千，饿死者多，时公家储粮仅数十石，遂捐资赈散，赖以活者甚众。夫前明万历十五年，公二世祖自新输粮万石，旨赐"尚义输财，蠲粟赈饥"匾额，封授辽东懿禄仓大史（使）。邑人与公之岁饿济困，里称善人。播诸口碑，传○弗替，所谓积善之家，必有余庆者，其信然欤！

距生于乾隆二十五年九月三十日卯时，卒于嘉庆二十三年九月十七日申时。子一，宁太学生，性笃厚，有父风。孙二，长长桢，廪膳生；次长清，壬戌恩科举人，官保阳教授。

体泰公命次子从予受业时，望都绅士名隶府学者多人，每道其先世之行谊，故知之甚悉，而○为志之，以俟其勒诸石。

赐进士出身，云南即用知县，现任保定府教授詹锦堂顿首拜撰。

赐进士出身，直隶即用^[4]知县，现任顺德府任县知县张光藻顿首拜书。

同治二年岁次癸亥十月谷旦

【注释】

[1] 貤（yí）赠：谓将本身和妻室封诰呈请朝廷移赠给先人。

[2] 登贤书：科举时代称乡试中式为登贤书。

[3] 翔贵：谓物价上涨。

[4] 即用：清代铨选官员有"即用"之制。谓遇缺即可补用。

【参考译文】

先生姓李，名成用，字万宜，住在望都县城南西贾村。万宜先生的高祖，名作肃，字恭菴，是县学的廪膳生。才从北茔迁到这里。万宜先生的曾祖名壎、字希仲，也是县学的廪膳生。祖父名象胡，是县学的文庠生。父亲名敏，字敬修，乙卯年科举的恩贡生，万宜先生的祖上世代都以学问德行在乡里扬名。

万宜先生生性纯朴笃实，当时，他的侄子李泰，聪明好学，被家境所困，先生就亲自抚养他。有幸于戊寅科考中，己卯年成为进士，任扬州府东台县知县，万宜先生遥受朝廷的貤赠典礼。

嘉庆六年（1801），贾村乡北面的唐河河水泛滥，造成严重的灾害。万宜先生修桥造船，方便来往的行人。到嘉庆十一年庄稼歉收，粮价上涨，买一斗米用钱五千，饿死的人很多，当时万宜先生家里的存粮只有数十石，就捐助资财赈济发放给灾民，靠这活下来的人很多。在明朝万历十五年（1587）时，万宜先生的二世祖李自新曾为朝廷捐助粮食一万石，朝廷下旨赐给他"尚义输财，

- 271 -

蠲粟赈饥"的匾额，封授他为辽东懿禄仓大史（使）。（看来万宜先生这样做是有传承的）县里的人都赞许万宜先生灾年救困的义举，乡亲们都称他为善人。人们口口相传，传播○不停，常言说积德行善之家，恩泽及于子孙，这是真的呀。

万宜先生出生于乾隆二十五年（1706）九月三十日卯时，卒于嘉庆二十三年九月十七日申时。有一个儿子名宁，是太学生，生性忠厚，有他父亲的遗风。有两个孙子，长孙名长桢，是廪膳生；二孙子名长清，壬戌恩科举人，官保阳教授。

体察李泰先生让他的儿子跟我读书时，很多望都的士绅和隶属府学在册的学生，每每说起他前辈的事迹，所以我知道万宜先生的事很详细，就为他作文记载，用来刻在石碑上。

赐进士出身，云南即用知县，现任保定府教授詹锦堂顿首拜撰。

赐进士出身，直隶即用知县，现任顺德府任县知县张光藻顿首拜书。

同治二年（1863）岁在癸亥十月的吉日。

附碑阳：

碑额文字：圣旨

碑身文字：皇清貤赠文林郎讳成用字万宜孺人李母周太君之墓

（碑文竖行）

【作者简介】

詹锦堂，字晓斋，直隶省宁津县（今属山东省）人。同进士出身。善作文章，气势雄浑，道光二十四年（1844年）考中甲辰恩科举人，道光二十七年丁未科中式张之万榜三甲进士，历任云南宜良、习峩知县。因性格耿直，忤逆上官，改任保定府教授。著作多散佚。光绪《宁津县志》有传。

【背景解读】

李成用，字万宜。望都县西贾村开明士绅，天性纯笃，做事公道。修桥造舟，积德行善；捐粮赈灾，造福一方。资助胞侄李泰求学，后李泰考中进士，官扬州府东台县知县。李万宜亦得朝廷貤赠。

李万宜去世后，由时任保定府教授詹锦堂撰写碑文，时任顺德府任县知县张光藻亲笔书碑。于同治二年十月立碑于其墓前。

张光藻（1815—1891），字翰泉，安徽省广德县人。清咸丰三年（1853）会试挑誊第一，充实录馆誊录官，咸丰六年赐同进士出身，历任河北曲周、望都、任县、邢台等县知县。同治八年以道员用，加三品衔，署正定府知府。同治九年三月任天津知府，后因"教案事件"革职远戍黑龙江。同治十一年八月提前释归，迁居广德东门老屋，后寄居湖州，逝于广德。

民国《望都县志》记载："张光藻，安徽广德州人，咸丰丙辰科进士，十年二月任。"

此碑系编者在2014年田野调查期间所见。当时，此碑覆盖于贾村镇西贾村村北一条村民用来浇水灌溉的垄沟之上。恰逢村民浇水灌溉，碑下垄沟内流水淙淙，以水洗碑可见"张光藻""万宜""李成用"等文字，遂断定为文物。随同访碑的时任贾村镇党委书记王宏伟派员送至文保所，卸车时不慎摔为两段。

清同治二年《貤赠文林郎万宜公碑记》碑石照片

清同治九年《吴公子伯大令去思碑》

清·贺祥麟

【碑文】

吴公子伯父台，莅吾望都三年矣。望都故瘠邑，荒年加以大兵[1]，赖公苏枯[2]为苑，扶危为安。邑人士感其再造，曩岁[3]曾赴省公吁保留，非例也。时以军务未葳，善后亦关紧要，允留一年。上宪破格之恩，公之声望，有以致之也。

借寇[4]年余，瓜期[5]至矣，公于己巳年十二月卸篆[6]。

筮仕者，于三年考其成，今乃于三年送其去，吾民其何以为情哉? 去之日，辕童壤叟，遮道[7]攀号，翘望行幨[8]，怏怏如有所失。昔何武为汉循吏[9]，所居民乐，所去民思，今于公见之矣。

窃谓公之能令民思者，必其能令民乐者也。使召公无善政，人犹爱其甘棠乎? 而公于望都则未见其乐民之乐，而惟见其忧民之忧也。当公之去吾望也，麦禾皆歉，鸠形[10]鹄形[11]之徒嗷嗷待哺。

西寇北犯，有风鹤之惊。公即禀陈瘵苦，请赈穷黎[12]，寻纠集绅董[13]，一面派勇踞陴分守。会十月初，马贼数千来扑城，见城上旗帜戈铤如植，不攻而退。夜，贼复遣侦探，公正率勇梭巡[14]，炮火烛天，钲鼓桃锣相应，知其戒严。是夜，放进难民无算[15]。十一月，枭匪两次由祁州、博野来，肆出掳掠，公命勇从要路堵截，贼别途[16]去，得无忧。七年正月初七日，公晋省，初十日捻匪十余万蜂拥，突从定州来，已至五里铺矣，民凶惧[17]。公适至，开城跪迎。公谕之曰："我闻贼信，漏夜[18]禀辞，今日之事，民之事，实官之事也。官之存亡在城，未有城亡而官存之理。然城未必即亡，当乘其未亡而存之，则城存官存而民亦存，愿与汝等生死共之。"民感泣，誓以死。寻添派乡团，调官勇八百名，列于城南，贼见其军容阵法，疑有京兵助援。公指挥士卒四面分逻，日令于堵口往来，常川不息，以张汗雨幕云之势。灯烛之光，枪炮之声长达旦。相持数日，贼竟去。

计正月初旬，自省回即驻城楼，冒大雨雪不归署。凡公牍之往来，民词之告诉，公皆从眉鼻磨墨手示之。如此者七十余日，公之心力交瘁。况是南城坍塌八十余丈，贼信仓猝，急为粘补，迨捻匪再扰。邑绅以三官庙枯柏十数株变价，后经详请募款，以工代赈，饥民得食，残城亦完，并于今春浚河为卫。此外，修明伦堂、大成殿、东庑文昌阁、训导署，复重修龙泉书院与乡义学，则武功而兼以文德。

查望都封粮向有定额，每银一两完京钱四千二百文。公如额征收，无分毫溢额[19]。邑不苦于赋重，而苦于差繁。地为南北冲途，轮蹄络绎，疲氓[20]不终于供。公曾雇夫充差，民之役纾，官之累重。适节相曾公饬查通省差徭，公痛陈民困，蒙免去路车八百辆，永远裁革，而民困苏矣。其他之善政，能吏所能为者皆不赘。独惜昔贤酬知[21]当师旅，饥馑交迫，可使有勇知方[22]，而以三年期，其必有所以为之者矣。今公所处之时势几近之，乃能戡民之难，淡民之灾。虽不知视圣门之经济何如，而当今之治行能此者有几？乃昔以三年考其成，今乃于三年送其去。计此三年中，吾邑乐之事少，忧之事多。公之心亦乐之时少，而忧之时多。乃能转忧而为乐，则惟其能分民之忧，能至民之乐也。

吾民感激鸿慈[23]，沦浃肌髓[24]。思之思之，必欲勒之。瑱珉端在乎此。抑又念循良之绩，自有史乘[25]书之。公之不朽者别有在。一二俚言聊识其遗爱已耳，何当[26]为公增重？

【注释】

[1]大兵：大的战争。

[2]苏枯：使枯萎的草木复活。比喻使困顿、灾难中的人得到拯救。

[3]曩岁：往年。

[4]借寇："借寇"为地方上挽留官吏的典故。典出《后汉书·寇恂传》载恂曾为颍川太守，颇著政绩后离任。建武七年光武帝南征隗嚣，恂从行至颍川，百姓遮道谓光武曰："愿从陛下复借寇君一年。"

[5]瓜期：典出《左传·庄公八年》："齐侯使连称、管至父戍葵丘。瓜时而往，曰：'及瓜而代。'期戍，公问不至。"原指戍守一年期满。后用以指官吏任期届满。

[6]卸篆：卸印。谓辞去官职。

[7]遮道：犹拦路。

[8]行幨：车行时所挂的帷帐。

[9]循吏：守法循理的官吏。

[10]鸠形：指年老者所用的手杖。《太平御览》卷九二一引《续汉书·礼仪志》："民年始七十者，授之以玉杖……长九尺，端以鸠为饰。鸠者，不噎之鸟也；欲老人不噎。"

[11]鹄形：枯瘦貌。宋胡继宗《书言故事·贫乏》："言饥饿者为鹄形。"

[12]穷黎：贫苦百姓。

[13]绅董：绅士和董事。泛指地方上有势力有地位的人。

[14]梭巡：谓往来如穿梭般巡逻。形容巡逻频繁。

[15]无算：不计其数，言其极多。

[16]别途：异途、其他路径。

[17]凶惧：同"恟惧"，恐惧。

[18]漏夜：深夜、连夜。

[19]溢额：超额。

[20]疲氓：疲困之民。

[21]酬知：酬报知己者。

[22]有勇知方：有勇气且知道义。

[23]鸿慈：大恩。

[24]沦浃肌髓：渗透入肌肉骨髓。比喻程度或感受之深。

[25]史乘：本为三国之史籍名，后泛称史书为"史乘"。

[26]何当：怎能。

【参考译文】

吴师郊吴县令，到望都当县令三年了。望都原来是个穷地方，荒年加上战乱，全靠吴县令拯救百姓于水火，使其转危为安。县里的人都感念他的再造之恩，往年曾经到省府呼吁让吴县令留任，这与惯例不符。当时因为军务还没有办结，也是在紧要关头，允许他留任一年。上司破格的恩典，使得吴县令的声望越来越高。

留任一年有余，任期已满，吴县令在己巳年十二月卸任。

考核官吏的人，满三年考核官吏一次，吴县令任职满三年，我们今天却要送他离开，送别父母官的感伤之情让我们怎么表达呢？吴县令走的那天，男女老幼跪地相送，拦路痛哭，抬头看着县令的车远去，怅然若失。昔日何武是汉代的循官良吏，他在任时百姓安乐，他离任后百姓还会常常想起他。这情形今天在吴县令身上再现了。

我私下里以为，吴县令让百姓思念的地方，一定是他能使百姓安乐的事情。假使召公没有善政，人们还会珍视他栽下的甘棠树吗？而吴县令在望都却没有见他乐享百姓的快乐，只见他忧虑百姓的忧愁呀。当他离开望都，正赶上庄稼歉收，穷困百姓正是嗷嗷待哺的时节。

昔日贼兵向北进犯，让人有风声鹤唳的惊恐。吴县令立刻向上申报县里的贫困，请求赈济百姓，不久又召集县内的头面人物商议，一边派兵据城守卫。

到十月初，有数千骑马的贼兵来攻城，看到城上旗帜、刀枪林立，不敢进攻而撤走。到晚上，又派兵前来侦察试探，吴县令正率兵来回巡逻，回击贼兵，炮火照亮了天空，战鼓号角相呼应，贼兵知道城里防守很严。这一晚上，放进来的难民很多。十一月，贼兵又两次从祁州、博野来犯，肆意到处抢掠，吴县令派兵在要道上拦截，使贼兵从其他路上离去，望都县得以保全。同治七年正月初七，吴县令到省里办事，初十这一天捻军十余万人蜂拥而至，忽然从定州奔望都来，已经走到五里铺。百姓很恐慌，吴县令正好赶回，于是开启城门，跪地迎接他。吴县令对百姓说："我听说贼兵来犯的消息，连夜告辞回来，今天，贼兵来犯的事是百姓的事，实际上是官府的事。官的存亡在城池，没有城池被攻破当官的还能存活的道理。然而望都城池未必就会被攻破，应当趁城池尚未被攻陷的时候想办法守城，这样城池就能得以保，官员就能得以保全，百姓也就能够存活下来了，我愿意与大家同生共死完成这件事。"百姓感动得落泪，表示誓死守城。吴县令马上增派民团，调官兵八百人，列兵于城南，贼兵见到他们的军容和阵法整齐，怀疑有京城的兵来增援。吴县令指挥兵卒四处巡逻，每天让他们在城墙垛口来往走过，不间断地走动，以彰显防守严密的形势。灯火的光亮，枪炮的声音一夜不停。对峙了数天，贼兵终于退去。

按时间说，吴县令自正月上旬从省城回来就驻守在城楼上，冒着大雪也坚持驻守不回县衙。凡是公文的往来，民间纠纷的处理，吴县令都依据实际亲自处理。像这样坚持了七十多天，他实在是心力交瘁了。况且南面城墙塌陷了八十余丈长，军情紧急，应立刻修补防备捻匪再犯。县内官绅把三官庙里十几棵柏树，折价卖掉募集修城的资金，用以工代赈的方法修城墙，这样饥民得到了食物的补充，残破的城墙得以修复，并在今年春天疏浚护城河提高防卫能力。此外，还修了明伦堂、大成殿、东庑的文昌阁、训导署，重修了龙泉书院和乡里的义学，吴县令可说是文治武功都有了。

考察望都的赋税一直有定额，一两银子抵京钱四千二百文。吴县令按规定征收，没有分毫的增加。县里人不为赋税重而困，却苦于劳役繁多。望都地处南北要道上，车马不断往来，疲困的百姓有没完没了地供给使役。吴县令曾经雇人当差，百姓的负担轻了，官府的担子却重了。正遇上级官员曾先生奉命督察全省的徭役，吴县令痛陈百姓的困苦，蒙恩免去供车任务八百辆，而且是永远裁减，从而百姓的困苦得以缓解。其他的善政，别的官员能做的这里都不多说。独叹先贤为了报答知己，领兵上阵，虽然饥寒交迫，可使百姓有勇气，明大义。而且在三年的任期里，他当然还有其他的作为。今天吴县令所处的时代与先贤相差无几，能平定百姓的苦难，救济百姓的灾祸，虽然不知道其对儒家的治国之才有多少了解，而当今官员推行政务能做到吴县令这样的又有几个呢？

过去用三年考察官员政绩，今天满三年要送吴县令离开。算来这三年里，望都喜事少，愁事多。吴县令的心里也是快乐的时候少，忧虑的时候多。他还能变忧愁事为乐事，那么只是因为他能替百姓分忧，能使百姓快乐呀。

老百姓感戴他的大恩，有切身的感受，深深思念他，思念他就一定要把他的事迹刻在石碑上，事情的缘起在这里吧。又想到循吏的功绩，自有史书来记载，吴县令的不朽功德自会有别的方式流传。我这几句乡村俚语也只是记录一下他留给后人的恩德罢了，哪里能够增加他的威名呢？

【作者简介】

贺祥麟（1791—1878），原名以南，号麓樵，湖南浏阳人。清道光二年（1822）优贡，八年中举，十二年补正蓝旗汉教习。二十三年九月，授直隶省（今河北）高阳县知县，道光二十九（1849）年，调署庆云县知县。咸丰元年（1851）十月，补授完县知县；十年，调署无极县知县。同治元年（1862）十二月，回任完县知县；四年，调署昌黎知县；五年正月，回任完县知县；六年六月，卸任完县知县，升直隶即用同知，以卓异升云南云龙州知州。

贺祥麟为官清正廉洁，不媚上官，"做吏数十年，清贫如布衣。"与李鸿章有车笠之交。曾任教于丰润县文庙书院、完县燕平书院。著有《有真意斋诗集》，诗作被选入民国大总统徐世昌所纂《晚晴簃诗汇》。

道光《丰润县志》载："贺祥麟，字麓樵，湖南举人，貌质朴，学问淹通，其诗古文词朴茂渊懿，卓然名家。道光末，延请主讲常课之外，加诗赋两课。循循启诱，或拟作一艺以俟隅反，后为清苑令，生徒以不得常承教泽，惜之。著有《牛鼎歌》《浭阳杂感诗》，入文苑。"

【背景解读】

吴师郊于同治六年九月就任望都知县，同治九年八月调任定兴知县。其在望都任内，保境安民、减纾差役，政绩赫赫，深得民望。曾重修望都城池，撰有《重修望都城池碑记》，为望都历史上名宦之一。

吴师郊离职之时，望都百姓攀辕相送。后望都士绅请致仕后在完县燕平书院教学的贺祥麟撰《吴公子伯大令去思碑》。由直隶州州判、时任完县教谕刘清濯书丹。于同治九年六月立石。民国期间石碑在过粮处，仆倒中断。今碑佚失，幸有光绪三十年版《望都县新志》录有碑文存世。

清光绪五年《庚子孝廉泊瀛杨先生墓志铭》

清·刘培元

【碑文】

泊瀛先生直隶望都人，世居杨家村，后徙居赵家庄。虽谱牒[1]难考，率以耕读为业。传至太老师济世公，生子三，长炳若、季金鳌，先生其次也。生而聪颖，八岁授书，过目辄记。十三岁失怙[2]以贫故从牧牛马事，而诵读弗辍。弱冠补博士弟子员，继举乡魁。七入礼闱[3]，五荐四备一抽，卒未获第[4]。然所学皆名世业，固为士林[5]所矜式[6]，各宪尤奇其学而器重之，讷相国延为幕宾，不就。

洪逆叛西粤，林文忠公[7]率师南行，欲疏奏作军谋，以亲老辞。胜帅克齐以同年故见招，又辞。深恐不应彼反应此，为识者所窃笑。故主讲信都燕平等书院十余载，宴如[8]也。

尝事两继母宛若所生，脱胞弟于缧绁[9]，锱铢弗惜。教读省垣[10]时，有童子陷冰，出百缗倩人[11]救。有选拔某困于旅邸[12]，赠十金助之归。议立全节，养病两堂，岁活以数百计。事成而不居功者，虽更仆数[13]焉。

若晚年以软脚病，酷嗜《周易》，识阴阳消长之机，学琴于司马啸云，博律吕[14]、宫商[15]之趣，犹文人余事耳。

宜人系出城内，氏何，五品职衔先登公女。性恬静寡言辞，勤织纴以为先生薪水[16]费，能无顾惜，故远近戚党咸敬礼之。

丁丑春，世弟升恒函寄鄂省，其志可嘉。公余之暇，窃思先生品诣，诗词○备载乘志，而情有难已，谅观感者必不以为阿所好也。因铭之曰：

> 人生贵立志，
>
> 志乃迈寻常。
>
> 人生贵好义，
>
> 义必达家邦。
>
> 少年从事牧牛羊，
>
> 担薪挂角业弗荒。
>
> 庚子获隽魁于乡，
>
> 士林争欲列门墙。
>
> 上宪默计疏荐章，
>
> 为奉双亲谢未遑。
>
> 家庭之乐有余庆，
>
> 肄业莲池馆保阳。
>
> 慈祥恻怛[18]本天良，
>
> 议建全节养病堂。
>
> 种种义举虽备详，
>
> 一片婆心济世航。

于戏，先生从不冀表扬，其潜德幽光庶共山高与水长。

碑额：篆书"永垂后裔"。

咸丰辛亥科举人、辛未大挑钦加同知衔、历属湖北应山、黄梅等县正堂、弟子刘培元撰文。

同怀弟、清苑县恩贡士、候选儒学正堂刘培贞书丹。

【注释】

[1]谱牒：家谱。

[2]失恃：指死了母亲。语出《诗·小雅·蓼莪》："无父何怙，无母何恃。"

[3]礼闱：指古代科举考试之会试，因其为礼部主办，故称礼闱。

[4]第：科第。科举时代考试合格列入的等第。也指取得的功名。

[5]士林：指文人士大夫阶层、知识界。

[6]矜式：敬重和取法。

[7]林文忠公：林则徐死后谥号"文忠"，敬称他为林文忠公。

[8]宴如：犹安然，安定平静貌。

[9]缧绁（léi xiè）：捆绑犯人的绳索。借指监狱。

[10]省垣：省行政机关所在地。

[11]倩人：谓请托别人。

[12]旅邸：旅馆。

[13]仆数：——详加论列。

[14]律吕：指音律。

[15]宫商：泛指音律。

[16]薪水：柴和水。借指生活必需品。

[17]品诣：品行。

[18]恻怛（cè dá）：犹恻隐。

【参考译文】

泊瀛先生是直隶望都人，世代居住在杨家村，后移居赵家庄。他的家族传承虽然难以考证，但都是以耕田读书为业。传至太老师济世先生，生了三个儿子，长子炳若，小儿子金鳌，士魁先生是他的二儿子。士魁先生天资聪颖，八岁开始读书，过目不忘。十三岁时母亲去世，因为家贫为别人放牛牧马为生，却从没有间断读书学习。二十岁被补录为秀才，接着参加乡试夺魁。七次参加会试，经五荐、四备、一抽，最终没有考中进士。然而所学的都是世代相传闻名于世的东西，本来都是学界所尊崇和向往的，各长官尤其爱惜他的学问，都很器重他。讷相国请他做幕宾，没有答应。

洪秀全在广西作乱，林则徐先生率军南征，想上奏朝廷请他做军中谋士，他以父母年高为理由拒绝。胜保攻克山东以后因为同科举人的关系邀请他，他又拒绝了。担心不答应那个却答应这个，会被有见识的人所耻笑。所以主讲信都、燕平等书院十余年，安处晏然。

侍奉两位继母就像自己是她们亲生的一样，把兄弟从监狱中解救出来，毫不吝惜钱财。在省城教书时，见有小孩子落入冰窟中，拿出百贯钱雇人将孩子救出。有参加考试的人被困在旅馆中，杨先生赠他十金帮助他回家。他树信立义保全气节，供养得病的父母，使老人岁数超过百岁。他做成事情却不居功，这样的事就不一一列举了。

晚年因为软脚病在家休养，尤其嗜好《周易》，懂得阴阳消长的变化，跟着司马啸云学琴，精通各种音律的情趣，这些只是文化人的业余爱好。

杨先生的夫人是城内人，姓何，是享有五品官衔的何先登先生的女儿。她生性恬静不爱说话，勤于纺线织布，变卖后作为先生的生活费，能够做到不吝惜钱财，所以远近的亲戚朋友都十分敬重她。

丁丑年（1877）春天，师弟杨升恒把信寄到湖北，希望我为他父亲作墓志铭，我赞叹他其志可嘉。公事之余我常想，先生的品行和诗词文章都详细地记录在县志中了，而我心有所感情不自禁，料想看到的人一定不会认为我只挑好听的说。因此作铭文说：

> 人生贵立志，
> 志向就要不寻常。
> 人生贵好义，
> 好义定会家业兴旺。
> 少年牧马放牛羊，
> 一边劳作一边读书，

学业不荒。

庚子会试一举夺魁，

美名传扬，

学子们争先恐后，

要把他的学来上。

上级爱才，

纷纷推荐上奏章。

好意谢过，

专心将父母奉养。

积德行善家有余庆，

长乐未央。

学成于莲池书院，

任教保阳。

他慈祥恻隐，

天性善良。

树信立义保全气节，

专心奉养病榻上的高堂。

种种善举一一叙述实难详，

慈心一片济世救人德泽长。

哎呀，先生从来不希望别人对他进行表扬，但是他潜在的美德和品行一定会与名山同高与大河等长。

碑额：篆书"永垂后裔"。

咸丰辛亥（1851）科举人、辛未（1871）大挑钦加同知衔、历属湖北应山、黄梅等县知县、弟子刘培元撰文。

同胞弟、清苑县恩贡士、候选儒学正堂刘培贞书丹。

附：碑阳

光绪五年（1879）三月穀旦

皇清诰封奉政大夫道光庚子科举人泊瀛公讳士魁杨府君宜人杨太君何太宜人之墓

江西会昌县知县、癸卯科举人、满城康乃心谨题

奉祀男：长郡庠、次邑庠，男升恒、晋恒，暨孙穀诒、宝诒敬立。

【作者简介】

刘培元（约1804—1860），字植庵，直隶（今河北）清苑县人。清咸丰元年（1851）辛亥科举人。清同治十年（1871）代理湖北应山县知县。清光绪三年（1877）任职黄梅县知县。为人清廉，嗜好金石古币收藏。著有《孔孟年谱考略》《苓圃诗抄》《然乙斋笔述》。（《大清畿辅书征》）

民国《清苑县志》卷四收录其个人传记："刘培元，字植庵，阳城镇人。父炽，积德多媺行。培元幼聪颖，四岁受书，过目不忘。咸丰元年，领乡荐授徒山中，日夕讲求宋儒诸书，力崇实学。湘乡曾文正公督直，设礼贤馆招致贤能文学之士。闻培元名，具礼聘之，不致。同治十年，以大挑知县分湖北，代理应山县，减徭役。光绪三年，权黄梅，岁旱蝗，步祷烈日中，率吏民督捕，出钱收买之，岁得无害。期满，贫不能办装，寄居萧寺。念母老，涕泣成疾，告归，旋卒，年五十七。生平嗜古泉币及金石文字，足迹所至，穷力探索，获残碑断碣，珍逾拱璧，作诗歌以记之。著有《岑圃诗钞》《然乙斋笔述》《孔孟年谱考略》诸书。弟培贞，字介庵，恩贡生，有文名。"

【背景解读】

杨士魁去世之后，葬于望都县赵家庄村东南杨家祖坟。清光绪三年春，其子杨升恒致信时任黄梅县知县刘培元为杨士魁撰写碑文。光绪四年，杨士魁妻子何氏因病去世，二人合葬。光绪五年，其子杨升恒、杨晋恒请刘培元之弟——

清苑县恩贡士、候选儒学正堂刘培贞书丹，由时任江西会昌县知县、癸卯科举人、直隶（今河北）满城籍康乃心题写碑阳，刻碑立石于二人合葬墓前。

1958 年，为推行殡葬方式改革和解决中国地少人多的矛盾，全国农村开展了一场平坟开荒运动。在此运动中，杨士魁墓也未能幸免，此碑被其后人搬回家中，现由赵家庄人杨绍堂收藏保管。

民国《望都县志》卷八收录有杨士魁个人传记，详附其下，仅供对照碑文参读：

"杨士魁，字泊瀛，号星斋，赵家庄人，道光庚子科举人。幼聪慧，性嗜读，家贫无膏火资，随月以读，夜深欲睡，掬冷水激其额；饥食残蔬，而诵读之功不辍。弱冠即殚心理学，于古大儒所著述，靡不广搜而切究之。读史见古人行谊高尚，辄歆羡不已，思何以无愧古人。年二十六举于乡，王蔗堂先生许为伟才。七赴春闱五荐而不第，人代为扼腕，而公泊如也，惟与诸生朝夕弦诵以琴书自娱而已。少时失恃，奉事两继母数十年如一日，兄弟间怡怡如也。教授省坦，襄成善举不一。尝过西关灵雨寺，有童子坠冰下。公呼曰：'救者酬百缗。'有人入冰负之出，公立出所藏馆金予之。主讲完县冀州书院前后十余年，训诲生徒务以根柢相勖，故出其门者皆通才。所作古文词及诗歌兴至任意挥洒，俱有精思妙谛，而其偶傥不群之概，亦时流露于墨楮间。著有《登高一呼》一书行于世，其余零星摭拾，传诵者莫不叹才高品卓，举世莫及云。"

其妻何氏传记则详见民国《望都县志》卷九：

何氏，五品封职何青云女，庚子科举人杨士魁妻也。封宜人，生有至性。喜读书，与明哲妇女谈性理、庸愚妇女谈因果，以故，人皆敬之。母病七载，床头蹀躞之役无少倦。夜半焚楮告天，乞以身代，积雪没胫不知寒。事两继姑，孝如母。咸丰丁巳，捻匪由豫犯直境，宜人出纺绩余资，助夫团练费。同治戊辰，捻匪北窜，子欲奉以避乱，宜人责之曰："平昔读书所学何事？尔舅义男子，必为守城计，尔其助之。"生平持躬，以寡过为主。尝谓尼山无大过，颜子不二过，仲子喜闻过，圣贤犹严治过，安得不于此兢兢？立功过格，较袁了凡、刘念台旧格尤便，详记功过自励，历四十载如一日。析居让产取其薄，园蔬柴粟等物被人攘窃，弗校若忘为己物者。每岁正遵讲《圣谕广训》，举凡文帝《劝孝录》、曹大家《女诫》，剀切阐论，至今乡闾妇女，犹能道其讲义。子二，升恒补弟子员，晋恒食廪饩，皆资慈训，博学能文。光绪戊寅，年近古稀，病笃将易箦，子侄辈罗跪乞留遗训，训曰："父兄骄傲子弟多暴，父兄敬恭子弟乐业。孔门虑以下人犯而不校。二语当是涉世灵符。"嘱题联云："四十载功过关心，望向四子中成全后嗣；千万言儿孙在念，愿从九泉下诉告先人。"言讫遂瞑。

清光绪五年《庚子孝廉泊瀛杨先生墓志铭》碑阳拓片照

清光绪五年《庚子孝廉泊瀛杨先生墓志铭》碑阴拓片照

清光绪二十四年《创修报恩祠记》

清·杨升恒

【碑文】

　　陶唐故壤，孕帝名区，赋重差繁之说古未之闻。自明季屡增田赋，洎清朝定鼎，诏依明代万历初年赋则，凡天启、崇祯时所加增悉蠲免，独吾邑未请更正。

　　迄今二百五十余年，凡官兹土者，或以减赋而缺益瘠；或以议改旧章惧干谴责。相沿日久，愈难希破格之恩矣。况从前明以来，都建于北，途开自南。驿路纷驰，昼夜不息。吾邑以蕞尔当冲道，应十行省，往来差至，有饥无食、寒无衣，称贷以供徭役而恒虞不足，既困于赋，复困于差。日朘月削[1]，岁有流亡，其隐忍[2]而居故土者，皆不聊生也。

　　光绪甲午春，我邑侯李公莅任之初，周历四境，睹民间凋敝情形，恻然曰："吾民何以困苦若此耶？"遍询父老，参稽[3]邑乘赋役全书，始知赋与差之交为民病[4]。乃痛哭流涕，首以减赋上书于太守陈公方伯。陈公详请[5]制军[6]王公入告，蒙恩[7]将行差优免[8]。退出圈地，三项大粮各减五成，永著为令，计阖邑岁减正额银六千零四十六两六钱六分，例征钱合加耗[9]补平补色解费[10]等项，以今银价核之，岁共省一万一千余金。继又以每岁贴差三千金，请于太守陈公方伯，陈公邀准[11]于保正等处当商生息项下，岁拨库平[12]足银三千两以为民间车差费，经方伯详蒙制军批准立案。

　　此盖援新乐县旧案而行也。新乐官困，其先邑侯详恳上宪[13]

津贴，准岁给三千金。我邑侯李公以望都官困犹新乐，后必有据此而请者。若亦请归官，民难沾惠矣，故亟请归民用，以资差徭津贴。各宪复嘉其克己爱民之意，许之。斯二者，君恩也，宪恩[14]也。然苟有司莫以告而恩奚以逮也？不然，二百五十余年来何以困若此耶？乃叹我邑侯李公为民请命之恩之同于再造也。继自今赋不重矣，差不繁矣，穷檐[15]积困日以苏矣。吾邑人何修而得此贤父母也？且夫贤父母善政岂一二端已哉？

公宰任岁有九阅月，随集市宣讲圣谕，兼引各善书以导乡曲[16]。课书院必亲自改削[17]，以敦品[18]立行相劝勉。决平[19]讼狱，不轻用刑，而诘奸[20]除暴则又严甚。遇贫乏周以钱粟，夫役各杂差，常捐廉给发[21]，弗忍循例[22]票派。时东洋肇衅未几，甘省秽氛，复煽动征兵，往返出境内以数十万计。公善为遣送，不犯秋毫，民获安堵[23]。惟以兵车大为闾阎[24]累，辄啜泣堂前曰：吾民惫甚矣，今何又以钜差重为民困耶？官给[25]车值旧有定章[26]，公则倍其数予之。此外，诸善政仍难殚述，而减赋贴差特其大端[27]耳。

乙未秋去任，行之先，靡不思攀其辕卧其辙，公绐以未定期。忽一夕微服驱车去，人不及知闻者，莫不泪沾巾，爽然若失[28]矣。岁丁酉各父老追思遗爱，历历能道而最不忘于减赋贴差两事。

夫登山者，必谈泰岱；观水者，必论沧海。凡事，务求其大而探其本耳。然则君恩、宪恩不尤感戴而终不可喧者乎？遂倡议，集若干金于城东十里许荆城，择地兴修报恩祠三楹，上立万岁牌，下立四公禄位。县幕陈公，藩幕鲍公，当时皆有赞助善政力，亦各祔禄位。墙垣四围，书房三厦，大门一，丰碑一，卧碑三，惜限于力，弗能广拓宏规，姑草创以待来者。

鸿恩普被，万户皆春。谨即管见以记，爰为之歌曰：

信步游春寻远浦，巍然庙貌龙泉浒。

潺潺流水当门户，碑碣耸立相参伍。

偶逢父老询其故，父老欣然相告语。

都说李公贤县主，诚求保赤怜疾苦。

轻徭薄赋流恩普，立化焦灼成乐土。

善政条条难仆数，情同久旱逢甘雨。

创立生祠大昕鼓，年年春夏寿明府。

心香顶祝多士女，懋迁有无集商贾。

我亦趋跄谒衡宇，高歌一曲拜且舞。

转危为安非小补，铸金勒石流千古。

【注释】

[1]日朘月削：一天天地损削缩减。

[2]隐忍：克制忍耐。

[3]参稽：参酌稽考、对照查考。

[4]民病：民众的苦难。

[5]详请：上报请示。

[6]制军：明清时总督的别称。又称"制台"。

[7]蒙恩：受恩惠。

[8]优免：准予豁免租赋、力役等，以示优待。

[9]加耗：古代在租税正额以外加收的损耗费。

[10]解费：解送的费用。

[11]邀准：谓得到许可。

[12]库平：旧中国部库征收租税、出纳银两所用的衡量标准。

[13]上宪：指上司。

[14]宪恩：旧谓上司的恩惠。

[15]穷檐：指茅舍，破屋。

[16]乡曲：乡里。

[17]改削：删改。

[18]敦品：砥砺品德。

[19]决平：谓公平断案。

[20]诘奸：究办奸盗。

[21]给发：发给。

[22]循例：依照往例。

[23]安堵：犹安居。

[24]闾阎：泛指民间。

[25]官给：官俸。

[26]定章：规定的法令、章程。

[27]大端：谓事情的主要方面。

[28]爽然若失：形容茫无主见，无所适从。

【参考译文】

庆都是尧的发祥地，是孕帝名邦，赋税和差役繁重自古就没有听说过。自从明朝才屡次增加田地赋税，到本朝创建，下诏赋税依照明朝万历初年的赋税标准，凡是天启、崇祯年间所增加的赋税全部免除。唯独我望都县没有上奏请求更正赋税制度。

到今年二百五十多年了，凡是到此地为官的，或者认为减少赋税官府会更贫困，或者以为奏请改变旧制会受到谴责。因此庆都的赋税重沿袭日久，越发难以希求破格的恩惠了。况且明朝以来，国都建在北方，道路从南边来。驿道上人马纷繁往来，昼夜不息。望都以弹丸小县，地处十省交通要道。官差频繁，百姓饥无食寒无衣，靠借贷来供给徭役还总是难以满足。这样既苦于赋税重，又困于劳役多，百姓生计一天天的损消缩减，每年都有流亡县外的，那些忍耐着留在故地的人，都难以维持生计。

光绪甲午年的春天，县令李先生到任之初，巡视县内，看到百姓艰难困苦的状况，很悲伤地说："我县的百姓怎么会困苦到这个程度呢？"经走访咨询百姓，查询县志和关于赋税劳役的典籍，才知道赋税和劳役的双重盘剥才是使百姓陷入困苦的原因。李县令十分难过，痛哭流涕。先是上书知府陈方伯，请求减少赋税。陈方伯又请示总督，请他上奏皇上，蒙皇恩免去行差，退出圈地，三项大的田赋各减一半，并且将税制固定下来，永远执行。全县每年减正税六千零四十六两六钱六分，减例征钱、火耗钱和押解费等项，按今天的银价计算，每年共省一万一千余两。之后李县令又向陈知府请示每年贴补车役费三千两，陈知府获得准许，在官府发放保定、正定的当商中生息的款项下，每年拨三千两银子补贴望都民间的车役费，经过陈知府详细禀明获得总督批准备案。

这件事大概是按照新乐县的旧案例来办的，新乐县的财力贫困，原来的县令向上司恳请津贴，获准每年给三千两。李县令请示说望都比新乐还穷，因此获准，以后一定还有人像这样请示，如果请示把银子归官用，那么百姓就得不到实惠，所以李县令极力请示归民用，用来补贴差役和徭役。各级上司赞赏他克己爱民的心意，才答应他。这两件事，都是皇上的恩惠，也是上司的恩惠。然而若不是李县令向上请示，那么这恩惠怎么会得到呢？不然的话，二百五十多年来为什么望都困苦成这样呢？真赞叹我们李县令为民请命的恩德，对老百姓真是恩同再造呀。从今天起田赋不重了，徭役也少了，百姓长久以来的困苦日子也变好了。我县老百姓何世修来这样的父母官呀？况且李县令的善政何止是这么一两件呢？

李县令任职九个月，每到集市就去宣讲皇帝的教诲，并以各种书上善美的故事来引导百姓，到书院上课一定亲自修改文章，劝勉学生砥砺品德，端正言行。李县令公平办案，不轻易用刑，而惩治奸盗铲除恶势力又非常严肃认真。遇到贫困的就周济钱粮，各种杂役常常自己掏钱完成，不忍心按惯例摊派给百姓。当时与东洋的战争才平息不久，甘肃省有兵乱发生，又煽动征兵，来往出入县境的人有数十万。李县令妥善地迎送，对百姓秋毫无犯，使百姓能安居。只是因为为军队出车使百姓受累，李县令就在堂前落泪，说："我们县的百姓太疲惫了，今天怎么能又用重差让百姓更困苦呢？"官府补贴出车的费用原有章程，李县令却翻倍发给百姓。另外的诸多善政难以全部说完，而减轻税负、贴补差费是他最大的功绩。

乙未年的秋天李县令离任，他走之前百姓都想送他并加以挽留，李县令就推说还没有确定日期。忽然在一天微服乘车离开，来不及知道的人们都泣下沾巾，怅然若失。到了丁酉年，百姓们追想他的恩惠，历数他的功绩，最难忘记的还是减轻赋税、贴补差费这两件事。

喜欢登山的人一定会谈泰山；喜欢看水的人一定会说大海。但凡说事，人们一定会探求其重大的意义和本源。既然这样，那么皇恩和上司的恩典不是尤其应该感戴而最终大加宣扬的吗？于是倡议募集钱财在城东十里的荆城这个地方选址，修建报恩祠三间，上首立万岁牌，下首立四位官员的官名。县里的幕僚陈先生、府里的幕僚鲍先生，当时都出力赞助善政，于是庙里也各附他们的名字。又修四周围墙，建书房三间、大门一座、丰碑一座、卧碑三件，可惜的是限于财力，不能建成更大规模，姑且草创，待后来人再发扬光大它吧。

李县令的大恩，惠及全县百姓，千家万户都受益。郑重地以我所知加以记载，并作诗歌颂：

> 在明媚的春天里，
> 我悠闲地来到郊外，
> 报恩祠就在龙泉河的岸边构筑。
> 潺潺的河水在庙前流淌，
> 庙内的石碑参差耸矗。
> 偶然碰到几个老人，

我上前询问建庙的缘故，

他们七嘴八舌高兴地为我讲述。

都说李县令是个好官，

诚心爱民关心百姓疾苦。

减轻徭役和赋税恩惠广布，

让望都这片焦壤化为乐土。

他的善政一件件难以尽数，

那情形如同久旱的禾苗遇到甘露。

为他创建生祠加以庆祝，

善男信女来来往往真诚地为他祝福，

立庙设集互相贸易通有无。

我也急忙来到庙中，

加入参拜的人流，

同他们一起欢歌起舞。

歌颂他使百姓转危为安功绩卓著，

刻碑立传让他的美名流芳千古。

【作者简介】

杨升恒，字如之，庠生。民国《望都县志》有其相关传记："杨升恒，字如之，庠生，赵家庄人，举人杨士魁长子。天性聪敏，承庭训口诵心维，几于无书不读。父母在，孝养备至，及殁庐墓三年。弟晋恒尚幼，延师教读，考课不遗余力。旋由邑庠食廪饩，光绪二十三年任独石口厅长，皆其友于力也。寿七十有八。"

【背景解读】

清军入关初年，望都县因抗清甚力，清廷不予免除附加田赋。这种不公平的赋役制度一直沿袭二百多年，民众无法承受繁重的赋役，很多人流亡他乡，历任地方官也不敢奏请蠲免。

李兆珍（1846—1928），原名李邴，字星野，沙京（今福建省长乐县）人。同治十二年（1873）中举，光绪六年（1880）大挑到直隶省（今河北省）以知县候补。初任天津漕船局委员，光绪二十年二月实授望都知县，光绪二十一年任武宁知县、光绪二十四年回任望都县知县。再任清河知县、署天津知府衔、河南汝宁府知府、陈州知府、开封府知府等职。民国元年（1912）任豫南观察使。后历任中华民国司法筹备处处长、内务部司长、参政院参政、国会议员、安徽巡按使、安徽省省长等职。

光绪二十年，李兆珍就任望都知县，决心改变这一不合理状况。他请求布政使陈宝箴代为上奏并得其鼎力支持，最终两人联名上奏，朝廷准许减五成，且每年由藩库津贴差徭银三千两。百姓闻讯，举县欢庆，由县内乡绅带头，为李兆珍设立生祠，时人赞之为"李望都"。

据光绪《望都县志》记载，"李公生祠二，一在荆城村，有碑文，见金石。一在河南张娥村，为知县李兆珍建，亦曰报恩祠。"

清光绪二十四年三月，李兆珍回任望都县知县，此碑即是当年四月全县百姓为李兆珍所建，由邑人杨升恒撰写碑文，立于城东东岳庙报恩祠。东岳庙在望都城东十里处荆城村（今大栗家村），始建于元至正年间，历代多次重修。庙前有九龙河流过，河上有大桥，桥前则为甘露寺与之对峙。

光绪二十三年，丁酉科拔贡、本县人杨殿一曾为李公报恩祠撰联五副，分别为：

其一
琴抚一堂思单父；
花栽满县胜河阳。

其二
之屏之翰，百辟为宪；

令闻令望，四方为纲。

其三
凤诏裁云，时雨顿苏千亩困；
龙泉绕郭，恩波重涌万家深。

其四
一封朝奏九重天，圣德醍醐，王言纶绖；
四境春回数百载，恩流膏黍，荫庇甘棠。

其五
上告天子，下告方伯，远告来兹，薄赋轻徭，酿成万家恩露；
帝之股肱，邦之屏藩，民之父母，同心合德，又垂一路福星。

后报恩祠毁，此碑下落不明。

民国二十一年《崔莲峰先生道教碑》

民国·高熙喆

【碑文】

崔莲峰先生字慕南，别号蓉卿。教育事绩记述，保定一郡多理学名儒，明清之际祁州有刁蒙吉，容城有孙钟元，康熙之际博野有颜习斋，蠡县有李恕谷，道、咸以还清苑有孙介眉，新城有王重三、王晓峰，兹数君子者，大都隐居不仕，教授终身，著录弟子籍者多至千人，少亦数十百人。黉舍[1]如林，生徒云集，余韵流风，传嬗[2]不绝。若吾师崔蓉卿先生者，亦其选也。

先生世居望都建安村，少传邑明经[3]胡仁和之学，殚心[4]经史，尤邃于易，以光绪壬午科举于乡。时当清季，目睹科举流弊，厌薄[5]仕进，不屑屑帖括文字，则出其所学，教授乡里，以惠后进。清苑、望都、博野、定州、祁州五县人负笈[6]者四面而至，校舍不能容，则分曹迭进以请业，望都学额十三人，历届岁科试，凡获与博士弟子[7]选者，十之四五皆先生门人也。近二十年乡里后生毕业于学校及留学国外，先后露头角于政、学、军、法各界者，亦十之四五皆先生门人也。先生四十后毕业于保定法政学堂，倡办地方自治于本县，管狱于完县、新乐，均有成绩可观，而在先生为绪余。计自二十六岁膺乡荐后，教授于乡者十有九年；充本县劝学总董[8]者四年；教授于第五师范学校数年；七十后归里休养，适第二高小成立，推先生长校于今又数年，而先生已七十五矣。神明奕奕，犹朝夕训诲弗倦，盖终其身于教育事业者，《易》所谓"蒙以养正，圣功也"，其先生之谓欤？

清江等备荷裁成^[9]，难忘教泽，拟用太学为翟酺立碑之例，记述德教，勒诸贞珉，以永吾辈之歌思^[10]，谨撮其大端如右，惜清江等不文，不足尽量阐扬，是以滋愧耳。

【注释】

[1] 黉（hóng）舍：校舍。亦借指学校。

[2] 传嬗（shàn）：递相授受。

[3] 明经：明清对贡生的尊称。

[4] 殚心：竭尽心力。

[5] 厌薄：厌恶鄙视。

[6] 负笈：背着书箱。

[7] 博士弟子：古代博士所教授的学生。汉武帝设博士官，置弟子五十人，令郡国选送；其后员数大增。唐以后也称生员为博士弟子。

[8] 劝学总董：民国主管教育的官名。

[9] 裁成：犹栽培。

[10] 歌思：歌颂思慕。

【参考译文】

崔莲峰先生字慕南，别号蓉卿。教育事绩记述，保定一郡多理学名儒，明朝与清朝更替之际，祁州有刁蒙吉，容城有孙钟元；康熙年间，博野有颜习斋，蠡县有李恕谷；道光、咸丰以来，清苑有孙介眉，新城有王重三、王晓峰。这几位先生，大都隐居乡里不出来做官，终身以教书育人为业，每个人教授过并记录在册的学生，多的达千人，少的也有几百人、几十人。当时校舍林立，学生弟子云集，其余韵流风，师生递相授受。像我的老师崔蓉卿先生，也是这样的人。

先生世代居住在望都县建安村，年少时传习本县明经胡仁和的学问，尽心钻研五经中的经和史，尤其精通于《易经》，在光绪朝壬午年的科举考试中参加乡试中举人。当时正值清朝末年，先生目睹科举考试的流弊，厌恶鄙视出仕做官，不屑于再参加科举考试，就拿出他所学习的东西，在村里教授学生，以帮助后学晚辈，清苑、望都、博野、定州、祁州五县来求学的人从四面而来，教室放不下，就分批按次序进去请教学问，望都县科举取士的名额是十三人，历年来每届科举考试中，凡是获得生员身份的，十中之四五都是先生的学生。近二十年来，乡里的年轻人毕业于学校和留学到国外，先后在政界、学界、军界、法界等崭露头角的，也有十分之四五是先生的学生。先生四十后，毕业于保定法政学堂，在本县倡导兴办地方自治事宜，在完县、新乐管理监狱，都有很可观的成绩，而这些在先生自己看来并不是什么特别重大的事情。从他二十六岁乡试中举后，有十九年在乡里教授学生；充任本县的劝学总董一职共有四年；在第五师范学校教书数年；七十后回老家休养，赶上望都第二高小成立，推举先生当校长，到今天又数年，而先生已七十五岁高龄了。他神采奕奕，还是早晚对学生训导教诲不知疲倦，大概是终身致力于教育事业的人。《易经》所说的"从小对人施以正确教育，是至圣之功业"。这难道是对先生这样人的称道吗？

清江等人承蒙先生栽培，难忘老师的施教之恩，准备沿用太学为东汉翟酺先生立碑的成例，记述先生的教导之德，并刻在石碑上，让我等的歌颂思念永远流传，郑重地记述先生大概的事迹如右所书。可惜清江等不才，不足以发扬光大先生的全部德业，因此很惭愧呀。

【作者简介】

高熙喆（1854—1938），字仲瑊，字亦愚，山东省滕州人，祖籍浙江会稽。清光绪九年（1883）癸未科二甲进士。光绪十三年，授翰林院编修，后继任国史馆协修。又任甲午科山西正考官、甲午科会试同考官，河南道、贵州湖广两道监察御史。光绪三十年后，历任甘肃宁夏知府、直隶宣化知府、大名知府等职。自幼精读经史，虽老不辍。著有《周易注》《毛诗注》《春秋左氏传注》《四书说》

《高太史文集》（12 卷）。1908 年编修《滕县乡土志》，1935 年撰修《续滕县志》（1—3 卷）。

【背景解读】

　　崔蓬峰先生，字慕南，别号蓉卿。光绪八年壬午科举人，直隶法政学校毕业。清宣统年间曾任劝学总董，民国年间曾任望都县管狱员、县立第二高级小学校长。桃李满园，育人无数，还曾参与编纂民国二十三年《望都县志》并捐款。民国二十一年（1932）邑人刘清江等四十九人立，高熙喆撰，崔荣锦书，碑在建安村。

　　刘清江，恩赐庄人，北洋师范大学毕业，河北第一师范事务主任。（详见民国《望都县志》卷七）

　　崔荣锦，建安人，武备学校毕业，充任团长。（详见民国《望都县志》卷七）

　　刘清江、崔荣锦皆为崔蓬峰先生的学生，均曾参与编纂《望都乡土图说》。民国《望都县志》收录其碑文。现此碑下落不明。

民国二十四年清封文林郎孙府君墓志

民国·佚 名

【碑文】

盖闻积善之家必有余庆，明德之家必有达人。

完县城东南任家疃村，有孙君讳国义字为政者，乃孔公之孙，琢公之子也。

弟兄二人，君居其次。孙氏累代耕读，自君之祖，自孔公经商起家，本饶于财。至君之考琢公，好周人之急，家遂中落，及君幼时，即窘于生计。然赋性孝友，人无间于其父昆弟之言。慷慨好义，家虽不足，如遇亲友乡党之婚丧患难等事，君则尽心力而为之，劳怨不辞。

君之素行，感人甚深，故排难解纷乡人无不悦服。

君常恨幼年家道式微，无力读书，故对于哲嗣[1]禄堂求学异常注意督责训勉，不稍宽假[2]。

哲嗣亦生而巍巍[3]，超绝常儿，学识宏富，国术尤为娴熟，清季曾选用知县。民国成立，充公府承宣官，近来任江苏国术馆长。哲嗣之名重南北，因由于聪颖达材、克自奋发，实得力于庭训为多也。

光绪四年，大旱。民多菜色[4]，饿殍[5]载道，君之家窘滋甚。更忧人之忧，因愁致疾，郁郁而殁。君之去世迄今将近六十年矣，乡里老幼尚多感念不已也。

君之原配李宜人，克娴妇道，乃于归[6]一载，不幸早逝；继配安宜人孝敬兼全，勤劳夙夜，治家教子，尤为所长。

君子二，长曰祥云，弱冠即殇；次曰禄堂；女一，曰芝兰，适望都冯氏。

孙三。一曰焕章，二曰焕文，三曰焕敏；女孙一，曰书庭。

曾孙九；女曾孙四；元孙[7]一。令君之子孙绳绳继继，要皆明德、积善之征也。

君之子禄堂久愿作志表扬先德，佑启后人，以宦游于外，素（夙）愿未尝而卒。君之女芝兰承兄之志，商同君之侄祥瑞，故志于贞珉以遂孝思焉。

【注释】

[1]哲嗣：敬称他人之子。

[2]宽假：宽容；宽纵。

[3]嶷嶷：幼小聪慧貌。

[4]菜色：指饥民营养不良的脸色。

[5]饿殍：饿死的人。

[6]于归：外姓女子嫁入本家叫"于归"；本姓女子嫁出到外姓人家曰"适"。

[7]元孙：玄孙，为避康熙皇帝玄烨之讳而改"玄"为"元"。

【参考译文】

听说积德行善的人家，恩泽会荫及子孙。品德高尚的人家，必定会培养出声名显达的子孙。

完县城东南面的任家疃村，有位孙先生，名国义，字为政，是孙孔先生的孙子，孙琢先生的儿子。

孙为政先生兄弟二人，他排行老二。孙家世世代代以种地为业以读书培养后代子孙，从他爷爷那辈开始，孙孔先生经商起家，本来很富裕。到他父亲孙琢先生这一辈，好出钱帮助别人解决急难之事，家道就中落了，等到孙为政先生幼年时，家里生计已经很窘迫了。然而他天性对父母孝顺、对兄弟友爱。人们没有说他对父母和兄弟不好的。他慷慨义气，家里虽不富裕，如果遇到亲友、乡亲有婚丧、患难等事，他都会尽心尽力地帮忙，任劳任怨从不推辞。

孙为政先生的为人，感人至深，所以为人解难事、调纠纷，村里人没有不佩服的。

孙为政先生常常遗憾自己幼年时因为家里贫穷，没有能读书，所以对儿子孙禄堂上学读书的事情非常重视，坚持对他督促检查、教训勉励，不敢有丝毫的放纵。

他儿子孙禄堂也是从小聪慧，超过寻常孩子，学识渊博，尤其对武术十分娴熟，在清朝时曾被选为知县。民国成立后，做官府的承宣官，最近任江苏省武术馆的馆长。孙禄堂的声名传遍长江南北，是因为他聪颖懂事、克己奋发，也实在是得益于父亲的教诲很多呀。

光绪四年，县里大旱。百姓都脸现菜色，饿死的人倒在大道上，孙为政先生的家里更加窘迫。但是他更为乡亲们担忧，因为忧愁致病，郁郁而终。孙为政先生去世到今天将近六十年了，村中的老幼乡亲好多还对他感念不已。

孙为政先生的原配李夫人，恪守妇道，嫁到孙家，一年后不幸早逝；继配安夫人孝顺父母、尊敬亲长，日夜勤劳，尤其擅长持家教子。

孙先生有两个儿子，大儿子叫祥云，二十岁去世；二儿子禄堂；有一个女儿，名芝兰，嫁给望都县冯姓人家。

孙先生有三个孙子，老大名焕章，老二名焕文，老三名焕敏；有一个孙女，名书庭。

有九个曾孙、四个曾孙女，有玄孙一个。今天孙先生的子孙前后相承，延续不断，这都是他家明德、积善的验证呀。

孙为政先生的儿子孙禄堂早有心愿，要撰文立碑赞扬先辈的功德，以佑助启发后人，因为在外为官，夙愿没有完成就离世了。孙为政先生的女儿芝兰继承哥哥的心愿，经与国义先生的侄子祥瑞商量后，把父亲事迹记载在石碑上，以满足对他的孝亲之思。

附碑阳：

大中华民国二十四年岁次乙亥夏五月立石

碑额文字：永言孝思

清封文林郎孙府君为政、李、安太宜人合葬之墓

孝孙焕文暨曾孙宝忠、宝善、宝和、宝明、宝成、宝顺、宝安、宝亨、宝珍，元孙庚辛奉祀

（碑文竖行）

【背景解读】

孙为政为近代武学大家孙禄堂之父。孙禄堂（1860 年 12 月 26 日－ 1933 年 12 月 16 日），讳福全，号涵斋，河北望都县东任疃村人。孙禄堂在近代武林中享有"虎头少保""天下第一手"之美誉。他开创的孙氏太极拳集形意、八卦、太极为一体，是中国五大太极拳种之一，是中华民族传统文化中的瑰宝。

东任疃村在清末及民国时期原属完县（今名顺平县）1941 年，在抗日战争时期，晋察冀边区将完县任疃村划归为望都县抗日民主政府。新中国成立后，则正式归属望都县制。

孙为政英年早逝，葬于东任疃村东，死后无碑。孙禄堂久有为父立碑之愿，但长期在外，夙愿未偿。民国二十二年（1933）冬，孙禄堂去世后归葬于父亲坟旁。民国二十四年由孙禄堂之妹孙芝兰出面，请人为孙为政撰写墓志，刻石立碑于孙为政墓前。

民国三十一年，日军修筑公路需要经过孙为政及孙禄堂墓地，其家人将其墓由村东迁至村西。在"文化大革命"时期，孙为政及孙禄堂墓地均遭破坏，墓碑被移到他处作为桥板。

1984年孙禄堂之女孙剑云及孙门弟子出资，经国家体委批准，重新在东任疃村西修建了孙禄堂墓园，同时修建了围墙和大门。

21世纪初，孙为政墓碑被东任疃村民发现，重立于孙禄堂墓园。现由望都县文保护所保护管理。

附录一:

林源小传

清·佚 名

【碑文】

　　林源,字奕逢,光庭曾孙。至性[1]过人,承欢养志[2],日在无形无声;问丁内外忧,哀毁骨立[3],宗邦[4]称其孝无间。言夙秉庭训[5],淹博[6]群书,制艺[7]矩薙先民[8]。康熙己卯,以壁经[9]辛魁闽榜,闱墨[10]颂海内。

　　初任望都令,大师征阿喇布坦。源履任雨数日,承办军需及协济[11]边驿[12],大师经由刍粮[13],故事[14]劳费在民,源尽镯[15]而独任,犹竭蹶[16]增修文庙,建圣域贤关二坊及文昌祠;重修尧母陵及唐帝庙;立义学[17]造士[18]。凡差使往来知其清慎[19]方正,弗敢需索[20]。辛丑春,圣祖仁皇帝命九卿[21]、詹事[22]、科道[23]各举所知官。詹梅之珩适奉命祭告[24]山川过望都,备悉政教[25]入人[26],特荐行取[27]。御试第一,方假,旋世宗宪皇帝召用,实授工部屯田司主事。

【注释】

　　[1]至性:多指天赋的卓绝的品性。

　　[2]承欢养志:努力让父母精神愉快,心想事成。

　　[3]哀毁骨立:形容因过度悲伤而使健康受到影响。

　　[4]宗邦:国都。亦引申指国家。

　　[5]庭训:父母的教诲。

[6] 淹博：渊博、广博。

[7] 制艺：旧指八股文。

[8] 先民：古代的贤人。

[9] 壁经：汉代发现于孔子宅壁中藏书。

[10] 闱墨：清代科举考试中，从中式的试卷中选择出来并加以刊印的文章，供后来准备应考的人阅读钻研。

[11] 协济：友援、救济、接济。

[12] 边驿：边地的驿馆。

[13] 刍粮：粮草。多指供军队用的饲料和粮食。

[14] 故事：旧日的行事制度。

[15] 蠲（juān）：积存。

[16] 竭蹶：原指走路没有力气，跌跌撞撞的样子。后用来形容经济困难。

[17] 义学：旧时由私人集资或用地方公益金创办的免费的学校。

[18] 造士：造就学业有成就的士子。

[19] 清慎：清廉谨慎。

[20] 需索：要求（财物）。

[21] 九卿：中国古代中央政府的九个高级官职。

[22] 詹事：官职名。

[23] 科道：明、清六科给事中与都察院十三道监察御史总称，俗称为两衙门。

[24] 祭告：古时国有事，祭神而告之。

[25] 政教：指刑赏与教化。

[26] 入人：谓打动人，为人所感受、理解。

[27] 行取：明清时，地方官经推荐保举后调任京职。

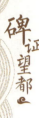

【参考译文】

　　林源，字奕逢，是光庭先生的曾孙。品性卓绝超过常人，他孝养父母让老人开心，每日都在无形无声之中进行；后为父母守孝，达到哀毁骨立的程度，国内的人都称赞他的孝道没有缺陷。他言辞秉承父母的教诲，博览群书学识渊博，写文章一定遵从古代贤人的规矩。康熙三十八年（1699），在考试中凭借熟读经书名列第一，他应试的文章在国内传诵。

　　他任望都县令之初，正赶上朝廷大军征讨阿喇布坦。林源上任后下了数天雨，他忙着承办军需并支援边地的驿站，按照惯例，大军经过的地方的粮草供应，费用都是老百姓负担，而林源拿出全部积蓄由自己独自承担。还克服经济困难扩建了孔庙，建成圣域、贤关坊和文昌祠；重修了尧母陵和唐帝庙；创立义学培养人才。来往的使者官员知道他清廉谨慎为人正直，不敢索取财物。辛丑年春天，皇帝下令让九卿、詹事司、科道各自举荐所了解的官员。詹事梅之珩正好奉命祭告山川从望都经过，对林源在刑赏、教化民心、治理社会等方面知道得很详细，特推荐他调任京官。林源在殿试中荣获第一，才候缺不久就被世宗皇帝招用，授实职担任工部屯田司的主事。

附录二：

清道光十七年《修职郎望都县训导仙裳戴公墓志铭》

清·王仲槐

【碑文】

戴公，青邑名贤也。凶讣[1]至，惊疑彷徨，抚膺[2]太息，不胜山颓木萎之悲。兹嗣子持状诣余曰："葬有期矣，敬乞一言以志不朽。"余忆道光冬识公于保阳旅舍，朝夕聚首，谊殷且密。其门第言行固所素悉，因不辞无文，略记其梗概。

公讳云锦，字仙裳，号冠山。先世山西平（阳）洪洞县人，明永乐间迁居青邑，自始祖以来率以耕读世其家，积德累仁至深，而渥[3]未易胪列[4]。公父讳弦，字度，公生子二，公其长也。聪敏，幼学时已奇异过人，及应童子试[5]，每登前列，年二十六游泮水，二十八登贤书，经史子集靡不探微抉奥，得作者指意，时艺[6]茹今[7]卓有大家风棱[8]。至于事亲以孝，爱弟以诚，交友以信，未始稍有假借，莫不出自性真，而睦宗族处乡党和平忠厚，胥[9]于古道是敦。

公自嘉庆戊午科举孝廉[10]，十三上公车，屡荐不售[11]，丁丑科大挑[12]二等，署高阳县教谕，德教涵濡、沦骨浃髓，入人[13]甚深。岁己卯秉铎[14]望都兼主（康）衢书院，春风化雨，人文聿新，于诱掖奖劝之道无不备极。其至望邑，小学额仅十人，公婉言于毛伯雨大宗师[15]，从小学而升中学，奈例蒙准，多拨府学六名，从此芹宫[16]多士，公之力也。他若查灾扑蝗，凡有益于民者不辞劳瘁以任之，置田修庙凡有关于俗者竭尽劝之，于是有"德教深长，恩被墙外"之匾额。公潜心岐黄[17]，博稽方书，尝自言曰："士君子不为良相，当为良医"。公五子，学诗、学礼，皆宗庭早擢芹香举能继公之志于不匮者，于五子有厚望焉。嗟呼！以公之经纶学问，使得大有所建，自当与范文正、司马温公后先争烈[18]。天丧斯文，遽然捐馆[19]，闻之能不痛心耶？公没，望邑绅民呈词吁恳[20]，已入名宦祠。公生于乾隆癸巳年十二月初三日巳时，卒于道光丁酉年六月二十五日巳时，享寿六十有五，德配[21]白孺人[22]、刘孺人，男五、女二，孙男四、孙女六。详载行述[23]，兹不赘。时道光十七年八月。葬于祖茔之次，爰系以铭。

铭曰：

钟河岳之灵兮，芝兰秀苗。

敷时雨之化兮，桃李阴浓。

昊天不吊[24]兮，风徽[25]忽邈。

哲人其萎[26]兮，云树长封。

【注释】

[1] 凶讣；死讯。

[2] 抚膺：抚摩或捶拍胸口。表示惋惜、哀叹、悲愤等。

[3] 渥：多。

[4] 胪列：罗列、列举。

[5] 童子试：科举制度中的低级考试。童生应试合格者始为生员（秀才）。

[6] 时艺：即时文、八股文。

[7] 茹今：即茹古涵今。茹，即包含。

[8] 风棱：犹风骨。指刚正不阿的品格。

[9] 胥：文言副词，都、全部的意思。

[10]孝廉：汉武帝时设立的察举考试，以任用官员的一种科目，孝廉是"孝顺亲长、廉能正直"的意思。后代"孝廉"这个称呼，也变成明朝、清朝对举人的雅称。

[11]不售：指考试不中。

[12]大挑：清乾隆以后定制，三科以上会试不中的举人，挑取其中一等的以知县用，二等的以教职用。六年举行一次，意在使举人出身的有较宽的出路，名为大挑。

[13]入人：谓打动人，为人所感受、理解。

[14]秉铎：指担任文教之官。

[15]大宗师：明、清时，由朝廷简派典试府县童生之学政，人称之为宗师，或亦冠以大字。

[16]芹宫：《诗·鲁颂·泮水》："思乐泮水，薄采其芹。"朱熹集传："泮水，泮宫之水也。诸侯之学乡射之宫谓之泮宫。"后因以"芹宫"指学官、学校。

[17]岐黄：医家的始祖，即岐伯和黄帝。

[18]争烈：比功勋，争光、争辉。

[19]捐馆：即捐馆舍，是死亡的婉词。

[20]吁恳：呼吁恳求。

[21]德配：旧时尊称人妻。

[22]孺人：古代称大夫的妻子，唐代称王的妾，宋代用为通直郎等官员的母亲或妻子的封号，明清则为七品官的母亲或妻子的封号。亦通用为妇人的尊称。

[23]行述：即行状，文体名。专指记述死者世系、籍贯、生卒年月和生平概略的文章。

[24]昊天不吊：指苍天不怜悯保佑。后以之为哀悼死者之辞。

[25]风徽：风范、美德。

[26] 哲人其萎：指贤人病逝。语出西汉戴圣《礼记·檀弓上》："泰山其颓乎，梁木其坏乎，哲人其萎乎！"

【参考译文】

　　戴先生是青县著名的贤士，他的死讯传来，我惊讶怀疑惶惶不安，捶胸叹息，禁不住山倒梁断般的悲伤。现在他的儿子拿着信来见我，说："葬礼的日子到了，请写一篇文章来纪念，让他的事迹永远流传。"我最初认识戴先生是在道光年的冬天的保阳旅社，那时候早晚见面，情谊殷密。他的出身和言行我本来是了解的，因此不以自己没有文采为理由来推辞，简略地记述一下他的生平事迹。

　　戴先生名云锦，字仙裳，号冠山。先辈是山西平阳洪洞县人，明永乐年间搬家到青县，从他的始祖开始，均以种地读书传家，积累的功德很深厚，多得不能一一列举。戴先生的父亲名弦，字度，生了两个孩子，他是长子。戴先生天生聪敏，幼年上学时已经是奇异过人，等到参加童子试，每次都名列前茅。他二十六岁游学于泮水，二十八岁考中秀才，对经、史、子、集等书都有深入的研究，能够领会到作者所表达的意旨，所作的文章孕古涵今，卓然有大家的风骨。至于孝敬父母，诚心爱护兄弟，以诚信交友，从始至终没有一点虚假之处，没有哪样不是出自他的真性情，而他在与宗族和乡亲们相处中总是那么平和忠厚，都遵从古圣人的道理。

　　戴先生自嘉庆朝戊午年参加科考中举人后，十三次参加会试，每次均没考中，在丁丑年科考参加大挑被选为二等，做了高阳县教谕，他以德教培育人才，其教益渗骨入髓，感人至深。乙卯年，戴先生转任望都训导并主持康衢书院，他推行春风化雨般的良好教育，使县里的人文环境焕然一新，对教导、提携、奖励、劝勉等教育方法没有不完备至极的。他到望都时，小学名额只有十人，先生婉转地向大宗师毛伯雨建言，将望都的小学升为中学，承蒙恩准，多拨府学名额六名，从此望都学校出的人才多了起来，这些都是戴先生的功劳呀。诸如查灾、灭蝗等其他事务，凡是有益于百姓的事，他都不辞劳苦地去承担，买地修庙等凡是有关民风的事，他都尽力去劝勉，因此他获得了"德教深长，恩被墙外"的匾额。戴先生还潜心研究医学，广泛搜集医书，曾经说过："作为学士君子不能做个好丞相，就做个好医生。"戴先生有五个儿子，儿子学诗、学礼，都是宗族中少年有成能够继承先生志向并使其光大的人，对五个儿子是可以寄予厚望的。哎呀！凭着戴先生的学问、才能和抱负，假使给机会让他有大的建树，自当与范文正、司马温等先生相媲美。如今天妒英才，先生突然离去，听说后能不痛心吗？戴先生死后，望都的士绅百姓呈书呼吁恳求，已经把他列入名宦祠。先生出生于乾隆朝癸巳年十二月初三日巳时，卒于道光朝丁酉年六月二十五日巳时，享年六十五岁。妻子白夫人、刘夫人；有儿子五个、女儿两个；孙子四个、孙女六个。已经详细记载在行状中，这里不再多说。在道光十七年八月，戴先生葬于祖坟的旁边，于是为他作铭文。写道：

> 我尊敬的戴先生，
> 集山河灵气于一身，
> 德如芝兰，
> 满室馨香
> 芳溢四邻。
> 其教如春风化雨，
> 桃李满天下呀，
> 叶茂根深。
> 天妒英才，
> 先生之高风亮节，
> 飘然同尘。
> 斯人已去矣，
> 德范长存。

【作者简介】

王仲槐（1793—？），字午荫，河南滑县人。清嘉庆二十三年（1818）戊寅乡榜举人。道光二年（1822）壬午科甲科殿试，荣列金榜二甲第四十九名进士。历任直隶束鹿知县、丰润知县、清苑知县，定州知州，正定府知府，咸丰元年（1851年）任兰州知府，官至正四品。

【背景解读】

此铭见于光绪《重修青县志》。因戴仙裳曾任望都县训导并主持康衢书院，为望都的文化教育事业作出过贡献，后入望都名宦祠。因其对望都历史研究有一定意义，虽非本县出土亦附录于本篇之后，以供有志于研究望都历史者参考。

附录三：

清《观德朱老师传》

清·郭金榜

【碑文】

盖闻耆硕[1]云之，形图[2]麟阁[3]，老成凋谢，影绘云台[4]，降及炎宋[5]以〇〇〇，兼隆者配灵宫[6]而享祀，英贤素昔者，寄文庙以设碑。凡此为者，莫不欲其芳流百代，义著千秋，而使后人景仰也。

若我朱公讳射，字观德者，人不及于往古，品可迈乎庸常，是盖性天谨慎，心地慈祥。所以义以律身，效胡公之俭约；和以处众，追刘氏之温良。然和而不流，展禽[7]之遗风宛在；群而不党，伯夷之高节犹香。又况绳祖武[8]以治家，半夜眠，披星戴月；贻孙[9]谋而创业，五更起，冒雪冲霜。以故财源茂盛家道泰昌。兼之文孙[10]鹄立[11]，公子雁行[12]。非我公积之厚，抑何其发祥之长？至于训诲门徒，无隐无藏。教以准绳，就与直而归于正；授予规矩，成以圆而得其方。面命耳提，有一团之和气；口讲指画，带满面之春光。嗟我夫子，泽被无疆。不加旌表，世远年湮而不彰。是以勒诸以石，永垂千古而流芳云尔。

文庠生郭金榜撰。

【注释】

[1]耆硕：高年硕德者。耆，年老六十岁以上的人。硕，大，指博学的人。

[2]形图：图象，图画。

[3]麟阁：麒麟阁，汉朝阁名，供奉功臣。汉武帝建于未央宫之中，因汉武帝元狩年间打猎获得麒麟而命名。主要用于藏历代记载资料和秘密历史文件。

[4]云台：汉宫中高台名。汉明帝时因追念前世功臣，图画邓禹等二十八将于南宫云台，后用以泛指纪念功臣名将之所。

[5]炎宋：赵宋自称以火德王，故称炎宋。

[6]灵宫：用以供奉神灵的宫阙楼观。

[7]展禽：又名展获，春秋时柳下人。人称柳下惠。

[8]绳祖武：谓继承祖先业迹。"克绳祖武"，就是"能像祖宗一样"。《诗经·大雅·下武》："昭兹来许，绳其祖武。"后比喻能够继承祖先的功业。

[9]贻孙：《书·五子之歌》："有典有则，贻厥子孙。"孔传："贻，遗也。言仁及后世。"后以"贻孙"指留传给子孙后代。

[10]文孙：指周文王之孙。《书·立政》："继自今文子文孙。"孔传："文子文孙，文王之子孙。"后泛用为对他人之孙的美称。

[11]鹄立：像鹄一样引颈而立。形容直立。

[12]雁行：飞雁的行列。形容排列整齐而有次序。

【参考译文】

曾经听说，年高德硕之人，画像被悬挂在麒麟阁，年老有德的人死去，将他画像挂到云台之上供人瞻仰纪念。到了宋朝以来，就为那些功绩和德行兼备的人建立祠堂，让他享受后人的祭祀。对那些素来英烈圣贤的人，就把他的灵位供在文庙并立碑纪念。这样做就是为了让他们的美名流芳百代，让他们的道德彪炳千秋，从而让后人敬仰他们。

像我的老师朱射，字观德。他的为人虽然比不上古代的先贤，但品德却超过常人很多。这大概源于他天性谨慎，心地慈祥。所以能够做到用高尚的道德来要求自己，效法南宋胡则勤俭持身；与众人和睦相处，直追南宋刘广的温良；然而和气待人却不与世俗同流合污，就如同柳下惠遗风再现；与众人交好却不结党，有当年伯夷的高风亮节流芳于世。况且能够像祖先一样治理家庭，深夜才睡，披星戴月；为子孙后代着想辛勤创业，五更就起，冒雪迎霜。所以家中财源广茂家运昌盛。再加上人丁兴旺，子孙后代很多，一个个都很优秀。要不是我老师积德深厚，又怎么能够像这样家兴业旺、源远流长？至于教导门徒毫无隐藏。教人以准绳，使人做到正直；授给人规矩，让人成就方圆。耳提面命，待人总是一团和气；言传身教，总是满面春风。唉，我老师恩泽后世没有穷尽呀。若不加以表彰，时间过去久了他的品行和事迹就会被人淡忘。因此把他的事迹刻在石碑上，让它永垂不朽，千古流芳。

文庠生郭金榜撰文。

第五篇　敬天礼神

引　言

望都"邑据要冲，桑麻万井，章甫华胥，盖古仁让之域"，"地本陶唐肇基之所，城按尧母庆都之名。"外倚千寻翠壁，内涌万斛珠泉，自古以来崇农耕、重稼穑、惜粟谷，是典型的农业县。

在科技不发达的古代，农业要靠天吃饭，当地百姓多有"敬天礼神"之习。这种神灵信仰在古代民众心中占有重要地位。人们广建寺庙作为神灵寄放之所，将寺庙视作神圣不可侵犯之地。故历史上曾出现过众多的寺院、道观以及各种民间信仰的庙宇。仅望都县城及周边，除了尧母陵庙和帝尧庙之外，还有社稷坛、先农坛、风云雷雨山川坛、孔庙、关帝庙、马王庙、虫王庙、药王庙、汉王庙、火神庙、东岳庙、名宦祠、土地祠、文昌祠、魁星祠、三元祠、忠义节烈祠、北龙堂、南龙堂等多座寺庙。据河北省《望都县乡土志》记载：1905年，平均每100户或500人的村有5.7间庙，平均17.7户或88.5人有1间庙。到1961年时，著名社会学家、人类学家杨庆堃教授在他的《中国社会中的宗教》中，经过实地调查得出的数据为：河北望都县平均每村5.7间庙，每88.5个人就有一庙。

寺庙作为当地民间信仰的载体，其发展源远流长，在几千年的传统社会中，虽然有封建迷信的一面，其间曾出现过借仙佛敛财害命等愚昧、贪婪乃至欺诈的行为，但也曾发挥过不可或缺的社会教化作用。当地百姓到寺庙中禳灾祈福、酬神还愿，每年都会举办各种各样的庙会，是普通百姓重要的文化活动和商业以及社交场所。

当地官员则带头修建庙宇、崇祀神灵，借此向民众灌输国家祭祀理念，以正彝伦、广教化、淳风俗。而地方乡贤士绅更是通过修建庙宇和祀神活动，参与地方公共事务，扩大自身影响力，借机表达愿望和诉求。

因此，寺庙在望都漫长的历史进程中，曾产生过重要的影响。这些寺庙经过历次重修扩建，留下了大量碑刻以记其事。

其中有北宋元丰六年（1083）记载望都县令鱼仲修广施善政，率众祈雨的《五岳庙碑记》，也有记录清顺治七年（1650）五岳庙重修过程的《重修五岳庙碑记》。

金大定四年（1164）的望都《普照禅院牒》则让后人知道望都历史上曾有过普照禅院。

元代名臣苏天爵亲书的至正二年（1342）的《庆都县新建三皇庙记》，明正德十六年（1521）的《重修三官庙碑记》则又记载了当时新建、重修三皇庙的过程。

有明万历三年（1575）的《鼎建圣母庙碑记》、清康熙三十八年（1699）的《重修圣母庙并十王碑记》、清康熙十七年的《重修城隍庙记并颂》、明嘉靖四十二年（1563）张舜元所写《重修城隍庙记并颂》、孙梅撰书的《重修城隍庙碑记》等。

还有明隆庆元年（1567）《重修城隍庙记》、明万历三年（1575）《新建泰山行宫记》、明崇祯十六年（1643）《建药王庙碑记》、清乾隆八年（1743）《重修火神庙记》、清乾隆三十六年（1771）《新建马王庙记》、清嘉庆九年（1804）《关帝庙碑》等。

由于历史原因，一些寺庙已经不复存在，有的至今连遗址都难寻踪迹。寺庙中的碑刻大部分被毁，或湮没于民间。幸喜古志书和金石录中尚有一部分碑文记载，让我们还能从历史的尘烟中将其搜寻并整理出来，供史学家、金石学家和历史文化爱好者及相关文化学者进行研究和探索，继续从碑文中去追寻那些随着时光轮转正日渐消散的华丽光影，撰写出一篇篇新的历史文化研究的精彩篇章。

北宋元丰六年《五岳庙碑记》

宋·刘 郭

【碑文】

阴骘[1] 潜德[2]，匪[3] 求为闻，人则天寿[4]，坤[5] 祺[6] 闇然[7] 而飨也。隐慝[8] 奸谋，幸而未声。轘[9] 其罪，则风霆[10] 鬼神可得而歼也。故鹊符襪[11] 妇，神冈雷篆[12]，炳晔[13] 观听，岂曰小补于世哉？然则周诗[14] 寓媺[15] 刺麟，经书褒讥[16]，神明降祸福，交相表里，助天子之赏刑，然后善恶情伪虽芒纤眇忽[17] 莫得而遁也。

五岳见于《诗》《书》及史乘，沦陷[18] 于蛮狄[19]，而以别山代祀者详矣。至大雄、老子、阎巫、耆旧[20] 之说，则诡妄[21] 妖诞[22] 弗可考据[23]。岱宗[24] 不崇朝[25] 而雨天下，而云司[26] 按冥狱，华阴坏朽摧裂[27]，延袤[28] 压渭，而云神蟒怒，覆甚矣！民之好怪也。

春秋重麦禾，为君民尤所赖者。元丰六载，乃自三月不雨至于六月。庆都邑据要冲[29]，桑麻万井，鹬冠[30] 污俗[31]，艰[32] 得治声。鱼侯仲修，霜台[33] 豸冠[34]，词林[35] 翰苑[36]，庆阀[37] 华胄[38]，绍箕袭裘[39]，以宣德郎[40] 来莅[41]，先是浚濠队酋，役号脂韦[42]，弊冗旁午[43]，一旦[44] 阅籍[45] 手定[46]，众议欢然，嘉叹[47] 平允[48]。其风力[49] 才刃，皆此类也。威而有恕，此驭吏[50] 之术也，故老奸宿赃，褫魄[51] 沮气[52]。简而能敏，此苏[53] 民之方也，虽瘠土疲俗[54]，乐输[55] 安堵[56]，又能悯雨而祷于庙。谋于众，金[57] 曰："与其劳于远，曷若[58] 求于近；与其散而祷，曷若类[59] 而祭"，故未逾浃为之告足^[60]，此郓所亲睹^[61]。

按旧记熙宁改元^[62]，地震继之大水，民惧而建祀。夫政之善、神之灵，有功于民者，在圣贤之法皆可书也。其胜概^[63]佳趣^[64]，则西溪菡萏^[65]减潇湘^[66]之梦思；北平^[67]翠微^[68]入吴越^[69]之吟想。幽亭矮桥、柳堤花坞^[70]、暝^[71]烟霁^[72]虹、霜^[73]郊残照、浴鸂^[74]涌没、驯鹭翥翘^[75]，真所谓仙游物外，有卜隐^[76]忘归者矣。

其缔构^[77]缮完^[78]，则严^[79]而不几^[80]于华，壮而不逼^[81]诸^[82]陋。上弗扰于公帑^[83]；下靡踬^[84]于民力。节以中制^[85]，岿然^[86]一新。檐掀^[87]凤腾，庑直云矗，道宫引愧，梵刹^[88]韬辉^[89]，盖仿佛画图神造者矣。

民有系而歌曰：

骄虬^[90]妖魅^[91]跉^[92]奸踪^[93]，

吾父雩祷^[94]精诚通，

叱屏翳^[95]兮鞭穷窿^[96]，

霈卿云^[97]兮雨濛濛。

轰然狂雹蜚^[98]邻封，

九谷秾^[99]角僵蟓^[100]螽^[101]。

盗越境^[102]兮圄^[103]扉空，

病者揭蹷朣^[104]者充公。

逊^[105]仁政，归神功，

抃^[106]蹈^[107]卓鲁^[108]谣^[109]仁风^[110]，

刊翠琰^[111]兮流无穷。

【注释】

[1]阴骘（zhì）：阴德，暗中做有德于人的事。

[2]潜德：隐藏不为人知的美德。

［3］匪：不、不是。

［4］天寿：天年、天定的寿数。

［5］坤：地、大地。

［6］祺：吉祥，安详。

［7］闇然（àn rán）：隐晦深远，不易为人所见。

［8］愿：隐藏，把心隐藏起来，存有邪念。

［9］轘（huàn）：车裂。就是把人的头和四肢分别绑在五辆车上，套上马匹，分别向不同的方向拉，这样把人的身体硬撕裂为六块，所以名为车裂。有时，执行这种刑罚时不用车，而直接用五头牛或马来拉，所以车裂俗称五牛分尸或五马分尸。

［10］风霆：狂风和暴雷。

［11］禨：迷信鬼神，向鬼神求福。

［12］雷篆：雷纹形状的纹路。

［13］炳晔：灿烂。

［14］周诗：指《诗经》。因其为周代诗歌，故称。

［15］嫩：同"美"。

［16］褒讥：赞扬或批评。

［17］眇忽：隐约不明貌；微茫貌。

［18］沦陷：沦落、衰败。

［19］蛮狄：光绪、民国《望都县志》均为"退荒"，据明弘治《保定郡志》改。

［20］耆旧（qí jiù）：年高望重者。

［21］诡妄：怪诞荒谬。

［22］妖诞：怪异荒诞。

［23］考据：对资料性文本的分析研究。

［24］岱宗：即泰山。

［25］崇朝：终朝。从天亮到早饭，有时比喻时间短暂，犹言一个早晨。

［26］云司：古官职名，此指云神。

［27］摧裂：崩裂。

［28］延袤：绵亘、绵延伸展。

［29］要冲：多条重要道路会合的地方。

［30］鹖冠（hé guān）：用鹖羽（一种类似雉鸡的鸟的羽毛）作装饰的冠。代指官员。

［31］污俗：恶习、坏风气。

［32］艰：艰难。

［33］霜台：御史台的别称。御史职司弹劾，为风霜之任，故称。

［34］豸冠：官帽的一种，借指纠察、执法的官员。

［35］词林：翰林或翰林院的别称。

［36］翰苑：翰林院的别称。

［37］庆阀：光荣的家世。

［38］华胄：贵族的后裔。

［39］绍箕袭橐：绍，继承；箕，扬米去糠的竹器，或者畚箕之类的东西；袭，继承的意思；橐，冶铁用来鼓气的风橐。比喻能继承父、祖的事业。

［40］宣德郎：文散官名。

［41］莅：来到。

［42］脂韦：油脂和软皮。后用"脂韦"比喻阿谀或圆滑。

［43］旁午：指交错、纷繁。

［44］一旦：有朝一日。

［45］籍：书册、登记册。

［46］手定：亲手制定。

［47］嘉叹：赞叹。

［48］平允：指公平适当。

［49］风力：气概与魄力。

［50］驭吏：统御属吏。

［51］褫魄（chǐ pò）：夺去魂魄。

［52］沮气：丧气、情绪低落。

［53］苏：拯救、解救。

［54］疲俗：衰败的风俗。

［55］乐输：东晋和南朝时期对浮浪人（没有入编户侨寓流民）所征之税。此税没有固定数额，比一般编户农民所交正税轻薄许多。此处借指轻徭薄赋。

［56］安堵：安定、安居。

［57］佥（qiān）：都、全。

［58］曷若：何如。用反问的语气表示不如。

［59］类：集合。

［60］告足：禀告雨量充足。

［61］亲睹（qīn dǔ）：亲自看见。

［62］改元：中国封建时期皇帝在位期间改换年号。

［63］胜概：胜景、美丽的景色。

［64］佳趣：美妙的情趣。

［65］菡萏（hàn dàn）：古人称未开的荷花为菡萏，即花苞。

［66］潇湘：湘江与潇水的并称。潇湘一词，最早见于《山海经·中山经》"澧沅之风交潇湘之浦。"此后，潇湘一词广为流传，并不断赋予新内容，作为美的象征。

［67］北平：北平郡。

［68］翠微：青翠的山色，形容山光水色青翠缥缈。也泛指青翠的山。"北平翠微"为望都古八景之一。

［69］吴越：指春秋吴越故地（今江浙一带）。

［70］花坞：种植花木的地方。

［71］暝：暮、黄昏。

［72］霁：雨后或雪后转晴。

［73］霜：形容白色。

［74］鹓（yuān）：鸟名。

［75］矗翘：向上飞。

［76］卜隐：隐居。

［77］缔构：建造。

［78］缮完：泛指修缮。

［79］严：郑重、庄重。

［80］几（jī）：将近、差一点。

［81］逼：接近或靠近。

［82］诸：相当于"之于"。

［83］公帑：公款。

［84］踬（zhì）：碍、阻碍。

［85］中制：中等规格。

［86］峭然：形容高大独立的样子。

［87］掀：《说文》："举出也，掀之言轩也"。

［88］梵刹：梵的意思是清净，刹在此是指竿，也就是挂经幡的柱子。僧人居住的地方，应当竖幡以告众人。后来泛指佛寺为梵刹。

［89］韬辉：谓不显露才华。

［90］虬：没有角的幼龙。

［91］魃（bá）：传说中造成旱灾的鬼怪。

［92］踡（quán）：古同"蜷"。

［93］踪（zōng）：古同"踪"。"踪"通"从"。

［94］雩祷（yú dǎo）：意思是雩祭。古代为求雨而举行的祭祀。

［95］屏翳：古代中国传说中的神名，即雨师。

［96］穹窿（qióng lóng）：指天。同"穹隆"。

［97］卿云：即"庆云"，一种彩云，古人视为祥瑞。

［98］蜚（fēi）：通"飞"。

［99］穟（suì）：是指禾穗上的芒须。

［100］蝝（yuán）：即蝗蝻，未生翅的蝗虫。

［101］螽（xiàng）：即蝗虫。蝝螽就是蝗虫。

［102］越境：本意为非法出入边境。此指进入本地。

［103］圚：围绕。

［104］臞（qú）：瘦、瘠。

［105］逊：不如、比不上。

［106］抃（biàn）：拍手、鼓掌。

［107］蹈：跳舞。

［108］卓鲁：汉代卓茂、鲁恭的并称。均以循吏见称，后指贤能的官吏。南朝·齐·孔稚圭《北山移文》："笼张赵于往图，架卓鲁于前箓。"

［109］谣：古代唱歌不用乐器伴奏叫谣。

［110］仁风：形容恩泽如风之流布。旧时多用以颂扬帝王或地方长官的德政。

［111］翠琰（cuì yǎn）：碑石的美称。

【参考译文】

　　一个人默默地坚持做好事，不求让别人知道，老天爷也一定会默默地保佑他，让他享受天定的寿数和大地赋予的吉祥。那些阴险狡猾的人，虽然侥幸没有被发现和受到惩处，狂风暴雷和鬼神也会消灭他。所以神符巫婆、神冈雷篆，也能光大视听。难道说这些对社会只是小有补益吗？《诗经》含义微妙针砭时事，经书上载有褒奖和批判的评定，神灵会因为一个人的表现而降下祸福。经书记载的褒奖、讥讽和神灵降下的祸福互为表里，有助于皇帝的奖励和惩罚。然后善良、罪恶、真诚、虚伪等等表现，虽然像麦芒和细丝那样让人不易察觉，最终也不会逃过上天的眼睛。所谓人在做，天在看。

五岳，在《诗经》《尚书》和史书中均有记载。因为地处边远荒僻之地而沦落，人们用别的山代为祭祀，这种情况很多见。至于大雄、老子、阎巫、耆旧等等说法，就有点怪诞荒谬没有办法考究了。泰山不到一早晨，就致天下下雨。云神按察冥狱，华山阴面坏朽摧裂，延伸压到渭河，而云神莽怒之下，其威力太厉害了！老百姓喜好神奇怪异的事情。

春秋两季种植庄稼是非常重要的事情，是上至君王下至百姓都十分重视和依赖的。元丰六年，从三月一直到六月都没有下雨。庆都县地处要冲，广泛种植桑麻，因为当地的坏风气，官员们很难获得好的政治声誉。鱼仲修先生为御史台官员，出身翰林，是贵族后裔，家世显赫，能够继承父、祖的声名和事业，以宣德郎的身份到庆都任职。到任后，他先是像疏通河道的队长那样，号令支使那些奸猾之徒，面对各种交织的弊端和纷繁复杂的公务，查阅账册，详加审计，很快就做出处理决定，大家都赞叹他处事公平。他的气概、胆魄和工作水平，都类似于此。威严之中暗含宽恕之情，这是统御属下的技巧。所以那些老奸巨猾的人和一贯做坏事的人都被吓破了胆，垂头丧气不敢出声；简政放权与民休息而又能够及时处理各种事务，这是拯救老百姓的方法。因此，虽然庆都县土地贫瘠、民风不好，但通过轻徭薄赋的政策也让百姓实现了安居乐业。他还珍惜雨水并及时到庙中求雨，曾就求雨的事与众人商议，众人都说："与其跑到很远的地方求雨而受劳累，哪比得上在近处祈求呢？与其大家分散着去祈祷，哪比得上把大家集合起来共同祭祀呢？"因此，他没有过分劳民的举动就实现了雨水充足。这是我亲眼所见的事情。

按照旧县志记载，皇帝改换年号为熙宁的那一年，庆都县发生地震接着就发了大水，百姓很恐惧就建了五岳庙。政治和谐、神明灵验，凡是对百姓有好处的，符合圣贤礼法的，都可以记载下来。五岳庙的美景和妙趣，如西溪待开的荷花，让人减轻了对潇湘之地梦幻般的想象；又像北平青翠缥缈的山色，让人们产生对吴越之地的吟咏和畅想。有幽静的凉亭和低矮的小桥，植柳的堤岸和种花的园圃，黄昏的炊烟和初晴的彩虹，苍茫的郊野和落山前的夕阳，成群的鸬鸟飞起降落，空中有白鹭在高高地飞翔。看到如此美景，直让人产生随心所欲，心游物外的神仙般的感觉。有一种想隐居下来不再回到那个喧嚣世界的想法。

五岳庙建造规格很庄重，却一点也不奢华；很雄壮，也绝无低矮简陋之象。它的建筑过程上不受县里财力匮乏的困扰，下不受民力不足的阻碍。建设以中等规格为标准，高大独立焕然一新。殿宇檐角翘起像凤凰起舞，廊道伸展直入云端，可以让道观自愧不如，让佛寺隐去光辉，真像图画一般，又如神造天成。

百姓有人作词歌唱道：

蛟龙和旱魃低头顺从，

全因我们的父母官祈雨真诚。

呵斥雨师，

挥鞭直击苍穹。

冰雹轰然而下，

落地无影无踪。

祥云朵朵，

喜雨蒙蒙。

庄稼的芒须粗如牛角，

苗壮禾嘉全无害虫。

强盗不登门，

社会和谐稳定。

病人得愈，

穷人得到大家的照应。

无可比拟的仁政啊！

归根结底是因为有五岳庙的神灵。

我们击掌跳舞，

鱼仲修呀，

你就像汉代的卓茂和鲁恭一样，

我们把你的清名传唱。

把你的功德刻在石碑上，

让后来的官员向你学习，

你的美名将万古流芳。

【作者简介】

刘郛，生卒年不详，北宋神宗元丰六年任庆都县主簿，有庆都县《五岳庙碑记》存世。《宋诗纪事·壬斋诗话》记载，北宋神宗、哲宗时亦有刘郛其人："青州推官刘郛，好谐谑。喜歌妓，尝云《谐谑诗》曰：'坐上若有一点红，斗筲之器饮千钟。坐上若无油木梳，烹龙庖凤都成虚。'"可见《永乐大典》卷二四〇七之《宋诗纪事》卷三，所纪时代相同，疑即为同一人。

【背景解读】

《五岳庙记碑》立于北宋元丰六年（1083）。碑高八尺，宽三尺五寸，正书。由县令鱼仲修主持，主簿刘郛撰文，太原人郝洪（一说郝淇）书丹，巡检崔遇立石。碑在北关五岳庙内。

碑首左右两侧各刻有一个佛像。俗传此碑色泽晶莹，光可鉴人，又名"透灵碑"。望都古八景之一的"灵碑高古"说的就是此碑。

清代陈梦雷编纂的《职方典》，嵇璜撰写的《续通志·金石略》，缪荃孙编纂的《畿辅金石通志》《艺风堂金石文字目》，孙星衍撰写的《寰宇访碑录》《京畿金石考》，吴式芬撰写的《金石汇目分编》，樊彬编辑的《畿辅碑目》等均有著录。

北宋治平四年（1067），宋神宗即位。第二年正月，天现日食，下诏改元为熙宁元年，宋神宗立志革新，于熙宁元年（1068）四月，起用王安石变法，以求富国强兵之策。

据《宋史》记载："是岁（熙宁元年），数路地震，有一日十数震，有逾半年震不止者。"光绪《保定府志》亦云："河北州郡地大震。是岁自秋距冬，河北地震，而缘边尤甚，至有声如雷而动，移时累刻不止者。"

当时的望都，属于北宋边关之地，为河北地震活跃地区之一。熙宁戊申（元年）岁七月，望都连旬大雨，水深三丈，地震累月不息。当地百姓困苦不堪，纷纷祈求神灵保佑并许愿修建五岳庙。祈祷之后，雨息震止，神应显著，于是集资在望都城北关修建了五岳庙，共费钱一千五百万。

元丰六年三至六月，数月无雨，庆都大旱。在天灾民困之际，县尹鱼仲修以宣德郎的身份临危受命来庆都赴任。他"发奸摘伏、劝课农桑"，通过一系列轻徭薄赋的政策安定民心。他率众祈雨于五岳庙，心诚动天，而后天降甘霖，旱情解除。此碑记录的就是五岳庙的来历和这一历史事件。

明万历四十七年（1619）己未科殿试进士，出身于上海收藏世家，精于金石碑拓的博古学家张泰阶，不远千里，慕名来庆都拜谒五岳庙，并拓取灵碑碑文。曾留诗《至庆都谒五岳庙观元丰碑》一首记叙了此次的经历：

五岳古有祀，结宇跨平陆。

廊庑半欲颓，瓦砾纷堪掬。

下马歇长林，遗碑近前读。

赵宋多名流，词源涌百斛。

仆夫亟抻纸，摹取藏诸椟。

东北本隩区，犬豕非我族。

两河既割弃，宋壤遂云蹙。

衣冠荐腥秽，疆场遽沦覆。

展转步长楸，古调寄悲筑。

清康熙十七年（1678），清初名臣，时任太仆寺少卿的郝浴奉命巡视两淮盐课，途经庆都期间游览了庆都五岳庙，题《刘郱碑》一首为念：

碑版斯文在，刘郱旧有名。

金声传五岳，玉箸失连城。

酬绢千匹陋，悬门一郡惊。

鬼神应护惜，时见紫烟生。

望都县文化学者王英辉对此碑多有研究，经多方查寻，得知清末曾有人来望都传拓此碑，拓片现藏于北京大学图书馆古籍特藏库。循此线索，望都县文化产业领导小组特委王英辉负责，以拓片交换的形式，于 2019 年 1 月中旬从北京大学图书馆换回此拓片的电子文档。

北宋元丰六年《五岳庙碑记》拓片照

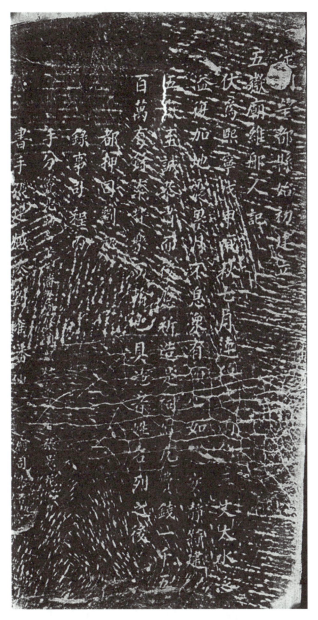

北宋元丰六年《五岳庙碑记》碑阴拓片照

清顺治七年《重修五岳庙碑记》

清·夏敷九

【碑文】

　　岳祀肇自《虞典》[1]。天子巡狩[2]，朝群后[3]于方岳之下，因率以祀。《书》曰："岁二月，东巡狩至于岱宗。"岱，为四岳宗。柴[4]望秩[5]，先及之柴燔[6]也。谓燔柴以祀天，天高而不可达，燔柴以祭，庶[7]高烟上通。望者，望而祭之。"山岳配天，物莫能两大"[8]，故不敢为至焉。《王制》曰："天子祭天下名山大川，诸侯祭名山大川之在其封内[9]者。"明乎非在封内，不以祭也。汉武禅南岳衡在湘东，远而难及，尝祀天柱山以代登封[10]。历代遣祀时，行各以其地，故合群岳而祀于一庙者，非经也。《传》[11]曰："山川之神，制水旱疠疫[12]之灾，于是乎祭之。"孝文以年谷不登，欲以增山川之祀。建元元年，诏曰："河海润千里，其令祠官修山川之祀，为岁事[13]曲加礼[14]。"

　　庆都旧有庙，记自熙宁[15]改元[16]，地震继大水。民惧，建祠。有以[17]也，《春秋》："桓之四年秋，大水，无麦苗"。"书'大水'，畏天灾也；'无麦苗'，重民命也"。畏天灾，重民命，即称秩[18]无文[19]，谁其异之？连年构兵[20]，复宇[21]圮[22]，即[23]岳神仅蔽风雨，当事者先后相继而莫之省忧[24]也。今上重民牧[25]，每出素亲信[26]有重望者为之长，庆都得陈侯，民之福欤？神之佑欤？谒款[27]毕即属耆老[28]以告曰："民，神之主也。圣王先成民，而后致力于神。是役也，余其俟诸时和而年丰。"

故其为治，崇宽大，除苛细，务材，训农，通商，爱士[29]，三年而政成，讼狱衰息[30]，无旱溢盗贼之患，公皆不有举而归之神。曰："山川神祇有不举[31]者，为不敬。五岳应在祀典，未尽秩，其增修不备，以致嘉福[32]，以蕃[33]兆民[34]。"视牲之日引以自矢[35]："有不捐所爱习[36]而重民厉者，阳厄五之；阴厄四之[37]"。

双枚既修，重桴乃饰[38]。赤墀[39]、青琐[40]、紫柱、红梁。老子曰："虽有荣观[41]，宴处[42]超然矣"。"凌[43]石桥之莓苔[44]，越楢溪[45]之纤萦[46]"。"应配天于唐典，齐峻极[47]于周诗[48]"。丘明曰："蹑三老之玄踪，尽神人之壮丽矣。"

渤海之东名曰归墟[49]，中有五山，帝命禹强使巨鳌十五举首戴[50]之，五山峙[51]而不动。今五岳坐镇九泉，则水不能灾，又岁可省犀首三千矣。士乐之，民悦之。因刻其事以告后人。

【注释】

[1]虞典：指《书·虞书》。

[2]巡狩：谓天子出行，视察邦国州郡。

[3]群后：四方诸侯及九州牧伯，泛指公卿。

[4]柴：烧柴祭天。

[5]望秩：按等级望祭山川的意思。

[6]柴燔（fán）：燔柴升烟以祭天，燔，即焚烧。

[7]庶：但愿、希冀。

[8]山岳则配天，物莫能两大：《左传·庄公二十二年》记载：周史有以《周易》见陈侯者，陈侯使筮之，遇观之否。曰："是谓'观国之光，利用宾于王。'代陈有国乎？不在此，其在异国；非此其身，在其子孙。光，远而自他有耀者也。坤，土也。巽，风也。乾，天也。风为天于土上，山也。有山之材而照之以天光，于是乎居土上，故曰：'观国之光，利用宾于

王。'庭实旅百，奉之以玉帛，天地之美具焉，故曰：'利用宾于王。'犹有观焉，故曰其在后乎？风行而著于土，故曰'其在异国乎？'若在异国，必姜姓也。姜，大岳之后也，山岳则配天。物莫能两大，陈衰，此其昌乎？"及陈之初亡也，陈桓子始大于齐。其后亡成，成子得政。

[9] 封内：泛指国内或辖境之内。

[10] 登封：登山封禅。指古帝王登泰山祭天祭地。

[11] 传：解说经义的文字：经～。《左～》。

[12] 疬疫（lì yì）：即瘟疫。

[13] 岁事：每年祭祀的事。

[14] 曲加礼：厚于常规的礼仪。曲，表敬之词。

[15] 熙宁：北宋时宋神宗赵顼的一个年号。

[16] 改元：君主、王朝改换年号，每一个年号开始的一年称"元年"。

[17] 有以：表示具有某种条件、原因等。

[18] 称秩：谓按照次序举行。

[19] 无文（wěn）：不紊乱。文，通"紊"。

[20] 构兵：交战、打仗。

[21] 复宇：指层层的屋宇。

[22] 倾圮（pǐ）：倒塌。

[23] 即：当时或当地。

[24] 省忧：省视疾苦。

[25] 民牧：守令，指地方长官。

[26] 亲信：亲近信任。

[27] 谒款：虔诚拜谒。

[28] 耆老：指年老而有地位的士绅。

[29] 士：指读书人。

[30] 衰息：衰而止息。

［31］不举：不祭祀。

［32］嘉福：幸福美好。

［33］蕃：繁殖、增长。

［34］兆民：古称太子之民。后泛指众民，百姓。

［35］自矢：犹自誓。立志不移。

［36］爱习：爱好和习惯。

［37］阳厄五，阴厄四：意思是阳九之厄，无妄之灾。灾气有九，阳厄五，阴厄四，合为九。一元之中，四千六百一十七岁，各以数至。

［38］双枚既修，重桁乃饰：双枚，即重叠的屋梁。重桁，即两重檩条（桁条）。古代建筑常有檐檩及挑檐檩，有时可用两根。

［39］赤墀（chì chí）：皇宫中的台阶，因以赤色丹漆涂饰，故称。

［40］青琐：原指装饰皇宫门窗的青色连环花纹，后借指宫廷，泛指豪华富丽的房屋建筑。亦指刻镂成格的窗户。

［41］荣观：谓宫阙。

［42］宴处：安居、闲居。

［43］凌：渡过、越过。

［44］莓苔：青苔。

［45］楢溪（yóu xī）：山名。在浙江省天台县东。

［46］纡萦（yū yíng）：盘旋弯曲，回旋曲折，萦回。

［47］峻极：谓极高。

［48］周诗：指《诗经》。因其为周代诗歌，故称。

［49］归墟：传说为海中无底之谷，谓众水汇聚之处。

［50］戴：顶在头上。

［51］峙：稳固地、高高地立起。

【参考译文】

对五岳的祭祀是从《虞书》开始有记载的。天子视察邦国，在泰山之下朝见群臣，因而先祭祀泰山。《尚书》记载："那一年二月，天子东巡到了泰山"。泰山是四岳之首，于是在此烧柴，依序望祭山川，泰山是先得到祭祀的。所说的烧柴祭天，因为天高不能到达，烧柴来祭奠，是希望高扬的烟气可以通到天上。所谓"望"的意思，是指对山岳远望而祭祀。"山岳与天相配，事物不可能是两个同时强大"，所以不敢说是最高。《礼记·王制》规定："天子祭祀天下的名山大川，诸侯祭祀辖区内的名山大川。"明确要求山川不在辖区内，是不可以祭祀的。汉武帝担心南岳衡山在湘东，遥远难以到达，曾经祭祀天柱山代为登山封禅。因此历朝历代派人祭山，都是按照封地进行的，所以把诸山合在一个庙里祭祀，是不合乎经典的。《左传·昭公元年》说："山川的神灵，掌管旱涝瘟疫等灾害，因此要祭奠他。"孝文帝因为庄稼不丰收，想要增加对山川的祭祀。到建元元年，汉武帝下诏说："河流大海滋润千里大地，让主持祭祀的官员修订对山川的祭祀制度。每年祭祀很崇敬的增加礼仪"。

庆都县原来就有五岳庙，按照县志记载，自北宋熙宁元年（1068），先是有地震，接着发大水，百姓都害怕，所以建了庙。《春秋》记载，"桓之四年秋，大水，无麦苗。"《春秋集解》说："记录'发大水'是让人敬畏天灾；'没麦苗'，是让人注重生命。"敬畏天灾、注重生命，就要按次序举行祭祀不能紊乱，难道还有谁会怀疑吗？因为连年打仗，很多的房屋倒塌，当时的五岳庙只能够遮风避雨，县里主政官员前后相继却不能够省视民间疾苦。当今皇上重视吏治，每逢任命官员，都选拔亲近信任又有名望的人让他做庆都县令。陈县令到庆都任职，是百姓的福分呢，还是神灵的保佑呢？他虔诚拜谒五岳庙后就召集当地士绅嘱咐他们说："百姓是神的主人。圣贤帝王都是先成就老百姓，而后才致力于敬奉神灵。这次来庆都任职，我只求四时和顺年景丰盛。"所以，他处理政务崇尚宽大为怀，摒弃苛严琐碎。培养人才、训练农民，沟通商贾、礼贤下士，用三年的时间把县里治理得很好。打官司告状的逐渐从少到无，县里没有旱涝盗贼这样的祸患。陈县令都不居功而把这些归结为神灵的功劳。他说：
"不祭祀山川诸神，是不恭敬"。五岳祭祀在祀典之内，却没有被祭祀，应对
祭祀典籍中制度不完备的地方加以增修，从而来增进人民的福祉，使百姓繁殖
增长。视牲之日，他率领众人来到庙里，并发誓说："如果有不舍弃个人爱好，
不重视民生疾苦的，遭阳九之厄，无妄之灾。"

　　修建了双枚，装饰了重栌，红色的台阶，豪华的房屋，紫色的柱子，红色
的屋梁。老子说："即便是豪华的宫殿我也会安居其中超然地对待"；南朝宋
谢灵运《山居赋》言："凌石桥之莓苔，越楢溪之纤萦"；晋朝孙绰《游天台
山赋》云："应配天于唐典，齐峻极于周诗"。丘明曰："蹑三老之玄踪，尽
神人之壮丽矣。"

　　传说渤海东边有个叫归墟的地方，那里有五座大山，尧帝让大禹命令十五
条巨鳌抬起脑袋把这五座山顶住，五座山才稳定下来挺立不动。今天有五岳庙
坐镇庆都的九泉，河水就不再泛滥成灾，而且每年能够省下很多牛头以及其他
祭品。对此读书人高兴，老百姓也高兴，因此在碑上刻下这件事让后来的人知道。

【作者简介】

　　夏敷九（生卒年不详），字弼五，辽东盖州旗人，清初探亲来到望都县，
与望都士子交游甚广。清顺治二年（1645）在原籍中举。顺治三年高中丙戌科
二甲第四十一名进士。选庶吉士，散馆授弘文院编修。后主动出旗，加入望都
民籍。精于满、汉文字，任庶吉士时曾将《三国志》译为满文，还参与纂修《太
宗实录》，嗜好诗文，文选有《三苏品汇》，其文采多次蒙清顺治帝嘉许，并"赐
恩眷，荫一子"。历官至侍讲学士，可惜英年早逝，卒于官邸。康熙《庆都县志·侨
寓》有相关传记。

【背景解读】

　　清顺治四年秋，庆都发大水，境内多处房屋倒塌，五岳庙亦受风雨严重

侵蚀。陈自德于危难之际，受命为庆都县令，发愿待岁稔年丰之时修复五岳庙。

据康熙《庆都县志·名宦》记载："国朝陈自德，字洁源，丰润人。隶满洲籍，以贡士来宰是邑，承凋敝后极力振起。筑城、浚隍、修吏廨，抚绥若慈母，百姓畏之如严父，治声大著，膺内诏擢试御史。称职，复姓张，历官秦、豫都抚。"

北京图书馆所藏张自德《公忠堂集》卷一《改姓疏》则记载："臣家世京东丰润县籍，本生父张廷榜，本生母夏氏，因臣幼多疾病，倚姑寄名，随从陈姓。今追念本源，抱痛无已，欣逢覃恩普被，查王文魁等俱得邀恩复姓，臣例正与相合，伏祈圣慈准复张姓，仍名自德"。

清顺治七年，望都大治。陈自德重修庆都五岳庙。竣工之后，时任散馆授弘文院编修的夏敷九受邀撰写《重修五岳庙碑记》。由陈自德刻碑立石于北关五岳庙内，碑文正书。后五岳庙毁坏，此碑下落不明。碑文可见于乾隆《望都县新志》卷七。

光绪《保定府志》记载："五岳庙，顺治七年、乾隆十五年先后重修，俱有碑记。"光绪《望都县志》也载："厥后庙貌荒芜。乾隆十五年，北关士民买九海牛彔四札栏白汝珩地十三亩，用价行钱五十千，以为香火之资。有碑存庙。"但历版望都县志均无乾隆十五年《重修五岳庙碑记》记载。

金大定四年《普照禅院牒》

金·佚　名

【碑文】

尚书礼部　　　　牒

　　　　定州望都县○○○○○村，上户进义校尉刘

　　　　佛殿壹所与封○○○○○○○寺□道友七人

　　　　额已纳○○○钱

　　牒奉

　敕赐普照禅院牒至准

　敕故牒

　　　　大定○○○○○○令史向○昂立○

　　　朝请大夫行太常丞权员外郎刘

　　　中宪大夫行员外郎李

　　郎　　　　中

　　侍　　　　郎

　正奉大夫礼部尚书兼翰林学士承旨知制诰修国史王

　　　　　大定四年岁次甲申七月一日，忠勇校尉刘玮，

○○○○○院主僧惠智师立石。

【背景解读】

　　普照禅院牒，石高一尺二寸，宽二尺二寸，正书。发现于望都。

　　清末端方在其所著《陶斋藏石记》中记载并进行了考证推论："太常寺，皇统三年正月始置。金代官制，凡散官高于职事者带行字。职事高于散官一品

者带守字，二品者带试字，品同者皆否。又承旨学士等官虽不同品，皆不带行守试等字；朝请大夫从五品，太常丞正六品，中宪大夫正五品，员外郎从六品，皆散官高于职事，故各带行字。正奉大夫从三品，尚书正三品，所谓品同也。翰林学士承旨凡应奉文字衔，内带知制诰。贞祐三年升从二品，大定中尚是正三品，则并品亦同矣。王，乃王竞，见《金史·文艺传》。竞以大定二年复为礼部尚书，寻兼翰林学士承旨、修国史，观此结衔，悉与本传合。虽传称竞四年卒官，然世宗本纪是年五月竞尚奉诏祷雨北岳，石刻于七月，距牒下时当亦不久。观竞尚署衔，则其卒当在七月以后矣。金时尚书省、六部、元帅府、枢密院、御史台、三司各有令。史盖即今笔帖式之职，但金时女真汉人并为之，而尚书省令史例用进士或外官，以才能内升尤多致贵显。此石'令史'上剥落数字，然'当尚'字处尚彷佛似之，则或即'尚书省令史'也。'望'下所勒自是'都字'，然金时定州实为中山府，虽天会七年降为定州，而后仍复旧，且已改望都为庆都矣，故地理志中山府下并无望都之名。不知此刻何以沿用旧号？忠勇校尉，武散官正八品上阶，进义校尉正九品下阶也。"

端方（1861—1911），字午桥，号陶斋，清末大臣，金石学家。满洲正白旗人，官至直隶总督、北洋大臣。宣统三年起为川汉、粤汉铁路督办，入川镇压保路运动，为起义新军所杀。谥忠敏。在清末政坛被视为中兴之臣、开明之士。著有《陶斋吉金录》《端忠敏公奏稿》等。

清代刘声木所撰的《续补寰宇访碑录》亦有相关记录："普照禅院牒，正书。大定四年七月一日。满洲托活洛氏藏石。"端方满族姓氏为托活洛。其纸质藏品均有"托活洛氏端方藏石"长方钤印。

此拓中国国家图书馆和北大图书馆均有收藏。2014年，望都文化学者王英辉将此拓从中国国家图书馆复制交由望都县文保所永久收藏。

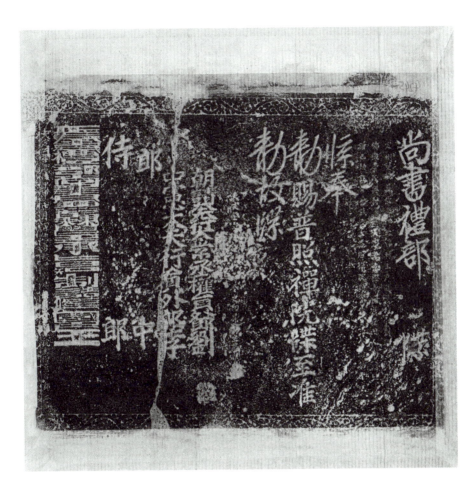

金大定四年《普照禅院碟》拓片照

元至正二年《庆都县新建三皇庙记》

元·苏天爵

【碑文】

　　古之为治者，教养其民而已。盖自京都、郡邑、乡、间[1]、党[2]、遂，莫不有学，则教之之法备矣。自宫室[3]衣裳[4]舟楫耒耜[5]，莫不有制，则养之之方具矣。夫圣人之为治若此，民庶焉[6]得而不亲爱其上，俗化[7]焉得而不隆厚乎？我国家抚定[8]中国[9]，敷宣[10]政教[11]，既尊先圣先师于学，儒者主之，以明人伦；又祀伏羲、神农、黄帝于庙，医官职之，以卫民生。所以教养其民者，不亦至乎！

　　保定属邑曰庆都，三皇庙久未遑[12]作，祭则假[13]它所，苟简[14]弗称于礼。至元六年庚辰，承事郎[15]曹南冯侯允中来为县尹[16]，慨然[17]以兴建为任。初年值岁[18]侵[19]弗果。以年治既清简，岁复大穰[20]，乃得县廨[21]故基[22]，捐俸构材，作新祠宇[23]。僚吏佐之，士民劝[24]之，工乐趋役[25]，数月克完。华俭中[26]度[27]，像设[28]如仪[29]。

　　至正二年壬午，天爵由中书参议参知湖广省政，道出其县。闻侯持身以廉，驭下以肃[30]，吏畏其威，民安其政，县以大治。昔者天爵与侯尝同游[31]成均，知侯读书清苦。而又识其先大夫[32]侍御公，为一代伟人。盖[33]侍御公尝为御史，为侍郎，为郡守，为宪使，方严[34]公正[35]，居官可纪[36]。侯之少也，亲闻家庭之训，长则受学[37]于成均，故其治民能如是也。

　　按[38]庆都本汉望都，帝尧始生之地，其山有尧母之祀[39]在焉。

《书》^[40]纪尧之为治，自克明^[41]峻德^[42]，而其效至治^[43]，黎民于^[44]变时^[45]雍^[46]。夫古今之世相去虽远，然而流风遗俗^[47]宁^[48]无所存者乎？矧^[49]又密迩^[50]京师，朝廷教令^[51]之所先焉。将见^[52]物无疵厉^[53]，民皆乐康^[54]，庶几^[55]隆古^[56]之治其复兴于今日欤。

【注释】

[1] 乡闾：古以二十五家为闾，一万二千五百家为乡，因以"乡闾"泛指民众聚居之处。

[2] 党：古代地方组织，以五百家为一党。

[3] 宫室：古时房屋的通称。

[4] 衣裳：《毛传》："上曰衣，下曰裳。"衣服的统称。

[5] 耒耜（lěi sì）：古代一种像犁的翻土农具。耜用于起土。耒是耜上的弯木柄。也用作农具的统称。

[6] 焉：怎么。

[7] 俗化：习俗教化。

[8] 抚定：安抚平定。

[9] 中国：上古时代，我国华夏族建国于黄河流域一带，以为居天下之中，故称中国，而把周围其他地区称为四方。后泛指中原地区。

[10] 敷宣：传播、宣扬。

[11] 政教：指刑赏与教化。

[12] 遑：空闲、闲暇。

[13] 假：借。

[14] 苟简：草率而简略。

[15] 承事郎：文散官名。宋始置，为文官第二十三阶，正八品。

[16] 县尹：对县长的称谓。

[17] 慨然：感慨的样子。

［18］岁：一年的收成，年景。

［19］侵：五谷不登，谓之大侵。

［20］穰：丰收。

［21］县廨：县衙。

［22］基：建筑物的根脚。

［23］祠宇：祠堂、神庙。

［24］劝：勉励。

［25］趣役：奔走服侍。

［26］中：符合。

［27］度：规制。古者五度：分、寸、尺、丈、引谓之制。

［28］像设：指所祠祀的人像或神佛供像。

［29］仪：法制、准则。

［30］肃：严正、认真。

［31］游：交往、来往。

［32］先大夫：犹先父。

［33］盖：大概。

［34］方严：方正严肃。

［35］公正：公平正直。

［36］纪：记载。

［37］受学：从师学习。

［38］按：考查、研求。

［39］祀：祭神的地方。

［40］《书》：《尚书》的简称。

［41］克明：能明。

［42］峻德：大德、高尚的品德。

［43］至治：最好的治理。

［44］于：代、递。

［45］时：善。

［46］雍：和睦。

［47］流风遗俗：流传下来的风尚习俗。

［48］宁：难道。

［49］矧：况且。

［50］密迩：很接近（多指地理上的距离）。

［51］教令：由宗教会议或有头衔的人制定的有关教义或教规的法令

［52］见（xiàn）：古同"现"，出现、显露。

［53］疵厉：灾害疫病、灾变。

［54］乐康：安乐。

［55］庶几：或许可以，表示希望或推测。

［56］隆古：远古。

【参考译文】

　　古代治理国家，就是教化培养百姓。从京城到郡县、再到乡、闾、党、遂等各级行政区域，就没有不建学校的。这样，教育体制和方法就完备了。从房屋建设到着装打扮、舟楫和农具的配备等等，全都有一定的规范和规矩，那么教育培养百姓的方法也就有了。圣人如此治理国家，百姓怎么能够不亲近敬爱他们的长官呢？习俗教化怎么能够不隆重深厚呢？我朝平定中原地区，宣传政治和教化，既在学校中尊崇孔子和各位先师，让儒学家主持教化，使百姓明白伦理；又在庙中祭祀伏羲、神农、黄帝等圣人，让医官负责这事，用来保护百姓生计。这些用来教化培养百姓的方法措施不也是很完备了吗。

　　庆都是保定府下辖的一个县，县里的三皇庙很久以来没有修缮了，祭祀活动还要借其他地方进行，过程草率简略，与该有的礼仪不相称。至元六年即庚辰年，承事郎曹南人冯允中先生来庆都做县长，慷慨表示要以修建三皇庙为己任。第一年赶上饥荒，没有办到。过了一年政通人和，赶上年景好，农业生产获得大丰收。于是寻得县衙旧址，捐出奉银，准备材料，新建三皇庙。下属官吏都辅佐他，士民百姓都鼓励他，工匠愿意为建庙出力，数月后按时完工。三皇庙建设规模符合规制，神像雕塑符合准则。

至正二年（1342）即壬午年，天爵由中书参议改任湖广行省参知政事，路过庆都县。听说冯县长以廉洁自持，用严肃认真的态度要求下属，官吏都畏惧他的威严，百姓都安心接受他的治理。从前天爵曾与冯县长同在成均一起读书，知道他读书十分刻苦。又知道他的父亲侍御公是一代伟人。大概侍御公曾经先后担任过御史、侍郎、郡守、宪使等官职，他为人方正严肃，公平正直，为官有政绩值得记载。冯县长年少时有良好的家庭教育，长大后又在成均从师学习，所以他治理地方能有这样的成绩。

据考查，庆都在汉代称为望都，是尧帝出生的地方，那里的山上有尧母庙。《尚书》上记载：尧治理天下，自己能够明白高尚的品德，以己推人从而达到最好的治理效果，百姓相继变得善良能够和睦相处。古今两个时代相距虽然很远，但是遗留下来的风俗习惯难道现在一点也没有保留下来吗？何况庆都靠近京城，是朝廷的教化法令最先传达到的地方。庆都必将呈现万物兴隆，没有灾害，百姓安居乐业的景象，或许远古的治平盛况将会在今天复兴呀。

【作者简介】

苏天爵，见前 229 页。

【背景解读】

后至元六年（1340）庚辰，承事郎冯允中任职庆都县令，以修建三皇庙为己任，经多方储筹备，于第二年捐俸新建了庆都县三皇庙。

至正二年夏，苏天爵由中书参议改任湖广行省参知政事，路过庆都县，得到老熟人冯允中的热情招待。苏天爵参观了新建的庆都县三皇庙，受邀题写了《庆都县新建三皇庙记》。由冯允中刻石立碑于三皇庙内。后由于年代久远，三皇庙败落，此碑亦下落不明。

　　《庆都县新建三皇庙记》自清代至今的历版望都县志均未收录。可见于弘治《保定郡志》卷二十五《诗文》以及苏天爵诗文集《滋溪文稿》。

明正德十六年《重修三官庙碑记》

明·胡 谐

【碑文】

　　天、地、水府三官神庙，在庆都城南一里许，创建之因代远莫可考志。土阶数尺，规模隘[1]陋，旁有虫蝗之神附之。弘治辛亥岁，夜若有人呼警[2]修庙者，由是阖境无少长男女争负土如市[3]，逾旬月[4]，积高丈余，望之俨若丘陵。邑中善人[5]刘富、王璨等咸相谓曰："非神之灵能使人若是耶？"乃矢心[6]募缘[7]，获大众输助[8]者，总若干缗[9]。遂鸠工抡[10]材，相其崇卑，计其丈尺。首营正殿四楹，宏敞倍[11]昔。次则山门，又次垣墙，悉备焉。往来达官[12]巨商亦多敬仰乐施。诚一邑之雄镇[13]，百世之伟观[14]也。值正德庚辰，大雨连绵，水集土润，殿堂墙堵墦圮，偃[15]覆[16]几半。时有文武亦乡民之好善者见之恻然[17]，恐前功或坠，亟谋于士夫陈公敬、陈公汝佐数辈，又募钱若干，劝邑人何銮舍邻庙隙[18]地四亩以增广之，相率[19]协力匪懈，台级四面环甃[20]砖石，殿之东侧新益[21]关王祠，西侧仍附虫王祠。上下塑像俱饰以丹膜[22]，加以龛座[23]，仑奂鲜明，金碧辉映，视前日之功殆有甚焉者。事竣，又惧修庙之由将来泯灭，力购坚珉[24]一通，欲勒颠末以垂永久。请予以记之。

　　予嘉其胜事[25]可纪，因叹诵曰：莫为于前，虽美弗彰[26]；莫为于后，虽盛弗传。今庙貌重新，是创[27]于前者，有可称而垂于后者，洵[28]可述矣。欲弗彰弗传可乎？矧[29]三官之神有三元[30]、三炁[31]、三品之分，有赐福、赦罪、解厄之灵，昭然[32]

于天下，万世正而罔邪^[33]，信而足征^[34]，非怪诞不经之地。据其遐迩，如期志心，香火是即，使天下之人斋明^[35]盛服以^[36]承祭祀之谓也。有感即通，凡祈必应，是即洋洋乎如在其上，如在其左右之谓也。鬼神之德大圣犹赞其盛，夫何足怪？虽然，在庙肃肃^[37]，鬼神固所当敬，黩^[38]于祭祀亦古所深戒。故圣人又曰："敬鬼神而远之"。可谓知^[39]矣！予圣人之徒也，敢以是直告之，庶^[40]后之登斯庙读斯记者，知神之重不可欺，而予之言亦不诬也，于是乎记。

【注释】

[1]隘：狭窄。

[2]警：需要戒备的事件或消息。

[3]市：做买卖或做买卖的地方。

[4]旬月：十天至一个月。指较短的时日。

[5]善人：有道德的人；对人关怀、肯行善的人。

[6]矢心：发誓、下决心。

[7]募缘：指化缘。

[8]输助：捐助资金或物品。

[9]缗：古代计量单位。

[10]抡：选择。

[11]倍：等于原数的两个。

[12]达官：指显贵的官吏。泛指高官。

[13]雄镇：重镇。

[14]伟观：指壮伟的景象、大观。

[15]偃：仰面倒下、放倒。

[16]覆：颠倒。

[17]恻然：哀怜的样子，悲伤的样子。

[18]隙：闲、空。

[19]相率：相继、一个接一个。

[20]甃：用砖石垒砌。

[21]益：增加。

[22]艧（huò）：赤石脂（一种粉红色陶土）之类，古代用作颜料。

[23]龛座（kān zuò）：放神主的龛。

[24]珉（mín）：意指像玉的石头，一种石头。

[25]胜事：美好的事情。

[26]彰：明显、显著。

[27]创：开始、开始做。

[28]洵：诚实、实在。

[29]矧（shěn）：另外、况且、何况、也的意思。

[30]三元：道教中掌管天地水三界之神，即天官、地官和水官。

[31]三炁（qì）：三炁者，即所谓洞真、洞玄、洞神是也。亦谓之玄、元、始炁也。

[32]昭然：明明白白，显而易见。

[33]罔：无、没有。

[34]征：证明、证验。

[35]斋明：谨肃严明。

[36]盛服：华丽而整齐的服饰。

[37]肃肃：恭敬貌。

[38]黩（dú）：随随便便、滥用。

[39]知（zhì）：古同"智"，智慧。

[40]庶：表希望。

【参考译文】

掌管天、地、水三府的三官神庙，位于庆都县城南，距城有一里地左右，三官庙创建的缘由因为年代久远已经无可考证了。旧时的三官庙只有土台阶数尺，规模狭小简陋，有掌管蝗虫等虫灾的虫蝗庙依附在旁边。弘治朝辛亥这年某日，晚上好像有人呼喊报警，像是提醒大家出去修庙一样，于是县里的人无论男女老少都争先恐后地背着土像赶集一样去三官庙，用了短短十天到一个月的时间，积土成台已经有丈余高，看上去就像一座小山一样。县里的善人刘富、王璨等议论说："若不是有神显灵怎么能够让人们这样呢？"于是下决心化缘修庙，获得众人捐献的财物，合计成钱总共有若干吊。于是召集工匠选择材料，观察地势高低，丈量地方长短，开始施工建庙。首先修建了正殿四间，建得高大敞亮比旧庙好上几倍。然后修了山门，再后修了院墙，该有的都齐备了。来往经过的高官和大商人也大多敬仰神灵愿意资助。建成后的三官庙真可谓是一个县强有力的镇守，是可存留百代的奇伟景观。到正德十五年，连续下大雨，雨水集中，土地潮湿，庙的殿堂、围墙、坟地、桥梁，倾倒塌陷近半。当时，有个叫文武的人，也是一个善良的百姓，看到这种情形很伤心，担心前功尽弃，急切地跟有威望的陈敬先生、陈汝佐先生等人共同商量，又募集若干钱财，劝说本县人何銮让出靠近三官庙的闲地四亩用来扩大规模并加固，人们相继齐心协力不敢松懈，在庙的四面用砖石砌墙把庙基围起来，在正殿的东侧新建了关帝祠，西侧仍然依附的是虫王祠。上上下下的塑像都刷上红色的涂料加以修饰，还为神像修建了神龛，文采灿烂鲜明，金碧辉煌，对比前些时候的成效没有超过现在的。事情完成后又怕修庙的经过将来会泯灭失传，又尽力买了一块上好的石碑，想将修庙经过刻在碑上，使它永远流传下去，请我来撰写碑文。

我赞赏这是一件好事值得记载，因此赞叹说：无论什么事，事情不能做得早了，那样虽然美好却不显著；也不要做得晚了，那样虽然盛大却不能流传。今天，三官庙得以重修，焕然一新，可谓是做在前面，有可称道的地方，也能流传于后世的盛举，实在是可以记述的。即便是想让它不显著，不流传，又怎么可能呢？

况且三官庙供奉的神灵有三元、三炁、三品之分别，有为百姓赐福、赦罪、解困的灵验效果，这些都明明白白地显示给天下人，千秋万世都这样显现没有改变，真实而有足够的验证，决不是怪诞不经的地方。根据愿望的远近按期通过烧香表明心意，这就是所说的让百姓穿戴整齐谨肃严明以来祭祀啊！有感应就心灵相通，凡有祈求就会应验，这就是所说的神灵冥冥中如同在烧香者的头顶，如同在他的左右。鬼神的功德大圣人都赞叹它的深厚，这还有什么奇怪的呢？人们在庙里都恭恭敬敬的，鬼神也本来就应该尊敬，虽然这样，但是对鬼神滥于祭祀也是古人所深深忌讳的。所以孔子说："敬鬼神而远之。"这真是富有智慧的见识啊！我是孔夫子的弟子，所以敢把这些直接告诉大家，希望以后进入三官庙读到这篇碑文的人，懂得神鬼很尊贵不可以欺骗，同时知道我说的话也不假，因此作了这篇碑文。

【作者简介】

胡谐，生卒年不详，山西安邑人。明正德五年（1510）庚午科举人。初授庆都县知县，历任平凉府同知、温州府同知、辽东佥事，官至云南参议。为人刚毅有为，清正廉洁，官声隆誉。

关于胡谐，乾隆《望都县新志·名宦》有其详细传记："胡谐，嘉靖二年宰庆都（此句胡谐上任时间疑有误）。廉朴明敏，淡泊自守，恒手书薛文清从政格言以自淑。赈流移省，浮费听讼，不事苛察；催科不烦敲扑，常俸外绝无羡锱罚镪之染。日进邑之诸生，讲论考课文字，亲加评骘。邑田赋无分肥瘠，民苦偏累。为丈其田亩，列上、中、下、草场、碱、沙五等，其草场、碱数亩方折一亩，而偏累之苦遂除。又剿平剧盗马温辈，地方宁静，四方咸得安堵。且七年任事无怠，宦成升平凉同知，历转辽东佥事、云南参议。归家环堵萧然，并无长物，晋称胡质之清，公岂其后身欤！"

雍正《山西通志》亦有记录："胡谐，安邑人。正德庚午举人。初授庆都知县，历平凉温州同知，终云南参议。刚毅有为，一尘不染，莅官所至有声。在庆都，民皆以胡青天称之。温州柄相不才子，慕友妻艳，因醉沉友于水，谋纳其妻。妻诉之当道，势焰熏赫，无敢理者。谐曰："清平世安得有此事！"即逮之狱。自是风采大振，政绩益隆，升参议。致仕家居，曾遇盗于途，从者奔散。盗窥之曰："胡公也。"为之御至里门，叩谢而去。巡盐王净，温人也。极重之，檄祀乡贤祠。"

【背景解读】

庆都县为尧帝桑梓之地，自古就有祭祀尧舜禹（天、地、水三官）的习俗。县城南关有三官古庙，但规模狭小简陋。明弘治四年（1491），经当地士人集资修建新庙，规模远胜从前。

明正德十五年三月，大雨连绵，庙宇坍塌近半。合县乡民再次捐资重修。周边扩地四亩，砖甃台阶。大殿东侧增建关王祠，西侧重修虫王祠。重新彩饰了塑像，增加了龛座。

时任庆都知县胡谐亲撰《重修三官庙记》，于明正德十六年四月刻石立碑于庆都县三官庙中。

清末民初，在"庙产兴学"运动中，规模宏敞的三官庙被改作南关小学。后三官庙毁，此碑下落不明。

明嘉靖七年《重修真武行宫记碑》

明·张舜元

【碑文】

天下之大，莫不有神。凡天下之郡邑，以及名山大川，亦莫不有神宫以妥其灵，盖昭吾人尊礼崇信之诚也。人之所以致敬于神，亦以神能为人造福、御灾而捍患耳。

吾邑东关，永乐间居民鲜甚，恒苦于盗。本关民谢达等创建真武行祠以镇之，其患遂息。至弘治初年，居民高贵等因庙制之狭且陋也，乃募化材木，县尹宋公金拨人夫以助而广其旧。以为团殿三间，其规模视前稍宏。

至嘉靖七年，居民刘文学，亦本关人也，因母疾有祷而应，遂约好施者数人，月会钱粮，并各家施送木植等料，乃重修团殿，黝垩[1]丹青为之壮丽。添塑诸神十二位，侍列左右，庙益为尊严。又增建南厦房三间，北厦房三间，使司香火者有所栖，馆宾客者有其地。复创建大门一座，以为出入之防，而庙制始粗备焉。其诚有可佳者，民亦至今永赖，信乎！

人之有敬于神，而神之有庇于人也。愚以真武者，乃玄天上帝荡魔天尊也。天有五方[2]，北曰玄武[3]，盖颛帝之神以水德[4]而继王者也。在先天，则正位乾符[5]；御北斗[6]，则斟酌元气，其神可谓尊矣。居紫微[7]之右垣，则并天；以太乙之座列虚星之分野[8]，则总司命[9]、司禄[10]之权，其任可谓重矣。且展旗、捧剑、干枢[11]，开黑帝之宫；玄龟、赤蛇、坤轴[12]，辟玄都之府，其威可谓广矣。

历代封祀不一。以迄我朝，而重礼之心笃于文皇，显化[13]之妙形于天语[14]，千古所共睹也。建庙于武当太和山，其形胜甲于天下，其藉山川之灵，以应亿兆之祈，固其宜也。而行宫复遍于天下者，固所以使人尊礼之诚，而神之应于人者，不亦烦乎？殊不知神之在天，如水之在地。掘井者无往而不得，求神者无感而不通，固理也。

此吾于行宫之建，既述其颠末[15]，而复表其神之灵异者，亦惟使人知其实而尊礼之诚，弥久而弥切切耳。若夫降生之异，修行之祥，升遐之瑞，则已备载祀典，无俟于赘。

呜呼！神化不可以理论，妙应不可以言达，矧愚以雕虫末学，岂能揄扬[16]圣神于万一？因省祭，谢笼率乡人乞纪其事，吮毫[17]增悚，薰沐为之记。

【注释】

[1]黝垩（yǒu è）：涂以黑色和白色。

[2]五方：东、南、西、北和中央。

[3]玄武：古代神话中的北方之神，其形为龟，或龟蛇合体。

[4]水德：古代阴阳家称帝王受命的五德之一。谓以水德而王。

[5]乾符：旧指帝王受命于天的吉祥征兆。

[6]北斗：谓二十八宿中的斗宿，为北方玄武七宿之首。

[7]紫微：即紫微垣。星官名，三垣之一。《晋书·天文志上》："紫宫垣十五星，其西蕃七，东蕃八，在北斗北。一曰紫微，大帝之座也，天子之常居也，主命主度也。"

[8]分野：与星次相对应的地域。古以十二星次的位置划分地面上州、国的位置与之相对应。就天文说，称作分星；就地面说，称作分野。如：以鹑首对应秦，鹑火对应周，寿星对应郑，析木对应燕，星纪对应吴越等。

[9] 司命：星名。文昌的第四星。

[10] 司禄：星名。文昌宫第六星。

[11] 干枢：犹干轴。

[12] 坤轴：古人想象中的地轴。

[13] 显化：指神灵显现化身。

[14] 天语：上天之告语。

[15] 颠末：本末，前后经过情形。

[16] 揄（yú）扬：宣扬。

[17] 吮毫：犹吮笔。

【参考译文】

天下很大，没有什么地方没有神灵的。凡是天下的郡县以及名山大河，也没有不建设神庙用来安置神灵的，大概是昭示人们尊重礼仪崇尚信义的诚意吧。人之所以敬奉神灵，也是因为神能为人创造幸福、防御灾害而防止祸患吧。

我县东关这个地方，永乐年间居民很少，一直被盗贼所扰。东关居民谢达等人创建真武庙用来震慑盗贼，盗贼的祸患才平息了。到弘治初年，居民高贵等人因为觉得真武庙规模狭小简陋，于是募集木料等建材，县尹宋先生也派出人力帮忙，在原有的规模上加以扩建。建成团殿三间，庙的规模比以前稍稍扩大了一些。

到了嘉靖七年（1528），居民刘文学，也是东关本地人，因为母亲有病在真武神前祈祷得到应验，于是邀集几个乐善好施的人，每月募集粮食和钱财，并捐出家里的木料，重新修建团殿，用黑、白颜色的涂料加以装饰，使庙貌更加壮丽。新增加十二位诸神的塑像，分列在真武神塑像的左右两侧，真武庙显得更加庄重威严。又增建了南配房三间，北配房三间，使管理香火的人有地方安歇，负责接待宾客的人有地方休息。创建大门一座，作为出入的防守。至此，真武庙才真正合乎规制，具备相应的规模。真武神实在是有可称赞的，人们也从古至今永远信赖他、依靠他，真的是这样呀！

人敬奉神灵，而神也就能够庇护人。我认为真武神是玄天上帝荡魔天尊。天有东西南北中五个方位，北方神叫玄武，大概是凭借如水般的品行而继承王位的颛顼帝之神。在先天就居正位降祥兆；统御北斗就掌管元气，这神可以说是非常尊贵了。居紫微星座的右垣，就合并天下；以太乙星的位置列于星空之中，对应大地上的九州分野，总领司命和司禄的权力，他的责任可以说很重了。而且展旗、捧剑、干枢，开创黑帝的宫殿；玄龟、赤蛇、地轴开辟玄都的府第，他的威力可以说够广大了。

历朝历代对真武神的封号和祭祀并不一致，到了我大明王朝，重视礼仪的诚心没有比文皇更一心一意的了，神灵现身的奥妙显现在上天的告语中，这是千百年来人所共睹的。我朝在武当太和山为真武建庙，那庙建得宏伟壮观，甲于天下。真武神也借着山河的灵气，来回应天下黎民百姓的祈求，本来就应该是这样的呀。现在真武神的行宫遍布于天下，本来是想让人们诚信敬奉他，然而这样神应和人的祈求，不也有点频繁了吗？殊不知神在天上，就像水在地下。挖井的人不去挖就得不到水，求神的人一样没有诚心也是得不到感应的，道理本来是这样。

这里我记载真武庙的建设情况，既记述建庙的过程，又介绍真武神的灵异，也是为了让人们了解实际情况而更加诚信敬奉他，而且年代越是久远就越真切呀。像那些降生时的奇异，修行中的吉祥，升天时的瑞兆，都很完备地记载在祭祀的典籍中了，就不用我再多说了。

哎呀！神的变化不可以说道，奇妙的应验是不能用言语说得清楚的。何况以我这样低下肤浅的学问，怎么能够赞扬真武神的万分之一呢？因为回乡省亲祭祀，谢笼带着乡亲们过来要求我记载修庙的事，我谨慎地吮毫深思，沐浴焚香后恭恭敬敬地记录了这件事。

【作者简介】

张舜元，生卒年不详，字伯才，河北望都人。明嘉靖七年举人，嘉靖八年己丑科进士，初任吴县知县，革新税法，拒贿惩恶，政绩斐然，擢升吏部稽勋主事。历任凤阳府判、户部主事、户部员外郎、广东司郎中兼视司篆，后上条陈"富国十三事"，评定百官优劣，违忤严嵩，外补为河南左参议。因义不媚嵩，最终罢官归里。在乡期间，以民为念，抚恤孤寡，为民请命免去荒地税，并减少易州厂、翟城役及薪库役等杂费，出资舍粥赈灾，抚恤孤寡、掩埋饥民骸骨，享誉县里。自号"尧山居士"，死后祀于望都文庙乡贤祠，立祀宠光坊二座。

【背景解读】

真武，又名玄武。玄武是中国古代神话中的北方星宿神煞，即二十八宿中北方七宿的合称。玄武为龟蛇合体的造型，在道教中为被尊为掌管北方天界的重要神祇，为北方主水的黑帝。

明朝初年，明成祖朱棣在北京起兵，发动"靖难之役"，自北及南，取得皇位。朱棣深信因果，认为自己之所以能问鼎中原、荣登大宝，皆是北方真武大帝显灵相助的结果。便下诏敕封真武为"北极镇天真武玄天上帝"永乐十年（1412），朱棣命隆平侯张信在武当山修建真武庙，作为专门祭祀真武大帝的道场。民间百姓随之效仿，各地纷纷广建庙宇祭祀真武大帝。

明成祖永乐初年，庆都百姓谢达等在东关创建真武行宫，祈求真武大帝护国安民，治匪防盗。明弘治初年，当地居民高贵等集资募化木材，在时任庆都县令宋文派人帮助下进行扩修。明嘉靖七年，东关百姓刘文学带领众多还愿者，集资重修真武行宫大殿，增塑十二位神将，侍列左右，又增建南北厦房各三间，创建大门一座。

竣工之后，张舜元受本县乡民所托，撰写了《重修真武行宫记碑》，于明嘉靖七年勒碑立石于东关真武行宫内。

此碑现已遗失。仅有碑文收录于乾隆《望都县新志》卷之七《碑记》中。

明嘉靖四十二年《重修城隍庙碑记》

明·孙　梅

【碑文】

　　夫神之有庙，所以妥其灵也。庆都城隍有庙为故迹，其始创嗣修，前无所稽。粤自嘉靖辛丑岁，邑侯辽阳张公世禄见其圮坏，弗闳弗侐，弗称弗礼，乃进治民史鸾等葺而新之。庙制仍夫旧焉。

　　历庚申岁，少侯山阴赵公梦贤，因祷雨有应，仰答[1]神休[2]，遂捐俸资，鸠工曼硕。乡大夫士亦并捐金课程[3]，佥令治民周大智等以敦匠事。越壬戌春，功几告成。适闻喜景侯一元筮仕谒庙，慨然有成终之志。会云南解银官公署被盗，相与祈神，盗弆银获。感其神之灵异，即输财[4]易乡官问士隙地，试恢厥基。鼎建路口牌坊，揭以金书[5]，俾奉神者知所观感焉。易正殿旧制三楹楹九架，易廊庑旧制十四楹楹五架，溁壮辉灿。攸芋神居，像设严肃，瞻仰耸惕。背殿后寝，穿宫联厦，左右壁画，丹垩焕新。抵南仪门，抵东大门，俱各三楹，驺从盛列，企人敬畏。其楹甬垣砌，什倍旧规。是庙集大成足壮威观者也，诚不可以无记。

　　盖景公秉心效神，公以临民者，乃嘱勒石以昭其盛。窃阅祀典，凡有功于民，御灾捍患者，祀之。故古先哲王重民[6]，惟祭自天地山川以及百神[7]，莫不以时禋享[8]，重其有裨于民也。况于垣池之神，捍外卫内，御暴固圉[9]，功德之重者哉？上古祀典不载，逮城复于隍之文见于易，始有城隍之称。然尚列之山川，跻之坛墠[10]，未闻专祀于庙，三代以下皆然。至唐李阳冰作缙云县城隍庙记，韩愈作袁州城隍神文，宋高宗下杭州城隍之诏，元虞集纪大都城隍之碑，届唐宋始录于祀典。其初，出民间私祭，虽史官不书而尊崇亦至。逮我朝洪武元年，诏封天下城隍在应天者以帝，开封临濠太平府和滁二州者以王，凡州县者以公、侯、伯，此庆都肇封为显应侯。比及三年，诏定岳镇海渎 [11]，俱依山川称城隍神，亦皆改题木主 [12] 曰某处城隍神。新政必盟群厉 [13] 是主，春秋祈报，朔望祗谒 [14]，水旱疾疫皆致祷焉，其视前代不亦犹重矣乎？迄今，里社 [15] 虽正祀于坛，而庙食 [16] 在郡县者，固自若也，非其功德诚有可重然欤？

伏维庆都城隍，始以祷雨有感起修；继以弭盗获感成终。岂人有媚于神，而神为人是私耶？祷雨弭盗者诚于为民，以公心祈神耶。有感获应者，急避民患以公昭报也。惟公故明，惟明故灵。阴阳表里以安下民。若非公非明，神曷克灵？是公明正直鬼神之德其盛矣乎？尝睹民之私祭者，或干匪其正，以小人之腹度神明之心，鄙亵 [17] 渎慢 [18]，自速颠隮 [19]，既弗自咎，辄妄病神妨教乱俗，甚非细故 [20]，此又事神者之所宜知。假图庙貌是崇，而操行不检，觊觎于神以徼福 [21]，神焉肯徇于私？诚能公以设心，无恶于志，神人相依，惟公是契。祀事虽曰罔将景福，以介攸萃，幽明无嫌，分愿 [22] 各足，庶人皆知阐扬神之休德 [23]，而神永得以妥灵于其间也，故记。

【注释】

[1] 仰答：旧谓报答尊者。

[2] 神休：神明赐予的福祥。

[3] 课程：按税率交纳的赋税。

[4] 输财：献纳资财。

[5] 金书：指用金简刻写或金泥书写的文字。

[6]重民：以民为重。

[7]百神：指各种神灵。

[8]禋享：升烟供物祭天。

[9]固圉：使边境安静无事

[10]坛墠（shàn）：古代祭祀的场所。筑土曰坛，除地曰墠。

[11]岳镇海渎：指四岳等名山。海渎，泛指江海。《新唐书·礼乐志一》："中祀社稷、日月、星辰、岳镇、海渎、帝社、先蚕。"

[12]木主：木制的神位，又称神主，俗称牌位。

[13]群厉：众疫鬼。

[14]祇谒：恭敬地进见。

[15]里社：古代里中祭祀土地神的处所。

[16]庙食：谓死后立庙，受人奉祀，享受祭飨。

[17]鄙衰：鄙陋轻慢。

[18]渎慢：轻慢、亵渎。

[19]颠隮：跌落、坠落

[20]细故：细小而不值得计较的事。

[21]徼（jiǎo）福：祈福、求福。

[22]分愿：犹本心、本愿。

[23]休德：功德。韦昭注："休，美也。"

【参考译文】

　　神庙是用来安置神灵的。庆都县建有城隍庙是老早以前的事了，创建的时间已经没办法考证了。从嘉靖辛丑年（1541），县令辽阳人张世禄先生见庙已经毁坏，庙门破败、敞开，里面乱哄哄的不清静，不符合礼仪，就召集辖区百姓史鸾等人对庙进行修葺更新，庙的规制还是原来的样子。

　　到了庚申年，县丞山阴人赵梦贤先生，因为到庙里求雨得到应验，为报答神的护佑，就捐出俸银，雇人整修城隍庙，县里的缙绅、学生也都捐钱捐物，众人让周大志等人负责监工。到壬戌年春天，工程接近完成。正好新任县令、闻喜县人景一元先生到任，去庙里拜谒，见到这种情况，很是感慨，便下定决心要完成这件事。赶上云南解银官的公署被盗，共同去求神，盗贼被抓住，银子也找回来了。因感念城隍神的灵异，就出资购买了乡官问士一块空闲地，试着扩大庙的地基。建成了路口的牌坊，高高的牌坊上写着金色大字，让来祭拜城隍神的人们都有直接的印象。改建正殿三间，每间柱子九架，改建厢房十四间，每间柱子五架。壮丽辉煌灿烂，适合城隍神安居。塑像庄重威严，让瞻仰者肃然生敬。后殿和寝室，廊道屋脊相连相依，四外的壁画，用颜料涂饰得焕然一新。靠南建了仪门，靠东建了大门，两门都建了三间，附属设施有序排列，激发人的敬畏之情。梁柱、甬道、围墙和台阶，都比原来的强了十倍。建成后的庙宇足以让人产生高大壮观的印象，实在是不能不撰文加以记述。

景先生以真心敬神、以公心对待百姓，嘱托我刻碑来记载这件盛事。我查阅祭祀典籍，凡是对百姓有功、能抵御灾害和祸患的神灵，历史上都要祭祀。所以古代圣贤和帝王重视民生，就祭祀天地、山河以及各位神仙，没有不按时节加以祭拜供奉的，这是看重他们对百姓有好处。何况城隍神，能捍卫城池，抵御外患，稳固边防，是功德很大的神呢？远古的祭祀典籍没有记载，到"城复于隍"的话出现在《易经》上，才有了城隍神的称谓。然而当时还是把他排在山河诸神之列，置于坛墠祭祀，没有听说专门建庙进行祭祀的，三代以来都是这样。到唐朝李阳冰写缙云县城隍庙记、韩愈写袁州城隍神的文章、宋高宗下封杭州城隍的诏书、元虞集纪大都城隍之碑，那时才从唐、宋开始将城隍神载入祭祀典籍。当初对城隍神祭祀是民间百姓私下的行为，虽然史官不做记载，而对他的尊崇也很高了。到我朝洪武元年（1338），下诏书封应天的城隍神为帝，封开封临濠太平府和滁州两地的城隍神为王，凡州县的城隍神都封为公、侯、伯，就是从这时开始的，庆都县的城隍神被封为显应侯。到了洪武三年，下诏明确四岳等名山，都依山河名字称城隍神，也改写牌位名称为某处城隍神。推行新政一定要到城隍神前拜祭盟誓，春秋两季去祈祷汇报，初一十五都要去拜祭，遇水旱灾害和疾病瘟疫也都去神前祈求佑护，这与前代相比不是更加重视城隍神了吗？到今天，对城隍神乡村设坛祭祀而郡县建庙祭祀，本来就应当这样。如果不是城隍神的功德本来有可敬重的地方，怎么会对他这样尊崇呢？

庆都的城隍神，是因为求雨成功而开始修建，继而凭抓住盗贼的应验而最终建成。难道是人谄媚于神，而神又满足人的私欲吗？求雨和抓贼实在是为百姓，凭公心而去求神的。神有感而应验，帮助百姓避免祸患也是因公明明白白的显应。因为出于公心所以光明正大，因为光明正大所以才灵验。人间与神界互为表里、感应沟通，使百姓能够安居乐业。如果不出自公心、不光明正大，神凭什么这么灵验呢？神的这种公明正直的品德实在够强大了吧？曾看到百姓私下的祭祀，有时所求不正，用小人的心思去揣度神的思想，想法鄙陋轻慢，自然得不到好的结果。既而不反省自己的错误，却胡乱地诟病于神并败坏社会风气，这真不是小事，是敬奉神的人们应该知道的。假如只是庙貌高大，而人的操行不检点，还企图让神降福，神哪里肯徇私呢？若能以公立心，想法无恶意，神与人就相依存，这只是契和在公心上。祭祀的事虽然渺茫，想要求福报，需要慢慢地积累，人与神达到了默契，那么愿望自然能够满足。希望人们都知道宣扬神的美好品德，而神能够永远安住在庙里，所以作此文。

【背景解读】

明朱元璋于洪武三年诏封天下城隍神，庆都城隍神被封为显应侯。

庆都城隍庙原在文庙西北隅，因年久失修，几将倒塌。明嘉靖三十八年（1559）三月，庆都乡绅赵宁等人酝酿扩修城隍庙。

明嘉靖三十九年，浙江山阴籍庆都县丞赵梦贤因在城隍庙祈雨颇有感应，便捐俸倡修城隍庙，当地士人慷慨解囊，踊跃相助。

到了嘉靖四十一年春天，即将竣工时，庆都新任县令景一元到任，对重修城隍庙工程给予高度重视，提高了工程标准，加快了进度。

竣工后邑人孙梅撰《重修城隍庙记》，嘉靖四十二年二月，邑令景一元，县丞王廷谏、赵梦贤，典史李孟钦、姜廷椿，教谕吴珠，训导张应瑞、赵孝祖、王焕书同立。碑文字体正书，碑高一丈一尺，宽二尺四寸。碑在城隍庙。

在清末民初"庙产兴学"运动中，"圣寿寺与城隍庙公产合地六十六亩年租京钱六十八千，除岁修庙屋所需尽归学堂之用。""民国八年（1919）秋，县长白殿璋尽毁城隍庙神像"。"保卫队驻城内城隍庙。"（详见民国《望都县新志》）

后城隍庙毁，此碑下落不明。

明嘉靖四十二年《重修城隍庙记并颂》

明·张舜元

【碑文】

天下莫不有人，亦莫不有神。或灵于一方，而祠未遍于天下者多矣。惟城隍祠，上自国都下逮郡邑，莫不有之。盖守令临民于明，神则理民于幽，若相表里。然城隍之有祠于天下也，宜矣。

我太祖高皇帝正大统之三年，诏封天下城隍神，有以帝、以王、以公、以侯、以伯之不同，此吾邑城隍神封为显应侯[1]之故也，圣心之尊礼于神可谓至矣。然其威灵之所覆，善恶之所报，祸福之所加，生物之所用，神之功被于人者甚大。矧有年谷之祈，水旱疠瘥[2]之祷者乎？有民社之寄者，致礼于神未为过也。吾邑城北隅有庙以祀神，岁久而圮，前尹虽葺而新之，其制仍夫旧也。

壬戌春，闻喜景公来尹于兹，初谒神即有恢宏其制之志。适旱蝗为灾，侯恳祈于神，蝗即散去，无稼禾伤。又有盗以盗官银，侯复祷于神，盗即获而原银俱存。侯感神庇，益敬信而叹曰："庙以祀神，弗饬弗弘，何以安神灵？致殊敬奠生人[3]，余也来官兹土，事顾有重于此者乎？"

于是鸠工聚材，务欲视旧有加。乃简令邑人赵宁等以董其事而责其成。邑人遂趋侯之令，争自施布[4]，工匠愈励勤谨，遂易正殿旧制三楹，楹九架，又为穿堂寝宫以燕神，则神之灵妥矣。易东西两廊旧制十四楹，楹五架，延袤[5]深阔以居神之曹吏[6]，则神之辅广矣。前为仪门及甬道以列神之驺从，则神之威著矣。至于置隙地以恢弘其规，施丹青以壮丽其势，无非怡神之灵，设祭醮堂以延奉神之宾客，修住持房以庇事神之道士，无非溥神之惠。凡所以尊礼于神者，罔不备。不劳于民，不费于公，高敞弘丽足称观瞻。邑人大悦，侯其知所当务者哉！

况城隍正神，一邑之主，民之有求于神，神之为民作福者，多矣。庙之重修夫岂容已？呜呼！人生利物，福善祸淫，神之为也。事神治民，奔走有严，尹之职也。神有造而弗届，诚无感而不通，神人和而福泽降，将见吾邑人和岁丰而敬事益笃，是不惟足称朝廷尊礼神明之意，亦将以启后来之君子登斯庙而庇斯民于无穷也。庙之修岂细故[7]哉！庙之功始于三月，成于十月。侯乃令丐文以昭其盛，记诚不可缺，遂为之记而并以颂。

其辞曰：

赫赫城隍，临此通衢。

其灵有皇，其声有訏。

蝗而有祷，厥害遂除。

盗而有求，发奸[8]狄如。

使人斋明[9]，奔走是宜。

人之敬之，庙貌是饬。

厥制维新，改观于昔。

神之正直，宜福之锡。

神鉴于人，各以其类。

作善降祥，积恶遗戾。

正神无私，君子无媚。

仰止[10]神威，敬此越对。

【注释】

　　[1]显应侯：望都城隍被皇帝敕封为显应侯。

[2] 疠瘥（lì chài）：疫病。

[3] 生人：救人。

[4] 施布：传布、散布。

[5] 延袤：长度和广度，引申指面积。

[6] 曹吏：属吏、胥吏。

[7] 细故：细小而不值得计较的事。

[8] 发奸：揭发坏人坏事。

[9] 斋明：谨肃严明。

[10] 仰止：仰慕、向往。

【参考译文】

　　普天之下没有哪个地方没有人，也没有哪里没有神。有的神因为灵异享誉一方，他的庙却没有遍布天下，这种情况是很多的。只有城隍神的庙，上到国都下到郡县，没有什么地方不建他的庙宇的。大概是郡守县令在人世间治理百姓管理社会；神就在幽冥中管理百姓。这就如同事物的里外两个方面。这么说来，城隍庙遍布天下就是应该的了。

　　我朝太祖皇帝登位后第三年，下诏书给天下的城隍神封号，分别以帝、王、公、侯、伯这样的封号来加以区别不同。这就是我们县的城隍神封为显应侯的原因。高祖给予城隍神的尊礼可以说达到极点了。然而城隍神的灵验之所覆盖，对善恶的报应，对福祸的加持，对万物的功用，神的能力有益于人的太盛大了。况且还有对粮食丰收等年景的祈求，关于水、旱灾害和疾病的祷告，还有对大众社会的寄托，所以对神礼敬不能说是错的。庆都县城北本有城隍庙来祭祀城隍神，年代久了就毁坏了。前任县令虽然对它进修了修缮，但原有的规模并没有变化，还是原来的样子。

　　壬戌年（1562）春天，闻喜县人景先生来管理庆都县，初次拜谒城隍神就有扩大规模的想法。正赶上县里发生旱灾和蝗灾，景县令恳切地向城隍神祷告，蝗虫就散去了，庄稼没有受到伤害。又有盗贼偷盗了官银，县令又到神前祷告，盗贼就被抓到而且被盗银两都还在。县令感应到城隍神的庇护，更加敬奉笃信，感叹说："庙是用来敬奉神的，不加修整和扩建，用什么来安置神灵呢？给予神特殊的敬意以求救济众人，我到此地为官，事情还有比这更重要的吗？"

于是聚集工匠准备材料，务求比原来有改进。就下令让县里人赵宁等人督导这件事，务求成功。县里的人乐意听从县令的命令，争先恐后地捐出财物，工匠们也更加勤快谨慎，于是改变旧制做正殿三间，楹九架，又做了穿堂、休息室让神来休息，这样神灵就得到安妥了。改建东西两侧旧厢房十四间，楹五架，房间面积很大让神的属吏用来安歇，这样神的辅佐就多了。庙前建了仪门和甬道让神的随从可以分列两边，这样神的威严就更显著了。至于用空地来扩大神庙的规模，用丹青等涂料来壮大其气势，不过是让神感到高兴，创建祭祀的大堂用来迎接敬奉神灵的宾客，修建住持房用来安置侍奉神灵的信众，不过是扩大神的恩惠。凡是敬奉神灵该有的，没有不具备的。城隍庙的建设不让老百姓受累，不耗费公家的财力，建得高大壮丽，足以经得起百姓的观瞻。全县的人都很高兴，这也正是县令所要做的吧。

何况城隍是正神，是全县百姓的主宰。百姓有求于神，神就为人降福，这样的事很多。那么重修庙宇的事难道可以停吗？哎呀，助人生长利于万物，降下福报和灾祸，这是神干的事情。敬奉神灵管理百姓，治理社会，为此奔走忙碌，这是县令的职责。神的法力没有边界，实在是没有感受到而不应验的。神与人心息相通福泽自然就有了，看我县百姓和谐、年景丰收之后而对神的敬奉就更加真诚，这不单是顺应朝廷尊崇城隍神的意旨，也是想借此来启发以后来此地任职的官员进入庙中而知道庇护此地的百姓永远幸福下去。修庙之事怎么会是一件小事呢？这次修庙的工程是从三月开始，到十月完成。县令让征文来昭显这件事的重要，这样想来记事的文章真是不可缺少的，于是写文章记载并作诗歌颂。诗词如下：

坐落在大道旁的城隍庙高大雄伟，

里面的城隍神有求必应，

善言和美。

消除蝗灾，

揭发盗贼。

教人知耻明礼，

行为端正中矩合规，

人民敬畏。

修庙安神，

今非昔比，

焕然一新，

庙貌巍巍。

正直无私的城隍神啊！

您赐给人们福慧。

您火眼金睛识别善恶真伪，

给好人降下吉祥，

让坏人得到报应使其遭罪。

真神无私，

真正的好人君子也无须谄媚。

我向往城隍神的威严，

郑重地以此诗奉上我的赞美。

【作者简介】

张舜元，见前 366 页。

【背景解读】

明嘉靖四十一年（1562），庆都县旱蝗为灾。刚到任不久的景一元祷告于城隍神，飞蝗散去，禾稼得存。不久云南解银官在庆都公署被盗，景一元又祷告于城隍庙，擒获盗贼追回赃银。于是景一元愈加信奉城隍神，决心继续扩修城隍庙。

景一元，山西闻喜人，嘉靖二十二年癸卯科举人。乾隆《闻喜县志·人物》有其记载："授庆都知县。以清谨称。升济宁知州，路当冲繁，旧额商税千余金，俱申革之。守正不喜浮沉，转韩府长史。夙夜匪懈，王加礼重，进阶朝议大夫，改服俸。九年辞归，王时存问焉。年近九旬卒。为人纯雅平易，历官三任，家无遗积，至今邑称清白。"

景一元捐俸买地扩基，在路口新建牌坊，金书"显应侯坊"。扩建城隍庙。第二期工程自嘉靖四十二年三月开始，竣工于当年十月。历时七月，规模趋于大观。

张舜元受景一元所托，撰文书写了《重修城隍庙记》，昭其盛事，刻碑立石于城隍庙中，碑体高一丈一尺，宽二尺七寸。

后城隍庙毁，此碑下落不明。

明隆庆元年《重修城隍庙记》

明·刘　恩

【碑文】

《礼》曰："明则有礼乐，幽则有鬼神。"兴礼乐莫先于守令，质鬼神莫近于城隍。幽明虽殊，其切于民一也。

我太祖高皇帝，混一[1]区夏[2]，设职秩祀典，天下郡邑，有守令署，必创城隍。岁时祷祀著于令甲[3]，郡邑长贰[4]履任[5]之初，必誓于庙而后视篆[6]。盖欲神人合德，以庥庇[7]于民也。故守令能其官以遂民生，鬼神昭其灵以司民命。则民于守令有去思[8]，于鬼神有时飨[9]，亦感应之理，不可诬焉尔。

吾保郡庆都邑西北隅旧有城隍庙，庙号犹常，神功特著，弥灾御寇，英烈赫然。人或不得其平，有祷辄应。邑人少参张君舜元记之详矣。但庙制狭隘，未称妥神。嘉靖己亥三月，邑令辽阳张君世禄尝一修之，亦多仍旧[10]。

己未三月，乡耆赵宁辈议欲增修以壮庙貌。二尹山阴赵君梦贤，大尹闻喜景公一元，先后继至，实相倡之。于是，宁等抡材鸠工，期于有成。建大殿三楹，穿堂、东西两庑、仪门、甬路，规制略备，又续门房一楹，塑神像二座，后殿东西廊八楹，钟鼓既设，炉磬一新，至于床、帷、镜、盂、案、椅、龛、舆，法所宜有，靡一不具。

先少参君令族舜元与姐佩讼。乃子生员柏年，余婿也。丙寅六月逮赴[11]郡城，厥明投移听理矣。夜有窜移，溺于井，欲诬柏年者。众惧，反县诣庙，祈发。及鞫[12]郡庭[13]，窜人直前[14]款承若或使之。柏年等因免于累，即施斤银范神全体。

元年正月，宁辈更募共成，复修大坊三楹，题曰："显应侯神祠"，栋宇翚焕，像设庄严，规制大备。妥神斯宜，猗与[15]！盛哉！经始于嘉靖三十八年三月，讫工于隆庆元年六月之朔。

是月，柏年暨宁辈，奉县主命来征予记。予曰：呜呼！抑孰知此一举而有三益存焉？元元盛德，昭格洋洋，感化弥弘，钦承[16]匪懈[17]矣。蠢彼狂劣，于今有觉，勉修显慝[18]，幸蠲[19]宜罚矣。守令在上，觌[20]感应之莫爽，信幽明之潜通，致中和以兴礼乐，合神德而系民思矣。是于我国家所以恤祀官人之意，为不负庆之士民。自兹以往，益永有赖[21]乎？

是举也，会谋厥初，赞力罔替[22]，景公、赵公先焉，而敬神宜民，征文垂教，则新尹登州浦公之云也；与闻[23]其事，乐观厥成，则二尹会稽景公邦卿、三尹黄冈姜公廷椿、庠训新郑刘公麟也；摅诚[24]矢力，谋始成终，则赵宁辈之功；而柏年亦感威灵之默佑[25]，效此微劳，与法并得书。

【注释】

[1] 混一：齐同、统一。

[2] 区夏（qū xià）：诸夏之地，指华夏、中国。

[3] 令甲：第一道诏令；法令的第一篇。后用为法令的通称。

[4] 长贰（cháng èr）：指官的正副职。

[5] 履任：到任、就任。

[6] 视篆：掌印视事。官印例用篆文，故称。

[7] 庥（xiū）庇：荫庇、庇护。

[8] 去思：谓地方士民对离职官吏的怀念。

[9] 时飨：时享。太庙四时的祭祀。

[10]仍旧：照前不变或恢复原状。

[11]逮赴：犹逮送。

[12]鞫（jū）：审问犯人

[13]郡庭：郡署的公堂。

[14]直前：径直向前。

[15]猗与：叹词。表示赞美。

[16]钦承：恭敬地继承或承受。

[17]匪懈：不懈怠。

[18]慝（tè）：隐藏，把心隐藏起来，存有邪念。

[19]蠲（juān）：免除，同"捐"。

[20]觌（dí）：见、相见。

[21]有赖：有依靠。

[22]罔替：不更替、不废除。

[23]与闻：谓参与其事并且得知内情。

[24]摅（shū）诚：犹竭诚。

[25]默佑：暗中保佑。

【参考译文】

　　《礼记》上说："人世间有礼乐，幽冥中有鬼神。"振兴礼乐首先是各地方长官的责任，带着礼物去拜见鬼神那离人最近的就是城隍了。人间与阴间虽然不同，但对于人来说都很重要。

　　我朝太祖皇帝，统一天下，设立官职，规范祭祀制度，凡事天下郡县有官署的地方，也都一定要建城隍庙。每年对城隍进行祭祀的事总是写在第一篇诏书中，各郡县的正副官员上任之初，也一定到庙中告知城隍后才开始上任开展工作。这大概是希望官与神同心同德，共同庇护百姓吧。所以郡县的官员发挥其职能顺遂百姓的生计，鬼神昭显灵异来掌控百姓的生命。那么百姓对官员就报以离职后的思念，对鬼神则拿贡品来祭祀，这也是互相感应的道理，不可以否定呀。

保定府下属的庆都县，县城西北角原来有城隍庙，庙的名称和其他的城隍庙没有什么不同，庙中的神特别灵验，平复灾难抵御贼寇，英勇刚毅赫赫有名。人们偶遇有难事，到庙中祈祷就会有求必应。庆都人少参张舜元先生，在他写的碑文中对这件事的记载很详细。但是原来的城隍庙规模十分狭小，不足以用来安置城隍神。嘉靖己亥年（1539）三月，县令辽阳人张世禄先生曾经修葺了一次，也只是修缮了一下，规模照旧没有多大变化。

己未年三月，德高望重的赵宁等人商议想要扩建城隍庙，让庙更壮观一些。县丞山阴人赵梦贤先生、县令闻喜县人景一元先生，先后到任，实心倡导这事。于是准备材料集合工匠，后如期完工。建造大殿三间、穿堂、东西厢房、仪门、甬路，庙的规模略略具备，又续建门房一间，雕塑神像两座，建后殿东西厢房八间，设置了钟鼓，香炉、石磬都换成了新的，至于床、帷、镜、盂、案、椅、龛、舆，依礼法应有的，没有一件不完备的。

出身名门望族曾经担任过少参的张舜元和俎沛打官司，他的儿子柏年是我的女婿。丙寅年六月将他们逮送郡城，准备第二天移交官府审理。夜里有人逃跑，掉进井里，有人想借此诬陷柏年。众人害怕，返回到县里然后到城隍庙祈祷，希望能够借助神的指引找到是谁干的。等到把人拘留起来进行审讯的时候，那个逃跑的人直接上前承认了，好像有什么指使一样。柏年等人也因此证得清白，免受其累。因此捐出银子重塑了一尊全身神像。

隆庆元年（1567）正月，赵宁等又募集到钱财，又修建大坊三间，题名"显应侯神祠"。正梁和屋子高大敞亮，神像塑造得很庄严，庙的规模很完备了，安置神灵很适合。哎呀，修庙的事太盛大了。这件事开始于嘉靖三十八年（1559）三月，完工于隆庆元年六月上旬。

这个月，柏年和赵宁等人，奉县官的命令来向我征文。我说：哎呀，哪里知道这件事有三层好处呀？城隍对黎民百姓大恩大德，崇拜祭祀城隍的人非常之多，感化之功深远广大，让人恭敬地接受不敢懈怠；那些愚蠢狂妄的坏人，在今天也会有所醒悟，努力消除思想上的阴霾，从而光明正大，侥幸逃过惩罚；官长在上，看冥冥中神的应验屡试不爽，相信幽明之间暗中相通的道理，做到中和以振兴礼乐。这是合乎神意顺应民心的，这是我们国家所以体恤祭祀城隍神的用意，是为了不辜负庆都百姓。从此以往，就更有依靠了吧?

修庙这件事，从当初商量，一以贯之，不改初衷，用心用力的有景先生和赵先生在先；而祭祀神灵，安抚百姓，征求碑记，传之后人使之发挥教育作用的事情，就是新任县令登州人浦之云先生了；对这件事知情并积极参与，愿意它完成的，还有县丞会稽人景邦卿先生、典史黄冈人姜廷椿先生和庠训新郑人刘麟先生；竭诚出力办事，从开始谋划到最终完成，就是赵宁诸人的功劳了；而柏年也感受到城隍神的默默护佑，出了些力，按惯例一并记录在这里。

【作者简介】

刘恩，字以忠，高阳人，正德庚辰进士。初任宝应县知县，召入京，授怀庆同知。升刑部员外，累迁湖广参议。致仕归祀宝应名宦祠。（详见光绪《保定府志》、民国《清苑县志》）

【背景解读】

景一元修建庆都城隍庙，功德圆满，升任济宁知州。

原河南左参议张舜元之子张柏年，因牵连人命官司，祈祷于城隍庙，亦有灵应，事后捐款还愿。与乡绅赵宁等议修庆都城隍庙。

明隆庆元年正月开始动工，历时五月，竣工于当年六月初一。复修城隍庙三楹大牌坊，匾额金字题写"显应侯神祠"。

当年六月，张柏年与赵宁等受时任庆都县令浦之云所托，拜求张柏年的岳父、湖广布政司左参议刘恩撰写《重修城隍庙记》。记录了自嘉靖三十八年（1559）三月至隆庆元年六月重修城隍庙的起因与经过。后由庆都县令浦之云、县丞景邦卿、典史姜廷椿、庠训刘麟，刻碑立石于城隍庙内。

"浦之云，登州人，岁贡。御史鉉子，任庆都知县"。（详见道光《荣成县志》）

"典史姜廷椿，湖北黄岗人"。（详见乾隆《望都县新志》）

据民国二十三年出版的《望都县志》记载："《重修城隍庙碑记》，明隆庆元年立石，高阳布政刘恩撰，今失所在。"

清康熙十七年《重修城隍庙记并颂》

清·麻 垶

【碑文】

庆之有城隍^[1]神祠，厥^[2]由旧矣。顾以岁久年湮^[3]，日就倾圮^[4]。风雨漏穿，香火闃寂^[5]，庭除^[6]户牖^[7]间乌鼠依焉。有志之士每欲更新之，缘倡率^[8]无人，每致慨于有怀莫既^[9]。

今上十有三年，特简^[10]李公天玑来尹^[11]兹土。至之日，斋宿^[12]于庙，见之毅然曰："城与隍^[13]所以卫民而宰^[14]之者，神也。妥神者，庙也。庙既毁圮，神将焉依？民之不宁，职^[15]此故哉？闻之，治民、事神守土者之责也。"遂慨然以修复为任。又云："古之圣王，先成民而后致力于神。民者，神之主也。今庆之民亦云劳^[16]矣，抚绥^[17]其可缓。民之财亦云殚矣，物力其可办，遽^[18]举之弗遑^[19]也。"

阅^[20]二载丙辰，政平讼理，事集民安，乃下令曰："愿新庙者听^[21]。"于是，庶民踊跃趋事^[22]，工匠纷若云集，持图荷锸^[23]，不期而至者数百人，争先恐后，如治己事。诹^[24]以中秋^[25]二十七日举役，易其榱题^[26]，饰其丹臒^[27]，内之正宇、后寝以及旁之两廊，钟鼓楼外之门并甬道、萧墙^[28]之属，莫不焕然一新。复以旁之隙地^[29]创道院、茶厅，周缭以垣。数十年废堕^[30]，一旦修举^[31]。而廓^[32]其湫隘^[33]，增所未有，盖逾于鼎建矣。孟冬^[34]朔日^[35]告成^[36]，公率邑之荐绅^[37]士庶拜瞻祠下，礼成，命予记之。

尝考城隍之神，载在祀典^[38]，职^[39]之太常^[40]，历代来都邑海隅^[41]罔^[42]不尊奉^[43]尸祝^[44]。至明太祖始列其爵，郡为公，

州为侯，县为伯，邑神伯爵也。世宗时晋秩[45]为侯，国朝因而祀之。凡水旱疾疫惟神是祷，盖大有功德[46]于民者也。公甫下车，即不忘事神之义，然必迟之又久，举[47]其事于民力既裕之后，公之惠吾庆人至矣。夫捍御祸灾神之功也，爱养[48]黎庶公之德也。公治于明，神治于幽，吾庆人自此其宁乎？古云："信而后劳其民。"今者，公令始播，而人情孔殷[49]，浃月[50]功毕，"勿亟子来"之状宛若再睹，此庆人之信乎？公也深矣。昔唐梁公仁杰毁淫祠[51]千有七百，史氏[52]善之。公以理民之余，特崇正祀，所云易地则皆然也。夫卑陋[53]则易生玩亵[54]心，顾瞻雄丽未有不肃然者，盖精神戢[55]则敬畏生，敬畏生则易教以善。是举也，岂徒以金碧辉煌彪炳[56]耳目夸示逞尔哉？此又公之微意[57]不以告人而余独知之者。唐袁州庙成，昌黎[58]记之，元大都庙成，邵庵[59]记之，兹又乌[60]可泯而无述焉？

公，营州人，筮仕[61]河南黍邱。其为政皆有本末，一以忧民为心，老泉[62]所云，大事公可属[63]也。颂曰：

皇帝乘乾[64]御万方，简任循吏[65]普嘉祥。

我公分符[66]来帝乡，轻刑缓赋惠泽[67]长。

民有庆兮矢[68]城隍，材既裕兮工复良。

成之不日貌其昌，垣墉巩兮壁流光。

躬亲属隶陈烝尝[69]，牲牷[70]鸡爆羞[71]一觞[72]。

神无恫[73]兮冥降康，自今以始岁其穰[74]。

于皇[75]来牟[76]盈我仓，父老扶节观道旁。

称颂公功其能忘，曰杀羔羊跻[77]公堂。

以介景福[78]称[79]兕觥[80]，瑅[81]珉[82]纪胜绘芬芳。

愿皇图[83]永固兮，历数[84]无疆。

【注释】

[1]城隍:是中国宗教文化中普遍崇祀的重要神祇之一,为儒教《周官》八神之一。也是中国民间和道教信奉守护城池之神。

[2]厥(jué):文言代词。相当于"其"。

[3]湮:淹没。

[4]圮(pǐ):毁坏、倒塌。

[5]闃(qù)寂:寂静。

[6]除:台阶。

[7]牖(yǒu):窗户。

[8]倡率(chàng lǜ):率先从事、引导。

[9]既:完、尽。引申为完成。

[10]特简:指皇帝对官吏的破格选用。

[11]尹:治理。

[12]斋宿:在祭祀或典礼前,先一日斋戒独宿,表示虔诚。

[13]隍:没有水的城壕。

[14]宰:主管、主持。

[15]职:只、仅。

[16]劳:劳苦;疲劳。

[17]抚绥(fǔ suí):安抚、安定。

[18]遽(jù):匆忙、急。

[19]遑:空闲、闲暇。

[20]阅:经历、经过。

[21]听:听从。

[22]趋事:犹侍奉。

[23]锸(chā):古代一种掘土用的工具。

[24]诹(zōu):选择。

[25]中秋：应为"仲秋"，即秋季的第二个月，即农历八月。

[26]榱题（cuī tí）：屋椽的端头。通常伸出屋檐，因通称出檐。

[27]丹臒：可供涂饰的红色颜料。

[28]萧墙：照壁。

[29]隙地：空地。

[30]废堕：废弃不举。

[31]修举：兴复、恢复。

[32]廓：开拓、扩大。

[33]湫隘（jiǎo ài）：低下狭小。

[34]孟冬：冬季的第一个月，即农历十月。

[35]朔日：中国农历将朔日定为每月的第一天，即初一。

[36]告成：（较重要的工作）宣告完成。

[37]荐绅：即"缙绅"。古代高级官吏的装束。亦指有官职或做过官的人。

[38]祀典：记载祭祀仪礼的典籍。

[39]职：掌管、职掌。

[40]太常：官名。秦置奉常，为九卿之一，掌宗庙礼仪。后改为"太常"。

[41]海隅：指海角，海边。常指僻远的地方。

[42]罔：无、没有。

[43]尊奉：尊敬崇尚。

[44]尸祝：祭祀。

[45]晋秩：进升官职或等级。

[46]功德：功劳和恩德。

[47]举：兴起、起。

[48]爱养：爱护养育。

[49]孔殷：众多、繁多。

[50]浃月：一个月，或两个月。

［51］淫祠：不合礼义而设置的祠庙，邪祠。

［52］史氏：史家、史官。

［53］卑陋：低矮简陋。

［54］亵：轻慢、不庄重。

［55］戢：收敛。

［56］彪炳：文采焕发、照耀。

［57］微意：隐藏、精深之意。

［58］昌黎：即唐代文学家韩愈。他常自称郡望昌黎，后世因而尊称他为"昌黎先生"。

［59］邵庵：元代学者、诗人虞集，世称邵庵先生。

［60］乌：疑问代词。何，哪里（多用于反问）。

［61］筮仕：指初出做官。

［62］老泉：北宋文学家苏洵，自号老泉，"唐宋八大家"之一。

［63］属（zhǔ）：古同"嘱"，即托付。

［64］乘乾：指登极为帝。

［65］循吏：循吏是奉公守法的官吏，就是好官。

［66］分符：犹剖符。谓帝王封官授爵，分与符节的一半作为信物。

［67］惠泽：惠爱与恩泽。

［68］矢（shì）：古同"誓"。

［69］烝尝：本指秋冬二祭。后亦泛称祭祀。

［70］牲牷（shēng quán）：古代祭祀用的纯色全牲。

［71］羞（xiū）：同"馐"，指美味的食品。

［72］觞（shāng）：古代称酒杯。

［73］恫（dòng）：恐惧、吓唬。

［74］禳：向鬼神祈祷消除灾殃。

［75］于皇：叹词。用于赞美。

[76] 来牟（lái móu）：古时种植的大麦、小麦的统称。

[77] 跻：登、上升。

[78] 景福：洪福、大福。

[79] 称：举。

[80] 兕觥（sì gōng）：古代酒器。

[81] 瑱（tiàn）：古代的一种饰玉。

[82] 珉（mín）：意指像玉的石头，一种石头。

[83] 皇图：封建王朝的版图。亦指封建王朝。

[84] 历数：指帝王继承的次序。

【参考译文】

庆都县原有城隍庙，它由来已经很久了，故而因为年代久远经过岁月的侵蚀已经日渐倒塌破败，不能遮风避雨，香火也就断了，只剩下残破的院落、台阶、门窗孤寂地留在那里。县内的有志之士每每想重新修整它，因为缺少领头的人而不能进行，每次都让人深深感到空有良好的愿望却难以实现的遗憾。

当今皇上十三年时，破格选用李先生天玑来庆都任职。到任之日祭拜城隍庙，见到那破败景象感慨说："城池与护城河是用来保卫百姓的，而主宰它们的是城隍神。能够安置城隍神的是城隍庙。城隍庙倒塌毁坏成这样，城隍神将要在哪里依存呢？老百姓得不到安宁，莫非仅是因为这个原因吗？听说管理百姓、敬奉神灵是地方官的职责呀。"于是李县令很慷慨地把修复城隍庙当作自己的工作。李县令又说道："古代的圣贤帝王，都是先成全百姓的生活而后才致力于敬奉神灵。百姓才是神的主人呀。今天庆都的百姓也很劳苦了，应该先安抚他们使他们安定。百姓的财力也很匮乏了，他们的物力也是少得数都数得过来，仓促间组织修庙这事恐怕不合适。"过了两年到了丙辰年，这时县里政治清平、诉讼理顺、事情办结、百姓安定，于是李县令下命令说："愿意修庙的人们来这里听命。"全县的百姓踊跃响应乐听差遣，工匠们也络绎不绝云集而来，拿着图纸背着工具、不约而来的人们达到数百人之多，人们争先恐后就像办自己家的事那样积极。选择农历八月二十七日开始施工，换掉城隍庙的屋橼，用颜料粉刷了庙宇内外的墙壁，城隍庙里的正殿、后边的寝室以及两侧廊房、钟鼓楼，庙外的大门屏风、甬道、照壁之类的建筑，全部都焕然一新。又利用庙旁的空地建了道院、茶厅，庙的周围用围墙圈好。数十年废弃的城隍庙，一时间得到了修复，并且改变原来低下狭小的状况，扩大了它的规模，增加了它原来没有的建筑，不啻于新建的样子。到十月初一日宣告完工，李县令率领县内的官员、学子和百姓到城隍庙瞻仰祭拜，礼仪完成后嘱咐我把修庙的事记录下来。

我曾经查证过，关于城隍神的最早记载是在《祀典》这部书里，城隍神掌管着相当于今日太常的职权，历朝历代无论是大都市还是小县城都对它敬奉祭祀。到明太祖时，才开始封城隍神的爵位，郡神封为公爵，州神封为侯爵，县神封为伯爵，所以庆都县的城隍神为伯爵。明世宗时将庆都县城隍加封为侯爵，我朝沿袭此制度而祭祀城隍神。凡是有水涝灾害和疾病疫情百姓都对它祭拜祈祷，大概它对百姓有很大的功用和恩德吧。李县令刚到任，就不忘敬奉城隍神这件大事，然而又必须推迟很久，等到百姓财力富裕之后才举办修庙这件事，李县令对庆都县百姓的恩惠也是达到了极点了。抵御灾祸是神的功劳，那么爱护安抚黎民百姓就是李县令的功德了。李县令在明处施治，神灵在暗处相助，我们庆都人应该从此得到安宁了吧。古话说：当官的先树立诚信而后才可以劳动百姓。到今天李县令才下令修庙，而人们群情激昂响应者众多，仅一个月的时间就完工，李县令刚来时的情形好像再次呈现眼前，这莫非就是庆都人的诚信吗？李县令也真的是深知为官之道呀。以前唐朝梁国公狄仁杰毁掉邪祠一千七百座，史学家们都认为他做得好。李县令在管理百姓之余，特意尊崇符合礼仪的祭祀，所说的话放到哪里都是对的。神庙低矮简陋就容易使人心生亵慢，瞻仰雄伟壮丽的庙宇就让人肃然起敬，大概精神收敛就生出敬畏心，人有敬畏心就易于教其行善吧。修庙这件事，难道只是用耀人耳目金碧辉煌的外表以求炫耀于远近地方吗？这又是李县令不以示人而我独自明白的深刻用意呀。唐朝袁州城隍庙修成，有韩愈先生记述了它，元朝大都的城隍庙修成，有虞集先生记述了它。今天李县令修庙这件事又怎么可以任其泯灭而没有记述？

　　李县令是营州人，初出任官在黍邱。他的为政之道都有主次，一心牵挂百姓的生活，就像宋代苏洵老先生说得那样，遇到大事先生是值得托付的。在此以诗称颂李县令：

　　　　　　　我皇高瞻远瞩统御万方，

　　　　　　　选贤任能为百姓带来吉祥。

　　　　　　　李县令奉命来到庆都，

　　　　　　　这个尧帝发祥的地方。

　　　　　　　他轻刑缓赋，

　　　　　　　对百姓的恩泽地久天长。

　　　　　　　百姓们额手相庆，

　　　　　　　立志重修庙宇供奉城隍。

　　　　　　　选材用料丰富足用，

　　　　　　　尽善尽美做工精良。

　　　　　　　墙壁建得那么结实，

　　　　　　　粉刷得异彩流光。

　　　　　　　李县令亲自安排指挥得当，

　　　　　　　将美酒佳肴一一献上，

　　　　　　　祈求神灵降下幸福安康——

　　　　　　　从今而始，

　　　　　　　五谷丰登，

　　　　　　　年年岁岁，

　　　　　　　实囤满仓。

　　　　　　　父老乡亲持杖在路旁观望，

称颂李县令的功德永远不能忘。

还要杀猪宰羊送到公堂上。

请举起酒杯，

同祝吉祥安康。

要把李县令的功绩铭刻在石碑上，

让清官循吏千古流芳。

祝愿我朝疆山永固，万寿无疆。

【作者简介】

麻埭，见前 71 页。

【背景解读】

清康熙十五年（1676），庆都邑令李天玑重修城隍庙。工期自当年农历八月二十七日开始，竣工于当年十月初一日。竣工当日，李天玑带领县里士绅在庙中举行落成典礼，麻埭应邀参加此次盛会，受命撰写《重修城隍庙记》，记录了此次修复过程。后由张朝相书碑，于清康熙十七年刻碑立石于城隍庙，该碑高一丈五尺，宽二尺七寸。

据民国二十三年编纂的《望都县志》记载："清康熙十五年，（原县志记录为十三年，经考证当为康熙十五年）邑令李天玑重修城隍庙，并捐庙田，有碑二，其一失所在。雍正二年（1724），邑令刘绍曾重修（城隍庙），有碑，失所在。"

康熙十七年《李公义捐庙田记》

清·傅云举

【碑文】

邑城东隅，旧[1]连尧母台，胜国[2]景泰七年，邑宰唐公恢而扩之[3]，然纡[4]池径中余隙地[5]一区，凹凸参错[6]，弃为废土，厥后屡经荡平，开掘种稻，传为公家养廉[7]之物久矣。

古营州李公以甲寅季冬来莅[8]，越岁乙卯，既新城隍庙矣，又虑香灯不继，爰以是田析而两之，捐其半于学宫，以饬[9]笾豆，捐其半于隍庙，以继香灯。噫嘻！是田也，虽为数甚微，亦足以稍訾釜[10]爨[11]，况值新俸俱裁时乎？公乃不以自奉而以之奉神，所谓菲饮食而致孝乎鬼神[12]也。

人为善，惟日不足，信[13]夫？遂石其事，以告来者。

【注释】

[1]旧：旧时、原来。

[2]胜国：指前朝，被我方战胜之国。

[3]恢而扩之：扩充；发展。

[4]纡（yū）：弯曲、绕弯。

[5]隙地：空着的地方。

[6]参错：参差交错。

[7]养廉：清官员于正俸外加给的一种收入。

[8]来莅：到任。

[9]饬：整顿、整治、使整齐。

[10]釜（fǔ）：古代炊器，可视为现代锅的前身。

[11]爨（cuàn）：炉灶。

[12]菲饮食而致孝乎鬼神：虽然自己饮食很简陋却把祭祀的贡品准备得很丰盛。典出《论语》，原文：子曰："禹，吾无间然矣。菲饮食而致孝乎鬼神，恶衣服而致美乎黻冕，卑宫室而尽力乎沟洫。禹，吾无间然矣。"

[13]信：真实。

【参考译文】

县城东边，原来是紧靠尧母陵的。明朝景泰七年（1456），县令唐先生扩大了县城规模，然而弯曲的护城河河道边留下了空地一块，高低不平参差错落，被放弃成为废地，从那以后经过多次平整，挖掘开垦种上了水稻，成为公家人的额外俸禄时间已经很久了。

古营州的李先生在甲寅年十二月到这里任职，过了一年到乙卯年，新建了城隍庙之后，又考虑到庙里香火不继，于是把这块地一分为二，一半捐给学校，用来备齐祭祀用的笾豆等祭器、祭品，一半捐给城隍庙，用来供给庙里的香火。哎呀，这块地虽然很小，也足以满足眼前的饮食供给，何况正赶上裁减官员俸禄的这个时节呢？李县令却不用它来供给自身而用来供奉神灵，这就是所说的自己虽然饮食粗陋却尽力使祭祀的贡品丰盛吧。

古代人行善，只怕时日不够，真的是这样吗？于是在石碑上刻下这件事，用来告诉后来的人。

【作者简介】

傅云举，见前 38 页。

【背景解读】

尧母陵外护城河边有一块官地，其上面的产出本是用作县令养廉银的。清康熙十五年，城隍庙重修之后，庆都县令李天玑担心庙中经费不足，便捐出其中一半土地给城隍庙，佃租收入为城隍庙的香火钱。由望都籍岁贡傅云举撰写了《李公义捐庙田记》，刻碑立石城隍庙中。

民国十八年（1929）秋，时任县长白殿璋尽毁城隍庙神像。

抗日战争时期，城隍庙曾作为望都完全小学校址。解放战争之后，城隍庙毁，此碑不知所踪。

明万历三年《鼎建[1]圣母庙碑记》

明·安三乐

【碑文】

尝诵诗至《生民》[2]、《崧高》[3]，知上古自姜源已有禋祀[4]郊禖[5]，久被[6]无子，诞生后稷之灵异。下逮[7]申伯、甫侯咸称方岳[8]降祥[9]。及揽[10]太极圣迹二图，又知乾男坤女固阴阳化醇[11]常道[12]。若麟吐玉书[13]，乐奏钧天[14]，二龙绕室，五老[15]降庭，笃生[16]至圣，如孔母亦尝尼山[17]致祷[18]。盖天地同体，造物[19]权舆[20]，鬼神分秉[21]造化[22]枢纽[23]，幽明[24]一诚[25]感应[26]，信乎！千古同辙[27]，此后世乞嗣之说所由起，圣母庙制所由建也。吾邑本唐尧圣里，都城北门表岳庙森严，灵宫[28]秘宇[29]，琳馆[30]珠庭[31]，允为云洞[32]福区。奈右连溪水，淫雨时注，辄成巨滔，环带若半璧[33]，甚至经月弗涸。舆马民物艰通，人皆苦之，莫知所度。嘉靖丙寅春，乡之善人有史君名官者，举大议[34]，率众卜吉，欲筑其地为基址，鼎建母庙以便祀祷。会众心乐从，一唱百和。遂各捐金募役，土木并兴，旬余转溪为阜[35]。相形[36]定制，次第督工肇造[37]。中起大殿三间以妥母仪，碧霞普照蓬莱，别是尘寰阆苑[38]。革鸟飞翚[39]，华藻媲美乎宫阙[40]；盘龙舞凤，金珠争光于日月。东西直两廊亦各三楹相抵，内塑神属女侍分掌[41]化生[42]之像。南立应门[43]，便出入以栖[44]神之使令，左右碑楼，上下皆砌，巍峨壮丽，焕然一新，直与岳庙昂霄[45]峰峙。峦岫[46]空阁、水晶瑶池[47]，其上游，佳致备载，灵玕[48]可考，岂非都邑之胜概[49]乎？

今甲戌孟夏^[50]，庙貌告成肃雍^[51]，奔走者争趋。是可见神因人而赫灵益耀；人敬神而善念愈兴，毋^[52]其潜通默相，厚培元气于乾坤，亦俾^[53]都岳钟英^[54]，滋海孕秀^[55]，汇生贤佐^[56]，不啻维申及甫^[57]，溥^[58]泽四海，遂生衍^[59]圣化，万方复性^[60]，翊赞^[61]我国家重熙累洽^[62]之盛，跻^[63]斯民于太平仁寿^[64]之域，此皆圣神可致至公而无私者。

要之，锡^[65]祚胤^[66]惟神，致祚胤惟人。子姓^[67]产自心田，果宅心正直仁厚，则和气致祥为休征^[68]，子孙光照前代，庆延^[69]后昆^[70]；或曲懘^[71]薄忍，乖气致戾^[72]，子孙多济恶^[73]不才，荡业覆宗^[74]，虽朝夕祈祭庙堂，神亦罔歆^[75]。一诚感应于幽明，其理如此，孰谓麟趾^[76]螽斯^[77]可幸致^[78]哉？

虽然，是庙之建成于众人之信心，起于史君之首善。历数载如一日，始终虔恳^[79]弗替，竟落成。厥工均之有功于神者，良^[80]可记矣。第^[81]愧言不足以经世，既非^[82]鬼神之情状，又非或于不可知者，姑援诗据图，从俗^[83]寓易俗之义，聊^[84]以应一方士民之请，俟^[85]后之君子登斯庙者，了然知鼎建之有自云^[86]，是为记。

【注释】

[1]鼎建：营建。

[2]《生民》：即《大雅·生民》，是中国古代第一部诗歌总集《诗经》中的一首诗，是周民族的史诗之一。

[3]《崧高》：即《大雅·崧高》，也是《诗经》中的一首诗。

[4]禋祀（yīn sì）：古代祭天的一种礼仪。先燔柴升烟，再加牲体或玉帛于柴上焚烧。

[5]郊禖（jiāo méi）：古帝王求子所祭之神。其祠在郊，故称。《诗·大

雅·生民》："克禋克祀，以弗无子"。毛传："弗，去也，去无子，求有子，古者必立郊禖焉。玄鸟至之日，以太牢祠于郊禖，天子亲往，后妃率九嫔御。乃礼天子所御，带以弓韣，授以弓矢，于郊禖之前。"郑玄笺："姜嫄之生后稷如何乎？乃禋祀上帝于郊禖，以祓除其无子之疾而得其福也。"陈奂传疏："郊禖即禖，官于郊，故谓之郊禖。"

[6] 祓（fú）：古代一种除灾去邪的祭祀活动。

[7] 下逮：往下一直到。

[8] 方岳：四方之山岳。古指东岳泰山、西岳华山、南岳衡山、北岳恒山。

[9] 降祥：降下吉祥。

[10] 揽：取。

[11] 化醇：变化而精醇。

[12] 常道：一定的法则、规律；常有的现象。

[13] 玉书：表示祥瑞的书简。晋王嘉《拾遗记·周灵王》："夫子未生时，有麟吐玉书于阙里人家。文云：'水精之子，继衰周而素王。'"

[14] 钧天：古代神话传说指天之中央。

[15] 五老：神话传说中的五星之精。《竹书纪年》卷上："率舜等升首山，遵河渚，有五老游焉，盖五星之精也。"

[16] 笃生：谓生而得天独厚。

[17] 尼山：山名，位于曲阜市城东南30公里，曾属于邹县（现山东省邹城市）。

[18] 致祷：进行祈祷。

[19] 造物：创造万物，也指创造万物的神力。

[20] 权舆：起始。

[21] 秉：掌握、主持。

[22] 造化：福分、好运气。

[23] 枢纽：指重要的部分，事物相互联系的中心环节，也指重要的

地点或事物关键之处

[24] 幽明：指有形和无形的事物。此处指的是人和神。

[25] 一诚：专诚。

[26] 感应：谓神明对人事的反响。

[27] 同辙：思想、行为一致。

[28] 灵宫：用以供奉神灵的宫阙楼观。

[29] 秘宇：深殿。

[30] 琳馆：仙宫。宫殿、道院的美称。

[31] 珠庭：仙人的宫院、仙境。

[32] 云洞：指隐逸者或仙人的居处。

[33] 半璧：半圆形的玉器。

[34] 大议：谓对国家大事的意见、建议。

[35] 阜：高地。

[36] 相形：亦作"相刑"。相互比较、对照。

[37] 肇造：始建的意思。

[38] 尘寰阆苑（làng yuàn）：人间仙境。

[39] 翚（huī）：古书上指有五彩羽毛的雉。

[40] 宫阙（què）：帝王所居宫殿的总称。

[41] 分掌：分管。

[42] 化生：化育生长、变化产生。

[43] 应门：正门。

[44] 栖：鸟在树枝或巢中停息。也泛指居住或停留。

[45] 昂霄：高出云霄。

[46] 峦岫（luán xiù）：山峰。

[47] 瑶池：美池。多指宫苑中的池。

[48] 玕（gān）：像珠子一样的美石。借指石碑。

[49] 胜概：胜景。

[50] 孟夏：夏季的第一个月，农历四月。

[51] 肃雍：亦作"肃邕"。庄严雍容，整齐和谐。

[52] 母：圣母。

[53] 俾：使（达到某种效果）。

[54] 钟英：极其优异。

[55] 秀：特别优异的人才。

[56] 贤佐：贤明的辅臣。

[57] 维申及甫：维，发语词；申，申伯。周宣王的舅父。甫，指周宣王的大臣仲山甫。

[58] 溥：同"普"，普遍。

[59] 生衍：逐步增加。

[60] 复性：谓恢复本性之善。

[61] 翊（yì）赞：辅助。

[62] 重熙累洽：谓前后功绩相继，累世升平。

[63] 跻：登、上升。

[64] 仁寿：有仁德而长寿。

[65] 锡：通"赐"，赐予。

[66] 祚胤（zuò yìn）：福运及于后代子孙。

[67] 子姓：泛指子孙、后辈。

[68] 休征：吉祥的征兆。

[69] 庆延：谓福泽绵延。

[70] 后昆：后嗣、子孙。

[71] 慝（tè）：邪恶、罪恶、恶念。

[72] 乖气致戾：指不和招致祸患。乖，不和谐；戾，罪。

[73] 济恶：谓相助作恶。

[74]覆宗：毁败宗族、灭族。

[75]歆：降福。

[76]麟趾：比喻子孙昌盛。

[77]螽（zhōng）斯：《诗·周南·螽斯序》："螽斯，后妃子孙众多也，言若螽斯不妒忌，则子孙众多也。"后用为多子之典实。

[78]幸致：侥幸得到。

[79]虔恳：诚恳祈求。

[80]良：很、非常。

[81]第：但是。

[82]非：不合于。

[83]从俗：依从习俗。

[84]聊：姑且。

[85]俟（sì）：等待。

[86]云：文言助词，无实意。

【参考译文】

我曾经读到《诗经》中《生民》《崧高》两首诗，知道上古时代就有姜源祭祀郊禖神，祈求神灵清除得子的障碍，并如愿生下后稷这样的灵异事件，往下到申伯、甫侯出生也都号称是四方山岳降下吉祥。等到看了太极、圣迹两张图，又知道男人和女人是阴阳二气精妙变化的自然结果。按照通常规律如果出现麒麟衔来玉书、天空中传来仙乐、两条龙在室内环绕、五位神仙降临庭室这样的景象，一定得天独厚降生圣人。比如孔子的母亲也曾经到尼山去祭祀求子。大概天地同体是万物的起始，鬼神分别掌管着好运气的关键，一切全靠人和神的专诚感应，确实是这样吧？千古以来道理是相通的，这就是后代人求子嗣说法的由来，也是建立圣母庙的原因。我们县原本是尧帝的故里，县城北门外的泰岳庙建得很庄严，有供奉神灵的深宫大殿和像仙人居住的美好庭院，真可说是洞天福地。奈何右边靠近溪水，常下大雨，雨水不时注入，就形成了大水洼，围着泰岳庙像半圆形的玉璧，甚至一个月都不干涸。车马行人物资都难于通行，百姓都很苦恼，不知道该怎么办。嘉靖丙寅年（1566）春天，县里德高望重的史宫先生，发出倡议并率领众人选择良辰吉日，要在那里建地基，营建圣母庙以方便祭祀祈祷。正好大家都乐意相随，一呼百应。于是各自捐钱出力，土木等材料都备齐了，用了一旬的时间就把洼地筑成了土山。根据地形确定建设规划，依次监工开始建庙。中间建起三间大殿供奉圣母像，碧霞元君娘娘普照蓬莱，更像是人间仙境。有兽皮做的鸟和五彩羽毛的雉，色彩艳丽可与宫殿相比。有盘踞的龙、飞舞的凤，就像金珠可与日月争光。东西两侧也相对着各建三间屋子，里面塑了分管化育生长职权的神仙和女侍的神像。南面建了正门，可以让神的使者方便出入。左右两侧的碑楼，从上到下都进行了装饰，高大壮丽，焕然一新，真可以与泰岳庙相对峙高达云霄。峰峦高阁、水晶般的瑶池，上面的景致真的是应有尽有，还有美玉镌刻的石碑可供考证，这难道不是县城中的胜景吗？

到今年，甲戌年（1574）的初夏，圣母庙宣告完成。庙宇建得庄严雍容，引得人们争相前来观览。从这可以看出，神因为人而更加显赫，更加光彩夺目；人因为敬奉神灵而善念越发旺盛。圣母于冥冥之中已经感受到人的所思所想，培养深厚的元气于天地之间使望都山水钟灵毓秀，人才荟萃成为贤明的辅臣，不异于申伯、甫侯那样能普济天下苍生的人，于是逐渐增加达到神圣的境界，使万物恢复本性之善。辅助我朝皇帝世代圣明，我们的国家永远繁荣昌盛，让人们都生活在太平盛世，享有仁爱长寿。这都是圣母娘娘的神灵大公无私的原因呀！

要紧的是，赐福于子孙的只有神，而要想让子孙获得福荫那就要靠人。子孙后辈的幸福其实是产自人的心田，果真用心正直仁厚，就会因正气招来各种吉兆，子孙发达光宗耀祖，并且福报延续到后代；如果做事阴险刻薄残忍，那邪气就会招致罪过，子孙多相助做恶不成才，会败光家业颠覆宗族。即便早晚在庙堂祭祀祈求，神灵也不稀罕，不会给予佑护。这些都是人和神专诚感应的结果，道理就是这样。谁敢说子孙昌盛是侥幸可以得到的呢？

虽是这样，但这庙的建成是因为有众人对圣母的信仰之心，缘起于史先生首行善举。大家经历数年如一日，始终孜孜以求没有改变，终于完成这建庙的工程。大家都是有功于神的人，实在是可以记述的。但是很惭愧自己的文章不能流传于世，既不合于鬼神的情状，又怕对那些不了解情况而想知道这件事的人说不明白。姑且根据《诗经》和二图的记述，依从习俗以寄寓移风易俗的深意，暂且以此应和县里百姓的请托，希望以后登临此庙的君子，清楚地知道建庙的缘起和始末，谨以此文作为记载。

【作者简介】

安三乐，生卒年不详，明嘉靖、万历年间名儒，直隶庆都（今河北望都）县人。生平事迹现存历版望都县志均无记载。其名三乐，出处疑来自于《孟子·尽心上》。"孟子曰：'君子有三乐，而王天下不与存焉。父母俱存，兄弟无故，一乐也；仰不愧于天，俯不怍于人，二乐也；得天下英才而教育之，三乐也。'"

【背景解读】

明嘉靖四十五年（1566）春，望都乡绅史官在五岳庙偏西选址，倡建圣母庙。历时八年，于明万历二年（1574）夏得以竣工。中起大殿三楹，供奉碧霞元君圣母；东西两廊各有三楹，内塑神属女侍之像。南立应门，左右碑楼，巍峨壮丽，新增望都一景。

安三乐应命撰写《鼎建圣母庙碑记》，于万历三年刻碑立石于圣母庙内。

天启时典史吴廷瑞捐俸十两买田以供香火，曾有碑存庙。清雍正十一年（1733）邑人曲应文募化重修圣母庙，亦立有《重修泰山圣母行宫碑》存庙。但后二碑历版县志均无碑文记载。

2015年11月，在望都县城中华街铺设天然气管道工程中，清雍正十一年《重修泰山圣母行宫碑》残碑现世。工人杨春志立刻向文化部门报告，但没有引起足够重视，此碑再次被埋入地下。

明万历三年《新建泰山行宫记》

明·刘　珩

【碑文】

　　国朝奉天眷命，奄有[1]万方。海内治安，四夷宾服。推功[2]神明，肇称[3]报礼[4]。凡天下名山大川之神，皆遣人致祀，而崇奉独隆者，惟泰山为之尊焉。得非[5]以其位则东，其德则仁，其气则生，固非他山可拟。而其威烜赫福善祸淫足以警动乎人者，亦众身可得而济，是以天下郡邑多有行宫之建，此因上有秉礼毖祀[6]之君，则下必有相观为善之人，亦岂知神道速于感通[7]，自能使人敬畏祗事[8]者乎？

　　庆邑北岳庙前，旧有泰山小行宫。先有县主闻喜景一元暨乡致政少参张舜元见其狭隘，不足以妥神，曾有可于北岳庙西空地另行创建行宫之论，适有邑人史官、孙楫、邹保等共起虔诚，即行鸠工，垫覆基址，合邑之人闻风响应，咸负土如归，未半月而基址成。继后合邑各会善人随积资财以助成圣功者，不约而同。合县士夫香头[9]自来施钱以共成圣举者，不强而至。居中为正殿者三，东西为两楹者六，牌坊及前门者各三焉。丹碧辉煌，仑奂昭鲜明之美；冠佩森严，金泥壮有斐之章。其体制规模虽不足以拟其东岳泰山之盛，而颇极壮丽，足以耸一方之瞻仰，起居人之敬畏者也。积工二万有奇，用过钱六十万有奇[10]，改作于嘉靖丙寅三月，告成于万历二年四月。乃有本邑学庠陈计奇、郭嘉祥、邹大济、郭嘉瑞同会首[11]史官[12]等谒予为文以纪，予既书其本末乃为之飏言[13]曰："神之为德其盛矣乎？"传曰："发微[14]

而不可见，充周[15]而不可穷，之谓神。"《礼》曰："山林、川谷、丘陵能出云为风雨见怪物者，皆曰神。"诸侯在其地则祭之，观此则知神无往而不在。而吾心之敬又与神相为流通者也。盖建庙塑像人之所以昭如在之诚，达禋望之敬，无非求神以庇人者也。神为人而立，神既安其所止，人必受其所祉，神亦当其所庇者也。庆邑之耄倪[16]惟神其默相而保安之；一方之士庶，惟神其阴佑而绥宁之；鳞次之生齿，惟神其范围而蕃盛之。上以衍圣天子螽斯之祥，而本支百世[17]，有以与天而俱永；下以安天下兆庶之心，而本固邦宁，有以应地而无疆。则随在[18]显神道生成[19]之仁，历世颂神功曲成[20]之利矣。究其极而言之，神之所享者诚，其所以锡福于人者，必其立心制行，素合于神明者也。人之事神者诚，其所以能感格乎神明者，必其念虑营为[21]悉稽乎中德[22]也。然则，后之人欲祀乎泰山之神以求其繁祉[23]之锡者，其必先求端于立心制行，而后可。予因为之铭，俾后人敬歌以祀焉：

巍巍泰山，群岳之长。

惟昔帝王，咸行庙享。

彰善瘅恶[24]，凛然影响。

人心孚契，远迩敬仰。

建庙致祀，以答神贶。

体制规模，灿彩辉煌。

冠佩尊严，有仪可像。

玉检鲜明，有威可望。

神有所妥，人有所仰。

灵感合邑，渐被远方。

福及天子，宗社灵长。

眷我耄倪，俾盛尔昌。

泽润士类^[25]，咸沐其光。

恩暨有生，悉育其良。

歌颂神功，愈久弥彰。

尊崇奉祀，地久天长。

【注释】

[1]奄有：全部占有，多用于疆土。

[2]推功：推让功绩。

[3]肇称：始称。

[4]报礼：报答之礼。

[5]得非：莫非是。

[6]怹祀：谨慎祭祀。

[7]感通：谓此有所感而通于彼。意即一方的行为感动对方，从而导致相应的反应。

[8]祇事：恭敬事奉、敬于其事。

[9]香头：牵头组织香会的人。

[10]有奇：有余。

[11]会首：旧时民间各种叫作"会"的组织的发起人或主持人，也叫会头。

[12]史官：人名。

[13]飏言：犹言大力宣扬。

[14]发微：阐发微妙之处。

[15]充周：充满、充足。

[16]耄倪（mào ní）：老少。

[17]本支百世：子孙昌盛，百代不衰。

[18]随在：随处、随地。

[19]生成：养育。

[20]曲成：多方设法使有成就，委曲成全。

[21]营为：操劳、操办。

[22]中德：中正的德行。

[23]繁祉：多福。

[24]彰善瘅（dàn）恶：表彰美善，憎恨邪恶。

[25]士类：文人、士大夫的总称。

【参考译文】

　　有我朝承上天眷顾，拥有天下万方。境内社会安定，四方少数民族宾服。朝廷归功于神，开始对各路神仙施行报恩之礼，凡是天下名山大川的神，都派人去祭祀，而尊崇敬奉最为隆重的，当属泰山之神。莫非是因为它的位置在东方，他的品德是仁爱的，它的气象是向上的生长、生命气象，本来就不是其他的山能够相比的，而它降福给行善者，降祸给淫逸者，它的威名远大，足以惊动众人的原因吗？也许是人们可以得到它的福报的缘故，因此天下的郡县大多建有泰山庙。这是因为上有对泰山秉礼祭祀的皇帝，那么下必有观察效仿而行善事的人。又不知是不是神善于感应人，自然能让人敬畏从而恭敬的侍奉它呢？

　　庆都县北岳庙前面，原有很小的一个泰山庙。先是县令闻喜县人景一元先生和退休在家的原少参张舜元先生看它规模狭小，不足以妥善安置泰山之神，曾经有过可以在北岳庙西边空地另行创建泰山庙的言论，恰巧有县里人史官、孙楫、邹保等恭敬诚恳地共同倡导这件事，马上就召集工人，开始垫土筑庙基，全县的人闻风响应，都如同回家一样背着土来帮忙，不到半个月庙的基础就完成了。之后全县各会的善人们接着不约而同地集中物资钱财来赞助这件大事，全县士人、百姓和各会的香头不用命令自己主动来捐钱共同完成这件盛事。居中建设正殿三间，东西两侧建厢房六间，牌坊和前门各三间。庙建得色彩辉煌，美轮美奂彰显鲜明靓丽之美；神像塑的帽子和配饰很庄严，鎏金彩绘突出了华美的纹饰。它的体制规模虽然不足以与东岳泰山的高大相比，却也非常壮丽，足以惊动一方群众前来瞻仰，激发人们的敬畏之心。建庙用工二万有余，用钱六十余万，改建工程在嘉靖丙寅年（1566）三月宣告完成。万历二年（1574）四月，县学庠生陈计奇、郭嘉祥、邹大济、郭嘉瑞和会首史官等来拜见，要我作文记载这件事，我就写了这件事的始末还赞扬道："神的功德太盛大了吧？"古书上说："阐发细微道理而不为人所见，充满整个空间而没有穷尽，做到这样的可称作神。"《礼记》中说："山林、河谷、丘陵等地方凡是出现吞云吐雾，兴风作雨的异常现象，就把它叫神。"地方上的诸侯就会进行祭祀，这么看来神是无处不在的。而人们心中对神的敬畏又和神是互相联通感应的。大概那些为神建庙塑像的人是在昭示如同神就在眼前的那种虔诚，表达祭祀时的崇敬，无非是为了祈求神灵的保护。庙里的神是为人而立的，神能够安居在庙里，人必定就会就得到神的保佑之福，神也自然会担当其他保护的职责。庆都县的老少希望神能默默地保护他们安居乐业；一方的百姓希望神暗中护佑他们得到安定；人们更希望在神灵保护的领地内得以繁衍生息，人丁兴旺。上实现圣天子多子多孙吉祥如愿，子孙昌盛，百代不衰与天同寿。下求安定天下百姓之人心，实现国家的长治久安，与大地同在。这样因其庙宇之所在而福慧无边，显现神灵对人的护佑养育之仁爱，历代歌颂神对人的暗中帮助的好处。求其根本来说，神所享有的是人对神的真诚，他之所以赐福给人，一定是因为人心意正行为端，一向符合神的心意。人们供奉给神的也是诚心，他们之所以能感动神让神有所应，一定是他的思想行为都合乎中正的德行呀。那么后来人想要祭祀泰山之神来求得多福之赐予的，一定要首先端正自己的立心和行为，然后才会得到。因此写了铭文，让后人来歌颂祭祀它：

> 高大巍峨的泰山，
> 是群山之巅。
> 历代帝王，
> 无不建庙祭献。

泰山之神

惩恶扬善，

感人至深，

影响长远。

人们真心信奉，

无论远近，

崇敬感念。

建庙祭祀，

酬神还愿。

庙制合规，

庙貌辉煌灿烂。

神之冠冕有仪有范，

手持的玉检光鲜明亮，

一望威严。

神安其居，

人来仰瞻。

神光普照本县，

惠及周边。

赐福天子，

本固邦宁福慧绵绵。

赐福百姓，

子孙繁衍。

惠及文人学士，

神光满满。

神的恩泽给予万物，

万物都自觉践行良善。

我们歌颂神的功绩，

时间越久就越加明显。

我们尊奉神灵，

虔诚祭祀，

地久长天。

【作者简介】

刘珩，生卒年不详，明代直隶庆都（今河北望都）人，明嘉靖三十四（1555）乙卯科举人。初任山东高密知县，明隆庆三年（1569）任扬州盐运判官，曾参与编纂万历十八年《庆都乘》。其生平事迹现存历版望都县志中均无记载。万历《扬州府志》和民国《河北通志稿》有零星介绍。

【背景解读】

庆都县五岳庙前，原建有泰山小行宫，但基址狭隘，庙宇鄙陋，明嘉靖四十五年春，望都乡绅史官、孙楫、邹保等在五岳庙偏西圣母庙旁选址，新建泰山行宫。历时八年，于明万历二年四月落成。建有大殿三楹，东西两廊对列共有六楹，牌坊及门楼各三座。

受庆都学庠陈计奇、郭嘉祥、邹大济、郭嘉瑞与会首史官所托，刘珩撰写《新建泰山行宫记》，于万历三年刻碑立石于泰山行宫内。乾隆《望都县新志·艺文志》有录。

万历十五年望都乡绅赵宁亦重修此庙。

后泰山行宫庙毁，此碑下落不明。

明崇祯十六年《建药王庙碑记》

明·佚　名

【碑文】

稽古志，吾邑分野[1]在昴毕[2]之分，大梁[3]之次，平原○○○○○○○○○其由来。时骚人逸士，游览登呼，东听渤海之声，○○○○○○○其流东下百余里，奇花异羽，错绣参差，酒醑诗○○○○○○庙其上。即壮志愈坚，不掸长跪，造邑之大姓，成其○○○○○○王祠遂立焉，无欂栌[4]节棁之华，而有庄严洞开之体。走秀○○○○○有妪王氏，继夫志，缘肴不衰，兹今上十五载，造余馆求显，曰余素渺闻，又不能为张大○○○○○凡邦之有疾病者，疕疡者，使其属而分治之，岁终○○○○○乎先王之重医治也。况王显绩脍炙人间者，夫以称轶，而致嘉福[5]，敢曰非此族也？天子万寿来臻[6]，调和五味，品听五声，疹疾不作，万姓○○○○○○无失[7]，则又春秋之法不废，直书[8]者也。时滇南○○○○○○○○不大阙，公额之，○义举也。信其可以缓，遂○○○○○○崇祯十六年岁次癸未仲夏吉旦，文林○○○○。

【注释】

[1]分野：与星次相对应的地域。古以十二星次的位置划分地面上州、国的位置与之相对应。就天文说，称作分星；就地面说，称作分野。

[2]昴毕：昴宿与毕宿的并称。同属白虎七宿。古人以昴毕为冀州的分野。

[3]大梁：星次名。在十二支中为酉，在二十八宿为胃、昴、毕三星。

[4]欂栌（bó lú）：柱上承托栋梁的方形短木，即斗拱。

[5]嘉福：幸福美好。

[6]来臻：来到。

[7]无失：不遗漏。

[8]直书：据实书写。

【参考译文】

考查古代志书，我县的分界在昂毕中之间大梁之下方。平原（之上有高阜两座，但未知）其由来。平时常有诗人雅士来此游览，登高远望欢呼雀跃。于此可听东方渤海之涛声，（西望九龙之水，曲折蜿蜒），其流东下百余里，奇花异草，珍禽走兽，千姿百态。酒酣诗余，（众议拟募集善款修建）药王庙于高阜之上。决心已下，壮志愈坚，分头拜访县内大户募捐，哪怕长跪也要促成此项义举，（时间不久，药）王祠庙就建造成功了。虽无飞檐斗拱，雕梁画栋之华美，但却也整齐敞亮，宽大庄严，漂亮大方，众人称赞……邑有王氏老妇，继承夫志，不断进行修饰美化，热心不减。崇祯十五年（1642），曾到我的客舍拜访，向我求教，言己素来孤陋寡闻，又不能为光大药王之圣德和高明之医术做些贡献（深感歉疚。我主张遵药王之教），凡是境内患疾病者和染症疮者，应让他们分类，并分别予以诊治。至年底（成效显著……由此可知）药王重视分类医治的重要。况且药王的盛绩之所以为世人所称颂，是因为他给天下人带来欢乐和幸福，这能说没有王氏一族的功劳吗？……万岁天子来此，调和五味，品听五声，疠疫销声匿迹，百姓（称颂……）无失，则又不废国家之法度，书写者，时滇南……没有过多动用公款（而建庙），实在是慈善的事情啊。崇祯十六年农历五月，吉利的日子，文林郎……

【背景解读】

2011 年 3 月 17 日，在望都县教育局师馨家园施工过程中，此碑出土于望都汉墓东北角。碑体为汉白玉质地，宽 86 厘米，厚 30 厘米，碑座已失，下部有残，现剩高 200 厘米，碑额高 96 厘米，宽 92 厘米，四条腾龙分列四角，垂首紧衔碑身，而龙身盘绕向上直至碑首顶端，相互绞合，浑然一体。龙体雕刻精细，栩栩如生。碑额篆"建药王庙碑记"六个大字（每个字 10×10 厘米）。

由于碑体下部残缺，致碑文不全，仅存 251 字。现存于望都县文保所。

明崇祯十六年《建药王庙碑记》拓片照

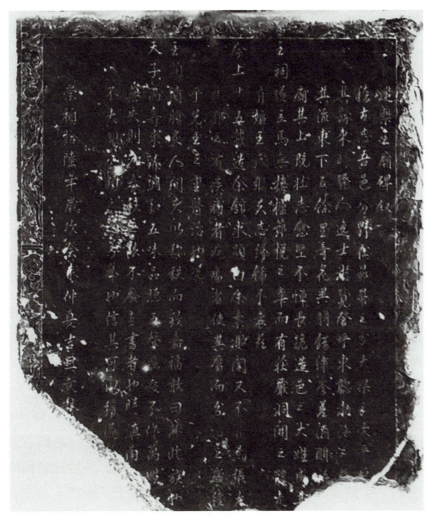

明崇祯十六年《建药王庙碑记》拓片照

清康熙三十八年《重修圣母庙并十王[1]碑记》

清·麻鳌

【碑文】

或有问于余曰："元君之祠何其所在多有也？"余曰："《易》不云乎？'大哉乾元，万物资始[2]'，有父道焉；'至哉坤元，万物资生'，有母道焉。元君以坤元佐乾元[3]，讵非万物资生之大母乎？此圣母之神所以举世崇奉[4]而祠祀之者也"。曰："然则兼举十王而奉之者谓何？况又崇之以殿陛，列之以案牍[5]，肖[6]之以人鬼，严之以剉、烧、舂、磨、刀山剑树[7]之刑乎？"余曰："是即圣人神道设教[8]之意也。今夫朝廷之庆赏具在，人未必知慕也，及语以神明之福利，则群然慕之；朝廷之刑威具在，人未必知畏也，及语以神明之罪谴[9]则群然畏之。因其知慕之心而劝若善，因其知畏之心而惩若恶，此化民成俗[10]之所不能外也。"问者曰："然。"

乃考邑志，震方[11]距城十里而遥，清流映带[12]、绿树干霄[13]、柳浪花丛、幽亭矮桥、暝烟霁虹、霜郊残照、浴鸭[14]游泳、驯鹭𪃟[15]翔，洵一方之胜概[16]也，而泰岳庙[17]后元君祠焉。凡男妇之疾痛疴痒，幼稚之痘疹疮癍，及夫艰于子嗣难于孕育者，率祷于前，而有祷辄应，是以妙香常备焉。厥前，则东西两翼殿奉阎罗十君，以触发其为善去恶之心，岂非大有功于世道人心也哉？奈历年既多颓圮，是将无以妥神明，且无以慰邑人尸祝[18]之心也。今者，郊煜、杨增光、曹得利并阖乡人等，捐资修葺，协心共济，一举而新之。庶几，神于此是凭而是依；人于此是瞻而是仰。《书》曰"神人以和"，此之谓矣。

厥功告成，问记于余。余不敏[19]，不能文，聊[20]节蒙吉之言以记云。

【注释】

[1]十王：即"十殿阎王"。中国佛教所传十个主管地狱的阎王。即秦广王、初江王、宋帝王、忤官王、阎罗王、变成王、泰山王、平等王、都市王、五道转轮王。诸王各居一殿，故称。此说始于唐末，后道教也沿用之。亦省称"十王"。

[2]资始：借以发生、开始。

[3]乾元：指天。

[4]崇奉：崇拜奉祀。

[5]案牍：旧指官府的公文案卷。

[6]肖：刻画。谓图画或雕塑人像。

[7]刀山剑树：为古代酷刑。

[8]神道设教：利用神鬼之道进行教化。

[9]罪谴：因犯罪而受谴、罪责。

[10]化民成俗：教化百姓，使形成良好的风尚。

[11]震方：东方。

[12]映带：景物互相衬托

[13]干霄：高入云霄。

[14]浴鹓（yuān）：鸟名。

[15]骞：鸟向上飞。

[16]胜概：胜景，美丽的景色。

[17]泰岳庙：即岱庙，主祀"东岳泰山之神"。

[18]尸祝：祭祀。

［19］不敏：谦词。犹不才。

［20］聊：姑且。

【参考译文】

有人问我："圣母庙为什么各地都建有很多呢？"我说："《易经》上不是说了吗？'上天好伟大啊，万物生灵借以开始'，这里面有为父之道；'大地很深厚啊，万物生灵借以生成'，这里面有为母之道。圣母是像大地那样来辅佐上天的，难道不是使万物生灵得以生成的母亲吗？这就是圣母神被普天下人崇拜敬奉并且建庙祭祀的原因呀。"他又说："既然这样那么同时建十王庙并且敬奉他们为什么呢？何况还把他们放在台阶之上庙宇之内让他们看起来很高大，把他们列入官府的公文案卷中，把他们刻画成人和鬼的形象，用锯锉、火烧、舂杵、石磨、刀山剑树这样的刑罚突出他们的威严呢？"我说："这就是圣人利用鬼神之道进行教化的深意呀。现在朝廷的赏赐全部存在，而人们不一定知道敬仰，等告诉他神灵的福报利益时，就都有了敬仰之心；朝廷的刑罚全部存在，人们也未必知道畏惧，等告诉他神灵会降罪，人们就都有了畏惧之心。借着人们有敬仰之心而劝其行善，借人们有畏惧之心而惩治其恶行，这是教化百姓培育良俗的好办法，除此没有什么更好的方法了。"问话的那人说："是这样的。"

于是我查阅县志，上有记载：在东边距城十里的地方，那里有条河，河水清澈和岸边景物相衬托，河边绿树高大挺拔直入云霄，风拂柳枝如浪、树下花草成丛，有幽静的凉亭和低矮的小桥、黄昏的炊烟和初晴的彩虹、苍茫的郊野和落山前的夕阳，成群的鹈鸟在水面上飞起降落，空中有温驯的白鹭在高高地飞翔，这实在是人间的胜境呀。在那儿泰岳庙的后边有圣母庙，凡是男人女人有什么疾病痛痒的，小孩子有长痘出疹生疮结斑的，还有那些没有儿子或怀不上孕的人，都会到圣母庙里祷告，而圣母是有求必应，因此圣母庙的香火一直很旺盛。供奉圣母的大殿前面东西两侧的偏殿里，供奉的是十大阎王，以此激发人们行善去恶的心意，这岂不是对匡扶世道人心有很大的作用吗？奈何圣母庙历年久远已经毁坏倒塌了，这状况已经不能使神灵安稳，并且也不足以安慰人们祭祀圣母的心意。如今郄煜、杨增光、曹得利以及全县的诸多人，捐钱对圣母庙进行修葺，他们齐心办事，一下子使它焕然一新。希望神灵在这里得到依凭，人们可以在这里祈祷瞻仰。《书经》上说：神灵和人和谐相处，说的就是这样的事吧。

圣母庙大功告成，要我写文章记述。我不才，不擅长写文章，姑且节录蒙吉的话来记载这件事。

【作者简介】

麻鏊，生卒年不详，清代直隶庆都（今河北望都）人。清康熙年间贡士，以文学见长。曾参与康熙十七年（1678）版《庆都县志》编修。于康熙二十五年捐款助修尧母陵庙。

【作者简介】

清康熙三十八年，望都乡绅郄煜、杨增光、曹得利并合乡百姓，捐资重修圣母庙以及供奉十殿阎罗的东西两翼殿。

功成之日，麻鏊受邀撰写《重修圣母庙并十王碑记》，刻碑立石于圣母庙内。碑文收录于乾隆《望都县新志》卷七。

康熙四十四年《重修寿圣寺碑记》

清·张京瓒

【碑文】

佛之为教，由来尚[1]矣。有尊而奉之者，有排而诋之者。奉之者以为，佛能拯人之厄，厚人之福，且能使已往之人出之地狱之中，升之天堂之上，以故愚夫愚妇不惜顶踵而奔走若狂。诋之者以为，弃人伦，废生业，率民[2]而出于无用之途，其道不可通行于天下，故深恶而痛绝之。

夫因果报应之说，虚诞无稽，诚不足训。乃吾儒党同伐异，舍其所长，而独攻其所短。亦岂平情[3]之论？余谓佛者，西域之圣人也。夫西域之人，生于荒徼[4]之外，无礼、乐、诗、书之泽，其俗必武健嗜杀。而佛独倡为慈悲之教，谓鸟、兽、昆虫皆不可戕害[5]，此即吾儒所谓博爱之仁。推而极之，即圣人之民胞物与[6]不是过也。彼地之人，率其教化残暴之心而为慈善之行，相亲、相爱、相生、相养以至于今。设使西域无佛教，彼人之类灭久矣。故佛之教在西域，亦犹儒之教在中国也，而谓可尽短乎哉！况其教阐于西域，而并能使中国之人闻风向慕[7]，百世而尸祝[8]之，彼亦何修而臻此乎？谅非圣人不能也。

庆自兵燹后，居民鲜少[9]，寺观寥落，在城内者止有大寺一区[10]，历来龙亭供其内。余莅任以来，每遇朝贺必先习礼[11]于此。见其檐瓦剥蚀，榱栋颓危，往来其下辄有垂堂[12]之戒，不胜瞿然[13]。曰："此岂臣子敬君之所耶？"

迄辛巳岁，政事稍暇，始末重葺。乃捐俸若干以倡，仍募诸闾阎[14]，共得若干金，委在城善人曲应文董其事。其人乐善重施，急公慕义，一切工食、物价出之彼囊中者居多，如是[15]经营四年。于斯始，自山门迄大殿金碧琉璃，焕然一新。旧有左右配殿，钟鼓两楼，基址无存，复增修之。其中韦陀一殿，则创举也。迤东置僧舍五间，余复建一亭于前，颜曰："洗心"。门楼、照壁、垣落、阶除，规模宏敞，务期[16]与殿宇相称。围墙百余丈，广植树木以壮观瞻。招僧心迪守之。斯役也，谓之敬佛也可，谓之敬君也可，谓之假能仁[17]之号劝民为善亦无不可。若谄媚鬼神，希冥福[18]以计一身之利益，则非予之所敢出也。

工既竣，众请勒石纪之，聊书数言，以志岁月云尔。

【注释】

[1]尚：久远、古远。

[2]率民：引导百姓。

[3]平情：公允而不偏于感情。

[4]荒徼：荒远的边域。

[5]戕害：伤害。

[6]民胞物与：宋张载《西铭》："民吾同胞，物吾与也。"意谓世人，皆为我的同胞；万物，俱是我的同辈。后因以谓泛爱一切人和物。

[7]向慕：向往仰慕。

[8]尸祝：祭祀。

[9]鲜少：很少。

[10]一区：表数量：指一所宅院。

[11]习礼：学习礼仪。

[12]垂堂：靠近堂屋檐下。因檐瓦坠落可能伤人，故以喻危险的境地。

[13] 瞿然：惊骇貌。

[14] 闾阎：里巷内外的门。后多借指里巷。

[15] 如是：像这样。

[16] 务期：一定要。

[17] 能仁：梵语的意译，即释迦牟尼。

[18] 冥福：迷信谓死者在阴间所享之福。

【参考译文】

佛陀创立佛教，由来已久。有尊崇而信奉他的人，也有排斥和诋毁他的人。信奉的人认为佛陀能拯救人的灾难，增加人的福报，并且能让死去的人从地狱中走出，升到天堂上去。因此，那些愚昧的男男女女不顾自己的身体，像发了狂一样奔走传告。诋毁的人认为佛陀是叫人放弃人伦，荒废生产、生活，引导人们走上无用的道路，其教义不应该通行于天下，所以对他深恶痛绝。

那因果报应的说法很荒诞，实在是不足以教导人。然而我们儒者党同伐异、不看他的长处，单单攻击他的谬误之处，这难道可以算作是公允无私的说法吗？我认为佛陀是西域的圣人。西域的人，生活在荒远的边地，没有礼、乐、诗、书的陶冶润泽，那里的民风一定勇武强健喜好杀戮。而佛陀唯独倡导创立慈悲的宗教，认为鸟兽、昆虫都不可以杀害，这就是我们儒家所说的仁爱。推广它并发扬光大，就是圣人所说的泛爱一切人和物，这是不错的。西域那里的人听从他的教义，转化残暴的心性而做慈善的行为，相亲、相爱、相养，才有了他们的今天，假使西域没有佛陀，那里的人早就被灭族了。所以说佛陀的教化在西域就好像儒家教育在中国一样，怎么能够全盘否定他呢？况且他的教义在西域盛行，并能够使中国的人听说后也向往仰慕，几百年来都祭祀他，他是通过怎么样的修行才达到这种境地呢？如果不是圣人是做不到这样的。

庆都自兵祸被焚城后，居民很少，寺庙也少，在城里只有一座大寺庙，历年来龙亭都供养在这里。我上任以来，每当朝觐庆贺必先在这里学习礼仪。见

- 424 -

庙宇屋檐上的瓦都剥蚀了，屋椽及栋梁都朽坏了，很危险。从下边走过，就有人提醒小心上边的危险，不禁很惊恐地说："这怎么可以作为臣子敬奉皇帝的地方呢？"

到了辛巳年，政务之余稍有闲暇，开始对庙进行修葺。我捐出俸银若干作为倡导，再向百姓募捐，共得钱若干，委托城里的善人曲应文先生负责这件事。曲应文乐善好施，急公近义，一切用工、饮食等方面的钱多由他个人负担，像这样经营了四年。从这时开始，由山门到大殿金碧辉煌，焕然一新。原来的左右配殿和钟鼓楼，连地基都没了，对此进行了复建。其中的韦驮殿，却是以前没有过的创建。在东边建僧房五间，又在前面修建了一个亭子，题名为"洗心"。门楼、照壁、院落、台阶等规模宏大，务求做到与殿宇相称。围墙一百余丈，院内多种树木以壮观瞻。招来和尚心迪负责照看它。这项工作，说是敬佛也可以，说是敬天子也可以，说是假借佛陀的旗号劝百姓行善也不是不可以。如果只是为了向神鬼谄媚，考虑自身利益将来在阴间享福，那真不是我所敢做的。

工程结束，众人请求刻石立碑来记载这件事，姑且写这几句话，来记录这件事发生的时间罢了。

【作者简介】

张京瓒，生卒年不详，字锡公，陕西韩城人。清康熙五年（1666）丙午科举人。大约康熙三十九年任庆都县令，在任期间兴教化，美风俗，捐献俸禄帮助当地士子参加乡试，并购置学田租赁给附近的农民耕种，所收田租永为乡试经费。还请开官仓贷粮给县邑饥民。是望都历史上名宦之一，享祭于名宦祠。

【背景解读】

寿圣寺位于望都（时名庆都）县城内西隅，古庆都县署东。最初创建于元至正元年（1341）正月，洪武初年（1368）重建，内有龙亭供奉于此，为庆都县演习礼仪之地。明正德九年（1514），僧人会司、性学和邑人汤洪、赵起元重修，落成于明嘉靖十四年（1535），曾有碑文但未载于县志。明末崇祯戊寅年庆都兵燹，全城被屠，官民死者无遗，公私房舍尽付一炬，寿圣寺幸免于难。

清康熙四十年时任庆都县令张京瓒带头捐款，集资重修寿圣寺，历四年而竣。张京瓒亲撰《重修寿圣寺碑记》，于清康熙四十四年勒碑立石于寿圣寺内。

清乾隆三十三年（1768），贾应才重修天王殿一座。清末寿圣寺曾改设为启蒙学塾。民国十九年（1930）二月实行自治，全县划五区，每区设有区公所，第一区区公所设于寿圣寺内。

后来，寿圣寺与望都县署、文庙等毁于战火。此碑遗失。幸有碑文收录于乾隆《望都县新志》卷七《碑记》中。

2015 年 11 月，在望都县城中华街天然气管道铺设工程中，工人杨春志在所药桥头发现碑额缺失的康熙四十四年《重修寿圣寺碑记》石碑，自费雇用吊车将碑石拉回家中保存。2019 年春，杨春志将此碑捐于望都县文保所收藏保管。

清乾隆八年《重修火神庙记》

清·耿　址

【碑文】

上世不熟而食，五谷之滞气每郁结而成疾。自燧人氏兴，始为人开火之利。庆都氏生帝尧，以火德立君道之极，炎汉[1]为放勋苗裔[2]，其王天下也，犹本于火。况我邑为帝尧发祥之区，宜获福庇于火也，较他邑首著矣。

孰知民依于火，司火惟神。庆城遭明季之炬，北门内几成焦土。岂福人者火？祸人者亦惟火欤？庙建北衢城隍庙之左首[3]，其或悔明季之祸，意欲相地择宜转祸为福焉？未可知也。故火旺于南而庙建于北。北水也，我邑龙泉作带，有水火相济之义焉。且火生于木，木东方也。火近木则过炽，庙爰偏西以避之。又曰：火能生土，庙近城隍，亦以取火土相生之义云耳。

岁癸亥，邑人士以庙与城隍庙垣堵相邻，城隍庙椸桷森严，神庙亦不宜任荒陋，共集公资百余贯，不日月与城隍庙并美齐观。邑人士鸠工立石而乞稿于余，余自惟半生仕路，簿书案牍，尝思洞如观火，不意老志方强而瞳光染患，告休之暇，即欲望神庙而观之洞然焉，亦抱惭[4]未能。然火于八卦，为离[5]离之大象，曰：明两[6]作。余目今延医敷药，翳障[7]渐开，倘异日拨云复见老眼重光[8]，则余明之两作，实惟神之赐也。是为记。

【注释】

[1]炎汉：汉朝。自称以火德王，故称炎汉。

[2]苗裔：子孙后代。

[3]左首：左边

[4]抱惭：抱愧。

[5]离：离卦是上离下离的卦名，是《易经》六十四卦第三十卦。离为火（离卦）附和依托。主卦和客卦都是五卦离卦，卦象是火。这个卦是同卦（下离上离）相叠。阐释依附的原则：主客双方如同两对燃烧的火，互相照亮，互相竞争，看谁的火焰更光亮，看谁照射的时间更长，主方应当尽量发出光辉。

[6]明两：《易·离》："明两作离，大人以继明照于四方"。孔颖达疏："明两作离者，离为日，日为明。今有上下二体，故云明两作离也。"本谓离卦离下离上，为两明前后相续之象。后以"明两"指太阳。

[7]翳障：障蔽。

[8]重光：再放光明。

【参考译文】

上古时代人们都是吃生的食物，五谷中的滞气每每郁结在人体中，结果就形成了疾病。从燧人氏兴起后，才开始为人们带来用火的好处。庆都生下尧帝，凭借火德创立为君之道，汉朝是尧帝的后裔，它统治天下，其根本还是依靠火德。何况我县是帝尧发祥的地方，应该从火上获得福祉和庇护，与其他县比较也会更加显著。

谁都知道百姓依赖火，管理火的只有火神。庆都县城明朝时遭大火烧毁，北门以里几乎烧成一片焦土。难道造福于人的是火，给人带来祸害的也是火吗？火神庙建在城北大路边城隍庙的左边，这或许是针对明朝的火灾，想要因地制宜转祸为福吧？真正的原因无法知道了。所以火发旺于南方而把庙建在北边，北方的五行属性为水，我县有龙泉河环绕，这样安排庙址有水火既济的用意。而且依五行论木生火，木生于东方，火靠近木就火性过强，火神庙于是偏向县城西边以避免火性太强。又一种说法，火能生土，火神庙靠近城隍庙，也是取火能生土的含义。

癸亥年，县里的人认为火神庙与城隍庙相邻，城隍庙建得高大威严，而火神庙不宜任其荒凉简陋，共集资百余贯来扩建火神庙，时间不长就把火神庙建得和城隍庙一样高大壮丽。县里的召集人们立碑让我来写碑文，我考虑自己半生仕途，曾认为对那些文书簿册、公文案卷都洞如观火，没想到正当我一意积极上进的时候却患上了眼病，因病请假休息的空闲，就想亲自去看看火神庙，看个清楚明白，也很遗憾一直未能如愿。然而火在八卦之中，是两个离卦相叠的卦象，《易经》中称作："明两作"。我的眼睛现在经过敷药治疗，障蔽渐渐分开，倘若改天如拨云见日般的重放光明，那么我的"明两作"，实在是火神的赐予呀。以此为记。

【作者简介】

耿址，见前 172 页。

【背景解读】

火神庙在望都县城西北城隍庙左侧，始建于明代。清康熙十三年（1674）县令钱振龙重修，未及竣工升职而去。康熙十五年县令李天玑接手告成。

清乾隆八年（1743）四月，望都县人张汉良等重修，并施地七亩为香火钱。庙地位于北康庄东北。耿址撰文《重修火神庙记》，时任县令林鹏飞刻碑立石于火神庙前，正书。碑高六尺五寸，宽二尺。

"钱振龙，字升之，公廉退寡欲然诺，不侵属民。有为债逼鬻妻者，公解囊赎还。复筑堡固围，民获安堵。其时檄修通志，旧志散佚，文献无考，公监众搜访，纂修成帙，未及欹厥，又重辟东门，建火神庙，木石已具，兴工未竣，内升去，邑人惜之，祀名宦。"（详见乾隆《望都县新志·名宦》）

林鹏飞，字翌夫，本姓高。广东陆丰人，原籍福建漳浦县。博学能文，游学于东海，遂定居之。清康熙五十六年丁酉科中式第二名举人，雍正八年（1730）庚戌科二甲进士，任安徽泾县县令，敕授文林郎。雍正十一年任福建邵武府建宁县令。雍正十三年出任福建台湾府凤山县令。后任直隶保定府雄县令。乾隆四年任望都县令。在任期间曾受命主持尧母陵庙修复工程。有《重修尧母陵祠》诗二首载于望都县志。

清乾隆三十六年《新建马王庙记》

清·陈洪书

【碑文】

汉书云：天用莫如龙，地用莫如马。盖以马也者，在天则应房宿[1]，在地则配坤贞，在官则名夏卿[2]。民生以此而致远，国家以此而威敌，马之为物重矣哉。宜其有神以为之主也，马祖[3]之祀由来尚矣。诗云："既伯既祷"，古人田猎之微尚择日而行祭典，况今驿站之设？

王言用之以布丝纶[4]，臣工[5]用之以申奏请。一日之间六百之程，往来如织，无时不有，非藉明神之庇护，其何以载皇华[6]而咏捷业，制猃狁[7]而颂修广也耶？

望都为九省之冲，伊犁之喉。北距清苑，南至定州，一百五十里之间，较他邑之驿尤为疲劳。官民俱不敢暇逸，苟驰驱无度，水草不时，纵有飞黄[8]褭骖之品，岂足以胜邮传[9]之任哉？然余尝祷于神者屡矣，有感辄应，回僵仆[10]于生全[11]，易赢瘦于膘壮，往往而有，尝立愿欲另扩其祠，今已有迁移之信，而此庙未创，此心长缺，是以孜孜为虑也。

盖旧庙在衙署之后，湫隘不足以妥神，今乃择地于尧母陵庙之西垣外，斩新[12]筑址，诹吉兴工。较旧宇而增巍峨，立戏台以资酬赛[13]。群材既庀，不日成工。更为韵言，歌之以祀神曰：

灵台之侧，

佳气郁葱，

为神之宫。

我将我享兮，

牲升于俎，

黄流[14]在中。

神之来兮蔽太空，

驾屈产[15]之乘，

骖洼种之龙。

攸届攸止兮，

罔怨罔恫。

俾駉[16]駧若在鲁之郊兮，

又如云锦成群而东封。

无灾无害兮，

雨鬣风鬃。

骋腾骧[17]于逐电[18]兮，

骤逸足[19]于追风[20]。

春兰秋菊兮，

庙祀常丰。

乾隆三十六年　月　日立

【注释】

[1]房宿（fáng sù）：星宿名。二十八宿之一，苍龙七宿之第四宿。有星四颗，即天蝎座的 π，ρ，δ，β 四星。古时以为主车马，故称之为天驷、房驷。

[2]夏卿：官名。周以夏官掌管军事，为六卿之一。后遂以夏卿为兵部尚书之别称。

[3]马祖：星宿名。即房星（天驷星）。《周礼·夏官·校人》："春祭马祖，执驹。"郑玄注："马祖，天驷也。"

[4]丝纶：《礼记·缁衣》："王言如丝，其出如纶。"孔颖达疏："王言初出，微细如丝，及其出行于外，言更渐大，如似纶也。"后因称帝王诏书为"丝纶"。

[5]臣工：群臣百官。

[6]皇华：奉命出使或出使者。典出《毛诗序》："皇皇者华，君遣使臣也。送之以礼乐，言远而有光华也。"郑玄笺："言臣出使能扬君之美，延其誉于四方，则为不辱命也。"

[7]猃狁（xiǎn yǔn）：我国古代北方少数民族。

[8]飞黄：传说中的神马名，又名乘黄。

[9]邮传：邮递业务。

[10]僵仆：仆倒、倒下。

[11]生全：保全生命、全身。

[12]斩新：崭新、全新。

[13]酬赛：祭祀酬神。

[14]黄流：指酒。

[15]屈产：春秋晋地名，产良马。

[16]駧（dòng）：马快跑。

[17]腾骧：指骏马。

[18]逐电：追逐闪电。形容迅疾。

[19]逸足：指骏马。

[20]追风：骏马名。这里形容马行之快，与"逐电"意同。

【参考译文】

《汉书》上说：天上的器用没有超过龙的，地上的器用没有超过马的。大概是因为马在天上就对应房宿，在地上就匹配坤德，在官就名为夏卿。民生凭借马而到达远方，国家凭借马而威震敌人，马是世间很重要的东西了。当然它也有神来作为它的主宰，对马祖神的祭祀由来很久了。《诗经》说："既祭祀马祖又祈祷"，古人因为打猎而用马这样的小事尚且举行祭祀马祖的典礼，何况现在将马用于建设驿站这样的大事呢？

帝王用它来发布诏书，群臣百官用它来陈明奏请。一天中六百里的路程，往来如织，没有什么时间不用的，要不是凭借神明的庇护，如何运送使者歌颂胜利的功业，控制偏远的蛮荒之地而祝颂疆土的辽阔呢？

望都县是连接九省的冲要，是通往伊犁的咽喉要地。北到清苑，南至定州一百五十里之间，比其他县的驿站更加疲劳。官员和百姓都不敢有丝毫放松，如果服务不到位，水草供不上，即便有飞黄、褭骊那样的神马，又怎么能胜任邮递的任务呢？我曾经多次在马王神前祷告，它有求就应，使那仆倒的保全生命，让那羸弱枯瘦的变得肥壮，我的祷告往往都有结果，我曾经发愿要另找地方扩建马王庙，现在已经有了调任的消息，而马王庙还没有新建，这心愿长久没完成，因此耿耿于怀放心不下。

马王庙的旧址在县衙的后面，低洼狭小不足以用来安置马王神，现于尧母陵庙的西墙外选了地方，新筑地基，选吉日兴工。比旧庙更加高大，建戏台用来祭祀酬神。各种材料已经备好，不久就会完成。在此再写一首小诗，歌唱来祭祀马王神：

> 尧母灵台的旁边，
> 景色优美佳气葱茏。
> 新建的马王神庙，
> 我恭恭敬敬地供奉。
> 把全牲放于案上，
> 把美酒倒进酒盅。
> 马王神驾临，
> 祥云布满天空。
> 驾屈产之良马，

驭洼种之飞龙。

马王神停驻在哪里，

哪里就一片欢腾。

如鲁郊之祀，

又如云锦东封。

无灾无害，

雨鬣风鬃。

纵马飞奔如闪电

如追风。

春兰秋菊，

年年岁岁，

祭祀丰隆。

乾隆三十六年　月　日立

【作者简介】

陈洪书，原名洪谟，字敷文，号祗斋，江西宜黄人。乾隆十八年（1753）中乡举，乾隆二十二年丁丑科进士，乾隆三十二年任职望都知县。任内重修了望都城墙、县衙公署和监狱，疏浚沟渠，兴修水利。还亲自下乡走访采风，以王锡侯、陈启光为主编，延聘饱学士绅编修了《望都县新志》八卷。陈洪书在望都县任职八年，兢兢业业，深受望都百姓拥护和爱戴，为望都名宦之一。

乾隆三十八年，陈洪书改任沧州盐山知县，乾隆大兴文字狱，后因王珣呈书案牵连，以失察罪被革职回乡。

【背景解读】

马王庙供奉的是道教神祇灵官马元帅。俗称"马王爷"，是主管商旅出行、货物运输之神，涉及百姓妻财子禄等诸多事宜，能保佑旅人出行，所以广受民间香火。明清时马王庙又驻有办"马证"的机关，所以又相当于有现在交通局的功能。

望都为九省通衢之地，有南北驿道穿城而过，城北有翟城驿，交通便利，往来迎送，驿务烦琐，马王庙便是望都民俗信仰中必不可缺的庙宇了。

望都县衙署周围原有马王庙三座，康熙十五年（1770）县令李天玑曾予以重修。因地狭庙小，乾隆三十六年县令陈洪书移建马王庙于尧母陵庙之西墙外草场前。马王爷居中端坐，三眼四臂，左右配牛王、水草，东为桥神，西为路神，庙前曾建有戏楼。竣工后，陈洪书亲撰《新建马王庙记》，立石于马王庙前，今失所在。

清嘉庆九年《关帝庙碑》

清·佚 名

【碑文】

嘉庆九年春，承县尊赐进士出身、敕授[1]文林郎[2]、汝南蒋出俸金以首是举，记庙工告成。

犹恐事有缺略[3]，因偕同事人周视庙之前后左右，绝而未续，废而未立，因循而未作者，得三事焉。神座[4]前长明灯[5]以用不敷[6]而息；庙外旗杆废已百余年；庙东大路紧逼庙垣，地洼下，遇雨兼为行旅患。

于是，谋之众，灯则续之，杆则立之，路则修之，而庙之事完且备矣。

嗟夫！达旦凝辉，义旗与神光并照；摩天[7]双展，英风偕豪气常悬。免众生于涂泥[8]，遥通畿甸[9]；展王道之坦荡，直接康衢。用是志诸石，非敢冒众善之成，聊以劝来兹于无替尔。

董事赵清华、杨备、潘经、孙义杰、麻坦衢、麻坦如、杨五伦、麻锡元敬立。

【注释】

[1]敕授：唐制，朝廷封授六品以下官称"敕授"。

[2]文林郎：文散官名。隋置，取北齐征文学之士充文林馆之义。历代因之。

[3]缺略：欠缺、不完整。

[4]神座：神主牌位。亦指神像座位。

[5] 长明灯：昼夜不息的油灯。旧多用于供佛或敬神。

[6] 不敷：不足、不够。

[7] 摩天：迫近蓝天。形容极高。

[8] 涂泥：泥泞的路途。

[9] 畿甸：指京城地区。

【参考译文】

嘉庆九年的春天，承蒙赐进士出身、敕授文林郎、汝南人蒋县令捐出俸银首先倡导修庙这件事，本文是记载修庙工作完成过程的。

蒋县令还担心这事有欠缺，于是和几个同事一起认真查看庙的前后左右，对那些即将断绝而没有延续、废弃而没有复建、应沿袭旧制而尚未开展工作的，共有三件事。神座前的长明灯因为资费不足而熄灭；庙外的旗杆废弃已经有一百多年了；庙东边的大路紧靠着庙墙，地势低洼，遇上雨天就成为出行者的难题。

于是，和大家商量，把长明灯点上，把旗杆立好，把大路修好，关帝庙内外就很完备了。

哎呀！长明灯整夜凝聚光辉，庙旗与神的光芒互相辉映，庙旗直指云天随风招展，英烈之风与豪气一并常悬。使众人免于泥泞道路之苦，遥遥通往京城地区；展示仁政王道的坦坦荡荡，直连宽阔平坦的大路。把这些铭刻在石碑上，不敢冒领诸善人的成绩，只是用来劝勉后来人不要废弃这些罢了。

主持其事的赵清华、杨备、潘经、孙义杰、麻坦衢、麻坦如、杨五伦、麻锡元敬立。

【背景解读】

关帝庙在望都县城东关外所驿村（今所药村）。乾隆二十六年（1761）知府金文淳捐银五十两，与望都本地乡绅左堂、周烜、徐鳞等创建，庙为砖屋，共用银三百余两。庙左旁有井，甚有灵应，名曰蟠龙古井。

清嘉庆九年（1804）春，时任望都县令蒋士镕带头捐款重修。董事赵清华、杨备、潘经、孙义杰、麻坦衢、麻坦如、杨五伦、麻锡元等敬立《关帝庙碑》。碑立于关帝庙西壁间，石如镜，亦俗呼为透凌碑。

民国《望都县志》收录其碑文。现此碑下落不明。

清嘉庆十三年《重修春台庙记》

清·蒋士镕

【碑文】

县东二里许，巍然为一邑之巨观[1]者，曰春台。上为药王祠，由来旧矣。岁壬戌迎春于此台，士庶咸集，谒神后行礼，犹有古遗风焉。

甲子春，庙门之楹毁于火。余时方抱病[2]，亟往视，登台请于神。礼毕，身觉困惫，就东轩假寐[3]，梦神告余曰："庙门灾，烦公除旧布新耳。公邑之主也，有疾乎公一身之疾，即一邑之疾也。身之疾何以自无而有，邑之疾何以自有而无？夫治邑犹治身也，公其图之。"余曰："唯。"耸然而寤。

归思神言，夜不安枕，伏念[4]四乡[5]总保最为民害，遂决意除革，立规以善后。复于神曰："士镕谨奉命除旧布新也"。于是周视庙中，捐俸鸠工[6]，阅两月而竣。爰记始末以昭神之灵，俾邑士庶益虔祀事，荷神庥[7]，时和年丰[8]无阴阳寒暑之戾，庶几熙熙皞皞相于供，跻春台而游盛世于无穷矣。

记成，示我友伯泉俞子，俞子嘻然而笑曰："公亦尚功而好名乎？"余曰："有是哉？毋相阻也。间尝窃闻，君子之行义也，为其大，不计其小。践其实，不居其名。以余之故，向非[9]神告前此昧昧[10]焉。负愧[11]于神与民者多矣，救过之不暇，尚敢贪神功而邀虚誉也哉？子勿多言，幸为我书之以勒诸石。"

【注释】

[1]巨观：大观、宏伟的景象。

［2］抱病：有病在身、患病。

［3］假寐：谓和衣打盹。

［4］伏念：谓退而自省。

［5］四乡：四方。

［6］鸠工：聚集工匠。

［7］神庥：神灵护佑。

［8］时和年丰：四时和顺，五谷丰收。用以称颂太平盛世。

［9］向非：假若不是。

［10］昧昧：糊涂无知，常用作谦辞。

［11］负愧：抱愧，心中感到惭愧。

【参考译文】

县城东边二里左右的地方，有一处叫"春台"的景观，巍然耸立堪称是县内一处壮观景象，春台的上面建有药王庙，庙的年代很久远了。壬戌年即嘉庆七年（1802）全城的士人、百姓都集中到这里，祭拜药王神后举行迎春的仪式，保留了古代的风俗习惯。

甲子年的春天，庙门的柱子被火烧毁。我那时候正有病在身，赶紧过去登台查看，向神请罪，行礼完毕，感觉身体疲惫，到东厢房和衣打盹，梦到神对我说："庙门遭火灾，要劳烦先生除旧布新。先生是一县之主，先生生病了吗？先生个人的疾病，就是一个县的疾病呀。身上的病怎么从无到有，县里的病怎么从有到无呢？治理一个县就如同管理自己的身体，希望先生好好谋划。"我回答："好的。"悚然惊醒。

回来一直在想梦里神对我说的话，辗转反侧不得安眠。考虑到四方的总保是百姓最大的祸患，于是下定决心革除，并立下新规矩以绝后患，妥善处理后事。又到神前回复说："士镕很认真地按照您的命令完成了除旧布新的任务。"于是在庙里四处查看，捐出俸银雇人建庙，用了两个月的时间完工。因此记下建庙的始末来昭示药王神的灵异，让县里的士人、百姓对其祭祀更加虔诚，获得神的佑护，做到四时和顺、五谷丰收，没有阴阳寒暑造成的灾害，希望人们高高兴兴热热闹闹地来祭祀药王神，自在地登上春台、生活在太平盛世，这样的好日子没有穷尽。

文章写好后，我把它拿给朋友俞伯泉先生看，俞先生嬉笑说："先生也好大喜功贪图名声吗？"我说："哪有这回事？别阻拦我。我私下里听说，君子做事，考虑大的方面，不计较其小处，因为我的缘故，若不是神来提示，以前我很昏昧，愧对神和百姓太多了，改过还来不及，怎么还敢贪神的功德来追求虚名呢？你不要多说了，请为我书写，以便刻在石碑上。"

【作者简介】

蒋士镕（1763—？），字冶园，回族，河南汝南人。清嘉庆六年（1801）辛酉恩科殿试金榜第二甲第六十二名，赐进士出身。嘉庆七年七月任河北望都县知县，嘉庆十一年任邯郸县知县。历任涿州候补同知、蔚州知州。

民国《邯郸县志》传曰："蒋士镕，字冶园，河南汝阳人，进士。嘉庆庚午令邯郸邑，西沁水环城入滏，泛溢侵城。明邑令欧阳调律筑有石堤。至是壤，公重筑以石，较前倍坚厚，迄今历有年所，水不为患。"

【背景解读】

据清光绪三十一年陆是奎所辑《望都乡土图说》记载："双阿村，占望都之东部。东逾铁路至马家村二里，西至所驿村半里，南至樊家村二里，北至东关一里，四面俱平坦，地处高原……村中两庙对峙。东曰东阿，乃系药王庙；西曰西阿，乃系天仙圣母庙。其地基址高数丈，志所称双阿耸秀是也。"

另据民国二十三年《望都县志》记载："邑东里许有土阜二，亦名双阿，偶排并峙，登其颠，俯瞰郊原，平眺峦嶂，夕阳倒挂，风烟横流，午夜尤胜。星澜月小，去天盈尺，舒歌长啸，仿身在五云端矣。清代时立春先一日，官民相与迎春于其下，故名春台。"

嘉庆九年春，东阿药王庙门楹毁于火灾。时任望都县令蒋士镕抱病登台祈神。礼毕背靠东轩假寐，遇药王托梦请求修庙。于是，蒋士镕捐俸重修药王庙，历时两月完工。事后蒋士镕撰写《重修春台庙记》，记述了此次修庙的始末原由。

嘉庆十三年秋九月，蒋士镕已就任直隶广平府邯郸县知县，其好友望都县教谕俞光滢亲笔书丹，刻石于药王庙大门内东墙。行书，碑高一尺六寸，宽四尺八寸。

后药王庙毁，此碑亦下落不明。

清道光十五年《重修隆圣禅寺碑记》

清·佚名

【碑文】

有僧○惠语人曰：众知佛何自昉[1]乎？上古无佛，周昭王甲寅岁，西域国母遊毘蓝园生释迦牟尼字[2]悉达多，是为佛祖。其时未入中国，及汉明帝使取其书，流入中土；以逮唐之始末，佛教盛行；迄元○帝焚香持戒崇信弗衰。佛之源流尚[3]矣。人欲知佛，溘[4]观心，心即佛也。心之定者，瘞舍利而入虚无，挂尼珠以归寂灭[5]。庶三藏[6]大教，尽贮智囊，所谓咒钵生莲[7]拈花解笑[8]者，○静证乃可微会焉，是为序[9]。

大清道光十五年岁次乙未夏五月谷旦公○合○○寺公立。住持祖登募化。

【注释】

[1] 昉（fǎng）：起始、起源。

[2] 字：取名。

[3] 尚：久远；古远。

[4] 溘（kè）：凭依。

[5] 寂灭；佛教语。"涅槃"的意译。指超脱生死的理想境界。

[6] 三藏：指佛教的经、律、论三藏。

[7] 咒钵生莲：指晋代高僧佛图澄施行法术,在钵中生出莲花这个典故。《晋书·艺术·佛图澄传》："永嘉四年，佛图澄到洛阳，石勒屯兵葛陂，杀沙门人甚多。'勒召澄试以道术，澄即取钵盛水，烧香咒之，须臾钵中生出莲花，光色曜日，勒由此信之。'"

[8]拈花解笑：禅宗以心传心的第一宗典故。宋释普济《五灯会元·七佛·释迦牟尼佛》卷一："世尊（指释迦牟尼）于灵山会上，拈花示众。是时众皆默然，唯迦叶尊者破颜微笑。世尊曰：吾有正法眼藏，涅盘妙心，实相无相，微妙法门，不立文字，教外别传，付嘱摩诃迦叶。"

[9]序：叙述。

【参考译文】

有一个叫○惠的僧人对人说道：大家知道佛教是从哪里起源的吗？远古时代没有佛教，周昭王时甲寅那一年，西域国的皇后遊毘蓝园生下了释迦牟尼，本名叫悉达多，释迦牟尼就是佛祖。及汉明帝派人取来佛祖的教义，佛教才流入中土；到唐朝的初年和末年，佛教盛行；至元○帝时，人们焚香持戒，崇信不衰。佛教的源流很久远了。人要是想了解佛，其实就靠观照自己的内心，自己的心就是佛呀。心入定的人，如同吞下舍利而进入虚无状态，挂着宝珠而归于那种涅槃的境界。佛教伟大的教义，包含了世间所有的智慧，所说的诸如咒钵生莲、拈花解笑那样的情形，只有靠入静证道，才会有所体验了。在这儿为大家说这些。

大清道光十五年（1835），岁次乙未夏五月谷旦，公○合○○寺公立。住持祖登募化。

【背景解读】

隆圣禅寺位于望都县城西南十公里处的固店村东，据传始建于唐代，又名"兴国禅寺"，俗称"大寺"。光绪二十九年（1903），隆圣禅寺在"庙产兴学"的变法改良运动中，被改作"蒙养学堂"校址。1912 年中华民国建立后，学堂改为学校。民国十八年（1929）开办"固店女子初小"。民国二十三年（1934），成立"望都县第四高小"，逐渐发展为一所从小学到高小的完全小学。后在"文化大革命"中被拆除，此碑和其他石刻被运到别处用作桥板铺路。

2017 年 6 月，在固店村中心大街改造施工过程中，此碑现世。时任固店村党支部书记张会斌打电话向望都县文广新局报告，望都县文广新局委派王英辉、计志广二人到挖掘现场勘查。经测量原石高 168 厘米，宽 82 厘米，厚 22 厘米，碑体有残。后经多方协调，由望都县文保所长计志广于 2018 年 6 月将此碑运回望都县文保所保存。

2018 年 8 月 24 日，国家图书馆古籍馆金石组的专家卢芳玉等传拓此碑，拓片由国家图书馆永久收藏。

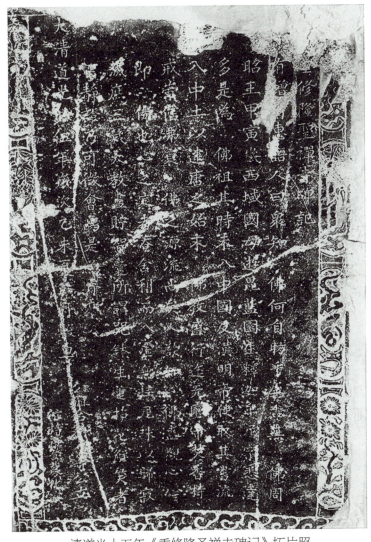

清道光十五年《重修隆圣禅寺碑记》拓片照

第六篇　吏治民生

引　言

古人云：“民惟邦本，本固邦宁。”意思是说人民是国家的根本，根本稳固了国家才会安宁。所以每个朝代要想做到长治久安，就得先把民生放在首位。因为民生关乎国计、国运。

古贤认为，国家发展必须以爱民养民为先，当政者心中要有百姓，以发展生产、安定人民生活为前提。就是说政府既要为人民提供基本的民生保障，也要创造条件改善民生。所以地方基础设施和公共服务设施的修建，诸如修城筑垣、建衙造狱、挖井建池、修桥铺路等，是地方官的基本责任，也多由地方政府承修。

古代民力有限，修建某项大型基础设施和公共服务设施，往往耗资巨大。因其重大，影响深远，所以竣工之后，多会勒石刻碑以垂永远。因此历史上留下了大量相关碑刻。本篇中所录《重修三城门吊桥记》《新修县公署记》《监狱落成记》《重修望都城池记》等碑即属此类。

望都历史上九泉拱城，有“珠泉万斛之乡”的美称。境内沟渠交织，阻隔道路。因此，筑路修桥，为百姓提供出行的便利就成了当地政府一项重要的工作。民以食为天，粮食生产离不开水利。所以，筑堤修坝、浚河疏水、修闸蓄水，便成为历朝历代官府的首要任务。

九龙河是望都的母亲河，望都历史上曾多次治理疏浚九龙河，明万历年间邑令张前光，崇祯年间邑令赵世英、段玮，清代康熙年间邑令李天玑，乾隆年间邑令沈景张、陈洪书、卫学诗，直隶总督郑大进等或开挖渠道，或修建水闸……均疏浚过九龙河，留有相关碑记。譬如明崇祯年间钱天锡的《浚河记》、清康熙年间李天玑的《重建石堰均水记》、清乾隆年间卫学诗的《重浚九龙河记碑》等。

望都历史上诸如此类涉及民生的基础设施的修建，多由时任县令筹划，由官府承修，经费也多由官府筹措。但限于地方财力，事急而财用不足，往往由县令或有名望的乡贤带头募捐，借助本地士绅富户集资，修桥铺路，以造福乡梓，方便百姓。

　　而修桥铺路之类的大事，也是民间所热衷和推崇的善举，是行善积德获取福报的重要途径之一。所以，一旦倡议，往往"四方乐助"。功成之日，亦会刊碑立石。此类碑刻，除了记述事件原委之外，往往还要镌刻捐助者的姓名和捐款金额。一方面对士民乐善好施之举加以表彰；另一方面，让官民之善政、善举代代流传，为后世树立榜样，永续发展。譬如明万历年间的《通济桥记》，清嘉庆年间的《重修荆城里永济桥记碑》，清道光年间的《增修广利桥记》，清光绪年间的《创修洼滋桥碑记》《重修石桥碑志》等碑。

　　随着世事的变迁，望都历史上修建的一些城池、道路、沟渠、桥梁等或已无存，幸有碑石或碑文仍在。搜罗于本书之中加以解读，意在昭其魂魄，续其遗志。让今人和后人们去重新认识望都历史上那些善政、善人、善举。并由此入手，通过研究望都社会和经济发展的历史，发掘其重要的人文价值传统，从而建设新文化，推动政治经济社会新发展。

明崇祯十二年《浚河记》

明·钱天锡

【碑文】

《周礼·夏官》："以九畿[1]之籍，施邦国[2]之政。"千里以外有为天子备非常[3]者曰侯畿；为天子治国赋[4]者曰甸畿。上谷所辖去京师三百里而遥，则犹然国畿[5]也。

谁掌固[6]而不知城郭、沟池之守？谁司险而不知山林、川泽、沟涂之阻？郑康成[7]谓："在国曰固；在野曰险。"丘文庄[8]申之曰："城池谓王公[9]设险[10]也，山川谓地险[11]也。"夫非直此[12]也，大司徒以天下土地之图，周知九州之城域广轮[13]之数，辨其山林、川泽、丘陵、坟衍[14]、原隰[15]之名物[16]，因以土均[17]之法辨五物九等，粪种[18]各异。稻人[19]掌稼下地，有潴[20]防列浍[21]之功，而楚蔿掩[22]书土田[23]之事。衍沃[24]之地，九夫[25]为一井。隰皋[26]之地，二牧始当一井。盖三湘[27]七泽[28]之墟，故当以上地下平者为胜，而燕[29]冀[30]则以泉流灌注为沃壤，涞易之浸[31]且然，况望都乎？

管子谓："立国都，高勿近旱而水用足，下勿近水而沟防[32]省。"凡地十仞[33]见水不大潦；五尺见水不大旱。贾让亦称："立国居民，大川无防[34]，小水得入，陂障[35]卑下[36]，以为污泽[37]。"而至其言冀州地，必称多穿渠溉，盐卤下隰，填淤加肥，故种禾麦更为秔稻[38]。然则太子晋[39]所称"疏为川谷以导其气，陂塘污庳以种其美"，岂非长民[40]者所以封殖[41]嘉生[42]邪？

陶唐都冀，禹随山浚川，从帝都始，而庆都尤储积孕灵之所，赤龙负图，宛渠望气，仅仅九里之润乎？志称："县北故有龙泉河，溉田甚广。"岁久砂砾弥望[43]，高卬[44]之地，亩不及三斗。自火燎神州，泉源匮竭，夫贤如西门豹，史起犹议其漳水[45]在旁而不知取。然则溉注填阕[46]之水收皆亩一钟[47]，穿恶地[48]得水可令亩十石[49]，遂生井渠如郑国庄熊罴[50]者，其[51]可多得[52]乎？

　　夫名山川原甚众，细民[53]未知其利。故为通沟渎[54]、畜陂泽[55]以备旱，具载元鼎[56]诏中，尔时内史穿凿六辅渠[57]，其利甚溥[58]，犹议减稻田租。今天子忧畿省亢旱，虚郡国[59]仓廪，大发水衡钱[60]以处业[61]赈赡[62]之，恩泽不减汉诏。而能于保民四事[63]中，成天堑于活水，洗魃[64]貉于重泉[65]，均田画畴，坟衍斥斥[66]，水澍[67]粳稌[68]，陆莳[69]稷黍[70]，若赵令季含者，岂非才力之能事[71]哉？予因有进[72]焉。

　　当决踵断炊之日，容容[73]者每坐视其竭泽而莫之省忧[74]，志能之士岂乏英姿[75]茂绩[76]。或者称职以违俗见讥，虚资以从容见责[77]，未免扼腕[78]于有奇[79]安施。夫人臣顾[80]安封疆利生民如何，岂拘文[81]牵俗以取荣名[82]哉？

　　羊叔子都督荆州，军无百日之粮，乃进据险要。开建五城，减戍逻之卒，垦田八百余顷，及其季年，遂有十年之蓄；种世衡城青涧[83]，以为处险无水泉不可守，凿地屑[84]石，至一畚酬百钱，泉乃沛发[85]。建营田[86]千顷，岁收其赢。故曰：智周[87]通塞[88]，不为时穷；才经平陂[89]，不为世屈。刘定之陈画境[90]分守之制，因其陆地纵横，掘堑为地网，因其水泉随处停潴[91]为水柜[92]。若是，则相地宜[93]，视肥硗[94]，决水潦[95]，通沟渎，独司空由[96]田事哉？

　　予属武兴、易城、大陆三邑，未及甃砖者，皆环以巨浸[97]。庆不隶予部，己卯之秋，予代摄易水，凭城四顾，廛闬[98]渐集。观于黄、黑二泉，凑润上彻，可以股引诸渠泻溢于沟塍[99]畦畛[100]

之间。邑令受事，决河浚川，泄积壅而戒不虞[101]。踵[102]其事者，勿忘厥劳，安在史郑之不可复起也？

【注释】

[1]九畿：出自《周礼·夏官·大司马》，相传古时王城以外五千里之内，自内而外，每五百里为一畿，共有侯、甸、男、采、卫、蛮、夷、镇、藩等九畿，为各级诸侯之领地及外族所居之地。

[2]邦国：国家。

[3]非常：突如其来的事变。

[4]国赋：国家规定的赋税。

[5]国畿：即王畿，我国古代天子都城附近的地方。

[6]掌固：官名。《周礼·夏官·掌固》："掌固，掌修城郭沟池树渠之固。"

[7]郑康成：即郑玄，字康成，北海高密（今山东省高密市）人，东汉末年儒家学者、经学大师。

[8]丘文庄：即丘濬，字仲深，琼山人，明代中期著名的思想家、史学家、政治家、经济学家和文学家，被明孝宗御赐为"理学名臣"，被史学界誉为"有明一代文臣之宗"。弘治八年，丘濬在任上去世，终年七十六岁，追赠太傅，谥号文庄。

[9]王公：天子与诸侯。

[10]设险：利用险要之地建立防御工事。

[11]地险：地面险阻。

[12]直此：只是这样。

[13]广轮：广轮指土地面积。东西为广，南北为轮。

[14]坟衍：指水边和低下平坦的土地。

[15]原隰（yuán xí）：广平与低湿之地。

[16]名物：名目与物产。

[17]土均：按土地质量以确定其等差。《周礼·地官·大司徒》："以土均之法，辨五物九等，制天下之地征，以作民职，以令地贡，以敛赋，以均齐天下之政。"

[18]粪种：古代的一种耕种方法。

[19]稻人：古官名，掌治田种稻之事。

[20]潴：水停聚的地方。

[21]浍：田中排水沟。

[22]楚蒍掩：人名，楚国大司马。

[23]书土田：春秋时期楚国实行的田亩调查。《左传·襄公二十五年》记载："书土田，度山林，鸠薮泽，辨京陵"。

[24]衍沃：平坦肥美的土地。

[25]九夫：古指九夫所耕的九百亩田。《周礼·地官·小司徒》："九夫为井，四井为邑。"郑玄注："九夫为井者，方一里九夫所治之田也。"《晋书·地理志上》："古者六尺为步，步百为亩，亩百为夫，夫三为屋，屋三为井，井方一里，是为九夫。"

[26]隰皋：水边低湿之地。

[27]三湘：湖南湘乡、湘潭、湘阴（或湘源），合称三湘。见《太平寰宇记·江南西道十四·全州》。但古人诗文中的三湘，多泛指湘江流域及洞庭湖地区。

[28]七泽：相传古时楚有七处沼泽。后以"七泽"泛称楚地诸湖泊。

[29]燕：周代诸侯国名。世称北燕，拥有今河北省北部和辽宁省西端。

[30]冀：古代国名。在今山西省河津县东北。

[31]浸：灌溉。

[32]沟防：指沟渠和堤防。

[33]仞：古代长度单位。周制八尺，汉制七尺。

[34]防：堤坝。

[35]陂障：堤岸。

[36]卑下：低下、低洼。

[37]污泽：积水的洼地。

[38]秔（jīng）稻：粳稻。

[39]太子晋：姬晋（约前567—前549），姬姓，名晋，字子乔，是东周时周灵王（姬泄心）的太子，后人称太子晋、王子晋、王子乔或王乔。

[40]长民：为民之长；官长。古指天子、诸侯，后泛指地方官吏。

[41]封殖：壅土培育。

[42]嘉生：茂盛的谷物。

[43]弥望：充满视野、满眼。

[44]高卬：指地势高。与"低洼"相对而言。

[45]漳水：河名。

[46]填阏：淤泥。

[47]钟：是中国古代的一种计量容器，也被当作一种计量单位。

[48]恶地：贫瘠之地。

[49]石（dàn）：容量单位，10斗等于1石。

[50]庄熊罴：严熊，本称庄熊罴，因避东汉明帝刘庄讳，故改称严姓。西汉武帝时人。他上书武帝，建议修渠引洛水灌溉今陕西蒲城、大荔一带万余顷旱地。

[51]其：表示揣测、反诘。

[52]多得：容易得到。

[53]细民：小民、老百姓。

[54]沟渎：田间水道，犹"沟洫"。

[55]陂泽（bēi zé）：湖泽。

[56]元鼎：是汉武帝的第五个年号，公元前116—公元前111年。

[57]六辅渠：古代关中地区六条人工灌溉渠道的总称。汉元鼎六年（前111），左内史儿宽在郑国渠上游南岸开凿六小渠，以辅助灌溉郑国渠所不能达到的高地，故名。

[58]溥：广大。

[59]郡国：泛称地方行政区域。

[60]水衡钱：泛指国帑。

[61]处业：谓使人安居并有谋生之业。

[62]赈赡：以财物周济。

[63]保民四事：典出《孟子·梁惠王上》，即："仰足以事父母，俯足以畜妻子，乐岁终身饱，凶年免于死亡。"

[64]魃（bá）：旱魃，传说中指造成旱灾的鬼怪。

[65]重泉：深渊、土壤深层的水。

[66]斥斥：广大貌。

[67]澍（shù）：雨水滋润。

[68]粳稌（jīng tú）：指粳稻和糯稻，亦泛指水稻。

[69]莳（shì）：栽种。

[70]稷黍（jì shǔ）：指稷和黍两种农作物。

[71]能事：谓能任事。

[72]进：推崇、赞扬。

[73]容容：随众附和。

[74]省忧：省视疾苦。

[75]英姿：卓越的天资、才华。

[76]茂绩：丰功伟绩。

[77]称职以违俗见讥，虚资以从容见责：语出《晋书·熊远传》："有德而无力者退，修望而有助者进；称职以违俗见讥，虚资以从容见责。"

[78]扼腕：用一只手握住另一只手腕，表示振奋、惋惜、愤慨等情绪。

[79]有奇（yǒu jī）：有余。

[80]顾：考虑。

[81]拘文：拘泥于成法。

[82]荣名：荣誉、美名。

[83]青涧：古城名，在今陕西省清涧县境。

[84]屑：研成碎末。

[85]沛发：大量涌出。

[86]营田：即屯田。

[87]智周：知识渊博。

[88]通塞：谓境遇之顺逆。

[89]平陂：亦作"平波""平颇"。平地与倾斜不平之地。语本《易·泰》："无平不陂，无往不复。"后亦常指事物的变迁不定或世道的盛衰兴亡。

[90]画境：划界。

[91]停潴：停留聚积。

[92]水柜：军事上的一种防御设施。

[93]地宜：地理之所宜。指地理环境或条件。

[94]肥硗（féi qiāo）：亦作"肥墝""肥墩"。土地肥沃或瘠薄。

[95]水潦：因雨水过多而积在田地里的水或流于地面的水。

[96]由：用。

[97]巨浸：大水。

[98]廛闬（chán hàn）：犹廛里。

[99]沟塍（gōu chéng）：沟渠和田埂。

[100]畦畛（qí zhěn）：田间的界道。

[101]不虞：出乎意料的事。

[102]踵：在后面跟着、追随。

【参考译文】

《周礼·夏官》中记载，用"九畿"这种划分区域登记造册明确隶属关系的方法来治理国家。距王城千里之外拱卫王城为天子防备意外情况的地方叫侯畿，为天子征收国家赋税的地方叫甸畿。上谷郡管辖的地方离京师只有三百里远，那么就好比是国畿了。

有哪个做掌固的官员不懂得城廓、护城河的重要防守作用呢？有哪个据守险要之地的官员不清楚山林、河泽、沟渠、道路的阻隔呢？东汉经学大师郑玄说过，"那些防守设施在城内叫固，在原野上就叫险"。明代的丘文庄引申阐释说："所说的城墙和护城河是天子和诸侯建造的防御工事，所说的山岭河流是自然形成的地面险阻。"其实不只是这样的，大司徒凭着地图很详细地知道天下所有城池的面积，能分辨山林、河泽、丘陵、平原和湿地的名目和物产，因此用"土均"这样的办法将地上物产分为五类九等，确定不同的耕作方法。掌管治田种稻之事的官员，有安排修蓄水池、挖排水沟这样防汛抗旱工作的能力，而历史上楚国司马蒍掩通过田亩调查进行赋税改革，平坦肥美的土地，九百亩作为一井，形成一个聚居单位。水边低洼的土地，二牧的面积才作为一井。大概像三湘、七泽那样的地方，应该以地势高平坦的土地为好地，而燕冀那样的地方就以有河水浇灌的土地为肥地。涞水和易县的浇灌尚且是这样，何况是望都呢？

春秋时代的管仲说，"国都选址，选高处不要靠近干旱的地方而有充足的水源，选低处不要靠近潮湿低洼的地方就可以省去排水的沟渠"。凡是挖十仞深有水的地方，就不会发生大的水灾；挖五尺深见到水的地方，就不会发生大的旱灾。西汉的贾让也说："建立国家安顿百姓，要选大河没有堤防、小河方便汇入的地方，若大河堤防高于地面，一旦堤坝低于水位就会形成沼泽地，就不能居住了。"而至于他说到冀州这样的地方，就一定说要多开凿水渠灌溉，使低洼的盐碱地能够淤积沙土增加肥力，原来种麦子等耐旱作物改作种粳稻等喜水作物。那么东周太子姬晋所说的"疏通河谷来宣导地气，开挖坑塘种植各种嘉禾"，难道不是地方官员培育作物的好办法吗？

尧帝建都冀州，大禹随地势疏浚河流治理水患从帝都开始。而庆都尤其是储积丰厚、孕育灵秀的好地方。赤龙献图、宛渠望气，难道河水仅仅能够滋润九里远的土地吗？庆都县志记载：县城北面有龙泉河，浇灌的田地很多，时间久了河道淤积，望去只见满眼的砂石。因缺水地势高的土地每亩地还收不了三斗粮食。自从国家遭受战乱以来，旱灾不断，河源的泉水匮乏枯竭。像西门豹那样贤能的人史起还说有漳河水在旁而不加利用。虽然这样，但是泥水浇灌的田地每亩能够收入一钟粮食，在地上打井取水浇地每亩地可以收入十石粮食，于是就打井开渠，就像当年郑国的庄熊罴倡导的那样，可这哪里是容易做到的呢？

天下的名山大川很多，老百姓不知道怎么使用取利呀。以前为百姓疏通沟洫、蓄养湖泽以防备旱灾这样的事情，都详细地记录在汉武帝元鼎年的诏书里边，那时内史在郑国渠的基础上又开挖了六辅渠，发挥的作用很大，即便这样还议论要对稻田减收田赋。现在我朝皇帝忧虑京师附近和地方各省大旱，用尽国家粮仓中的储备，皇帝又拿出大量的私钱来救济安顿百姓，这种恩泽不比当年汉朝诏书记载的少。而地方官能在落实保民的四件事中，引活水形成大河，用地下泉驱逐旱魃，平均田地划定地界，使原野肥沃广大，水田种粳稻和糯稻，陆地种植稷和黍，像赵县县令季含这样的人，难道不是既有才能又能担当干事的人吗？我因此上书赞扬他们。

面对百姓穿不上衣服、吃不上饭的日子，那些庸碌的官员每每坐看百姓陷入困境而不能省察百姓疾苦与百姓同忧，但同时也有那些志坚才高能干的官员在困难时刻展示才华创造业绩。他们或者不惜违背世俗被人讥讽也要尽到自己的职责；或者用尽钱财做事从容地接受苛责。人们不禁扼腕赞叹他们对百姓安抚施予的很多。作为朝廷的臣子只管考虑安抚自己管辖的地方如何对百姓有利即可，怎能拘泥于成法、牵挂于世俗以此来博得虚名呢？

魏晋时期的大臣羊叔子，在荆州做都督的时候，军队没有一百天的存粮，于是进兵据守险要的地方，建成五座城池，之后减少戍守巡逻的兵士，让他们开垦了八百多顷土地，到了第三年，就有了能用十年的存粮。北宋将领种世衡在青涧建城，认为地处不见太阳的地方又没有水源难以据守，于是凿地挖石，挖一簸箕土石竟然给一百钱的酬劳，最后泉水喷涌而出，开垦屯田千亩，每年都有收益。所以说知识渊博的人，无论身处逆境还是顺境都不会被时局所困；才能卓越的人，即便社会有盛衰兴亡的变化也不会被世事所屈服。明朝大臣刘定一实施划界分守的制度，按照土地纵横分布的情况，在地间挖壕沟形成防御网，按照河水流动集聚的状况建成水柜这样的防护设施。从这种情况看，考察地理环境和条件，观察土地肥沃和贫瘠，挖池蓄水，疏通田间沟渠，哪里只是司空用于农业生产的事情呢？

我管辖下的武兴、易城、大陆三个县，城墙没有砌砖的，城外都用大河环绕以作为护卫。庆都县不在我的管辖范围之内，己卯年秋天，我代理易水的管理事务，来到庆都登城向四外观看，村庄分布的已经比较密集。后来查看了黄、黑两眼泉，见泉水清澈见底，可以分股引流，通过水渠使水奔流在田地中的垄沟和田埂之间。庆都县令着手办这件事，开沟挖渠，疏浚河道。将河中阻塞疏通，目的是防备意外情况的发生。以后接管这事的人，一定不能忘了他们的功劳。在哪里史起、郑国不会复出呢？

【作者简介】

钱天锡，生卒年不详，字公永，湖北沔阳州竟陵（今天门）人。明天启二年（1622）壬戌科会试第一名。崇祯三年（1630）任保定兵备道副使、保定参政，历任广西右参议、浙江副使、右布政冀南道户部郎中、陕西按察司提学佥事，调榆林宁武兵备道。崇祯皇帝亲自召对，以右佥都御史巡抚密云提督军务。卒于北京。

钱天锡精通武略，文采斐然，是明末有名的大儒。曾编纂过《蠡县志》十卷，有《驯鹤楼稿卷》《四书宗正录》《诗牖》等流传于世。

【背景解读】

明崇祯十一年九月，清兵越过长城，避实就虚，大举入侵明朝内地，于当年十月初七打到庆都城下，围城五日，于十月十二日攻陷庆都城。县令黄承宗、教谕徐有自率官绅士民战死。清军疯狂报复，屠杀劫掠三日，最后纵火焚城，全城灰沙遮日，百姓号哭恸天；除西城圣寿寺、文庙内棂星门和县署中库楼、谯楼外，城内建筑尽被烧毁。十月十五日，清兵退走，只留下一片灰烬。这就是望都历史上有名的"庆都兵燹"事件。

陕西蒲城籍举人赵世英临危受命，就任庆都县令，收拾战乱残局，重建庆都城，安抚百姓，着手恢复民生。

据光绪《保定府志》记载："钱天锡，沔阳人，崇祯十二年任保定兵备道，赋性刚方，仕学兼优，作养士子于阳春书院，时值大饥，广建粥厂，存活数万。"时任保定兵备道副使的钱天锡受命整饬保定兵备，于当年秋季到庆都县进行实地视察，他了解到庆都县北有龙泉河，本可浇灌大片农田，但由于沙砾遍布淤塞，不能发挥原有作用，便责成庆都县令赵世英疏浚九龙河。事后写下《浚河记》，由赵世英刻碑立石于龙泉河畔。并题有《浚九泉》一诗：

华渚赫厥灵，姜水感神异。

庆都沙莽墟，恐非毓圣地。

自从兵燹余，渐抉山灵闭。

泠泠出清泉，源殊色亦异。

周遭三里城，藉以饬长治。

大哉放勋德，流坎兼仁智。

已合上善符，预表中和字。

乾元仍用九，天则自渊懿。

令尹快冥搜，清凉洗炎炽。

在昔覃怀牧，修垒醴泉至。

澄鲜一镜通，沾溉万家利。

渊源未易穷，瓦砾驱庸吏。

后此文收录于康熙《庆都县志·艺文》。嘉庆年间王履泰所著《畿辅安澜志》曾有提及但略而未录，光绪《保定府志》卷二十一只有部分文字引录。全篇亦可见于清代陈梦雷编纂的《古今图书集成》之《方舆汇编·职方典上》第七十九卷。

明万历十三年《通济桥记》

明·胡应凤

【碑文】

邑南数百步，有泉平地涌出，涓涓不竭，亢旸亦如之，严寒不冰，潴之可池，挹之可溉。腋关左[1]而东，饮大河而宿尾闾，邑之要津也。第湍蚀孔衢，为涉者病。佥议[2]捐财值创为石桥。

工始于万历十一年春，而竣于十三年冬。征予记其始末。余以为，桥梁王政之首务也。矧庆弹丸小邑，室鲜石储，丁不肩息，又何以暇此？窃念夫政宽则民和，和则好修[3]；上促则下扰，浸则生乱。我邑侯赵公，平易近民，煦民以和，抚民以慈，故民完公输之余得以徐计于此。不爱力，不惜财。徐而图亦徐而成也。盖于是桥，可以知侯之得民[4]，亦可以知民之好义。是役也，屈力殚虑[5]，抡材课工[6]，则耆民[7]李良知、王濯、郑守节、牟九叙等，例得书于碑阴。

【注释】

[1]关左：在地理上古人以东为左。

[2]佥（qiān）议：众人的意见。

[3]好修：喜爱修饰仪容。借指重视道德修养。

[4]得民：谓得民心。

[5]殚虑：竭尽思虑。

[6]课工：课督、督工。

[7]耆（qí）民：年高有德之民。

【参考译文】

县城南面数百步的地方，有泉水平地里喷涌出来，涓涓流淌从不断绝，大旱时节是这样，严寒天气也不结冰，把它储存起来就成为水池，把水导出来可以浇地。绕过城东汇入大河后向东、向下游流去，这是县里重要的河流。只是河水湍急侵蚀了大路，给出行的人造成困难。众人提议要捐资出力建一座石桥。

修桥工程开始于万历十一年（1853）春天，到十三年冬天完成。让我记载建桥的始末。我认为，桥梁是仁政的首要任务。何况庆都县是一个弹丸小县，家家都很少储存石材，人人难有休息的时候，又怎么顾得上修桥的事呢？私下里想政治宽厚百姓才顺和，百姓顺和才重视道德修养，统治者政令急迫百姓就会被干扰，百姓被干扰就容易生出事端。我们的县令赵先生，平易近人，以和气对待百姓，以慈心抚育百姓，所以百姓完成公家的徭、赋之后能够慢慢的做这件事。不吝惜力气，不吝惜钱财，逐步地做、也逐步地完成了修桥工程。大概从这座桥的建设，可以知道赵县令深得民心，也可以看出百姓的急公好义。为这一工程操心费力，从准备材料到监督施工的有德高望重的李良知、王濯、郑守节、牟九叙等人，按照惯例将他们的名字刻在碑的背面。

【作者简介】

胡应风，生卒年不详。明万历年间望都名儒。

【背景解读】

据光绪《保定府志》记载："通济桥在望都县城南门外，东门北门各有桥，皆甃石跨护城河。"

明万历十一年春，时任庆都县令赵嘉猷带头捐款，率众修建通济桥为石桥。竣工于万历十三年冬。

胡应风应赵嘉猷所请，撰写《通济桥记》，由赵嘉猷刻石立碑于南关通济桥头。

　　据清同治《稷山县志》和清雍正《山西通志》记载：赵嘉猷，山西省稷山人，明隆庆元年丁卯科举人，明万历十三年时任庆都县令，后任郴州知州。

清康熙十七年《重建石堰均水记》

清·李天玑

【碑文】

邑殷家营东，旧有土筑水堰 [1]，建自明永乐中，崇祯时邑宰段公易之以石，蓄水甚富，上下皆给焉。后因亢旱 [2] 水涸，乡人无识 [3]，归咎于堰，决至底，其水一泄无余，蓄上下皆匮，三百年来水田一旦尽为陆田 [4] 矣，修志者痛惜之。

不佞 [5] 来知邑事，簿书 [6] 之暇浏览至此，念细民 [7] 未知川原之利，故为之通沟渎，蓄陂泽 [8]，以备水旱 [9]，惟长吏是问，漳水在旁而不知用，史起之所以议西门豹也。爰同司铎秦公暨邑之荐绅 [10] 子衿 [11] 联骑诣堰，辑五乡里老询其所以，佥云上下不均之所致也，旋情愿复旧制。

即令诹日兴工，荷畚走石，三日告成。又恐受利不均，复许各具情词 [12] 到案，虚公 [13] 酌夺 [14]。堰上之田，过必盈科后进 [15]，且水势濡滞 [16]，其流纡缓；堰下之田地洼下 [17]，势如龙门，一泻千里，且石隙蚁穴之浸渍者，涓涓不竭，又少田六十亩。特委殷家营乡保，持正秉公，照依定期按日挨次开闸放水，先尽上田，二日后放下田。一日开闸时，闸板撤尽，不得存留滋弊。定于日出开闸，日入闭闸，并不许任意迟早。庶上下利均，伫见陆田复为水田矣。

晋羊叔子都督荆州时，军无百日之粮，其季年 [18] 乃有十年之蓄。不佞于庆民不能无厚望云。

【注释】

[1]水堰：挡水的低坝。

[2]亢旱：大旱。

[3]无识：不懂、无知。

[4]陆田：旱田。与"水田"相对而言。

[5]不佞：不才。用作谦称。

[6]簿书：官署中的文书簿册。这里代指办公。

[7]细民：平民。

[8]陂泽：湖泽。

[9]水旱：水涝与干旱。

[10]荐绅：缙绅。古代称官宦或士大夫。

[11]子衿：《诗·郑风·子衿》："青青子衿，悠悠我心。"毛传："青衿，青领也。学子之所服。"后因称学子、生员为"子衿"。

[12]情词：陈情之词。

[13]虚公：无私而公正。

[14]酌夺：斟酌决定。

[15]盈科后进：水充满坑坎之后才往前流动。

[16]濡（rú）滞：停留、迟延、迟滞。

[17]洼下：低下。

[18]季年：指第三年。

【参考译文】

　　庆都县殷家营东边的河上，原来有土筑的水坝，建于明永乐年间，崇祯年间县令段先生改建为石坝，蓄水很多，坝上坝下的田地都能够得到灌溉。后来因为大旱河水枯竭，乡下人没有见识，归咎于石坝，就挖开石坝直到河底，河水一泄而去一点都没有剩下，造成坝上坝下都缺水，河两岸三百年来的水田一下子都成了旱地。写县志的人很痛惜这事。

我来庆都做知县，公事之余浏览县志看到这里，想到百姓不知道河流的作用，所以为百姓疏通沟洫、蓄养湖泽以防备旱灾这样的事情，是地方长官的责任。漳水在旁却不知道利用，这是史起议论西门豹不懂水利的原因。于是同司铎秦先生和县里的缙绅、生员一同去原石坝处，召集附近乡村的里长询问石坝被毁的始末，都说是坝上下供水不均导致了这种情况，多次表示愿意恢复原来的制度。

我立即下令择日动工，人们手抬肩扛运送石材，三天的时间就完成了。又担心上下获利不均，再让里长们各自写了报告到县里，公正无私按道理斟酌决定。坝上的田地，水只有等充满坑坎处后才往前流动，且水势迟滞，水的流速很慢；坝下的田地地势低，有水就如同水过龙门，一泻千里，而且石坝上有石缝、蚁穴都向下浸水，涓涓而流不间断，下面田地面积还少六十亩。特委派殷家营乡保，秉承无私公正，依照规定的日期按顺序开闸放水，先浇坝上的田地，两天后放水浇下面的田地。每次开闸时，闸板要全放开，不能有保留而滋生事端。规定日出时开闸，日落时关闸，并且不许任意提前和延迟。希望坝上坝下受利平均，很快便看到旱地又变成水田了。

晋朝的羊叔子在荆州做都督时，军中没有百日的存粮，到第三年就有了十年的积蓄。我对庆都的老百姓也不能不寄予这样的厚望呀。

【作者简介】

李天玑，生卒年不详，奉天铁岭（营州）人，镶黄旗官生，清康熙十三年（1674）任庆都县令。在任期间，创设串票之法，改革用富户做柜书征粮收税的制度；修县志，建义学、养济院、演武厅；重修南门、公署、城隍庙、马神庙、尧母庙、帝尧庙、文庙等；兴修水利，重建石堰以均水。为望都历史上有影响的名宦之一，后升任陕西同州府同知、云南曲靖府知府。乾隆《望都县新志·名宦》有传。

【背景解读】

"后营村水堰距邑东十二里，堰筑始于明永乐中，因迁来率皆南人，不能服粟，故开渠植稻，爰截河置堰，以均溉之。崇祯中邑令段纬以石易土，穴其孔，于中塞之。堰下用水则撤其塞，堰上用水则塞其孔，蓄水甚富。后乡民无识，值亢旱水涸，遂归咎于堰，决至底。其水一泄无余蓄，上下皆溃。后虽村西设堰，终不若旧堰水富而能遍及也。自堰决后，众皆悔之，亟欲重建而苦于力之难齐。

"康熙中，邑令李天玑同绅衿相视旧址，乃集五村乡绅里老及有水田人等询问，咸请愿凑贯再修石堰，以均水。公随差役催督修理，民赀石给解囊资助，三日告成。又恐用水不均，再蹈前辙，令众各具情舜，从中勒立定制，自撰文记事镌石，文见全石。"（详见康熙《庆都县志·艺文》）

清乾隆三十一年《重浚龙泉河记碑》

清·卫学诗

【碑文】

　　水泉之疏，以利民用。望之水同发源于九龙泉，蜿蜒而东有二道。其一涌鱼、灞龙二泉，出双石桥；其一为北龙、为坚功清泉、为大小西堤、曲家、沈家诸泉，环绕城濠[1]。至连青而合流，东至于后营，又东至于高岭，为望民利。

　　考邑乘[2]，创始[3]未详，其增浚修闸则有明邑令张、刘、原、黄、赵诸公；清陈、钱、沈诸公踵其事者，沈后鲜有闻。三十年来沙渍水壅闸石崩坏，旱则涸，潦[4]则溢，利民之资翻[5]为民害。

　　余莅任[6]后，周阅四境，慨然有兴复之思。而物力独[7]乏，轮蹄[8]络绎[9]，遽[10]举之弗遑[11]也。甲申春，奉上谕修浚河工[12]，大兴水利，望故沮[13]洼得兴。而余以邑宰董[14]其事，既任[15]有专责，亦适[16]获夙愿。于是鞭石举土、饬[17]匠鸠[18]工。泉之淤[19]者浚之；河之壅[20]者决之；岸之颓者筑之。高岭、后营闸之坍塌者，固砌之。又勒有条约，择里老[21]之秉公[22]勤谨者为闸长，以司启闭，以杜争端。五阅月而工竣，灌田之多较前数倍。

　　因记泉沜[23]凡九，而北龙泉称巨窟，旧有龙母祠，近寝废[24]。乃复修整要宇，建山门，筑垣墉。结庐于庙之旁，构亭于泉之岸。栽莲，种柳，艺穤，植粳，沙莽[25]之区顿成胜境[26]矣。

　　余于是幸望之得跻[27]春台[28]，而深叹圣天子之轸恤[29]民隐[30]、子惠[31]元元[32]者，为独至[33]也。愿靡不有初，鲜克[34]

有终，后之君子仰体[35]而奉行[36]之，时为修理，毋废前功，待泽[37]之民不且世享乐利于无穷哉！

【注释】

[1] 城濠：护城河。

[2] 邑乘：县志、地方志。

[3] 创始：创建、创立。

[4] 潦（lào）：古同"涝"，雨水过多，水淹。

[5] 翻：反转、改变。

[6] 莅任：出任职官、上任。

[7] 独：特、特别地。

[8] 轮蹄：车轮与马蹄。代指车马。

[9] 络绎：连续不断、往来不绝。

[10] 遽（jù）：急、仓促。

[11] 遑：闲暇。

[12] 河工：治河工程。

[13] 沮（jù）：湿、湿润。

[14] 董：管理、督办。

[15] 任：担当、肩负。

[16] 适：正好、恰好。

[17] 饬：命令。

[18] 鸠：聚集、召集。

[19] 淤：滞塞、不流通。

[20] 壅：堵塞。

[21] 里老：乡里老而有德望之人。

[22] 秉公：做事秉持公正之心。

[23] 泬（jué）：水从洞穴中奔泻而出。

[24] 寖废：放弃或废弃。

[25] 沙莽：谓广阔的沙地，大漠。

[26] 胜境：风景优美的地方。

[27] 跻：升、登。

[28] 春台：春日登眺览胜之处。

[29] 轸恤：深切顾念和怜悯。

[30] 民隐：民众的痛苦。

[31] 子惠：慈爱，施以仁惠。

[32] 元元：平民、老百姓。

[33] 独至：独到。谓达到某种境界，与众不同。

[34] 克：能够。

[35] 仰体：体察上意。

[36] 奉行：执行、履行。

[37] 泽：水积聚的地方。

【参考译文】

疏通河流泉水，是为了便于百姓使用。望都的河流都发源于九龙泉，蜿蜒东流有两条。其中一条是涌鱼、灞龙两泉的水从双石桥流出，另一条是北龙、坚功泉和小西堤泉、曲家湾泉、沈家庄泉等泉水环绕着护城河，到谷家连青村二河合二为一，向东流到东后营村，再向东流到高岭村，为望都百姓提供便利。

考察县志这条河形成的始末没有记载，疏浚河道修建水闸的事，记载有明朝县令张、刘、原、黄、赵等几位先生，清朝陈、钱、沈等几位先生先后相承，沈县令之后就没有记载了。三十年来泥沙沉积、河道壅堵、水闸的石头崩坏，到旱季河水干涸，到雨季河水就泛滥成灾，本是利民的好资源却反成为百姓的祸害。

我到县里任职后，详细走访察看河道整体情况，心中感慨万分，有了整治龙泉河的心愿，但是县里物力非常困乏，车马来往应酬不断，想马上办这件事却不能够。甲申年春天，接到皇上的指令要整修疏浚河流大力兴办水利，望都的低洼潮湿之地终于能够治理了。我作为县令督办这件事，既肩负专门的职责，也正好能实现自己的夙愿。于是运石取土，召集指挥工匠，开始施工。泉水淤堵的疏通它，河道壅堵的挖开它，河岸坏了的重新筑起来，高岭和后营村的水闸坍塌的，重新垒砌加固它，又刻上护河的公约，选择办事公正、为人勤快的里长做闸长，负责开关闸门，以杜绝用水的争端。经过了五个月才竣工，河水浇灌的田地面积是以前的数倍。

按照记载望都的泉水总共有九个，北龙泉也叫巨窟，原来那里有龙母祠，近来废弃了。于是又修整了主要的建筑，新建了山门、修筑了院墙，在庙的旁边新盖了房子，在泉水的岸边修建了凉亭，栽上莲花种上柳树，还种了糯稻粳稻等农作物，本来是沙荒之地一下子变成了景色优美的好去处。

我因此庆幸望都有了游览观景的好地方，从而感叹皇帝体恤民间疾苦、慈爱众百姓的情怀真是达到了极致啊。人的愿望都有开头，却很少能够有结果的。希望后来的继任者，能够体会我此时的心情，并能继续坚持这样做下去，经常加以修理整治，不要使前面做的工作都荒废了。如此，则渴望幸福生活的百姓将会世代享受龙泉河的便利，永远没有穷尽呀！

【作者简介】

卫学诗，见前 179 页。

【背景解读】

望都九龙河流经清苑、安州、新安，然后汇入大清河，直达天津海河，为京津之重要水道。但因久年失修，泥沙沉积，河床淤浅，水坝又不够高大，因而时有水患。时任直隶总督兼理河务的方观承重视水利，曾受命治理望都县九龙河。

乾隆二十九年（1764），时任望都县令卫学诗奉上谕修浚九龙河望都段。历经五月竣工。据乾隆《望都县新志》记载："卫学诗，字闻一，号龙溪。陕西韩城人。乾隆壬戌年进士。二十五年任望邑。励精图治，大惬民怀。二十六年大水为灾，详请银米赈济，民赖以活。二十七年秋，又被水，哀鸿遍野。公请赈米一千五百四十八石、银一千八百四十八两，并捐廉以补不足，望民始免饿殍之惨。二十八年，创立义学以开通民智。浚龙泉河、建修石闸以兴水利。三十二年，复禀请帑银修城，未开工升任去。民至今感德不忘。"

据光绪《保定府志》记载："殷家闸在望都县城东八里，跨九龙河……去高岭闸五里。雍正四年建，乾隆二十八年重修。"

望都县北有北龙泉，为九龙河发源之一。北龙泉原有龙母祠，本已破旧不堪，疏浚九龙河道竣工之后，卫学诗重修龙母祠。建庐立亭，栽莲种柳，遍植水稻，使北龙堂成为望都风景名胜。

为纪念这一事件，卫学诗亲撰《重浚龙泉河记》，于乾隆三十二年刻碑立石于北龙堂。今碑佚失。

清乾隆三十六年《新修望都县公署记》

清·陈洪书

【碑文】

自古县令于民为最亲。事有必不容缓者，则当奋迅[1]以图；有必欲待时者，则当优悠以俟。所贵权衡于时势之间，斟酌于甘苦之际。故可已而不已，谓之纷更[2]；不可已而已，谓之怠废。是二者之所为，皆过也。

余于乾隆丁亥岁奉命出宰是邦。甫下车，见公堂前后，半就倾圮。询之书吏，佥曰：衙署之由来久矣，传闻创自前明，迄今百十余载，风雨剥蚀，日就颓圮。向之莅兹土者皆欲新之而未暇。

夫邑令，亲民之官也；令之官署，亲民之地也。民之朴者仰哺[3]；秀者仰诲。曲直[4]于是乎质成，疾苦于是而告诉。此而听其因陋就简，其何以振纲纪[5]而肃观瞻[6]耶？

爰鸠工庀材，仍其旧址，捐资而先构公堂，以为理烦治剧[7]之所。会滇兵过境，轮蹄络绎，东西栋宇之倒塌者尚未获修葺，于是吏之处此者，恒惴惴焉惧其压覆。且案卷所贮浥漏堪虞，不可以一朝缓也。幸兵差偶息，旱潦虫蝗亦鲜，民间较前颇有起色，而且余以诚待邑人士，邑人士亦以诚相信。上下交孚，狱无一囚。因诹吉兴工，不惟不费民间一钱，亦且俾隐约[8]者受事，效古人以功待赈之意。以故人乐于就役，不数月而屏墙一堵，大门一座三间，仪门一座五间，圣谕坊、两庑，赞政之房十四间，迎宾馆三间，大堂后川堂一栋，川堂后倒轩盈丈，可以退食[9]庀政，西书房两进各三间以居幕友，以宴宾客。东书房百尺楼一座三间，可以登憩而望远焉。庖厨、马厩、门墙、窗牖，丹黄[10]具焉。

　　夫望邑，为陶唐肇祥之乡。土阶茅茨，俭朴流风，千古未替。余以鄙陋滥膺[11]民社，承乏兹土，才短事繁，未获为吾民尽抚育[12]之方，导教化之源，而敢先营官舍[13]以示雅观，而有耀乎？顾朝夕莅政[14]之所，而有栋折榱崩之患，不独为长吏之忧，抑亦为吏民之惧。所以捐俸重新不得已也。苟于不得已者而故已之，是亦不知轻重缓急之宜，非政体也。由是，前坊敬书圣谕[15]，遵法制也。大堂匾曰"保赤[16]"，恤民隐[17]也。川堂颜曰"心虚如镜"，揭箴规[18]也。楼成名曰"喜雨"，志嘉贶[19]也。创始者何？辛卯正月也。落成者何？六月末旬也。作记者何？宜黄陈洪书也。

【注释】

[1]奋迅：精神振奋，行动迅速。

[2]纷更：变乱更易。

[3]仰哺：谓依靠他人哺养、供养。

[4]曲直：是非、有理无理。

[5]纲纪：法度、纲常。

[6]观瞻：瞻望、观赏、观看，引申为体统。

[7]治剧：谓处理繁重难办的事务。

[8]隐约：困厄、俭约。

[9]退食：典出《诗·召南·羔羊》："退食自公，委蛇委蛇。"郑玄笺："退食，谓减膳也。自，从也；从于公，谓正直顺于事也。"朱熹集传："退食，退朝而食于家也。自公，从公门而出也。"

[10]丹黄：赤黄色。

[11]滥膺：滥竽充数。谦词

[12]抚育：抚养照料。

[13]官舍：官署、衙门。

[14]莅（lì）政：掌管政事。

[15]圣谕：皇帝训诫臣下的诏令或语言。

[16]保赤：养育、保护幼儿。

[17]民隐：民众的痛苦。

[18]箴规：劝戒规谏。

[19]嘉贶：嘉况。厚赐之意。《汉书·石奋传》："乃者封泰山，皇天嘉况，神物并见。"颜师古注："况，赐也。"

【参考译文】

自古以来县令这个官职是与百姓最为亲近的。作为县令，对刻不容缓的事情，就要振作起精神，迅速行动起来谋划完成它；对需要等待时机才能做的事，就要从容不迫地等待时机。可贵的是要考虑时机和形势，斟酌欢乐和苦恼做出正确选择。所以，应当停止而不停止就会出现混乱，不应当停止而停止就是懈怠。这两种做法，都是错误的。

我在乾隆丁亥年奉命来做望都县令，一到任，看到大堂前后，已经接近于倾倒毁坏了。询问处理文案的属员，都说：县衙之建设年代已经很久远了，据说是明朝时建的，距今天有一百多年了，因风雨侵蚀，已经渐渐地破败不堪。以前在这里当县令的人都想新修它而没有完成。

县令是亲近百姓的官员，县衙是亲近安抚百姓的场所。质朴的百姓需要抚养，聪明的百姓需要教诲。是非曲直需要在这里进行评判，百姓的疾苦要在这里诉说，如果听任县衙这样因陋就简，那么靠什么来振作纲常而整肃体统呢？

于是召集工匠准备材料，还在旧址上，捐资先修建大堂，以作为处理政务的场所。正赶上滇兵从望都经过，车马陆续不断，这时东西两侧的房屋还没有来得及修葺，因此在里边办公的官吏，常常害怕房屋倒塌被压住。而更担心所存的文书案卷会因漏雨而毁坏，这情形是一天也不能缓了。幸好兵役暂时停下来，旱涝病虫灾害也少，百姓生活比以前好了很多，而且我作为县令坚持以诚待人，县里的人也都以诚信对我。上下互相信任，监狱里没有一名囚犯。因此选择吉日动工，不但不费民间百姓的钱财，而且雇用那些穷困的人来干活，效法古代人以工代赈的意思。因此，人们愿意来做工。不过数月，建成一堵影壁墙，一座三间房的大门，一座五间房的仪门，圣谕坊两侧供办公的房屋十四间，大堂后建穿堂一栋，穿堂后廊屋有一丈见方，可以用餐和处理公务，西边书房两个院落各三间，用来安置幕僚、宴请宾客。东边书房是三间的一座百尺高的楼，可以用来休息和登高望远。厨房、马厩、门窗、墙壁等建筑，加以红黄涂料的修饰，都已经完备了。

望都县是尧帝的发祥之地，他土台阶茅草屋，艰苦朴素的良好风尚，千百年来无可替代。我鄙陋不才滥竽充数当了地方官，管理这方土地，因能力不足，事务纷繁，还没有找到抚育全县百姓的方法，未能引导教育感化的源流，而竟然敢于先营建官署使其好看而炫耀吗？只是因为早晚掌管政事的地方有房倒屋塌的隐患，这不仅是长官的忧虑，也是下属吏员和百姓所惧怕的，所以捐出俸禄重新修建也是不得已而为之呀。如果不能拖延而故意拖延下去，这也是不知轻重缓急的表现，应当是不利于政体的。因此，在前厅恭敬地写上圣谕，以表明遵守法制；大堂匾额提名为"保赤"，以示体恤百姓疾苦；穿堂内书"心虚如镜"四个字，以示劝诫规箴，不可骄傲自满。东书房楼建成命名为"喜雨"，以此记载上天的厚赐。开始建设的时间是辛卯年正月，落成的时间是六月下旬。宜黄陈洪书撰文。

【作者简介】

陈洪书，见前 435 页。

【背景解读】

望都县公署在原望都城东南角，金大定中期建。明嘉靖年间县令胡谐重修，明崇祯十一年（1638）十月，清兵攻陷庆都城，屠杀劫掠三日，纵火焚城，望都县公署首当其冲。除库楼、谯楼外，其余建筑尽毁于"庆都兵燹"。

后有明崇祯年间县令赵世英、段纬，清顺治年间县令李世程、陈自德、王廸康，康熙年间县令钱振龙、李天玑均曾增建重修。

清乾隆三十六年（1771），时任望都县令陈洪书重修，工期自当年正月开始，落成于六月下旬。

陈洪书亲撰《新修望都县公署记》，刻碑立石于望都县公署内。

清乾隆三十六年《监狱落成记》

清·陈洪书

【碑文】

狱者，先王不得已而设之。其作奸犯科而扦文网[1]也，则可恼。其无知犯法而入陷阱也，则又可悯[2]。苟上漏下湿，沮洳不堪，湫隘污秽，毒气熏蒸，亦非先王以囹圄[3]为福地，而哀矜[4]勿喜之意也。

望邑监狱，其创建已久，木渐朽蠹[5]，有倾覆之患。而且卑庳[6]不足以舒气，粗疏不足以防奸。望邑虽号醇谨[7]，在缧绁[8]中者颇少，甚或空狱。然地当冲要，南北人犯寄监押解者实繁有徒。苟因循敝陋，日复一日，意外疏忽之咎其能免乎？然则为此而修者，所以重生命，亦所以顾考成[9]也。

予于三十五年撤旧而新之。南笼房三间，北笼房三间，女监三间，狱神庙一间，浴厕庖厨各有其所。无倾覆之忧，无熏蒸之患，无疏忽之虞，于今年八月竣工。

后之君子时葺而洁治之，勿使未罹于极刑者，先受乎夭绝之惨，斯固慈惠之大端而有父母之责者，亟宜留心[10]也。是为记。

【注释】

[1]文网：法网、法禁。

[2]可悯：令人怜悯。

[3]囹圄（líng yǔ）：监狱。

[4] 哀矜（jīn）：哀怜、怜悯。

[5] 朽蠹：朽腐虫蚀。

[6] 卑庳：低下、不高。

[7] 醇谨：淳厚谨慎。

[8] 缧绁（léi xiè）：捆绑犯人的绳索，引申为牢狱。

[9] 考成：在一定期限内考核官吏的政绩。

[10] 留心：小心、当心。

【作者介绍】

陈洪书，见前 435 页。

【背景解读】

清乾隆三十五年（1770），时任望都县令陈洪书撤除旧监，扩修新狱。新建南笼房三间，北笼房三间，女监三间，狱神庙一间，浴室厨房厕所等各有其所，无不俱备。于乾隆三十六年八月竣工。

陈洪书亲撰《监狱落成记》，立石于公署监狱，今失所在。乾隆《望都县新志》卷七》载有其碑文。

清乾隆三十五年《重修三城门吊桥记》

清·陈洪书

【碑文】

乾隆三十一年六月初五日，奉藩宪牌谕云：各州县城垣，荷蒙圣恩，发帑兴修以资巩固。至护城河吊桥，系往来瞩目之地，如有坍损，谅必所费无多，理应乘此一并修理完整，以利行旅而壮观瞻。余以前任领帑修城完工，所有东南北三门吊桥三座，历年久远，率多坍损，且兼城河开挖较前展宽，水势更大，必须另行折造，庶可以资久远。且地当孔道，九省通衢，差务骆驿[1]，应请亟为修葺，以便遄行[2]。于三十三年估值若干，伐石购灰，于三十四年二月二十四日兴工，于明年四月十五日告竣。

夫成杠成梁本于王政，所以便行旅也。况附郭[3]之桥，其人之行者尤多。至于附郭通衢之桥胜于僻城之行人，尤相什伯[4]。且附郭而叹衣带之莫越，其何以存经制而为视履[5]也？我皇上轸念行旅，日举典章，不惜帑费，大宪[6]又孜孜檄谕，不惮重申，邑令仰承[7]德意，敢不兢业自矢[8]，督率靡倦？至于经费之估，虽有定额，然欲善其事而尽其心，固不得斤斤以额限，而遂潦草塞责以为掩饰计也。竭股肱之力以为督率，捐清俸之资以图巩固，亦为上则尽臣子之谊，为下则尽父母之心，本分内事耳。而余于此两年间，亦颇觉尽心尽力，黾勉[9]从事，未敢以虚文应焉。撮而记之，俾知王道之荡平，周道[10]之如砥，尽沐皇仁之浩荡暨各上宪[11]之远虑所致，既创修城垣以为固，并虑及桥梁以便人。久远之计，委曲[12]之谋，无往不周，兴古王政，合若符节也。

余既躬逢其盛，敢泚笔[13]而记其沿起云。

【注释】

[1] 骆驿：连续不断。

[2] 遄行：犹速行。

[3] 附郭：近城的地方、郊外。

[4] 什伯（shí bǎi）：谓超过十倍、百倍。

[5] 视履：察看巡行。

[6] 大宪：清代地方官员对总督或巡抚的称谓。

[7] 仰承：敬受、承受。多用于下对上。

[8] 自矢：犹自誓，立志不移。

[9] 黾（mǐn）勉：勉励、尽力。

[10] 周道：大路。

[11] 上宪：指上司。

[12] 委曲：周全。

[13] 泚（cǐ）笔：以笔蘸墨。

【作者简介】

陈洪书，见前 435 页。

【背景解读】

"乾隆三十一年（1766）正月二十九日，经邑令卫公学诗动帑起工及典史曹文英督役，外面尽易以砖。且时值饥馑，穷黎又得藉工以活。卫公治工未竟又经邑令陈公洪书接任承办。经多方筹划，于乾隆三十二年七月竣工。计周围长七百二十六丈八尺，合四里十三步零。南北瓮城二，东南角魁星楼一座，角台五座，炮台十一座。顶宽一丈四尺、底宽二丈六尺，高二丈，共估工料银三万二千九百零五两一钱四分六厘。以二千年土筑之城而易为巍然砖甓之城，不费民间一钱，不役民间一工。"详见民国《望都县志》卷十三《城池》。

修城完工之后，陈洪书于乾隆三十四年二月二十四日开始兴工，重修东、南、北三门吊桥三座，竣工于乾隆三十五年四月十五日。

陈洪书亲撰《重修三城门吊桥记》，立石于城门，今失所在。乾隆版《望都县新志》卷七有录。

清嘉庆十四年《重修荆城里九龙永济桥记碑》

清·杨　堂

【碑文】

粤稽庆都诞放勋以开天，九龙钟灵泉以济世。众流自邑城环绕而东，灌溉田禾，其泽甚溥[1]。至吾乡之东岳庙前汇而为一。其津上通保阳，下达深泽祁定。车马徒旅往来繁集，端赖是桥。

考桥之始创于元之至正，历久不修，虽经乡民垒石填砌而坎坷难行，桥南又有历年冲堆路沟，遇夏涝秋霖[2]，淤汀弥甚，行旅病焉。今年谷丰熟[3]，乡邻举义重修，商之与余，余思谋事务规于美备[4]，问津必导以万全。众既不惮费烦[5]工剧以修是桥，但其南地势洼下，终不免于厉涉[6]。是虽济尤未济也。呜呼！可必[7]分其流以杀其势，并建小桥于其南，庶涉济者无不利乎？于是，择日鸠工运石，五月告成。

前此桥无碑记，众议建碑命名，以传久远。余曰："此圣母之遗泽也。夫名必溯其源，福必归其本，可名为'九泉永济桥'。"

嗟乎！灵泉衍庆[8]，毓我里间者，五千余年，今幸踵前人旧迹，修者修，创者创，圣泽[9]流通又将福我子子孙孙于永世。后之同志者，顾名思义，随时辑补[10]而利济无穷也。

夫赞曰：

　　龙泉之神，庆都之孙。

　　派衍[11]九源，抱城联村。

　　泉名清水，西堤坚功。

黄黑屈沈，涌鱼灟龙。

条条东注，或分或伙。

汇于荆城，长桥用锁。

桥始元纪，阅岁[12]五百。

今乃重修，功葳五月。

大桥告成，小桥载营。

徒杠[13]舆梁[14]，毋烦岁兴。

八方来同，四鄙[15]允利。

不厉不揭，千秋永济。

永济维何？始我栗里。

由近及远，宜人宜己。

永济维何？谷我父老。

世作尧民，人多寿考[16]。

于以祝之？无旱无涝。

于以[17]落之？春祈秋报。

岳庙魏巍，双桥蔚起。

九龙之功，永奠于此。

【注释】

[1] 甚溥：很普遍。

[2] 秋霖：秋日的淫雨。

[3] 丰熟：犹丰收。

[4] 美备：完美齐备。

[5] 费烦：费财和烦扰。

[6] 厉涉：连衣涉水。

[7] 可必：谓可以预料其必然如此。

[8]衍庆：绵延吉庆。

[9]圣泽：帝王的恩泽。

[10]辑补：增补。

[11]派衍：派生。

[12]阅岁：经历年岁。

[13]徒杠：可供徒步行走的小桥。

[14]舆梁：桥梁。

[15]四鄙：指四境边民。

[16]寿考：年高、长寿。

[17]于以：于何、用什么。

【作者简介】

杨堂，生卒年不详，望都人。清嘉庆年间望都名儒。

民国《望都县志》卷八："杨堂，岁贡生，栗家村人，拔贡尚志祖也。兄弟四人，已承堂叔嗣。家素贫，而馆金甚丰，遵父命分给诸兄，岁为例。嘉庆三四年大歉，罄馆金二百余缗散于市，全活甚众。勖门下士，敦厚立行，受益成名者十居八九焉。"

【背景解读】

荆城里九龙永济桥在望都县城东荆城村，桥跨龙泉河，始创于元朝至正年间。因年久失修，每逢雨季，泥泞难行。

清嘉庆十四年（1809），荆城村乡民集资重修此桥，五月竣工。此桥以前没有碑记，众议建碑命名，由岁进士邑人杨堂撰并书碑，立石于城东天齐庙，行书，碑高六尺，宽二尺五寸。民国《望都县志》收录其碑文。

后天齐庙毁，此碑几经辗转，现埋于孔士屯村北机房地基底下。另据考有《天齐庙》碑现埋于今望都县天齐庙东南。

清同治八年《重修望都城池记》

清·吴师郊

【碑文】

望都城创自唐，阅千有余年，至我朝乾隆间始易以砖。

顾地属洼下，城濠偶失浚则水灌之。以故址基缺坏，南门左右垣各倾圮不下七十余丈，人马可通。

丁卯秋，余捧檄权邑篆，值枭匪猖獗，下车周视，谓："是廓然者，奚以卫吾民？"时警报日至，不及谋修筑，亟捐廉[1]啬土以实之，外以旧砖周叠，聊以补苴[2]。计事[3]甫竟，贼骑已抵城下，以不得逞窜去。

明年正月，贼又至，大队迭次扑城[4]，余偕学捕营泛各官暨绅民[5]登陴固守。天大雨雪，昼夜同立女墙[6]间，衣履沾濡[7]，均以城得暂完有所凭恃，人心益固。

贼退，思所以经久计者，第两缺口工用大。先是前宰数任，估计工费巨，未能兴。兹以师旅[8]之余，岁复饥，民困乏不可以重烦[9]。乃首捐以倡，而邑人士咸踊跃乐输。会有杨生条陈[10]谓南关三官庙多古柏，若择售数株，事可济。如其请，获价若干串，不足者借铺户若干，而乡民悉未勒派[11]，余皆官绅筹垫[12]。于是诹吉兴工，凿石运甓[13]，凡昔岁之暂完者，皆易而新之。三门楼亦崇以橑题[14]，饰以丹腹[15]。城之外濠，为坚功诸泉所灌注，岁久多淤，复挑浚深通，俾以卫城[16]。崇墉岩岩，飞楼翼翼，活水汤汤，庶几乎与吾民乐此熙皞之世，而长有磐石之安也。

时，工未竣已及瓜[17]。邑之绅民公吁上台[18]请留，得允。余不禁重滋愧矣。○○○○去岁一周，中间办军务者若而，时筹征调[19]者若而，事催科抚字[20]，曾无一惠政及民，即兹役仍赖邑人士以相○○○○○○○○○○如不忍余之遽去者，则又以见望之风俗敦厚[21]，其急公奉上之心，视寻常为何若[22]？而余藉得始终○○○○○○○○○又余之深幸也矣。

是年春，遭兵燹甚重，又岁欠收，民间之啼饥号寒[23]者，几无生养计。会圣人庙东庑既文昌宫○○○○○○○毁坏过甚，亦并筹款兴修，藉寓以工代赈之意。邑之老成人[24]及众绅矜尤以此为善举也，合并[25]志之以○○○○，命匠于戊辰三月，告成于己巳七月，费制钱[26]一万六千八百余吊，视前宰所估，用加省而工尚坚，因志其颠末如右云。

【注释】

[1]捐廉：旧谓官吏捐献除正俸之外的养廉银。

[2]补苴（jū）：补缀、缝补、修补。

[3]计事：商议的事。

[4]扑城：攻城。

[5]绅民：绅士与民众。

[6]女墙：城墙上呈凹凸形的小墙。

[7]沾濡：浸湿。

[8]师旅：指战事。

[9]重烦：沉重而繁多。

[10]条陈：指分条陈述意见的呈文，意见书。

[11]勒派：强行摊派。

[12]筹垫：筹措垫付。

[13]甓（pì）：砖。

[14]榱（cuī）题：亦作"榱提"。屋椽的端头。

[15]丹艧：红色颜料。

[16]卫城：城市或地区由筑垒或加固而成作为避难地方的高地。

[17]及瓜：指任职期满。典出《左传·庄公八年》："齐侯使连称管至父戍葵丘，瓜时而往，曰：'及瓜而代。'"言任期一年，今年瓜时往，来年瓜时代之。

[18]上台：上司、上官。

[19]征调：征集、调遣人员或物资

[20]抚字：谓对百姓的安抚体恤。

[21]敦厚：诚朴宽厚。

[22]何若：如何、怎样。

[23]啼饥号寒：形容贫困之极。

[24]老成人：年高有德的人。

[25]合并：结合到一起。

[26]制钱：明清官局监制铸造的铜钱。因形式、分量、成色皆有定制，故名。

【作者简介】

吴师郊（生卒年不详），字子伯，江苏省江宁县附生。清同治六年（1867）九月任望都知县，同治九年八月任定兴知县，同治十一年任徐水知县，咸丰年间任威县知县，后殉于怀安知县任上。光绪朝"以亏欠交代"。死后被革去怀安县知县之职。"并籍产备抵，折包。"（可见《清实录光绪朝实录》卷二百四十一）

【背景解读】

"邑城环尧母台，外据丹朱墓西。唐武德四年筑。旧城在伊祁山南五里尧山下、都山北十里，今唐县之固城。是北齐省入北平，唐复置县筑此。县名武定，殆取武德时所定欤。历宋辽金元修筑相仍，创制未备。明洪武二年重修，周围四里有奇，高三丈，广二丈，南北二门，池深阔俱七尺。景泰七年邑令唐复以城连尧母陵恢而扩之。天顺三年主簿成斌，成化中知县谭论，嘉靖中知县胡谐、杨廷美、陈鲲、隆庆中知县马卿增修。万历十八年，邑令张前光增置东门。崇祯九年，黄承宗增筑南北瓮城。清顺治五年，邑令陈自德周围彻底重修。康熙四年，邑令钱振龙修筑城墙一千三百五十余步、砖垛二百口、城楼一座、炮房十间。十五年邑令李天玑彻底重修南门一座，周围城墙五百余步、炮台十五座、更铺十三座、砖垛五十六口。因前者修筑俱不能持久，乾隆三十一年正月二十九日经邑令卫公学诗动帑起工，典史曹文英督役，外面尽易以砖，卫公治工未竟又经邑令陈公洪书接任承办，又重修东南北三门吊桥三座。"详见民国《望都县志》卷十三《城池》。

清同治七年三月，时任邑令吴师郊为防范捻军的进攻，重修望都城池，竣工于清同治八年七月，共用制钱一万六千八百余吊。望都邑人陈得禄撰写《重修望都城池记》，完县知事潘丽畴篆额，于同治八年十月，吴师郊刻石立碑于望都城东门楼，南向，正书。

清光绪年《增修广利桥记》

清·朱廷桢

【碑文】

桥不自今始也，初无桥名，亦无碑记。今名之曰广利，盖以河自唐来为广利渠支派[1]，故名。因也，非创也。

桥式狭窄，车马恒坠落，南北洼下泥泞倾陷，行旅皆苦之。久远年来，迄无修者。

张君鸿翔，阎庄人，邑礼掾也。喜慷慨，重义气，集同志君子醵金[2]共劝之。狭者宽焉，淤者平焉，增石累堵，又以余力植柳数行，视向之车马坠落泥泞倾陷已大不侔[3]矣。东达海岱[4]，西通上党，北控宣代，南连河洛[5]，皆资为要路，洵盛举也。

张君卓矣，余因癸巳主讲望邑小莲池书院，即知张君之为人义气，不可没灭，谨勒贞珉[6]以志不朽。

爰作歌曰：

> 增宽桥梁岂小补，来往征人无所苦。
> 东望渤海达齐鲁，西瞻秦晋通巴蜀。
> 北抵燕京出上谷，南控豫省大河浒。
> 行人欢声相共语，荡荡平平骎如舞。
> 前者所创后者福，斯桥不朽人万古。

【注释】

[1]支派：支流，流入干流的河流。

[2]醵金：大家凑钱。

[3]不侔：不相等、不等同。

[4]海岱：今山东省渤海至泰山之间的地带。

[5]河洛：指黄河与洛水两水之间的地区。

[6]贞珉：石刻碑铭的美称。

【作者简介】

朱廷桢，生卒年不详。清光绪年间直隶（今河北）清苑县举人，开明士绅，曾任教于望都小莲池书院。为民国清苑自治会、保定商会发起人之一，1909年曾任第三届保定商会会长。曾呼吁在保定大慈阁背面关帝庙、杨公祠两处创办民众阅报处宣讲所。担任过莲池管理员，协纂过民国《清苑县志》。

【背景解读】

"阎家庄村南桥二，自光绪十八年创修名为洼滋桥，去村一里。又重修曲逆河桥名为广利桥，去村二里。此二桥同完县阎家庄、任家疃公修通祁州口外来往之大道。"（详见清光绪三十一年《望都乡土图说》）

阎家庄人张鸿翔，再施义举，重修村南二里处原曲逆河桥，名为广利桥。清苑举人时任小莲池书院主讲朱廷桢撰《增修广利桥记》，立碑于广利桥头。民国《望都县志》和民国《完县新志》均收录此文。

清光绪十八年《创修洼滋桥碑记》

清·胡仁稣

【碑文】

望都阎家庄村南里许，曲逆蔓滋，地甚洼下，春泥秋水，路断行人，以故出其途者皆病于无桥。有欲修桥者，又虑巨款莫筹，徒叹奈何已耳。

阎庄人张君鸿翔，性好义，有燕赵侠士风。商同父老，具陈邑宰，金称善举，都人士共勖之。未浃旬[1]，得京青蚨[2]二百余缗，以巨石叠成小桥三空，桥南北数丈，积石填平，栽柳成行，作为岁修[3]，费心良苦矣。

洼滋桥成，工省力勤，无少虚糜，轮蹄络绎，直达康庄。视向之泥涂修阻[4]，行路维艰，判霄壤[5]焉。

爰作古歌以志之曰：

　　　　昔年送客崀山坞，纤道归来曲逆浦。
　　　　叹说洼滋行路难，泥涂倾陷轮蹄阻。
　　　　今番又到洼滋浒，虹腰款段堪歌舞。
　　　　依依杨柳堤边树，旅人小憩安行步。
　　　　渔讴晚唱夕阳中，服田野老三时渡。
　　　　恍听康衢击壤歌，陶唐回首留余慕。

【注释】

[1]浃旬：一旬、十天。

[2]青蚨：代指钱。

[3]岁修：指每年有计划地对各种建筑工程进行的维修和养护工作。

[4]修阻：路途遥远而阻隔。

[5]霄壤：天和地，天地之间。

【作者简介】

胡仁龢，字霭如，望都人。清朝同治十二年（1873）癸酉科拔贡，善画，至今藏其画者视如珍宝。民国时曾担任学校教员，曾参与编纂清光绪三十一年《望都乡土图说》和民国《望都县志》。

【背景解读】

"阎家庄为望邑微小之区，城东北二十里，与王各庄毗连如一村。自光绪十三年归一牌行差，所谓两庄如一者也。北至完县亭乡，依完县阎家庄，西至完县小尧村一里，南至完县任家疃四里，地势犬牙相错，东西北三面地势平坦，尽属完邑，南面地甚洼下，涝禾田之患，无岁不有。"（详见清光绪三十一年《望都乡土图说》）

阎家庄人张鸿翔，创修村南曲逆河上洼滋桥，由邑人拔贡胡仁龢撰文《创修洼滋桥碑记》，于清光绪十八年（1892年）十月立碑于洼滋桥头，以彰其义举。民国《望都县志》有载。

清光绪三十二年《重修石桥碑志》

清·李连茹

【碑文】

　　望都龙泉河发源于城之左右，其源有九，故名为九龙泉。八景云"九水环清"，盖即此也。自西蜿蜒而东，过侯坨村东北是其下流[1]。地关通衢，车马至此阻于行，旧有石桥一座，往来便甚，年久而圮，便者不便矣。崇祯年间重修之，不便者又便矣。年久又圮，河较宽，石不足，力又不给，便者不便矣。乾隆间添木料，易石桥为木桥，不便者又便矣。年久又圮，以零星木支之，仅可徒行，车马来者，往往临涯而返，便者不便矣。

　　光绪三十年黄瞻岱等诸公，恻然不忍，遂与合村公同商议，仍修石桥，慨然运石鸠工，月余落成，较旧制巍然巨丽且坚确[2]焉。庶几[3]永远不圮，便者不复不便尔。是为志。

　　铭曰：

　　龙泉兮此河，泛涨[4]兮鸿波。

　　车马兮繁多，阻滞兮奈何。

　　桥成兮可过，永久兮不磨。

　　又曰：

　　名折柳[5]兮自古传，又佳名兮曰升仙。

　　今之修兮石复坚，车可驰兮且壮观。

　　下厚地兮上高天，永悠久兮不计年。

【注释】

[1] 下流：河流的下游。

[2] 坚确：坚硬。

[3] 庶几：希望、但愿。

[4] 泛涨：水涨溢。

[5] 折柳：桥的名字叫"折柳"

【作者简介】

李连茹，字象泰，清光绪十年（1884）岁贡，望都名儒。

民国《望都县志》卷八有其生平传记："李连茹，字象泰，光绪十年岁贡，北高岭人，岁贡好学（其父名李好学）次子。聪颖嗜学，年十五入郡庠，旋食廪饩，岁科两试，保属二十县每科文艺卷冠同人，时有'李一等'之称。生平教授清苑、望都、满城各属馆谷，越人门下士数百人，贫而入学馈金者悉却之。五试秋闱，三荐不第，遂以老归。所著有《蕉雨山房诗稿》。年七十有八。"

【背景解读】

侯陀桥在侯陀村东北，桥跨龙泉河。几修几圮，清光绪三十二年，黄瞻岱等人与合村公议，复修为石桥，月余落成，李连茹撰《重修石桥碑志》，记叙了此次修桥始末。由村民刻石立碑于侯陀桥头。

附录一：

汉光和五年望都二号汉墓刘公买地券

汉·佚　名

【原文】

　　光和五年[1]二月戊子朔，廿八日乙卯，直[2]闭天帝神师，敢告墓上、墓下……土〇、主土、墓〇丞〇、地下两千石、墓主、墓皇、墓臽[3]、东仟西仟、南佰北佰[4]、丘丞[5]墓佰[6]、东……南西北〇魂〇〇〇〇〇中游徼[7]、佰门[8]卒史[9]，〇太原太守中山[10]蒲阴[11]助所博成里刘公……早死，今日合墓，〇〇〇〇。上至仓天[12]，下至黄泉，青骨死人[13]刘公，则自以家田三梁亭[14]……得东佰南田廿八亩，南北长七十步，东西广九十六步，中有丈尺，券书明白，故立四角封界。〇……〇大立士，谨为刘氏之家解除咎殃，五残[15]六贼[16]，女〇行（猲）、七十二不（殃）天〇〇夜光，八尸九〇，或有……侍何仲不〇，生死异路，不得相妨。死人归蒿里[17]戊己[18]。地上地下，不得苛止[19]。他时不……无适有富[20]，利生人子孙。公〇〇〇无敢劳苦，无呼鸡〇，无得苛止，无责生人……令死人无适。〇即〇〇得，待焦大豆生叶，叚[21]鸡上雏鸣，铅券华荣[22]……诸神相听，何以为信？尺六桃券为〇。〇〇则绝道[23]，上绝天文，下绝地理，绝墓葬〇，〇适除解。千秋万〇……复死者。世世富贵，永宜子孙。……

【注释】

　　[1]光和五年：公元182年。

[2] 直：通"值"。

[3] 墓皇、墓皀：主管墓穴的地下冥吏。

[4] 仟佰：通"阡陌"，田间东西南北方向的田界。

[5] 丘丞：负责管理田事的官吏。

[6] 佰：通"伯"。

[7] 游徼：秦汉时负责巡查盗贼的乡官。

[8] 佰门：即陌门，指坟墓之门。

[9] 史：通"吏"。

[10] 中山：古代诸侯王国名，属冀州，治卢奴，今河北定县。

[11] 蒲阴：县名，属中山国，治今河北完县东南，地近今望都县。

[12] 仓天：即苍天。仓，通"苍"。

[13] 青骨死人：当指早期道教的信徒。青骨，仙骨。

[14] 三梁亭：古地名。《水经注·滱水》："博水出望都县，东南流经望都县故城南，复东南经三梁亭南。"清代学者熊会贞在《水经注疏》中考证："博水，今为望都县之庆都河"，"亭在今望都县东，疑即古勺梁也。"可推论此三梁亭，就在望城县城东南不远处，正与望城二号汉墓所在之所药村位置相合。

[15] 五残：哑、聋、跛、断肢、侏儒，亦称五疾。

[16] 六贼：佛教语。即色、声、香、味、触、法六尘，谓此六尘能以眼、耳等六根为媒介，"劫掠"法财，损害善性，故称。

[17] 蒿里：本指山名，相传在泰山之南，为死人墓地，后泛指墓地。

[18] 戊己：指五行属土，方位为中央。

[19] 苛止：呵止。

[20] 无适有富：没有罪谪和惩罚，只有福佑。适，通"谪"。富，通"福"。

[21] 叚：鸟卵孵不出。

[22] 待焦大豆生叶，叚鸡上雏鸣，铅券华荣：意思是要等到烧焦的大豆长出叶子，已坏的鸡蛋生出小鸡鸣叫，铅券像草木一样开花。这里讲只有这些事情发生了，死人才能和家人相会，是以不可能实现的前提强调

所预计结果的不可能出现。

[23] 绝道：死亡。

【背景解读】

买地券，又称墓别、冥契、幽契、冥券、墓券、幽券、铁业券、石契、买墓地券等，起源于汉人用瘗钱或纸钱为死者而向土神"买土"之俗。是古代常见的一种丧葬明器，由买地契约演变而来的产物，即通过模拟现实生活中的土地契约（房产证）文书，让生人或死者同各类神祇进行象征性"交易"，来表示亡灵（或寿主）领有墓地（或寿冢）居所的合法产权，并借以压胜镇鬼、护卫阴界亡灵乃至阳界生人。

刘公买地券 1955 年出土于望都二号汉墓，砖质，长 38 厘米，宽 20 厘米，出土时已断为两截，分别发现于墓葬的中室和东耳室，砖面涂抹一层白灰，用朱砂书写，共十行约 300 字，约四分之一文字已漫漶残损。

刘公买地券最初释文与图版可见敖承隆执笔的《河北望都二号汉墓发掘报告》，以后有蔡子鹤、黄景春、鲁西奇、张传玺、宋镇豪、李欣欣、李明晓、韩姣姣等多名专家学者专门对此买地券进行研究考证，各抒己见，提出了一些不同的见解。本书所收录的买地券文字，就是综合各家之言修订而成，特别是引用参考了西南大学汉语言文献所出土文献综合研究中心李明晓先生的《光和五年蒲阴县刘公买地砖券集释》一文，特此致谢。

后 记

编纂《碑证望都》这本小书的初衷，是想让当代人有一个直达望都历史的通道，能够更轻松地了解望都的历史文化。

看似简单的事情，却着实耗时费力。从想做这件事到今天已经六个年头了。从田野调查，到走访历史见证人；从搜集散落于各个角落的残碑和散佚于民间的碑拓，以及到各地博物馆查阅相关资料。其搜寻之艰辛，考证之繁难，物资之破费，与最初的想法都相去甚远。

望都现存的碑石已经很少了。从田野调查搜集而来的碑石，或残断不堪，或文字缺失。能够找到的拓片也少得可怜，好一点的拓片多从各地博物馆和私人手中回购而来。本来这是我们自己的东西，现在反过来却要花很大的价钱买回来，心里实在不是滋味。每有新的发现都欣喜若狂；每一次发现又都十分惋惜和沉重。整理编纂本书，实有文化遗存抢救之意义。

编纂过程中，望都县委书记朱子强同志、县长孙晨光同志多次听取汇报，提出要求，给予指导。

编纂过程中，中国国家图书馆研究馆员冀亚平先生从专业角度给予我们具体的指导和帮助。中国国家图书馆金石组、望都县文保所等单位为本书拓片制作做了认真细致的准备。北京保利国际拍卖有限公司古代书画部范长江先生为本书拓片的搜集、整理、复制给予了无私支持。在此一并致谢。

特别要说明的是，《建药王庙碑记》的译文是我的恩师望都县原教育局长王庆瑞先生生前所译，收入本书时未敢妄加删改，以示敬意。

向为本书提供服务和支持的所有朋友表示衷心的感谢。

金石之学非我等所专，由于水平所限，一定存在这样或那样的问题甚至错误，还请读者朋友不辞绳愆纠违之劳，及时反馈给我们，以便再版时加以修改，我们将万分感谢。

何任道

二〇一九年七月十九日